CHARLES DUHIGG

Más agudo, más rápido y mejor

Charles Duhigg es periodista de investigación de *The New York Times*, ganador del premio Pulitzer y autor del bestseller *El poder de los hábitos*. Graduado en la universidad de Yale y en la escuela de negocios de Harvard, ha sido galardonado con varios premios, entre ellos el de la NAS, la academia nacional de ciencias de Estados Unidos, el premio nacional de periodismo y el George Polk. Vive en Brooklyn con su esposa y sus dos hijos.

Más agudo, más rápido y mejor

Más agudo, más rápido y mejor

Los secretos para ser más productivo en la vida y en el trabajo

CHARLES DUHIGG

Traducción de Efrén del Valle Peñamil
y Francisco José Ramos Mena

VINTAGE ESPAÑOL
Una división de Penguin Random House LLC
Nueva York

Para Harry, Oliver,
Doris y John,
Andy,
y, sobre todo, para Liz

Índice

Introducción

Me introduje en la ciencia de la productividad en el verano de 2011, cuando le pedí un favor a un amigo de un amigo.

Por entonces, yo estaba terminando un libro sobre la neurología y la psicología de la formación de hábitos. Me hallaba en las frenéticas etapas finales del proceso de escritura —un frenesí de llamadas telefónicas, nerviosas reescrituras, correcciones de última hora—, y tenía la impresión de que cada vez lo retrasaba más y más. Mi esposa, que trabajaba a jornada completa, acababa de dar a luz a nuestro segundo hijo. Yo era periodista de investigación en el *New York Times* y pasaba los días a la caza de historias y las noches reescribiendo páginas del libro. Mi vida parecía una cinta sin fin de listas de tareas, correos electrónicos que requerían respuesta inmediata, reuniones precipitadas y las consiguientes disculpas por llegar tarde.

Entre tanta agitación y tantas prisas —y con el pretexto de pedir un poco de asesoramiento editorial—, le envié una nota a un autor al que admiraba, que era amigo de uno de mis colegas en el *Times*. Dicho autor, cuyo nombre era Atul Gawande, parecía ser un dechado de éxitos. A sus cuarenta y seis años, era escritor en plantilla en una prestigiosa revista, además de renombrado cirujano en uno de los mejores hospitales del país. Era profesor adjunto en Harvard, asesor de la Organización Mundial de la Salud y fundador de una entidad sin ánimo de lucro que enviaba material quirúrgico a lugares del mundo con necesidades médicas. Había escrito tres libros —todos ellos éxitos de ventas—, estaba casado y tenía tres hijos. En 2006 le había sido concedida una Beca MacArthur «para genios», y él se había apresurado a donar una parte sustancial de los 500.000 dólares de dotación a organizaciones benéficas.

Hay personas que simulan productividad y cuyos currículos parecen impresionantes hasta que uno se da cuenta de que su mayor talento es saber venderse. Luego hay otras, como Gawande, que parecen existir en un plano distinto a la hora de hacer las cosas. Sus artículos resultaban inteligentes y amenos, y, a decir de todos, era hábil en el quirófano, entregado con sus pacientes y un padre devoto. Siempre que lo entrevistaban en televisión se lo veía relajado y atento. Sus logros en la medicina, la escritura y la salud pública eran importantes y reales.

Le envié un correo electrónico preguntándole si tenía tiempo para hablar. Quería saber cómo se las arreglaba para ser tan productivo. Sobre todo, ¿cuál era su secreto? Y, si yo lo aprendía, ¿podría cambiar mi vida?

«Productividad», obviamente, significa cosas distintas según los contextos. Una persona podría pasar una hora haciendo ejercicio por la mañana antes de llevar a los niños al colegio y considerar un éxito su jornada. Otra podría optar por pasar ese tiempo encerrada en su oficina, respondiendo correos electrónicos y llamando a unos cuantos clientes, y sentirse igualmente realizada. Un investigador científico o un artista pueden ver productividad en experimentos fallidos o lienzos desechados, puesto que esperan que cada error los acerque al descubrimiento, mientras que la medida de productividad de un ingeniero podría estipularse en hacer una cadena de montaje aún más rápida. Un fin de semana productivo podría implicar pasear por el parque con tus hijos, mientras que un día de trabajo productivo implica llevarlos corriendo a la guardería y llegar a la oficina lo antes posible.

«Productividad», en suma, es el término que aplicamos a nuestros intentos de determinar el mejor uso de nuestra energía, nuestro intelecto y nuestro tiempo cuando tratamos de obtener las recompensas más valiosas con el menor esfuerzo. Es un proceso que consiste en aprender cómo tener éxito con menos estrés y lucha. Tiene que ver con hacer las cosas sin sacrificar todo lo que nos importa por el camino. Según esta definición, Atul Gawande parecía tener las cosas bastante bien resueltas.

Al cabo de unos días respondió a mi correo electrónico excusándose: «Me gustaría poder ayudar —escribía—, pero estoy a tope con mis diversos compromisos». Al parecer, hasta él tenía límites. «Espero que lo comprenda.»

Más tarde, aquella misma semana, le mencioné esta conversación a nuestro común amigo. Le aclaré que no me sentía ofendido; que, de hecho, admiraba la capacidad de concentración de Gawande. Imaginaba que sus jornadas se consumían curando a pacientes, enseñando a estudiantes de medicina, escribiendo artículos y asesorando a la mayor organización de salud del mundo.

«No», me dijo mi amigo, yo estaba equivocado. No era así. Gawande estaba especialmente ocupado aquella semana porque había comprado entradas para asistir a un concierto de rock con sus hijos. Y luego se iba de minivacaciones con su esposa.

De hecho, Gawande le había sugerido a nuestro común amigo que yo volviera a enviarle un correo electrónico más adelante aquel mismo mes, cuando él dispusiera de más tiempo para charlar.

En aquel momento comprendí dos cosas.

En primer lugar, era evidente que yo estaba haciendo algo mal, puesto que no me había tomado un solo día libre en nueve meses; de hecho, cada vez me preocupaba más la posibilidad de que, ante la tesitura de tener que elegir entre su padre y la canguro, mis hijos sin dudar la escogieran a ella.

En segundo lugar, y más importante: había personas por ahí que sabían cómo ser más productivas. Solo tenía que convencerlas de que compartieran sus secretos conmigo.

Este libro es el resultado de mis investigaciones acerca de cómo funciona la productividad y de mi esfuerzo por entender por qué algunas personas y empresas son mucho más productivas que otras.

Desde que contacté con Gawande hace cuatro años, he ido en busca de neurólogos, empresarios, jefes de gobierno, psicólogos y otros expertos en productividad. He hablado con los cineastas de la película *Frozen* de Disney y aprendido cómo rodaron uno de los filmes de mayor éxito de la historia bajo agobiantes presiones de tiempo —evitando el desastre por los pelos— al fomentar cierto tipo de tensión creadora entre su equipo. He hablado con especialistas en tratamiento de datos de Google y con guionistas de las primeras temporadas del programa *Saturday Night Live*, que me dijeron que ambas producciones tenían éxito, en parte, porque cumplían un conjunto similar de reglas no escritas relacionadas con el apoyo mutuo y la asunción de riesgos. He entrevistado a agentes del FBI que resolvieron un secuestro gracias a una gestión ágil y a unas costumbres influidas por una vieja fábrica de automóviles de Fremont, California. He deambulado por los pasillos de las escuelas públicas de Cincinnati y visto cómo una iniciativa para mejorar la educación transformaba las vidas de los estudiantes, haciendo la información, paradójicamente, más difícil de absorber.

A medida que iba hablando con gente —jugadores de póquer, pilotos de aerolíneas, generales del ejército, ejecutivos, especialistas en ciencias cognitivas—, empezaron a surgir unas cuantas ideas clave. Observé que la gente no dejaba de mencionar los mismos conceptos una y otra vez. Llegué a creer que un reducido número de ideas explicaban por qué algunas personas y empresas consiguen tantas cosas.

Así, este libro estudia las ocho ideas que parecen más importantes a la hora de aumentar la productividad. Un capítulo, por ejemplo, analiza cómo una sensación de control puede generar motivación y cómo el ejército convierte a adolescentes sin rumbo en marines enseñándoles opciones «centradas en la acción». Otro capítulo aborda cómo mantener la concentración construyendo modelos mentales y cómo un grupo de pilotos se contaron historias a sí mismos que evitaron que 440 pasajeros se precipitaran desde el cielo.

En los siguientes capítulos se describe la forma correcta de establecer objetivos —que abarquen tanto grandes ambiciones, como propósitos menos importantes—, y por qué los líderes israelíes llegaron a obsesionarse tanto con las aspiraciones erróneas en el período previo a la guerra de Yom Kipur. Se analiza la importancia de tomar decisiones concibiendo el futuro como una multiplicidad de posibilidades, en lugar de fijarse en lo que uno espera que pase, y cómo una mujer utilizó esta técnica para ganar un campeonato nacional de póquer. Se describe cómo algunas empresas de Silicon Valley se convirtieron en gigantes creando «culturas de compromiso» que apoyaban a los empleados incluso cuando dicho compromiso resultaba difícil.

La conexión de estas ocho ideas genera un poderoso principio subyacente: la productividad no tiene que ver con trabajar más o sudar la gota gorda. No es simplemente resultado de pasar más horas en la oficina o hacer mayores sacrificios.

La productividad tiene que ver con elegir ciertas opciones de ciertas maneras; con cómo nos vemos a nosotros mismos y nos enfrentamos a las decisiones cotidianas, con las historias que nos contamos y los objetivos fáciles que ignoramos, con el sentimiento de grupo que creamos entre nuestros compañeros de equipo y con las costumbres creativas que instauramos como líderes. Estas son las cosas que diferencian a los simplemente ocupados de los genuinamente productivos.

Vivimos en un mundo donde podemos comunicarnos con nuestros colaboradores a cualquier hora, acceder a documentos vitales mediante smartphones, conocer cualquier hecho en cuestión de segundos y hacer que nos entreguen casi cualquier producto a la puerta de casa en veinticuatro horas. Una empresa puede diseñar artilugios en California, recibir pedidos de clientes en Barcelona, enviar diseños por correo electrónico a Shenzhen y seguir las entregas desde cualquier lugar del planeta. Los padres pueden sincronizar automáticamente la agenda familiar, pagar facturas online mientras están en la cama y localizar los teléfonos de los niños un minuto después del toque de queda. Estamos viviendo una revolución económica y social que, en muchos aspectos, es tan profunda como las revoluciones agraria e industrial de épocas anteriores.

Se supone que estos avances en comunicaciones y tecnología nos hacen la vida más fácil. Pero, en cambio, a menudo parecen llenar nuestros días de más trabajo y estrés.

Ello se debe, en parte, a que hemos estado prestando atención a las innovaciones equivocadas. Nos hemos fijado en las herramientas de la productividad —artilugios, aplicaciones y complicados sistemas de clasificación para estar pendientes de varias listas de tareas—, antes que en las lecciones valiosas que esas tecnologías tratan de enseñarnos.

Hay personas, no obstante, que han comprendido cómo dominar este mundo cambiante. Hay empresas que han descubierto cómo encontrar ventajas en medio de estas rápidas transformaciones.

Hoy sabemos cómo funciona realmente la productividad. Sabemos qué opciones importan más y nos acercan al éxito. Sabemos cómo establecer objetivos que vuelvan alcanzable lo audaz; cómo reformular situaciones de modo que, en lugar de ver problemas, detectemos oportunidades ocultas; cómo abrir nuestra mente a conexiones nuevas y creativas, y cómo aprender más deprisa ralentizando los datos que pasan a toda velocidad ante nosotros.

Este libro trata de cómo reconocer las opciones que alientan la auténtica productividad. Es una guía de la ciencia, las técnicas y las oportunidades que han cambiado vidas. Hay personas que han aprendido a tener éxito con menos esfuerzo. Hay empresas que crean cosas asombrosas con menor dispendio. Hay líderes que transforman a la gente que los rodea.

Este libro trata de cómo llegar a ser más agudo, más rápido y mejor en todo lo que uno hace.

1

Motivación

Cómo reinventar un campamento de reclutas, rebeliones en la residencia de ancianos y el locus de control

El viaje se había planeado como una celebración, un itinerario de veintinueve días por Sudamérica que llevaría a Robert, que acababa de cumplir los sesenta, y a su esposa, Viola, primero a Brasil, y luego, en los Andes, a Bolivia y Perú. El recorrido incluía visitas a ruinas incas, un trayecto en barco por el lago Titicaca, un mercado de artesanía de vez en cuando y algún que otro rato dedicado a la observación de aves.

Tanta relajación —había bromeado Robert con sus amigos antes de partir— parecía peligrosa. Ya preveía la fortuna que iba a gastarse en llamadas a su secretaria. En los últimos cuarenta años, Robert Philippe había hecho de una pequeña gasolinera un imperio de los recambios de automóvil en la Luisiana rural y se había convertido en un magnate sureño gracias al trabajo duro, el carisma y una actividad febril. Además del negocio de recambios de automóviles, poseía también una empresa química, una papelera, varios terrenos y una inmobiliaria. Y ahí estaba ahora, entrando en su séptima década y convencido por su esposa para pasar un mes en un montón de países donde —eso sospechaba— iba a resultar tremendamente difícil encontrar un televisor en que poder ver un buen partido de fútbol americano de la competición anual entre los equipos de la Universidad Estatal de Luisiana y la Universidad de Mississippi.

A Robert le gustaba decir que no había un solo camino de tierra o callejuela en toda la costa del Golfo por los que no hubiera conducido al menos una vez en aras de su negocio. A medida que la Philippe S. A. había ido creciendo, Robert se había hecho famoso por arrastrar a empresarios de grandes ciudades como Nueva Orleans y Atlanta hasta bares destartalados y prohibirles marcharse sin haber repelado todas las costillas y vaciado todas las botellas. A la mañana siguiente, mientras todos trataban de recuperarse de dolorosas resacas, Robert los convencía para que firmaran acuerdos valorados en millones. Los camareros sabían muy bien que debían llenar su vaso de agua con gas mientras servían cócteles a los peces gordos. Robert llevaba años sin probar el alcohol.

Era miembro de los Caballeros de Colón y también de la Cámara de Comercio, antiguo presidente de la Asociación de Mayoristas de Luisiana y de la Comisión del Puerto del Gran Baton Rouge, presidente de su banco local y fiel donante del partido político que ese día se mostrara más predispuesto a aprobar los permisos de sus negocios. «Nunca habrá conocido a un hombre al que le guste tanto trabajar», me decía su hija, Roxann.

Robert y Viola habían estado esperando con impaciencia ese viaje a Sudamérica. Pero cuando se bajaron del avión en La Paz, mediado su mes de recorrido, Robert empezó a comportarse de una manera extraña. Fue tambaleándose por todo el aeropuerto y tuvo que sentarse para tomar aliento en la recogida de equipajes. Cuando se le acercó un grupo de niños pidiéndole monedas, Robert se las tiró a los pies y se echó a reír. En el autobús de camino al hotel, se lanzó a un inconexo monólogo en voz alta sobre varios países que había visitado y el relativo atractivo de las mujeres que los habitaban. Quizá fuera la altitud. Con sus 3.600 metros sobre el nivel del mar, La Paz es una de las ciudades más altas del mundo.

Una vez deshechas las maletas, Viola instó a Robert a echar una cabezada. Él dijo que no le apetecía. Quería salir. Durante la hora siguiente recorrió la ciudad comprando baratijas y poniéndose hecho una furia cada vez que los lugareños no entendían el inglés. Al final aceptó volver al hotel y se quedó dormido, pero por la noche se despertó varias veces para vomitar. A la mañana siguiente dijo que estaba mareado, mas se enfadó cuando Viola le sugirió que descansara. Se pasó el tercer día en la cama. El cuarto día Viola decidió que ya era suficiente e interrumpió las vacaciones.

De regreso en Luisiana, Robert pareció mejorar. Su desorientación desapareció gradualmente y dejó de decir cosas raras. Sin embargo, su esposa y sus hijos seguían preocupados. Robert estaba apático y se negaba a salir de casa a menos que lo empujaran. Viola había supuesto que se precipitaría a la oficina en cuanto volvieran, pero después de cuatro días ni siquiera había llamado a su secretaria. Cuando su mujer le recordó que se acercaba la temporada de caza del ciervo y que tendría que sacarse la licencia, Robert le dijo que ese año pensaba saltársela. Entonces ella telefoneó a un médico. Al poco se dirigían a la Clínica Ochsner, en Nueva Orleans.[1]

El jefe de neurología, el doctor Richard Strub, sometió a Robert a una batería de pruebas. Los signos vitales eran normales. El análisis de sangre no mostraba nada inusual. No había ningún indicio de infección, diabetes, infarto o apoplejía. Robert demostró que entendía el periódico del día y que podía recordar claramente su infancia. Era capaz de comprender un relato breve. La Escala Wechsler de Inteligencia para Adultos Revisada reveló un CI normal.

—¿Puede describirme su negocio? —le preguntó el doctor Strub.

Robert le explicó cómo estaba organizada su empresa y los detalles de unos cuantos contratos recientemente cerrados.

—Su esposa dice que se comporta usted de manera distinta —añadió el doctor Strub.

—Sí —respondió Robert—. Por lo visto, no tengo tanto empuje como antes.

«No parecía preocuparle —me contaría más tarde el doctor Strub—. Me habló de los cambios de personalidad como quien no quiere la cosa, como si hablara del tiempo.»

Excepto aquella repentina apatía, el doctor Strub no pudo encontrar ningún signo de enfermedad o lesión. Le sugirió a Viola que aguardaran unas semanas para ver si el estado de ánimo de su marido mejoraba. Pero cuando volvieron al cabo de un mes, no había ningún cambio. Robert le había dicho a su esposa que no le apetecía ver a sus viejos amigos. Ya no leía. Antes la enfurecía ver la tele con él porque cambiaba constantemente de canal, buscando un programa más interesante; ahora Robert se quedaba mirando fijamente la pantalla, indiferente a lo que dieran. Al final lo había convencido de que fuera a la oficina, pero su secretaria decía que se pasaba las horas a su mesa mirando al vacío.

—¿Se siente infeliz o deprimido? —le preguntó el doctor Strub.

—No —respondió Robert—. Me siento bien.

—¿Puede decirme a qué dedicó el día de ayer?

Robert le describió una jornada viendo la tele.

—¿Sabe? Su esposa me dice que sus empleados están preocupados porque no le ven mucho por la oficina —añadió el doctor.

—Supongo que ahora me interesan más otras cosas —le respondió Robert.

—¿Como qué?

—¡Ah!, pues no sé —contestó Robert, y luego se quedó en silencio mirando la pared.

El doctor Strub le prescribió varios medicamentos —fármacos para combatir los desequilibrios hormonales y los trastornos de atención—, pero ninguno pareció surtir efecto. Las personas que sufren depresión dicen que se sienten infelices y describen pensamientos desesperados. En cambio Robert aseguraba sentirse satisfecho con la vida. Admitía que su cambio de personalidad era extraño, pero no le contrariaba.

El doctor le hizo una resonancia magnética, que le permitió obtener imágenes del interior del cráneo. Muy adentro, cerca del centro de la cabeza, vio una pequeña sombra, lo que indicaba que a causa de un derrame se había acumulado una diminuta cantidad de sangre temporalmente en una parte del cerebro de Robert conocida como cuerpo estriado. Tales lesiones, en casos raros, pueden causar daños cerebrales o cambios de humor. Pero, salvo por la apatía, había poco en el comportamiento de Robert que indicara que sufría una discapacidad neurológica.

Un año después, el doctor Strub envió un artículo a la revista *Archives of Neurology*.[2] «El cambio de conducta [de Robert] se caracterizaba por la apatía y la falta de motivación —escribía—. Ha renunciado a sus aficiones y no acierta a tomar decisiones oportunas en su trabajo. Sabe qué acciones se requieren en su empresa, pero las aplaza y no se preocupa por los detalles. No hay presencia de depresión.» La causa de tal pasividad —sugería el doctor Strub— era aquel ligero daño en su cerebro que posiblemente había provocado la altitud de Bolivia. Sin embargo, hasta eso resultaba incierto. «Es posible que las hemorragias sean casuales y que la altitud no haya cumplido ningún papel fisiológico.»

Se trataba de un caso interesante, pero en última instancia no concluyente, escribía el doctor Strub.

Durante las dos décadas siguientes aparecieron un montón de estudios más en revistas médicas. Un profesor de sesenta años había experimentado una repentina «pérdida de interés». Había sido un experto en su campo, con una férrea ética del trabajo. De pronto, un día, sencillamente se detuvo. «Es solo que me falta ímpetu, energía —le dijo a su médico—. No tengo vitalidad. He de forzarme para levantarme por las mañanas.»[3]

Una joven de diecinueve años había quedado inconsciente unos momentos debido a una fuga de monóxido de carbono y luego parecía haber perdido toda motivación para realizar las tareas más básicas. Se pasaba el día sentada en la misma postura a menos que se viera obligada a moverse. Sus padres descubrieron que no podían dejarla sola —como escribió un neurólogo— después de «haberla encontrado en la playa, con fuertes quemaduras solares, en el mismo lugar donde se había tendido varias horas antes, bajo una sombrilla:

una intensa inercia le había impedido cambiar de postura según la proyección de la sombra conforme el sol había ido moviéndose».

Un policía jubilado empezó a levantarse «tarde por las mañanas, no se lavaba a menos que le instaran a hacerlo, pero obedecía dócilmente en cuanto su esposa se lo pedía. Luego se sentaba en su butaca, de la que no se movía». A un hombre de mediana edad le picó una avispa y, no mucho después, perdió el deseo de relacionarse con su esposa, sus hijos y sus socios.

A finales de la década de los años ochenta, un neurólogo francés de Marsella llamado Michel Habib supo de algunos de esos casos e, intrigado, se puso a buscar en archivos y revistas historias similares. Los estudios que encontró eran raros, pero coherentes: un familiar llevaba a un paciente a que lo examinaran, quejándose de un repentino cambio de conducta y de pasividad. Los doctores no encontrarían nada malo desde una perspectiva médica. Los resultados de los pacientes eran normales cuando se les hacían pruebas para determinar una posible enfermedad mental. Tenían los CI entre medios y altos y parecían físicamente sanos. Ninguno de ellos decía que se sentía deprimido ni se quejaba de su apatía.

Habib empezó a ponerse en contacto con los médicos que habían tratado a aquellos pacientes y les pidió las resonancias magnéticas. Entonces descubrió otra coincidencia: todos los individuos apáticos tenían diminutos puntitos de derrames en su cuerpo estriado, el mismo lugar donde Robert tenía una pequeña sombra.

El cuerpo estriado actúa como una especie de central de envíos del cerebro, retransmitiendo órdenes de áreas como la corteza prefrontal, donde se toman las decisiones, a una parte más antigua de nuestra neurología, los ganglios basales, donde surgen el movimiento y las emociones.[4] Los neurólogos creen que el cuerpo estriado ayuda a traducir las decisiones en acciones y desempeña un importante papel en la regulación de nuestros estados de ánimo.[5] El daño producido por los derrames en el cuerpo estriado de los pacientes apáticos era pequeño; demasiado pequeño —decían algunos de los colegas de Habib— para causar sus cambios de conducta. Sin embargo, aparte de aquellos puntitos, Habib no pudo encontrar nada más que explicara por qué había desaparecido su motivación.[6]

Hace tiempo que los neurólogos se interesan por las lesiones en el cuerpo estriado porque este se halla relacionado con la enfermedad de Parkinson.[7] Pero, mientras que el Parkinson suele causar temblores, pérdida de control físico y depresión, los pacientes que estudió Habib solo parecían perder su ímpetu. «Los parkinsonianos tienen problemas para iniciar el movimiento —me explicó Habib—. Pero los pacientes apáticos no tenían problemas de movimiento. Sencillamente no sentían ningún deseo de moverse.»

La joven de diecinueve años a quien no podían dejar sola en la playa, por ejemplo, era perfectamente capaz de limpiar su habitación, fregar los platos, doblar la ropa limpia y cocinar siguiendo recetas cuando se lo mandaba su madre. Sin embargo, si no se le pedía que ayudara, no se movía en todo el día. Si su madre le preguntaba qué quería para cenar, ella le respondía que le daba igual.

Cuando lo examinaban los médicos, el profesor apático de sesenta años «permanecía inmóvil y mudo durante períodos interminables, sentado ante el examinador, esperando la primera pregunta», escribió Habib. Cuando se le pedía que describiera su trabajo, podía hablar de complicadas ideas y citar artículos de memoria. Luego volvía a sumirse en el silencio hasta que se le formulaba otra pregunta.

Ninguno de los pacientes estudiados por Habib respondía a la medicación y tampoco parecían mejorar con apoyo psicológico. «Los pacientes muestran una indiferencia más o menos absoluta a acontecimientos de la vida que normalmente provocarían una respuesta emocional, positiva o negativa», escribió Habib.

«Era como si la parte de su cerebro donde reside la motivación, donde se almacena el impulso vital, hubiera desaparecido por completo —me comentaba Habib—. No había pensamientos negativos, no había pensamientos positivos. No había pensamientos en absoluto. No es que se hubieran vuelto menos inteligentes o menos conscientes del mundo. Sus antiguas personalidades seguían allí dentro, pero había una total ausencia de brío o de ímpetu. Su motivación se había desvanecido completamente.»

II

La sala donde se realizó el experimento, en la Universidad de Pittsburgh, estaba pintada de un alegre amarillo y había una máquina para hacer resonancias magnéticas, un monitor de ordenador y un investigador sonriente que parecía demasiado joven para tener ya un doctorado. A todos los participantes en el estudio se los conducía a la sala, se les pedía que se quitaran las joyas y dejaran cualquier objeto metálico que llevaran en los bolsillos y luego se los invitaba a tenderse en una camilla de plástico que se deslizaba dentro de la máquina de resonancias.

Una vez tendidos, veían una pantalla de ordenador.[8] El investigador explicaba que iba a aparecer en el monitor un número entre el 1 y el 9. Antes de que apareciera esa cifra, los participantes tenían que adivinar si iba a ser superior o inferior a 5 presionando distintos botones. El investigador añadía que habría varias rondas de adivinación. Explicaba también que el juego no entrañaba habilidad alguna. No se ponía a prueba ninguna aptitud. Y aunque no se lo decía a los participantes, pensaba asimismo que aquel era uno de los juegos más aburridos que existían. De hecho, él lo había diseñado explícitamente de ese modo.

Lo cierto era que al investigador, Mauricio Delgado, no le importaba si los participantes acertaban o no. Al contrario, le interesaba entender qué partes de su cerebro se activaban cuando participaban en un juego enormemente aburrido. Mientras adivinaban los números, la resonancia magnética registraba su actividad cerebral. Delgado quería identificar dónde se originaban las sensaciones neurológicas de excitación y anticipación, esto es, dónde se originaba la motivación. Les decía a los participantes que podían marcharse cuando quisieran; pero sabía, por experiencia, que la gente seguía intentando adivinar los números una y otra vez, en ocasiones durante horas, esperando a ver si se habían equivocado o habían acertado.

Cada participante se tumbaba dentro de la máquina y miraba atentamente la pantalla. Apretaba botones y hacía predicciones. Alguno lo celebraba cuando ganaba o se lamentaba si perdía. Delgado, monitorizando la actividad de sus cerebros, veía que el cuerpo estriado de aquellas personas —su central de envíos— se iluminaba debido a la actividad cada vez que jugaban, independientemente del resultado. Delgado sabía que esa clase de actividad del cuerpo estriado se hallaba asociada a reacciones emocionales, en particular a los sentimientos de expectación y excitación.[9]

Delgado estaba terminando una sesión, cuando un participante le preguntó si podía seguir jugando por su cuenta, en casa.

—No creo que sea posible —le respondió Delgado, explicándole que ese juego solo existía en su ordenador.

Además —añadió, compartiendo su secreto con aquel hombre—, el experimento estaba amañado. Para asegurarse de que el juego era el mismo para todos los participantes, Delgado había programado el ordenador a fin de que todo el mundo ganara la primera ronda, perdiera la segunda, ganara la tercera, perdiera la cuarta, etcétera, siguiendo una pauta predeterminada. El resultado se había preestablecido. Era como apostar con una moneda de dos caras y no de cara y cruz.

—Bueno —respondió el hombre—, no importa. Solo quiero jugar.

«Aquello era extraño —me explicaría Delgado más tarde—. No hay ninguna razón por la que habría de querer seguir jugando sabiendo que estaba amañado. Es decir, ¿qué gracia tiene un juego amañado? Sus decisiones no surten ningún efecto. Pero tardé cinco minutos en convencerle de que en realidad no quería llevarse el juego a casa.»

Durante días, Delgado siguió pensando en aquel hombre. ¿Por qué le había interesado tanto ese juego? En realidad, ¿por qué había entretenido a tantos otros participantes? Los datos del experimento habían ayudado a Delgado a identificar qué partes del cerebro de las personas se activaban en un juego de adivinación, pero los datos no explicaban por qué se sentían motivadas para jugar de entrada.

De modo que, al cabo de unos años, Delgado montó otro experimento. Se reclutó a una nueva serie de participantes. También se trataba de un juego de adivinación, pero esta vez con una diferencia sustancial: la mitad del tiempo se permitía a los participantes tratar de adivinar por sí mismos; el resto era el ordenador el que adivinaba por ellos.[10]

Cuando empezaban a jugar, Delgado observaba la actividad de su cuerpo estriado. En esta ocasión, cuando se permitía a la gente tomar sus propias decisiones, su cerebro se iluminaba exactamente igual que en el experimento anterior. Mostraban los equivalentes neurológicos de la anticipación y la excitación. Pero durante las rondas en que los participantes no tenían ningún control sobre sus apuestas, cuando el ordenador decidía por ellos, su cuerpo estriado básicamente no daba señales. Era como si su cerebro perdiera todo interés en el ejercicio. Había una «vigorosa actividad en el núcleo caudado —escribirían más tarde Delgado y sus colegas— solo cuando a los sujetos» se les permitía tratar de adivinar. «La anticipación de la propia decisión se asociaba a una mayor actividad en las regiones corticoestriadas, en particular el cuerpo estriado ventral, implicadas en los procesos afectivos y motivacionales.»

Es más, cuando Delgado preguntó a los participantes qué les había parecido el juego, le dijeron que disfrutaban mucho más cuando controlaban sus decisiones. Les preocupaba ganar o perder. Si el ordenador era el que mandaba —añadieron—, el experimento se parecía a una tarea escolar. Se aburrían y querían que terminara.

Para Delgado eso no tenía sentido. Las probabilidades de ganar o perder eran exactamente las mismas, con independencia de que fuera el participante o el ordenador el que tuviera el control. Permitir a alguien tratar de adivinar, en lugar de esperar a que un ordenador trate de adivinar por él, no debería suponer ninguna diferencia real en la experiencia del juego. Las reacciones neurológicas de la gente deberían haber sido idénticas en ambos casos. Pero, de algún modo, permitir a la gente tomar decisiones transformaba el juego. En lugar de ser una lata, se convertía en un reto. Los participantes se sentían más motivados a jugar simplemente porque creían que tenían el control.[11]

III

En las últimas décadas, en la medida en que la economía ha cambiado y las grandes empresas que prometían un trabajo para toda la vida han dado paso a los autoempleos y a las denominadas «carreras migratorias», entender la motivación se ha hecho cada vez más importante. En 1980, más del 90 por ciento de la población activa estadounidense dependía de un jefe.[12] Hoy, más de una tercera parte de los estadounidenses que trabajan lo hacen como autónomos, como contratistas o en otras situaciones eventuales.[13] Los trabajadores que han tenido éxito en esta nueva economía son los que saben decidir por sí mismos cómo ocupar el tiempo y distribuir su energía.[14] Entienden cómo establecer objetivos, priorizar tareas y decidir sobre a qué proyectos dedicarse. Según diversos estudios, las personas que saben motivarse a sí mismas ganan más dinero que sus colegas, refieren niveles más altos de felicidad y afirman que se sienten más satisfechos con sus familias, sus empleos y sus vidas.

Los libros de autoayuda y los manuales de liderazgo suelen definir la automotivación como un rasgo estático de nuestra personalidad o el resultado de un cálculo neurológico en el que subconscientemente sopesamos esfuerzos frente a recompensas. Pero los científicos afirman que la motivación es más complicada. Es más bien una habilidad, similar a la lectura o la escritura, que puede aprenderse y perfeccionarse. Los científicos han descubierto que las personas pueden mejorar su motivación si practican de la manera adecuada. El truco —dicen— consiste en comprender que un requisito previo de la motivación es creer que tenemos autoridad sobre nuestras acciones y nuestro entorno. Para motivarnos, debemos sentir que tenemos el control.

«La necesidad de control es un imperativo biológico»,[15] escribía en 2010 un grupo de psicólogos de la Universidad de Columbia en la revista *Trends in Cognitive Sciences*. Cuando las personas creen que tienen el control, tienden a esforzarse y exigirse más. Por regla general, son más seguras de sí mismas y les cuesta menos superar los reveses.[16] Las personas que creen que tienen autoridad sobre sí mismas a menudo viven más que sus coetáneas.[17] Este instinto de control es tan crucial en el modo como se desarrolla nuestro cerebro que los niños, una vez que aprenden a alimentarse, se resisten a los intentos de control de los adultos a pesar de que probablemente la sumisión les garantice la comida en la boca.[18]

Una forma de demostrarnos que tenemos el control es tomando decisiones. «Cada decisión —por pequeña que sea— refuerza la percepción de control y autoeficacia», escribían los investigadores de Columbia. Incluso cuando tomar una decisión no reporta beneficio alguno, seguimos queriendo la libertad de elegir.[19] «Los animales y los humanos muestran una preferencia por decidir antes que por no decidir, incluso cuando esa decisión no confiere ninguna recompensa adicional», señalaba Delgado en un trabajo publicado en la revista *Psychological Science* en 2011.[20]

A partir de estas ideas ha surgido una teoría de la motivación: el primer paso para generar empuje es dar a la gente la oportunidad de tomar decisiones que le confieran una sensación de autonomía y autodeterminación.[21] En los experimentos, las personas se sienten más motivadas a realizar tareas difíciles cuando dichas tareas se presentan como decisiones antes que como órdenes. Esa es una de las razones por las que, por ejemplo, nuestro proveedor de televisión por internet nos hace tantas preguntas cuando nos damos de alta en el servicio. Si nos preguntan si preferimos un extracto en formato digital a una factura detallada, o el «paquete ultra» a la «selección platino», o HBO a Showtime, probablemente nos sentiremos más motivados a pagar la factura mensual. Si experimentamos cierto control, estaremos más dispuestos a seguir el juego.

«Es como cuando está atrapado en un atasco en la autopista y ve que se acerca una salida, y quiere cogerla aunque sepa que probablemente tardará más en llegar a casa, ¿no? —me decía Delgado—. Eso es porque nuestro cerebro se excita ante la posibilidad de tomar el control. No llegarás antes a casa, pero te sientes mejor porque crees que estás al mando.»

Esta es una provechosa lección para cualquiera que espere motivarse a sí mismo o motivar a otros, pues sugiere un método fácil para activar la voluntad de actuar: encontrar una opción, casi cualquier opción, que nos permita ejercer el control. Si estás luchando por contestar una tediosa retahíla de correos electrónicos, opta por contestar a uno de la parte central de la bandeja de entrada. Si estás intentando redactar un escrito, escribe primero la conclusión, o empieza haciendo los gráficos, o la parte que te parezca más interesante. Para encontrar la motivación necesaria a la hora de enfrentarte a un empleado desagradable, escoge el lugar donde se hará la reunión. Para realizar la siguiente llamada comercial, decide qué pregunta formularás primero.

La motivación se activa tomando decisiones que nos demuestran que tenemos el control. La opción concreta que escojamos importa menos que la afirmación de control. Es esta sensación de autodeterminación la que nos estimula. De ahí que los participantes en los experimentos de Delgado estuvieran dispuestos a jugar una y otra vez si sentían que estaban al mando.

Eso no equivale a decir que, en consecuencia, la motivación resulte siempre fácil. En realidad, a veces no basta el simple hecho de tomar una decisión. En ocasiones, para motivarnos de verdad, necesitamos algo más.

IV

Cuando Eric Quintanilla estampó su firma en el formulario que lo convertía oficialmente en marine estadounidense, el reclutador le estrechó la mano, le miró a los ojos y le dijo que había tomado la decisión correcta.

—Es la única que podía tomar en mi caso, señor —respondió Quintanilla.

Había querido que sus palabras transmitieran valor y seguridad, pero le tembló la voz y tenía la mano tan sudada que luego ambos hubieron de secarse las palmas en los pantalones.

Quintanilla ya había cumplido los veintitrés años. Cinco años antes se había graduado en el instituto en una pequeña población a una hora al sur de Chicago. Había pensado ir a la universidad, pero no sabía qué estudiar, no tenía claro qué quería hacer después; para ser sinceros, no estaba seguro de demasiadas cosas. De modo que se matriculó en un colegio universitario local y se sacó una licenciatura en estudios generales, esperando que le sirviera para encontrar trabajo en una tienda de móviles de un centro comercial. «Rellené, no sé, como diez solicitudes —explicaba Quintanilla—. Pero nunca me contestó nadie.»

Encontró un trabajo a tiempo parcial en una tienda de hobbies y de vez en cuando conducía un camión de hielo cuando el chófer titular estaba enfermo o de vacaciones. Por las noches jugaba al videojuego World of Warcraft. No era así como había imaginado su vida. Estaba preparado para algo mejor. Decidió proponer matrimonio a la chica con quien salía desde el instituto. La boda fue estupenda. Pero después todavía seguía en el mismo sitio. Y entonces su esposa se quedó embarazada. Él probó una vez más con las tiendas de móviles y consiguió una entrevista. La noche antes de la cita estuvo ensayando con su esposa.

—Cariño —le dijo ella—, tienes que darles una razón para que te contraten. Diles simplemente que la idea de trabajar con ellos te entusiasma.

Al día siguiente, cuando el encargado de la tienda le preguntó por qué quería vender teléfonos móviles de aquella operadora, T-Mobile, Quintanilla se quedó bloqueado.

—No lo sé —respondió.

Y era verdad. No tenía ni idea.

Al cabo de unas semanas Quintanilla fue a una fiesta y se encontró con uno de sus antiguos compañeros de clase, que acababa de regresar a casa después de una instrucción militar básica, con nueve kilos de menos, abultados músculos y una recién descubierta sensación de confianza en sí mismo. Contaba chistes e intentaba ligar con las chicas. A la mañana siguiente, Quintanilla le dijo a su mujer que a lo mejor consideraba la posibilidad de alistarse en los marines. A ella no le gustó la idea, y a su madre tampoco, pero a él no se le ocurría ninguna otra cosa que hacer. Una noche se sentó a la mesa de la cocina, trazó una línea vertical en el centro de una hoja de papel, escribió «Cuerpo de Marines» en el lado izquierdo e intentó llenar el derecho con otras opciones. Lo único que se le ocurrió fue: «Que me asciendan en la tienda de hobbies».

Cinco meses después llegaba al Centro de Reclutas del Cuerpo de Marines de San Diego en plena noche, se metía arrastrando los pies en una habitación junto con otros ochenta jóvenes, le afeitaban la cabeza, comprobaban su grupo sanguíneo, reemplazaban su ropa por un traje de faena y empezaba una nueva vida.[22]

El campamento de reclutas de trece semanas de duración al que fue a parar Quintanilla en 2010 era un experimento relativamente nuevo en los doscientos treinta y cinco años que llevaba el Cuerpo de Marines tratando de crear al marine perfecto. Durante la mayor parte de su historia, el programa de instrucción de los marines se había centrado en moldear a adolescentes pendencieros hasta convertirlos en soldados disciplinados. Pero quince años antes de que Quintanilla se alistara, un general de cincuenta y tres años llamado Charles C. Krulak había sido ascendido a comandante, el rango más alto entre los marines. Krulak creía que la instrucción básica necesitaba un cambio. «Veíamos a aspirantes mucho más débiles —me explicó—. Muchos de esos chicos no solo necesitaban disciplina; necesitaban una reforma mental. Nunca habían formado parte de un equipo deportivo, nunca habían tenido un verdadero empleo, nunca habían hecho nada. Ni siquiera usaban el léxico de la ambición. Habían seguido instrucciones toda su vida.»[23]

Eso era un problema, porque el Cuerpo de Marines necesitaba

de manera creciente tropas capaces de tomar decisiones independientes. Como a ellos les gusta decir, los marines son diferentes de
los soldados y los marineros. «Somos los primeros en llegar y los
últimos en marcharnos —afirmaba Krulak—. Necesitamos personas
con suma iniciativa.» En el mundo de hoy, eso significa que requieren hombres y mujeres capaces de luchar en sitios como Somalia y
Bagdad, donde las reglas y tácticas cambian de manera impredecible
y con frecuencia los marines tienen que decidir —por sí solos y en
tiempo real— la mejor línea de acción.[24]

«Empecé a hablar con psicólogos y psiquiatras, tratando de
determinar cómo podíamos enseñar a esos reclutas a pensar por sí
mismos —explicaba Krulak—. Estaban llegándonos muy buenos
reclutas, pero se hallaban desorientados y les faltaba empuje. Lo
único que sabían hacer era lo imprescindible. Era como trabajar
con un montón de blandengues. Los marines no pueden ser blandengues.»

Krulak, que empezó a leer estudios para enseñar motivación, se
sintió especialmente intrigado por una investigación, realizada por
el Cuerpo de Marines años antes, en la que se mostraba que los
mejores marines eran los que poseían un fuerte «locus de control
interno», una creencia que podía influir en su destino a través de las
decisiones que tomaban.

El denominado «locus de control» ha sido un importante tema
de estudio en psicología desde la década de los años cincuenta.[25]
Los investigadores han descubierto que las personas con un locus
de control interno tienden a elogiarse o a culparse por sus éxitos o
fracasos, en lugar de atribuir la responsabilidad a cosas que escapan
a su influencia. Un estudiante con un fuerte locus de control interno,
por ejemplo, atribuirá las buenas notas a su esfuerzo, antes que al
hecho natural de tener «coco». Un vendedor con un locus de control
interno culpará de una venta perdida a su falta de garra, antes que
a la mala suerte.

«Se ha vinculado el locus de control interno con el éxito académico, con una mayor motivación y con la madurez social, a menores

incidencias de estrés y depresión, y a una vida más larga»,[26] escribió en 2012 un equipo de psicólogos en la revista *Problems and Perspectives in Management*. Las personas con un locus de control interno tienden a ganar más dinero, tener más amigos y permanecer más tiempo casadas, y afirman gozar de mayor éxito y satisfacción profesional.

Por el contrario, tener un locus de control externo —creer que nuestra vida se ve influida principalmente por acontecimientos que escapan a nuestro control— «se correlaciona con niveles más altos de estrés, [a menudo] porque el individuo percibe que la situación está más allá de su capacidad de afrontarla», escribía el mencionado equipo de psicólogos.

Diversos estudios muestran que se puede influir en el locus de control de alguien mediante el entrenamiento y la retroalimentación. Un experimento realizado en 1998, por ejemplo, presentaba a 128 estudiantes de unos diez años una serie de difíciles rompecabezas.[27] Después se le decía a cada uno de ellos que lo había hecho muy bien. A la mitad se les decía asimismo: «Debes de haber trabajado duro para resolver estos problemas». Se ha comprobado que decir a unos estudiantes de diez años que han trabajado duro activa su locus de control interno, porque trabajar duro es algo que nosotros decidimos hacer. Elogiar a los estudiantes por trabajar duro refuerza su creencia en que tienen el control de sí mismos y su entorno.

A la otra mitad de los estudiantes también se les informó de que lo habían hecho bien y luego se les dijo: «Debes de ser realmente inteligente para resolver estos problemas». Elogiar a los estudiantes por su inteligencia activa el locus de control externo. La mayoría de los estudiantes de diez años no creen que puedan escoger cuán inteligentes son. En general, los niños pequeños piensan que la inteligencia es una capacidad innata, de modo que decirles que son inteligentes refuerza su creencia en que el éxito o el fracaso se basan en factores que escapan a su control.

Luego se invitó a todos los estudiantes a trabajar en otros tres rompecabezas de dificultad variable.

A los estudiantes a quienes se había elogiado por su inteligencia —aquellos a los que se había instado a pensar en términos de cosas en las que no podían influir— tenían muchas más probabilidades de centrarse en los rompecabezas más fáciles en la segunda ronda de juego, pese a haber sido elogiados por ser inteligentes. Estaban menos motivados para esforzarse. Más tarde confesaron que el experimento no había sido demasiado divertido.

En cambio, a los estudiantes a quienes se había elogiado por trabajar duro —aquellos a los que se había alentado a enmarcar la experiencia en términos de autodeterminación— fueron directamente a los rompecabezas difíciles. Trabajaron más tiempo y lo hicieron mejor. Después dijeron que se lo habían pasado muy bien.

«El locus de control interno es una habilidad aprendida —me explicaba Carol Dweck, la psicóloga de Stanford que ayudó a realizar el estudio—.[28] La mayoría de nosotros la aprendemos muy pronto. Pero el sentimiento de autodeterminación de algunas personas se ve reprimido por el modo como se las educa, o por las experiencias vividas, y olvidan cuánta influencia pueden ejercer en su propia vida.

»Es entonces cuando el entrenamiento resulta útil, porque si pones a las personas en situaciones donde ejercer la sensación de control, donde se despierte de nuevo ese locus de control interno, podrán empezar a crear hábitos que les hagan creer que están al mando de su propia vida, y cuanto más sientan eso, más control tendrán realmente de sí mismas.»[29]

Para Krulak, este tipo de estudios parecían dar en la clave de cómo enseñar motivación a los reclutas. Si lograba rediseñar la instrucción básica de modo que forzara a estos a tomar el control de sus propias decisiones, ese impulso —esperaba— podría hacerse más automático. «Hoy lo llamamos enseñar "tendencia a la acción" —me explicaba Krulak—. La idea es que, una vez que los reclutas han tomado el control de unas cuantas situaciones, empiezan a aprender lo bien que sienta.

»Nunca le decimos a nadie que es un líder nato. "Nato" significa que escapa a tu control —añadía—. En cambio, les enseñamos que el liderazgo se aprende, que es producto del esfuerzo. Llevamos a los reclutas a experimentar esa emoción de tomar el control, de sentir el subidón de estar al mando. Una vez que los hacemos adictos, se enganchan a eso.»

Para Quintanilla, ese seminario empezó en cuanto llegó. Al principio hubo largos días de marchas forzadas, interminables abdominales y flexiones y aburridas prácticas de fusil. Los instructores le gritaban sin cesar («Tenemos una reputación que mantener», me decía Krulak). Pero, junto con esos ejercicios, Quintanilla también afrontó una constante serie de situaciones que lo obligaban a tomar decisiones y asumir el control.

Así, por ejemplo, en la cuarta semana de instrucción se ordenó al pelotón de Quintanilla que limpiara el comedor. Los reclutas no tenían ni idea de cómo hacerlo. No sabían dónde se guardaban los productos de limpieza ni cómo funcionaba el lavavajillas industrial. Acababa de finalizar la comida y no estaban seguros de si tenían que guardar o tirar las sobras. Cada vez que alguien se acercaba a un instructor en busca de consejo, lo único que encontraba era un ceño fruncido. De modo que el pelotón se puso a tomar decisiones. La ensalada de patatas se tiró, las hamburguesas sobrantes fueron al refrigerador y el lavavajillas se cargó con tanto detergente que el suelo no tardó en cubrirse de espuma. Necesitaron tres horas y media, incluido el tiempo dedicado a enjugar la espuma, para limpiar el comedor. Se equivocaron tirando alimentos comestibles, apagaron accidentalmente el congelador para los helados y de algún modo lograron perder dos docenas de tenedores. Sin embargo, cuando terminaron, el instructor se acercó al miembro más bajito y tímido del pelotón y le dijo que había observado cómo se había hecho valer cuando había habido que decidir dónde guardar el ketchup. En realidad era bastante obvio dónde guardarlo: había un enorme grupo de estantes que no contenían más que tarros de este producto.[30] Pero el recluta tímido sonrió satisfecho al sentirse elogiado.

«Yo reparto una serie de elogios, todos ellos concebidos para ser inesperados —explicaba el sargento Dennis Joy, un instructor de aspecto absolutamente intimidante que un día me enseñó el Centro de Reclutas—. Nunca se te recompensará por hacer lo que te resulta fácil. Si eres un atleta, nunca te elogiaré por haber hecho una buena carrera. Solo al tío bajito se le felicita por correr rápido. Solo al tío tímido se le reconoce que ha asumido un papel de liderazgo. Elogiamos a la gente por realizar cosas difíciles. Así aprenden a creer que pueden hacerlas.»

El punto fuerte de la rediseñada instrucción básica de Krulak era el Crisol, una agotadora prueba de tres días que se lleva a cabo en la última etapa del campamento. Quintanilla tenía terror al Crisol; él y sus compañeros de dormitorio lo comentaban entre murmullos por las noches. Había rumores y conjeturas descabelladas. Alguien contó que el año anterior un recluta había perdido un miembro cuando estaba a mitad de prueba. El Crisol de Quintanilla comenzó un martes cuando despertaron a su pelotón a las dos de la madrugada y les dijeron que debían prepararse para marchar, reptar y trepar a lo largo de 80 kilómetros de pistas de obstáculos.[31] Cada persona cargaría con 14 kilos de material. Solo les repartirían dos comidas por cabeza durante las siguientes cincuenta y cuatro horas. Como mucho, contarían con apenas unas pocas horas de sueño. Alguno se lesionaría. El que no se moviera o quedara demasiado rezagado sería expulsado del Cuerpo de Marines.

A mitad del Crisol, los reclutas se enfrentaron a una tarea llamada «el tanque del sargento Timmerman».

—¡El enemigo ha contaminado químicamente esta zona! —les gritó un instructor, señalando una fosa del tamaño de un campo de fútbol—. Tenéis que atravesarla cargados con todo el equipo y con las máscaras antigás puestas. Si un recluta toca el suelo, habréis fallado y tendréis que volver a empezar. Si pasáis más de sesenta minutos en la fosa, habréis fallado y tendréis que volver a empezar.

Debéis obedecer a vuestro jefe de equipo. Repito: no podéis proceder sin una orden verbal directa del jefe de equipo. Debéis oír la orden antes de actuar; de lo contrario, habréis fallado y tendréis que volver a empezar.

El equipo de Quintanilla formó un corro y usaron una técnica aprendida en la instrucción básica.

—¿Cuál es nuestro objetivo? —preguntó un recluta.

—Cruzar la fosa —contestó otro.

—¿Qué hacemos con las tablas? —preguntó otro recluta, señalando un par de tablones con cuerdas atadas.

—Podríamos ponerlas una detrás de otra —respondió algún otro.

El jefe de equipo dio una orden verbal y el corro se deshizo para probar la idea en el borde de la fosa. Subidos a una de las tablas, trataron de arrastrar la otra hacia delante. Nadie podía mantener el equilibrio. Volvieron a formar un corro.

—¿Qué hacemos con las cuerdas? —preguntó un recluta.

—Levantar los tablones —dijo otro, que aconsejó subirse a las dos tablas a la vez y utilizar las cuerdas para alzar cada pieza al alimón, como si fueran esquís.

Se pusieron las máscaras antigás y se subieron a las tablas, con el jefe de equipo delante. «¡Izquierda!», gritó este, y los reclutas tiraron de uno de los tablones ligeramente hacia delante. «¡Derecha!»… Empezaron a avanzar arrastrando las tablas por la fosa. Pero al cabo de diez minutos se vio que aquello no funcionaba. Algunos levantaban la tabla demasiado deprisa; otros la empujaban demasiado lejos. Y como todos llevaban máscaras antigás, era imposible oír las órdenes del jefe. Ya habían avanzado demasiado para darse la vuelta, pero a ese ritmo tardarían horas en cruzar la fosa. Los reclutas empezaron a gritarse unos a otros que tenían que parar.

El jefe ordenó una pausa. Se giró hacia el hombre que tenía justo detrás.

—¡Fíjate en mis hombros! —le gritó a través de su máscara antigás.

Entonces encogió primero el hombro izquierdo y luego el derecho. Observando el ritmo del jefe, el recluta de detrás de él podía coordinar cómo levantar las tablas. El único problema era que no respetaba una de las directrices: les habían dicho que no podían actuar hasta que oyeran una orden verbal de su jefe. Pero, con las máscaras puestas, realmente nadie oía nada. Aun así, no había ninguna otra forma de hacerlo. De modo que el jefe de equipo empezó a encoger los hombros y balancear los brazos mientras gritaba las órdenes. Al principio nadie cogía el ritmo, de manera que se puso a cantar a voz en grito una de las canciones aprendidas en sus largas marchas. El recluta de detrás de él oyó lo suficiente para engancharse. Su vecino también. Al final, todos cantaban, encogían los hombros y se balanceaban al mismo ritmo. Cruzaron la fosa en veintiocho minutos.

«Técnicamente, podríamos haberles hecho volver a empezar porque ninguno de ellos oía una orden verbal directa del jefe —me comentaría más tarde un sargento de instrucción—. Pero esa es la gracia del ejercicio: sabemos que con la máscara antigás no puedes oír nada. La única forma de atravesar la fosa es encontrar un truco. Intentamos enseñarles que no puedes limitarte a obedecer órdenes; tienes que tomar el control y resolver las cosas por ti mismo.»

Veinticuatro horas y otra docena de obstáculos después, el pelotón de Quintanilla se reunía para afrontar el reto final del Crisol, una larga y escarpada colina a la que llamaban la Parca.

—No tenéis que ayudaros unos a otros durante esta prueba —advirtió Krulak—. Ya ha pasado otras veces. Los reclutas se derrumban y no tienen colegas, así que se quedan atrás.

En ese momento Quintanilla llevaba ya dos días de marcha. Había dormido menos de cuatro horas. Tenía el rostro entumecido y las manos llenas de ampollas y cortes por acarrear bidones llenos de agua a través de obstáculos. «En la Parca había tíos vomitando —me contaría después—. Uno llevaba el brazo en cabestrillo.» Cuando empezaron a subir la montaña, no dejaban de tropezar. Estaban todos tan agotados que avanzaban como a cámara lenta, apenas progresaban. De modo que comenzaron a entrelazarse, cogiéndose del brazo, para no resbalar pendiente abajo.

—¿Por qué hacéis eso? —le preguntó resollando a Quintanilla el compañero con quien compartía la carga, empleando una pauta de «llamada y respuesta» que habían practicado en las caminatas. Cuando las cosas se pusieran más feas, sus instructores les habían dicho que tenían que formularse unos a otros preguntas que empezaran con un «¿por qué?».

—Para convertirme en un marine y dar una vida mejor a mi familia —respondió Quintanilla.

Una semana antes su esposa había dado a luz a una niña, Zoey. Después del parto se le había permitido hablar con ella por teléfono cinco minutos. Había sido su único contacto con el mundo exterior en casi dos meses. Si pasaba el Crisol, podría ver a su esposa y a su hija recién nacida.

Si puedes vincular algo difícil a una decisión que te importa, la tarea resulta más fácil, le habían dicho los instructores a Quintanilla. De ahí que se formularan unos a otros preguntas que empezaban con un «por qué». Convirtamos una pesada tarea en una decisión significativa, y surgirá la motivación.

El pelotón coronó la última cima cuando el sol estaba en lo más alto y llegó tambaleándose hasta un claro con un mástil. Todo el mundo se quedó inmóvil. Lo habían conseguido. El Crisol había terminado. Un instructor caminó a través de su formación, deteniéndose ante cada hombre para ponerle la insignia del Cuerpo de Marines, con el águila, el globo y el ancla, en sus manos. Eran oficialmente marines.

«Uno piensa que en el campamento de reclutas solo habrá gritos y combate —me explicaría más tarde Quintanilla—. Pero no es así. No lo es en absoluto. Tiene más que ver con aprender a obligarse a hacer cosas que uno creía que no podía hacer. La verdad es que resulta muy emotivo.»

La instrucción básica, como la propia carrera en el Cuerpo de Marines, ofrece pocas recompensas materiales; el sueldo inicial de un marine es de unos 17.600 dólares anuales. Sin embargo, el cuerpo cuenta con uno de los índices más altos de satisfacción profesional. La instrucción que proporciona a unos 40.000 reclutas al año ha transformado las vidas de millones de personas, que, como Quintanilla, no tenían ni idea de cómo motivarse y orientarse para tomar el control de sus vidas. Desde las reformas de Krulak, tanto la continuidad de nuevos reclutas en la institución como los indicadores de rendimiento de los nuevos marines han aumentado en un 20 por ciento. Diversos estudios indican que durante la instrucción básica el locus de control interno del recluta medio aumenta de manera significativa.[32] Los experimentos de Delgado fueron un punto de partida para comprender la motivación. Los marines completan esas ideas ayudándonos a entender cómo enseñar a tener empuje a personas que carecen de práctica en autodeterminación: si le das a la gente la oportunidad de experimentar una sensación de control y le dejas practicar la toma de decisiones, puede aprender a ejercer su fuerza de voluntad. En el momento en que una persona sabe convertir las decisiones autónomas en hábito, la motivación se hace más automática.

Además, para que podamos aprender a motivarnos más fácilmente, primero tenemos que concebir nuestras decisiones no solo como expresiones de control, sino también como afirmaciones de nuestros valores y objetivos. Esa es la razón de que los reclutas se pregunten unos a otros «¿por qué?»: porque les enseña a vincular pequeñas tareas a aspiraciones mayores.

La importancia se refleja en una serie de estudios realizados en residencias para ancianos en la década de los años noventa. Los investigadores estudiaban por qué a algunas personas mayores les iba muy bien en este tipo de instituciones, mientras que otras experimentaban una rápida decadencia física y mental. Una diferencia crucial —determinaron los investigadores— era que las personas mayores a las que les iba bien tomaban decisiones que se rebelaban contra los rígidos horarios, los inflexibles menús y las estrictas reglas que trataban de imponerles en las residencias.[33]

Algunos investigadores se referían a tales residentes como «subversivos», porque muchas de sus decisiones se manifestaban como pequeñas rebeliones contra el *statu quo*. Un grupo de ancianos de una residencia de Santa Fe, por ejemplo, empezaba cada comida intercambiando alimentos entre sí para diseñarse los menús a su gusto, en lugar de aceptar tranquilamente lo que se les había servido. Uno de los ancianos le explicó a un investigador que él siempre regalaba su tarta porque, aunque le gustaban las tartas, prefería «una comida de segunda categoría, pero elegida por mí».

Un grupo de residentes de una residencia de ancianos de Little Rock, rompiendo las normas de la institución, desplazaron los muebles para personalizar sus dormitorios. Como los armarios estaban sujetos a las paredes, utilizaron una palanca —sustraída de un armario de herramientas— a fin de soltar las cajoneras. A raíz de aquello, uno de los administradores convocó una reunión y les dijo que no había ninguna necesidad de redecoraciones independientes: si necesitaban ayuda en ese aspecto, el personal se la daría. Los ancianos, por su parte, informaron al administrador de que no querían ayuda, no necesitaban ningún permiso y tenían la intención de seguir haciendo lo que les viniera en gana.

Esos pequeños actos de desafío eran, en el gran conjunto de las cosas, relativamente menores, pero psicológicamente importantes porque los subversivos veían las rebeliones como prueba de que seguían ejerciendo el control sobre sus propias vidas. Por término medio, los subversivos caminaban más o menos el doble que otros habitantes de residencias de ancianos. Comían aproximadamente una tercera parte más. Cumplían mejor las indicaciones de los médicos, tomaban sus medicaciones con regularidad, iban al gimnasio y se relacionaban con familiares y amigos. Estos habían llegado a las residencias con tantos problemas de salud como sus compañeros, pero una vez dentro vivían más, referían mayores niveles de felicidad y se mostraban mucho más activos e intelectualmente ocupados.

«Es la diferencia entre tomar decisiones que te demuestran que todavía sigues al mando de tu vida y caer en una actitud pasiva en la que solo esperas la muerte —me decía Rosalie Kane, una gerontóloga de la Universidad de Minnesota—. En realidad no importa que comas tarta o no, pero si te niegas a comer su tarta, estás demostrándote a ti mismo que todavía sigues al mando.» A los ancianos subversivos les iba bien porque sabían cómo tomar el control, del mismo modo que la tropa de Quintanilla aprendió a cruzar subversivamente la fosa durante el Crisol decidiendo, por sí mismos, cómo interpretar las reglas.

En otras palabras, las decisiones que resultan más potentes de cara a generar motivación son aquellas que cumplen dos requisitos: nos convencen de que tenemos el control y dotan de mayor significado a nuestras acciones. Decidir escalar una montaña puede convertirse en una expresión de amor por una hija. Decidir organizar una insurrección en la residencia de ancianos puede ser una prueba de que todavía sigues vivo. El locus de control interno surge cuando desarrollamos el hábito mental de transformar tareas tediosas en decisiones significativas, cuando afirmamos nuestra autoridad sobre nuestra vida.

Quintanilla terminó el campamento militar en 2010 y sirvió en los marines durante tres años. Luego lo dejó, cuando sintió que por fin estaba preparado para la vida real. Consiguió otro trabajo, pero la falta de camaradería entre sus colegas lo decepcionó. Nadie parecía estar motivado para superarse. De modo que en 2015 se alistó de nuevo. «Echaba de menos el recordatorio constante de que puedo hacer cualquier cosa —me dijo—. Echaba de menos a gente que me impulsara a optar por un yo mejor.»

V

Viola Philippe, la esposa del antiguo magnate de los recambios de automóvil de Luisiana, ya sabía bastante de motivación antes de que ella y Robert volaran a Sudamérica. Había nacido con albinismo —su cuerpo no generaba la enzima tirosinasa, crucial en la producción de melanina— y, como resultado, su piel, su pelo y sus ojos carecían de pigmento, y su vista era muy deficiente. Era oficialmente ciega; solo podía leer acercando mucho la cara a la página y con una lupa. «Aun así, nunca conocerá a una persona más decidida —me dijo su hija, Roxann—. Podía hacer cualquier cosa.»

Cuando Viola era una niña, los responsables de su distrito escolar habían intentado que fuera a educación especial pese a que eran sus ojos, y no su cerebro, los problemáticos. Pero ella se negó a dejar la clase donde estaban sus amigos. Permaneció en aquella aula hasta que los administradores cedieron. Después de graduarse fue a la Universidad Estatal de Luisiana y en la facultad pidió que le proporcionaran a alguien que le leyera los libros de texto en voz alta. La facultad accedió. En su segundo año conoció a Robert, que pronto abandonó los estudios para empezar a lavar y engrasar coches en un concesionario Ford local. Él también la animó a que ella dejara la facultad, pero Viola rehusó educadamente y acabó la carrera. Se casaron en diciembre de 1950, cuatro meses después de que ella se licenciara.

Tuvieron seis hijos, uno detrás de otro, y mientras Robert levantaba su imperio, Viola llevaba la casa. Hacían reuniones matutinas y gráficos que mostraban las tareas diarias reservadas a cada hijo. Los viernes por la noche había controles, en los que cada uno exponía sus objetivos para la semana siguiente. «Eran como dos gotas de agua, los dos tremendamente dinámicos —explicaba Roxann—.

Mamá se negaba a dejar que sus discapacidades la limitaran. Creo que por eso le resultó tan duro que papá cambiara.»

Cuando la apatía se apoderó de Robert, al principio Viola se concentró en cuidar de él. Contrató a enfermeras para que lo ayudaran a hacer ejercicio y colaboró con su hermano a fin de formar un comité que supervisara y luego vendiera las empresas de Robert. Pero al cabo de un tiempo no pudo hacer nada más. Ella se había casado con un *bon vivant*, un hombre tan rebosante de vida que le costaba llegar al supermercado porque constantemente se detenía a charlar con todo el mundo. Ahora Robert se pasaba el día sentado en una silla delante de la tele. Viola estaba deprimida. «No me hablaba —declaró ante el tribunal cuando la familia puso un pleito por el dinero que consideraba que le debía el seguro dadas las lesiones neurológicas de Robert—. No estaba… no parecía estar interesado en nada de lo que yo hacía. Yo le preparaba las comidas y era más o menos una cuidadora. Supongo que podrían considerarme una cuidadora.»

Durante unos años se compadeció de él. Luego se enfadó. Después pasó a la acción. Si Robert no iba a mostrar motivación para recuperar su vida, ella lo obligaría a ponerse en marcha. Lo haría arrancar. Empezó por acribillarlo a preguntas. Cuando le preparaba la comida, le soltaba una avalancha de alternativas: ¿bocadillo o sopa? ¿Lechuga o tomate? ¿Jamón o pavo? ¿Y mayonesa? ¿Agua con hielo o zumo? Al principio, realmente no pretendía nada con ello: solo estaba frustrada y quería hacerlo hablar.

Pero luego, al cabo de unos meses de acoso, Viola descubrió que, cada vez que presionaba a Robert para tomar decisiones, él parecía salir brevemente de su caparazón. Por un momento bromeaba con ella, o le comentaba un programa que había estado viendo. Una noche, después de que ella lo forzara a tomar una docena de decisiones sobre lo que iba a comer, en qué mesa iban a sentarse y qué música escucharían, él empezó a hablarle largo y tendido, recordándole una historia graciosa de después de su boda, cuando se habían quedado fuera de casa sin poder entrar bajo una lluvia torrencial.

Se la contó en tono despreocupado, riéndose por lo bajo al recordar que había intentado forzar una ventana. Era la primera vez que Viola lo oía reír en años. Durante unos minutos fue como si el viejo Robert hubiera vuelto. Luego se sentó delante de la tele y se sumió otra vez en el silencio.

Viola prosiguió con su campaña y, con el tiempo, fue reapareciendo una parte cada vez mayor del viejo Robert. Viola lo felicitaba, halagaba y recompensaba cuando, por un instante, se parecía a su antiguo yo. Cuando volvieron al doctor Strub, el neurólogo de Nueva Orleans, para la revisión anual siete años después del viaje a Sudamérica, el médico apreció la diferencia. «Saludaba a las enfermeras y les preguntaba por sus hijos —explicaba Strub—. Sacaba temas de conversación conmigo, me preguntaba por mis aficiones. Opinaba sobre la ruta que habían de seguir para volver a casa. Cosas que en cualquier otra persona no habrías considerado, pero que en su caso era como si alguien volviera a encender las luces.»

A medida que los neurólogos han estudiado cómo funciona la motivación en nuestro cerebro, se han ido convenciendo cada vez más de que las personas como Robert no pierden empuje porque hayan perdido la capacidad de motivarse. Lejos de ello, su apatía se debe a una disfunción emocional. Una de las cosas que observó Habib, el investigador francés, en todas las personas a quienes estudió era que todas compartían un extraño desapego emocional. Una mujer apática le decía que apenas había reaccionado cuando murió su padre. Un hombre le explicaba que no había sentido el impulso de abrazar a su esposa o a sus hijos desde que la pasividad se había apoderado de él. Cuando Habib les preguntó a sus pacientes si sentían tristeza por lo mucho que habían cambiado sus vidas, todos le respondieron que no. No sentían nada.[34]

Los neurólogos han sugerido que este entumecimiento emocional es la causa de que algunas personas no se vean motivadas por nada. En los pacientes de Habib, las lesiones del cuerpo estriado les impedían experimentar la sensación de recompensa derivada de asumir el control. Su motivación quedaba inactiva porque habían olvidado lo bien que sienta tomar una decisión. En otras situaciones, es lo que la gente no ha aprendido nunca lo que parece estar autodeterminado, porque han crecido en un barrio que parece ofrecer muy pocas opciones o porque han olvidado las recompensas de la autonomía después de mudarse a una residencia de ancianos.

Esta teoría sugiere cómo ayudarnos a nosotros mismos y ayudar a otros a reforzar el propio locus de control interno. Debemos recompensar la iniciativa, felicitar a la gente por su motivación, celebrar cuando un bebé quiere alimentarse por sí solo. Debemos aplaudir al niño que muestra una obstinación desafiante y arrogante, y recompensar al estudiante que encuentra un modo de hacer las cosas saltándose las reglas.

Esto, obviamente, es más fácil en teoría que en la práctica. Todos aplaudimos la motivación hasta que un niño que empieza a andar se niega a ponerse los zapatos, un padre anciano arranca una cajonera de la pared o un adolescente rompe las normas. Pero así es como se fortalece el locus de control interno. Así es como nuestra mente aprende y recuerda lo bien que sienta ejercer el control. Y a menos que practiquemos la autodeterminación y nos demos a nosotros mismos recompensas emocionales por nuestra autoafirmación subversiva, nuestra capacidad de motivación puede desvanecerse.

Es más, hemos de demostrarnos que nuestras decisiones resultan significativas. Cuando iniciamos una nueva tarea, o afrontamos un quehacer desagradable, debemos tomarnos un momento para preguntarnos «por qué». ¿Por qué nos obligamos a subir esa colina? ¿Por qué nos forzamos a alejarnos de la tele? ¿Por qué es tan importante contestar ese correo electrónico o tratar con un compañero de trabajo cuyas demandas parecen tan insignificantes?

Una vez que empezamos a preguntarnos por qué, esas pequeñas tareas se convierten en fragmentos de una constelación más amplia de proyectos, objetivos y valores fundamentales. Empezamos a reconocer que las pequeñas tareas rutinarias pueden tener enormes recompensas emocionales, puesto que nos demuestran que tomamos decisiones significativas, que tenemos genuinamente el control de nuestra propia vida. Es entonces cuando florece la automotivación: cuando comprendemos que contestar a un correo electrónico o ayudar a un compañero de trabajo por sí solos podrían ser actos relativamente poco importantes, pero forman parte de un proyecto de mayor envergadura en el que creemos, que deseamos alcanzar y que hemos decidido llevar a cabo. La motivación, en otras palabras, es una decisión que tomamos porque forma parte de algo mayor y emocionalmente más gratificante que la tarea inmediata que haya que realizar.

En 2010, veintidós años después de sus vacaciones sudamericanas con Robert, a Viola le diagnosticaron un cáncer de ovario. La enfermedad tardó dos años en acabar con ella. En cada fase, Robert estuvo a su lado, ayudándola a levantarse por las mañanas y recordándole que se tomara la medicación por las noches. Le hacía preguntas para distraerla del dolor y la alimentaba cuando ella se debilitó. Cuando Viola falleció, Robert permaneció sentado durante días en la cama de ella, ahora vacía. Sus hijos, preocupados por la posibilidad de que recayera en el estado de apatía, le sugirieron que visitara al neurólogo de Nueva Orleans. Quizá el médico recomendaría algo para impedir que volviera a ser presa del desánimo.

No, respondió Robert. No era la apatía la que lo mantenía encerrado. Solo necesitaba tiempo para reflexionar sobre sesenta y dos años de matrimonio. Viola había ayudado a Robert a construir una vida y luego, cuando todo se le había ido de las manos, le había ayudado a reconstruirla de nuevo. Ahora él solo quería honrar todo ello haciendo una pausa por unos días, les dijo a sus hijos. Al cabo de una semana salió de casa y almorzó fuera. Luego fue a hacer de canguro de sus nietos. Robert falleció dos años después, en 2014. En su necrológica se señalaba que se mantuvo activo hasta el final.

2

Equipos

Seguridad psicológica en Google
y *Saturday Night Live*

Julia Rozovsky tenía veinticinco años y no sabía qué hacer con su vida cuando decidió que era el momento de cambiar. Se había licenciado en la Universidad Tufts (en Massachusetts) en matemáticas y economía, y luego había trabajado en una consultoría, trabajo que no la hacía sentirse realizada. Más tarde había colaborado como investigadora con dos profesores de Harvard, lo cual, aunque divertido, no suponía una carrera profesional a largo plazo.

Acaso su sitio se encontraba en una gran empresa, o quizá debía hacer carrera académica, pensaba. O a lo mejor podía incorporarse a una empresa tecnológica emergente. Estaba muy confundida. De modo que escogió una opción en la que no tenía que decidir: presentó solicitudes para matricularse en varias escuelas de negocios, y en 2010 fue aceptada en la Escuela de Gestión Empresarial de Yale, con sede en New Haven, Connecticut.

Se dirigió a New Haven dispuesta a unirse a sus compañeros de clase y, como todos los nuevos alumnos, fue asignada a un grupo de estudio. Imaginó que ese grupo sería una parte importante de su formación. Sus miembros se harían buenos amigos y aprenderían juntos, debatirían temas de peso y descubrirían, con su ayuda mutua, qué estaban destinados a ser.

Los grupos de estudio son un ritual de paso en la mayoría de los programas de máster en administración de empresas, una forma de que los estudiantes aprendan a trabajar en equipo. En Yale, «cada grupo de estudio comparte el mismo horario de clases y colabora en todos los trabajos de grupo —se explicaba en uno de los sitios web de la escuela—.[1] Los grupos de estudio han sido minuciosamente diseñados para unir a estudiantes de trayectorias diversas, tanto profesionales como culturales». Cada día, durante la comida o después de la cena, Julia y los otros cuatro miembros de su grupo de estudio se reunían a fin de discutir las tareas y comparar hojas de cálculo, preparar estrategias para próximos exámenes e intercambiar apuntes de clase. La verdad sea dicha, su grupo no resultaba tan diverso. Dos de sus miembros habían sido consultores de gestión, como Julia. Otro había trabajado en una empresa emergente. Todos eran listos, curiosos y extrovertidos. Ella confiaba en que gracias a sus similitudes establecerían fácilmente vínculos. «Hay mucha gente que dice que algunos de sus mejores amigos de la escuela de negocios provienen de sus grupos de estudio —me explicaba Julia—. Pero en mi caso no fue así.»

Casi desde el principio, aquel grupo de estudio fue como una dosis diaria de estrés. «Nunca me sentía completamente relajada —me dijo—. Siempre me parecía que tenía que probar mi valía.» No tardó en surgir una dinámica que la puso muy nerviosa. Todos querían demostrar que eran líderes, de modo que, cuando los profesores asignaban los trabajos a los grupos de estudio, había peleas sutiles para ver quién era el responsable. «La gente trataba de mostrar autoridad hablando más fuerte, o discutiendo», relataba Julia. Cuando había que repartir las distintas tareas de los proyectos, a veces un miembro del grupo asignaba los papeles de antemano, y entonces los demás criticaban esas asignaciones, y luego algún otro se atribuía la autoridad sobre alguna parte del proyecto, y después todos los demás se lanzaban a por su parte. «Quizá fueran mis propias inseguridades, pero yo no podía dejar de sentir que había de tener cuidado de no cometer errores delante de ellos —me dijo Julia—. Se criticaban unos a otros, pero como si estuvieran contando un chiste, de modo que el grupo era algo así como pasivo-agresivo.

»Yo ansiaba trabar amistad con la gente de mi grupo —añadió—. De verdad, me sacaba de quicio que no encajáramos.»[2]

De manera que Julia empezó a buscar otros grupos a los que incorporarse, otras formas de conectar con compañeros de clase. Una persona mencionó que algunos estudiantes estaban formando un equipo para participar en las llamadas «competiciones de casos», en las que los alumnos de las escuelas de negocios proponían soluciones innovadoras a problemas empresariales del mundo real. Se asignaba a los equipos un estudio de caso, dedicaban unas semanas a redactar un plan de negocio y luego se lo enviaban a una serie de altos ejecutivos y profesores, que escogían al ganador. Las competiciones contaban con el patrocinio de empresas y había premios en metálico, así como, en ocasiones, alguien obtenía algún puesto de trabajo. Julia se apuntó.

Yale contaba con una docena de equipos distintos que participaban en dichas competiciones. En el equipo al que se unió Julia había un antiguo oficial del ejército, un investigador miembro de un laboratorio de ideas, el director de una entidad educativa sin ánimo de lucro y un gestor de programas para refugiados. A diferencia de su grupo de estudio, cada uno tenía una trayectoria distinta, pero se entendieron desde el primer momento. Cuando llegaba un nuevo caso, se reunían en la biblioteca y se ponían manos a la obra, dedicando horas a proponer opciones en forma de tormenta de ideas, asignando labores de investigación y repartiendo tareas de redacción. Luego volvían a reunirse numerosas veces. «Uno de los mejores casos que hicimos tenía que ver con la propia Yale —explicaba Julia—. Desde siempre, había habido una tienda regentada por estudiantes donde se vendían cosas para picar, pero la universidad se estaba haciendo cargo de la venta de comida en su totalidad, de modo que la escuela de negocios patrocinó una competición para remodelar la tienda.

»Nos reunimos todas las noches durante una semana. Yo propuse que llenáramos la tienda de módulos para dormir la siesta, alguien dijo que debería convertirse en una sala de juegos y hubo también alguna idea sobre intercambio de ropa. Teníamos un montón de ideas locas.» Nadie tumbaba nunca ninguna sugerencia, ni siquiera la de los módulos para dormir la siesta. El grupo de estudio de Julia, como parte de sus tareas lectivas, también había realizado muchas tormentas de ideas, «pero si yo hubiera mencionado alguna vez algo parecido a lo de la siesta, seguro que alguien habría puesto los ojos en blanco y dado quince razones por las que aquella era una idea estúpida. Y era una idea estúpida. Pero a mi equipo de casos le gustó. Siempre nos gustaban las ideas estúpidas de los otros. Pasamos una hora calculando cómo la idea de los módulos daría dinero si vendíamos accesorios tales como tapones para los oídos.»

Al final, el equipo de Julia se decidió por la idea de convertir la tienda de estudiantes en un microgimnasio con unas cuantas clases de ejercicios y unas pocas máquinas de entrenamiento. Pasaron semanas estudiando precios y contactando con fabricantes de equipamiento. Ganaron la competición, y hoy el microgimnasio es una realidad. Ese mismo año, el equipo de Julia pasó otro mes estudiando la posible expansión por Carolina del Norte de una cadena de tiendas ecológicas abiertas las veinticuatro horas. «Debimos de analizar dos docenas de proyectos —explicaba—. Muchos no tenían sentido.» Cuando el equipo viajó a Portland, Oregón, para presentar su propuesta definitiva —un enfoque de crecimiento lento que hacía hincapié en las opciones de comida sana de la cadena—, obtuvieron el primer puesto del país.[3]

El grupo de estudio de Julia se disolvió en algún momento del segundo semestre después de que una persona, luego otra y después el resto dejaran de presentarse. En cambio, el equipo de competición de casos creció con la llegada de nuevos alumnos que querían unirse a él. Los cinco compañeros, incluida Julia, que formaban el grupo nuclear siguieron involucrados todo el tiempo que estuvieron en Yale.[4] Hoy esas personas son algunos de sus mejores amigos. Asisten a las bodas de los otros y se ven cuando viajan. También se llaman para pedirse consejo profesional y pasarse ofertas de trabajo.

A Julia siempre le pareció muy extraño que aquellos dos equipos fueran tan distintos. Su grupo de estudio le resultaba estresante porque todo el mundo rivalizaba siempre por el mando y todos criticaban las ideas de todos. Su equipo de competición de casos le resultaba apasionante porque todo el mundo se mostraba entusiasta y apoyaba a los demás. Sin embargo, ambos grupos estaban integrados básicamente por el mismo tipo de personas. Todos eran brillantes y, fuera del equipo, se mostraban cordiales. No había ninguna razón por la que la dinámica del grupo de estudio de Julia tuviera que volverse tan competitiva, mientras que la cultura del equipo de casos era tan tranquila y relajada.

«No podía entender por qué las cosas habían sido tan distintas —me explicaba Julia—. No parecía que tuviera que ocurrir de ese modo.»

Después de graduarse, Julia entró a trabajar en Google y se incorporó a su grupo de People Analytics, encargado de estudiar casi todos los aspectos relacionados con cómo pasaban el tiempo los empleados.[5] Resultó, pues, que lo que se suponía que iba a hacer Julia con su vida era utilizar datos para establecer por qué la gente se comporta de determinadas maneras.

Durante seis años consecutivos, la revista *Fortune* había clasificado a Google como uno de los mejores sitios de Estados Unidos para trabajar.[6] Los ejecutivos de la empresa creían que era porque, aunque habían crecido hasta tener 53.000 empleados, habían dedicado enormes recursos a estudiar la felicidad y la productividad de sus trabajadores. El grupo de People Analytics, parte de la sección de recursos humanos de Google, contribuía a analizar si los empleados estaban satisfechos con sus jefes y compañeros de trabajo, si creían que trabajaban demasiado, si se sentían intelectualmente estimulados, si se consideraban bien pagados, si existía un verdadero equilibrio entre su vida y su trabajo, entre otras cientos de variables. La sección ayudaba en las decisiones de contratación y despido, y sus analistas daban ideas acerca de a quién había que promocionar y quién, quizá, había ascendido demasiado deprisa. En los años previos a la incorporación de Julia, People Analytics había determinado que Google solo tenía que entrevistar cuatro veces a un solicitante de empleo para predecir, con un 86 por ciento de fiabilidad, si sería acertado contratarle. La sección había alentado con éxito a que se aumentara la baja por maternidad pagada —de doce a dieciocho semanas— porque los modelos informáticos indicaban que así se reducirían en un 50 por ciento las dimisiones de las madres recientes. En el plano más básico, el objetivo de la sección era hacer la vida en Google un poquito mejor y mucho más productiva. En People Analytics creían que con suficientes datos podía resolverse casi cualquier rompecabezas conductual.

El mayor proyecto de People Analytics en los últimos años había sido un estudio —bautizado con el nombre clave de Proyecto Oxígeno antes de que se revelaran sus resultados— que analizaba por qué algunos gerentes* eran más eficaces que otros. A la larga, los investigadores habían identificado ocho aptitudes de dirección clave.** «Oxígeno fue un éxito enorme para nosotros —explicaba Abeer Dubey, uno de los gerentes de People Analytics—. Ayudó a clarificar lo que diferenciaba a los buenos gerentes de todos los demás y cómo podíamos ayudar a mejorar a la gente.» De hecho, fue un proyecto

---

   * Hay que entender aquí el término «gerente» (en inglés *manager*) en su sentido amplio, como se utiliza actualmente en el ámbito empresarial, para designar al responsable de un equipo, un departamento, un turno, un proyecto, etcétera, dentro de una organización, y no en el sentido restrictivo que todavía recogen algunos diccionarios y que hace referencia únicamente al responsable último de la gestión administrativa de una empresa o institución. (*N. del T.*)

   ** El Proyecto Oxígeno puso de relieve que un buen gerente: 1) es un buen *coach*; 2) potencia a los demás y no pretende controlarlo todo al detalle; 3) expresa interés y preocupación por el éxito y el bienestar de sus subordinados; 4) da prioridad a los resultados; 5) escucha y comparte la información; 6) ayuda al desarrollo profesional; 7) tiene una visión y una estrategia claras y 8) posee aptitudes técnicas clave.

tan provechoso que, más o menos en la misma época en la que se contrató a Julia, Google puso en marcha otra gran tentativa, esta bautizada con el nombre de Proyecto Aristóteles.

Dubey y sus colegas habían observado que, en las encuestas realizadas por la empresa, muchos empleados de Google mencionaban constantemente la importancia de sus equipos. «Los *googlers* decían cosas como "Tengo un gran gerente, pero mi equipo nunca ha conectado", o "Mi gerente no es que sea fantástico, pero el equipo es tan fuerte que no importa" —explicaba Dubey—. Y eso resultaba revelador, porque el Proyecto Oxígeno había observado a los jefes, pero no se había centrado en cómo funcionan los equipos, o en si la mezcla de diferentes tipos de personas o de trayectorias es óptima.» Dubey y sus colegas querían determinar cómo crear el equipo perfecto. Julia se convirtió en una de las investigadoras del proyecto.[7]

Empezaron con una amplia revisión de la bibliografía académica. Algunos científicos habían demostrado que los equipos funcionaban mejor si reunían a personas con niveles similares de extroversión e introversión, mientras que otros habían determinado que el equilibrio de personalidades era un factor clave. Había estudios sobre la importancia de que los compañeros de equipo tuvieran gustos y aficiones similares, y otros que alababan la diversidad entre sus miembros. Algunas investigaciones sugerían que los equipos necesitaban personas a quienes les gustara colaborar, mientras que según otras los grupos tenían más éxito si existía una sana rivalidad entre sus integrantes. En suma, en la bibliografía había de todo.

De modo que en el Proyecto Aristóteles se dedicó más de 150 horas a preguntar a los empleados de Google qué pensaban que hacía eficaz un equipo.[8] «Aprendimos que en cierto modo los equipos dependen del cristal con que se miran —explicaba Dubey—. Puede parecer que un grupo funciona realmente bien desde fuera, pero en realidad todos sus miembros son infelices.» A la larga establecieron una serie de criterios para medir la eficacia de los equipos basándose en factores externos, como si un grupo cumple o no sus objetivos de ventas, y en variables internas, como lo productivos que se consideren a sí mismos los propios integrantes del equipo. Luego en el Proyecto Aristóteles se empezó a medir cuanto se pudo. Los investigadores analizaron con qué frecuencia los compañeros de equipo se relacionaban fuera del trabajo y cómo se repartían las tareas entre sí. Diseñaron complejos diagramas para mostrar la pertenencia simultánea de la gente a más de un equipo, y luego los compararon con las estadísticas relativas a qué grupos habían superado los objetivos de su departamento. Estudiaron cuánto tiempo se mantenían unidos los equipos y si la paridad de género tenía impacto o no en su eficacia.

Sin embargo, independientemente de cómo ordenaran los datos, resultaba casi imposible encontrar algún patrón o alguna evidencia de que la composición de un equipo se correlacionara con su éxito. «Analizamos 180 equipos de todas partes de la empresa —explicaba Dubey—. Teníamos montones de datos, pero nada demostraba que una mezcla de determinados tipos de personalidad o aptitudes o trayectorias marcara la diferencia. La parte del "quién" de la ecuación no parecía importar.»

Algunos equipos productivos de Google, por ejemplo, estaban integrados por amigos que practicaban deporte juntos fuera del trabajo; otros estaban compuestos por personas que básicamente eran extrañas en cuanto salían de la sala de conferencias. Algunos grupos preferían a líderes consolidados; otros, una estructura más igualitaria. Y lo que resultaba más confuso aún: a veces la composición de dos equipos era casi idéntica, incluso coincidían algunos miembros, pero tenían niveles de eficacia radicalmente distintos. «En Google somos buenos a la hora de encontrar pautas —decía Dubey—. Pero aquí no las había.»

De modo que en el Proyecto Aristóteles se adoptó un enfoque distinto. Había un segundo corpus de investigación académica centrado en lo que se conoce como «normas de grupo». «Cualquier grupo, a lo largo del tiempo, desarrolla unas normas colectivas sobre el comportamiento apropiado»,[9] había escrito un equipo de psicólogos en *Sociology of Sport Journal*. Dichas normas son las tradiciones, pautas conductuales y reglas no escritas que gobiernan el modo como funcionamos. Cuando un equipo llega al consenso tácito de que evitar la discrepancia es más valioso que el debate, eso en sí mismo constituye la afirmación de una norma. Si un equipo desarrolla una cultura que alienta las diferencias de opinión y desdeña el pensamiento grupal, esa es otra norma que está prevaleciendo. Puede que sus miembros se comporten de determinadas maneras como individuos —quizá les irrite la autoridad o prefieran trabajar de forma independiente—, pero en el seno de un grupo con frecuencia existen una serie de normas que neutralizan dichas preferencias e incentivan el respeto hacia el equipo.[10]

Los investigadores del Proyecto Aristóteles volvieron a recurrir a sus datos y los analizaron de nuevo, esta vez en busca de normas. Vieron que algunos equipos permitían siempre que sus integrantes se interrumpieran entre sí. Otros imponían los turnos de palabra. Algunos celebraban los cumpleaños de sus miembros y empezaban las reuniones con unos minutos de charla informal. Otros entraban directamente en materia. Había equipos con personas extrovertidas que se ceñían a las sobrias normas del grupo siempre que se reunían, y otros donde las personas introvertidas rompían sus caparazones en cuanto empezaban las reuniones.

Y algunas normas —según señalaban los datos— se correlacionaban de manera coherente con una elevada eficacia. Un ingeniero, por ejemplo, les dijo a los investigadores que su jefa de equipo «es franca y directa, lo que crea un espacio seguro para que asumas riesgos… También se toma tiempo para preguntar cómo estamos y determinar cómo puede ayudarte y apoyarte». Aquel era uno de los grupos más eficaces de Google.

En cambio, otro ingeniero les dijo a los investigadores que su «jefe de equipo tiene poco control emocional. Se aterroriza ante pequeños contratiempos y constantemente intenta tomar el control.

No me gustaría ir de pasajero en el coche con él, porque de tanto intentar coger el volante quizá estrellaría el coche». Aquel equipo no funcionaba bien.

Pero, sobre todo, los empleados hablaban de cómo veían ellos los diversos equipos. «Y eso tenía mucho sentido para mí, tal vez debido a mis experiencias en Yale —explicaba Julia—. Había formado parte de equipos que me dejaban totalmente agotada y de otros donde obtenía mucha energía del grupo.»

Hay pruebas fehacientes de que las normas de grupo desempeñan un papel crucial a la hora de conformar la experiencia emocional de participar en aquel. Diversas investigaciones de psicólogos de Yale, Harvard, Berkeley, la Universidad de Oregón, entre otras, indican que dichas normas determinan si nos sentimos seguros o amenazados, nerviosos o entusiasmados y motivados o desalentados por nuestros compañeros de equipo.[11] A Julia su grupo de estudio en Yale, por ejemplo, le resultaba agotador porque las normas —las continuas peleas por el mando, la presión para demostrar constantemente destreza, la tendencia a criticar— la ponían en guardia.[12] En cambio, las normas de su equipo de competición de casos —entusiasmo por las ideas de los demás, abstenerse de criticar, alentar a la gente a asumir un papel de liderazgo o de hablar cuando les venía en gana— permitían a todo el mundo mostrarse cordial y espontáneo. La coordinación era fácil.

Las normas de grupo —concluyeron los investigadores del Proyecto Aristóteles— eran la respuesta a la forma de mejorar los equipos de Google. «Los datos empezaban finalmente a tener sentido —explicaba Dubey—. Teníamos que gestionar el cómo de los equipos, no el quién.»

La cuestión, no obstante, era saber qué normas importaban más. La investigación de Google había identificado docenas de normas que parecían importantes, y a veces las de un equipo eficaz contradecían las de otro grupo de no menor éxito.[13] ¿Era mejor dejar que cada uno hablara tanto como quisiera, o que unos líderes fuertes pusieran fin a las divagaciones en los debates? ¿Era más eficaz que las personas discreparan abiertamente entre sí, o bien había que minimizar los conflictos? ¿Qué normas eran las más importantes?

II

En 1991, una estudiante de primero de doctorado llamada Amy Edmondson empezó a visitar salas de hospital con intención de demostrar que el buen trabajo en equipo y la buena medicina iban de la mano. Pero los datos se obstinaban en decir que se equivocaba.

Edmondson estudiaba el comportamiento organizativo en Harvard. Un profesor le había pedido que colaborara en un estudio sobre errores médicos, de modo que Edmondson, que andaba a la caza de un tema para su tesis, empezó a visitar salas de recuperación, a hablar con enfermeras y a hojear informes de errores de dos hospitales de Boston.[14] En una unidad de enfermedades cardíacas descubrió que una enfermera había administrado accidentalmente a un paciente por vía intravenosa lidocaína, un anestésico, en lugar de heparina, un anticoagulante. En una unidad de ortopedia se administró a un paciente anfetaminas en vez de aspirina. «Le sorprendería saber cuántos errores se producen a diario —me explicaba Edmondson—. No por incompetencia, sino porque los hospitales son sitios realmente complicados y por regla general puede haber un gran equipo —hasta dos docenas de enfermeras, técnicos y doctores— involucrado en el cuidado de cada paciente. Eso son muchas oportunidades de que algo se escape.»[15]

Algunas secciones de los hospitales que visitó Edmondson parecían más propensas a los accidentes que otras. La unidad de ortopedia, por ejemplo, refería una media de un error cada tres semanas; la unidad de enfermedades cardíacas, por su parte, de un error casi cada dos días. Edmondson también descubrió que los diversos departamentos se regían por costumbres muy distintas. En la unidad de enfermedades cardíacas las enfermeras se comportaban de manera desenfadada e informal; chismorreaban en los pasillos y fotos de sus hijos colgaban de las paredes. En la de ortopedia, en cambio, la gente era más formal: las enfermeras jefe vestían trajes de calle en lugar de ropa de hospital y pedían a todo el mundo que mantuviera los espacios públicos ordenados y sin objetos personales. Edmondson pensó que quizá podría estudiar las costumbres de los diversos equipos y ver si estas tenían alguna correlación con los índices de error.

Ella y un colega crearon una encuesta para medir la cohesión de los equipos en varias unidades. Edmondson pidió a las enfermeras que describieran con qué frecuencia su jefa de equipo establecía objetivos claros y si sus compañeras debatían los conflictos abiertamente o evitaban las conversaciones tensas. Midió la satisfacción, la felicidad y la automotivación de los grupos y contrató a un ayudante de investigación para observar las unidades durante dos meses.

«Supuse que estaría bastante claro —me decía Edmondson—: las unidades con mayor sentido del trabajo en equipo serían las que tendrían los menores índices de error.» Salvo que, cuando ordenó sus datos, comprobó exactamente lo contrario: las unidades con mayor nivel de cohesión en su equipo cometían muchos más errores. Volvió a comprobar los datos. Aquello no tenía sentido, ¿por qué habrían de cometer más errores los equipos cohesionados?

Confusa, Edmondson decidió analizar las respuestas de las enfermeras, pregunta por pregunta, junto con los índices de error para ver si surgía alguna explicación. Había incluido en la encuesta una pregunta que indagaba específicamente sobre los riesgos personales asociados a cometer errores; le pedía a la gente que indicara si estaba de acuerdo o en desacuerdo con la afirmación: «Si comete usted un error en esta unidad, se le recriminará por ello». Cuando comparó los datos de aquella pregunta con la incidencia de errores, se dio cuenta de lo que ocurría. No era que las unidades con equipos cohesionados cometieran más errores, sino, más bien, que las enfermeras que pertenecían a dichos equipos se sentían más cómodas informando de los que ellas cometían. Los datos indicaban que una norma concreta —si se castigaba o no a una persona por sus traspiés— influía en que esta fuera honesta o no después de meter la pata.

Algunos jefes «han establecido un clima de franqueza que facilita que se hable de los errores, lo que probablemente ejerce una importante influencia en los índices de error descubiertos», escribía Edmondson en 1996 en *The Journal of Applied Behavioral Science*. Lo que más la sorprendió, no obstante, fue lo complejas que iban haciéndose las cosas cuanto más de cerca las examinaba: no era simplemente que los equipos cohesionados incentivaran una comunicación abierta y los débiles hicieran lo contrario. De hecho, aunque algunos equipos cohesionados animaban a la gente a admitir sus errores, otros, igual de cohesionados, hacían que a las enfermeras les resultara difícil expresarse. Lo que marcaba la diferencia no era la cohesión, sino, más bien, la costumbre que cada equipo había establecido. En una determinada unidad con un equipo cohesionado, por ejemplo, las enfermeras estaban supervisadas por «una jefa de carácter práctico que invita activamente a expresar preguntas e inquietudes… En una entrevista, la enfermera jefe explica que "se producirá cierto nivel de error", de modo que resulta esencial un "entorno no punitivo" para abordar ese error de manera productiva», escribía Edmondson. «Aquí existe la regla no escrita de ayudarse unos a otros y controlarse unos a otros —le dijo una enfermera al ayudante de Edmondson—. La gente aquí se siente más predispuesta a admitir los errores, porque la enfermera jefe dará la cara por ti.»

En otra unidad con un equipo que a primera vista parecía igualmente cohesionado, una enfermera dijo que, cuando admitió haber hecho daño a un paciente mientras le sacaba sangre, la enfermera jefe «la hizo sentirse como si se la estuviera juzgando». Otra comentó que los médicos «te ponen a parir si cometes un error». Sin embargo, las mediciones de cohesión de grupo de esta unidad seguían dando puntuaciones muy altas. Una enfermera le dijo al ayudante de investigación que la unidad «se enorgullece de ser limpia y ordenada y de dar una imagen de profesionalidad». La enfermera jefe de la unidad vestía ropa de calle y cuando criticaba a alguien tenía la consideración de formular sus críticas a puerta cerrada. El personal decía que apreciaba la profesionalidad de la jefa, se sentía orgulloso de su departamento y experimentaba un fuerte sentimiento de unión. A Edmondson le parecía que los miembros del equipo se caían bien y se respetaban sinceramente entre sí; pero también admitían que a veces la cultura de la unidad les hacía difícil confesar que habían cometido un error.

No era la cohesión del equipo la que determinaba de cuántos errores se informaba; lejos de ello, era una norma concreta.

Cuando Edmondson empezó con su tesis, visitó también varias empresas tecnológicas y fábricas, y preguntó a la gente por las reglas no escritas que modulaban el comportamiento de sus compañeros de equipo.[16] «La gente decía cosas como: "Este es uno de los mejores equipos en los que he estado nunca, porque aquí no tengo que poner cara de trabajo", o "No nos da miedo compartir ideas descabelladas"», me explicaba Edmondson. En estos equipos se habían afianzado unas normas de entusiasmo y apoyo mutuo, y todo el mundo se sentía autorizado a expresar opiniones y asumir riesgos. «Y otros equipos me decían: "En mi grupo realmente estamos entregados unos a otros, de modo que intento no salir de mi departamento sin consultarlo primero con mi supervisor", o "Todos estamos en esto juntos, así que no me gusta proponer una idea a menos que sepa que va a funcionar".» En estos equipos predominaba una norma de lealtad, que minaba la predisposición de la gente a hacer sugerencias o a correr riesgos.

Tanto el entusiasmo como la lealtad son normas admirables. Para los gerentes no estaba claro que tuvieran un impacto tan distinto en el comportamiento de las personas. Y, sin embargo, así era: en aquel contexto, las normas del entusiasmo hacían mejores a los equipos, mientras que las de la lealtad los hacían menos eficaces. «Los gerentes nunca pretenden crear normas malsanas —explicaba Edmondson—. A veces, aunque toman decisiones que parecen lógicas, como alentar a la gente a desarrollar sus ideas antes de presentarlas, a la larga eso socava la capacidad de colaboración de un equipo.»

Al seguir con su investigación, Edmondson halló un montón de buenas normas que parecían estar constantemente asociadas a una mayor productividad. En los mejores equipos, por ejemplo, los jefes alentaban a la gente a expresarse; los compañeros de grupo sentían que podían exponer sus vulnerabilidades ante los demás; la gente decía que podía sugerir ideas sin temor a represalias y la cultura del equipo desincentivaba la formulación de juicios severos. A medida que la lista de buenas normas crecía, Edmondson observó que todas ellas compartían un rasgo común: en cada uno de los casos se trataba de comportamientos que creaban un sentimiento de unión, a la vez que alentaban a la gente a asumir riesgos.

«Nosotros lo llamamos "seguridad psicológica"», explicaba. La seguridad psicológica es la «creencia, compartida por los miembros de un equipo, de que el grupo es un lugar seguro para asumir riesgos». Se trata de «un sentimiento de confianza en que el equipo no avergonzará, rechazará o castigará a nadie por expresarse —escribía Edmondson en un artículo en 1999—.[17] Describe un clima de equipo caracterizado por la confianza interpersonal y el respeto mutuo en el que las personas se sienten cómodas siendo ellas mismas».

Julia y sus colegas de Google descubrieron los trabajos de Edmondson cuando investigaban el tema de las normas.[18] Les pareció que la idea de la seguridad psicológica captaba cuanto sus datos revelaban que era importante para los equipos de Google. Las normas que según las encuestas de Google eran más eficaces —permitir que los demás fallen sin que haya repercusiones, respetar las opiniones divergentes, cuestionar libremente las decisiones de los demás, pero también confiar en que ellos no intentan minarnos a nosotros— constituían todas ellas distintos aspectos de una misma realidad: sentirse psicológicamente seguro en el trabajo. «Para nosotros era evidente que esta idea de la seguridad psicológica indicaba qué normas eran las más importantes —decía Julia—. Pero no lo era tanto cómo enseñarlas dentro de Google. Aquí la gente anda realmente atareada. Necesitábamos unas directrices claras para crear seguridad psicológica sin perder la capacidad de disensión y debate que resulta decisiva en la forma de funcionar de Google.» En otras palabras, ¿cómo convences a la gente de que se sienta segura al mismo tiempo que la alientas a que esté dispuesta a discrepar?

«Durante un buen tiempo, esa fue la pregunta del millón —me decía Edmondson—. Sabíamos que era importante para los compañeros de equipo estar abiertos unos a otros. Sabíamos que era importante para la gente sentir que podían expresarse si algo iba mal. Pero esos son también los comportamientos que acaban enemistando a la gente. No sabíamos por qué algunos grupos podían chocar y aun así seguir teniendo seguridad psicológica, mientras que otros entraban en un período de conflicto y todo se desmoronaba.»

III

El primer día de audiciones para el programa de televisión estadounidense que pasaría a conocerse como *Saturday Night Live*, se presentaron tantos actores uno tras otro, hora tras hora, que parecía que aquello nunca acabaría.[19] Dos mujeres interpretaban a dos amas de casa del Medio Oeste preparándose para el desastre meteorológico anual («¿Puede prestarme su centro de mesa para el tornado de este año?») y un cantante con una original composición titulada «I Am Dog» («Soy perro») parodiaba el himno feminista «I Am Woman» («Soy mujer»). Un imitador que patinaba sobre ruedas y un oscuro músico llamado Meat Loaf subieron al escenario más o menos a la hora de comer. El actor Morgan Freeman y el cómico Larry David estaban también en la lista, además de cuatro malabaristas y cinco mimos. Para los exhaustos observadores de las audiciones, parecía que se hubieran juntado allí todos los vodeviles y todos los monologuistas entre Boston y Washington.

Eso era precisamente lo que quería el creador del espectáculo, Lorne Michaels, de treinta años. Durante los nueve meses anteriores,

Michaels había viajado por todo Estados Unidos y visto cientos de espectáculos de clubes de comedia. Habló con autores de programas de televisión y radio y de cualquier revista con una página de humor. Más tarde diría que objetivo era ver «a todas las personas graciosas de Norteamérica».

Al mediodía de la segunda jornada de audiciones, las pruebas andaban con retraso cuando un hombre irrumpió en la puerta, saltó al escenario y exigió la atención de los productores. Llevaba bigote recortado y vestía un terno. Sujetaba un paraguas plegado y un maletín.

—¡Llevo ahí fuera tres horas y no voy a esperar más! —gritó—. ¡Voy a perder mi avión! —Cruzó el escenario—. ¡Se acabó! ¡Han tenido su oportunidad! ¡Buenos días! —Y salió hecho una furia.

—¿Qué demonios ha sido eso? —preguntó un productor.

—¡Ah!, era Danny Aykroyd —dijo Michaels. Se habían conocido en Toronto, donde Aykroyd había sido alumno en la clase de improvisación de Michaels—. Probablemente él hará el programa —añadió.

Durante el mes siguiente, que Michaels dedicó a elegir al resto del reparto, ocurrió lo mismo una y otra vez: en lugar de escoger entre los cientos de personas que acudían a las audiciones, contrató a cómicos a quienes ya conocía o que le habían recomendado amigos suyos. Él conocía a Aykroyd de Canadá, y este, a su vez, estaba entusiasmado con un tipo llamado John Belushi al que había conocido en Chicago. Al principio Belushi dijo que él nunca saldría en televisión porque era un medio zafio, pero recomendó a una colega de reparto de *National Lampoon Show* llamada Gilda Radner (a la que resultó que Michaels había contratado ya, puesto que ambos se conocían de *Godspell*). El espectáculo *National Lampoon Show* estaba vinculado a la revista *National Lampoon* («parodia nacional»), fundada por el escritor Michael O'Donoghue, que vivía con otra autora cómica llamada Anne Beatts.

Todas estas personas crearon la primera temporada de *Saturday Night Live*. Howard Shore, el director musical del espectáculo, había ido a un campamento de verano con Michaels. Neil Levy, el coordinador de talentos del programa, era primo de Michaels. A su vez, este último había conocido al cómico Chevy Chase mientras hacía cola en Hollywood para ver *Los caballeros de la mesa cuadrada* de los Monty Python. Tom Schiller, otro escritor, conoció a Michaels porque ambos habían ido al Parque Nacional de Árboles de Josué a comer juntos setas alucinógenas, y el padre de Schiller, un guionista de Hollywood, había sido protector de Michaels en los inicios de la carrera profesional del joven.

Los miembros del reparto y los guionistas originales de *Saturday Night Live* eran en su mayoría de Canadá, Chicago y Los Ángeles, y en 1975 todos se trasladaron a Nueva York. «Por entonces Manhattan era un páramo en el mundo del espectáculo —diría Marilyn Suzanne Miller, una escritora a la que Michaels contrató después de que ambos colaboraran en un especial de Lily Tomlin en Los Ángeles—. Era como si Lorne nos hubiera depositado en Marte.»

Cuando la mayoría del personal se mudó a Nueva York no conocían a nadie, salvo entre ellos. Muchos se consideraban activistas anticapitalistas o pacifistas —o, cuando menos, eran aficionados a las drogas de las que disfrutaban dichos activistas—, y ahora subían en ascensores con tíos trajeados en el edificio 30 Rockefeller Plaza,* donde estaba construyéndose el plató del programa. «Todos teníamos unos veintiuno o veintidós años. No teníamos dinero, ni la menor idea de lo que estábamos haciendo, así que pasábamos todo el tiempo intentando hacernos reír unos a otros —me decía Schiller—. Comíamos y cenábamos juntos. Íbamos cada noche a los mismos bares. Nos aterrorizaba la idea de que, si nos separábamos, uno de nosotros pudiera perderse y no volviéramos a saber de él.»[20]

En años posteriores, cuando *Saturday Night Live* se convirtió en uno de los programas más populares y longevos de la historia de la

---

* Este edificio, que forma parte del complejo Rockefeller Center, es la sede mundial de la NBC, productora y emisora de *Saturday Night Live*, y alberga la mayoría de sus estudios en Nueva York. *(N. del T.)*

televisión, surgió una especie de mitología en torno a él. «En los primeros días de *SNL* —escribía el periodista Malcolm Gladwell en 2002—, todos se conocían y participaban siempre de los asuntos de los demás, y ese hecho tiene mucho que ver con la extraordinaria química que existía entre los miembros del programa.»[21] Hay libros llenos de historias sobre John Belushi cuando irrumpía en los apartamentos de sus compañeros de reparto para cocinar espaguetis a altas horas de la noche, o de incendios en sus habitaciones de invitados a causa de fumar porros sin la debida atención, o de guionistas que se gastaban unos a otros la broma de encolar muebles al techo, o cuando se hacían llamadas jocosas a la oficina, pidiendo treinta pizzas para el departamento de noticias y luego disfrazándose de guardias de seguridad a fin de poder infiltrarse en los pisos inferiores, robar las pizzas y dejarles a los periodistas la cuenta. Hay también organigramas que detallan quién de *SNL* dormía con quién (suelen ser complicados, dado que Michaels estuvo casado con la escritora Rosie Shuster, que a la larga terminó con Dan Aykroyd, quien a su vez había estado saliendo con Gilda Radner, que todo el mundo sospechaba que estaba enamorada del escritor Alan Zweibel, quien más tarde escribió un libro explicando que, en efecto, estaban enamorados pero que nunca ocurrió nada, y, además, Radner se casó más tarde con un miembro de la banda de *SNL*. «Eran los setenta —me decía Miller—. Uno se dedicaba al sexo»).

Saturday Night Live, considerado un modelo de dinámica de equipo, se cita en los manuales universitarios como ejemplo de lo que pueden lograr los grupos cuando se dan las condiciones adecuadas y se establecen fuertes vínculos entre sus miembros.[22]

El grupo que creó *Saturday Night Live* se integró de forma tan satisfactoria —afirma esta teoría— porque una cultura comunitaria reemplazó las necesidades individuales. Había experiencias compartidas («Todos nosotros éramos el tipo de chicos que en el instituto no eran especialmente populares», me dijo Beatts), redes sociales comunes («Lorne eran un líder de culto —afirmaba el escritor Bruce McCall—. Mientras sintieras una devoción casi sectaria por el grupo, no tenías problemas») y las necesidades del grupo predominaban sobre los egos individuales («No lo digo en sentido negativo, pero éramos como una Guayana en el piso diecisiete —decía Zweibel—. Era un campo de prisioneros»).[23]

Sin embargo, esta teoría se vuelve bastante más compleja cuando hablas individualmente con los integrantes del equipo originario de *Saturday Night Live*. Es cierto que aquellos actores y guionistas pasaban muchísimo tiempo juntos y desarrollaron un gran sentimiento de unidad, pero no debido a su forzada intimidad o a su historia compartida, o porque todos se cayeran especialmente bien. De hecho, las normas de grupo de *Saturday Night Live* generaban tantas tensiones como fortaleza. «Había mucha competitividad y luchas internas —decía Beatts—. Éramos muy jóvenes, y nadie sabía cómo controlarse. Nos peleábamos constantemente.»

Una noche, en la sala de guionistas, Beatts dijo en broma que tenían suerte de que Hitler hubiera matado a seis millones de judíos porque, de lo contrario, nadie habría encontrado apartamento en Nueva York. «Marilyn Miller dejó de hablarme durante dos semanas —explicaba Beatts—. Se ponía muy nerviosa con los chistes sobre Hitler. Creo que en ese momento me odiaba. Durante horas no dejamos de lanzarnos miradas furibundas.» Había celos y rivalidades, luchas por el afecto de Michaels y competencia por el tiempo en antena. «Tú querías que tu sketch se alargara, lo que significaba que había que acortar el de algún otro —decía Beatts—. Si tú triunfabas, otro fracasaba.»[24]

Incluso las relaciones más estrechas, como la de Alan Zweibel y Gilda Radner, eran tirantes. «A Gilda y a mí se nos ocurrió este personaje, Roseanne Roseannadanna. Los viernes yo iba al despacho y me pasaba toda la noche escribiendo el guión, unas ocho o nueve páginas —explicaba Zweibel—. Entonces a media mañana llegaba Gilda, completamente fresca, cogía un bolígrafo rojo y empezaba a cargárselo todo, como si fuera una especie de profesora, y yo me cabreaba. Así que volvía a mi despacho y lo reescribía, y ella hacía de nuevo lo mismo. Para cuando se emitió el programa, prácticamente no nos hablábamos. En cierta ocasión dejé de escribir sketches para ella durante tres semanas. Guardaba deliberadamente mi mejor material para otros.»[25]

Además, no es del todo cierto que a los miembros del equipo de *SNL* les gustara pasar tiempo juntos. Garrett Morris, el único actor negro del programa, se sentía marginado y pensaba marcharse en cuanto ganara bastante dinero. Jane Curtin escapaba de su casa y de su marido en cuanto se acababa el programa de la semana. La gente establecía lealtades, luego entraba en conflictos y después establecía contralealtades. «Todo el mundo pertenecía a esas camarillas, que cambiaban constantemente —decía Bruce McCall, que se incorporó como guionista en la segunda temporada del programa—. Era bastante deprimente.»

En algunos aspectos es extraordinario que el equipo de *Saturday Night Live* llegara siquiera a cuajar. Resultó que Michaels había escogido a cada uno de sus miembros precisamente debido a la disparidad de sus gustos. Zweibel era especialista en chistes breves típicos de los monólogos de hotel. Michael O'Donoghue escribía oscuras y amargas sátiras sobre temas tales como el asesinato de JFK (cuando una desconsolada secretaria le dijo a O'Donoghue que Elvis había muerto, este respondió: «¡Inteligente jugada profesional!»). Tom Schiller aspiraba a dirigir películas no comerciales. Y todos podían convertirse en críticos mordaces cuando sus sensibilidades entraban en conflicto. «¡Genial, Garrett! —exclamó en cierta ocasión O'Donoghue tras leer un guión que el actor había pasado varias semanas escribiendo. Luego lo tiró a la basura—. ¡Realmente bueno!»

«Los comediógrafos arrastran consigo mucha ira —decía Schiller—. Éramos crueles unos con otros. Si creías que algo era gracioso pero nadie más lo creía, aquello podía ser brutal.»[26]

Entonces ¿por qué, pese a tantas tensiones y luchas internas, los creadores de *Saturday Night Live* formaron un equipo tan eficaz y productivo? La respuesta no es que pasaran mucho tiempo juntos y tampoco que las normas del programa antepusieran las necesidades del grupo a los egos individuales.

Lejos de ello, el equipo de *SNL* conectó porque, sorprendentemente, todos sus integrantes estaban bastante seguros en presencia de los demás como para seguir proponiendo nuevos chistes e ideas. Los guionistas y actores trabajaban en el marco de unas normas que hacían que todos sintieran que podían asumir riesgos y ser honestos entre sí, incluso cuando se cargaban ideas, se minaban unos a otros y competían por el tiempo en antena.

«¿Conoce el dicho de que "en un equipo no hay yo"?* —me decía Michaels—. Mi objetivo era justo lo contrario. Lo que yo quería era un puñado de yoes. Quería que todos se escucharan unos a otros, pero que nadie desapareciera dentro del grupo.»

Así es como surgió la seguridad psicológica.

Imaginemos que nos invitan a unirnos a uno de estos dos equipos.

El equipo A está integrado por ocho hombres y dos mujeres, todos ellos excepcionalmente inteligentes y con éxito en lo que se proponen. En un vídeo que los muestra trabajando juntos, se ve a unos profesionales elocuentes que hablan por turnos y se comportan con educación y cortesía. En un momento dado, surge una pregunta y uno de ellos —claramente experto en la materia— habla largo y tendido mientras los demás escuchan. Nadie interrumpe. Cuando otro se desvía del tema, un colega le recuerda discretamente el orden del día y encauza de nuevo la conversación. El equipo es eficiente. La reunión finaliza exactamente a la hora prevista.

El equipo B es distinto. Está compuesto por el mismo número de hombres que de mujeres; algunos de sus miembros son ejecutivos de éxito, mientras que otros son mandos intermedios que aún no han conseguido muchos logros profesionales. En un vídeo, se los ve debatir de manera que cada uno habla o calla sin orden ni concier-

---

* En inglés, *There's no I in TEAM*, juego de palabras intraducible que literalmente significa que en la palabra *TEAM* («equipo») no hay ninguna letra *I* (que en inglés significa también «yo»). (*N. del T.*)

to. Algunos divagan extensamente; otros son concisos. Se interrumpen tanto entre sí, que a veces resulta difícil seguir la conversación. Cuando un miembro del equipo cambia bruscamente de tema o pierde de vista el objeto del debate, el resto del grupo lo sigue, apartándose todos del orden del día. Al final de la reunión, realmente no han acabado, pues todos siguen allí sentados chismorreando.

¿A qué grupo preferirías incorporarte?

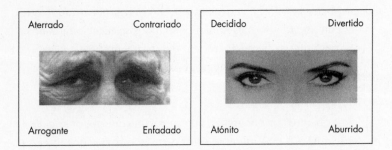

Antes de decidir, imagina que te dan más información: cuando se formaron ambos equipos, se pidió a cada miembro que hiciera la prueba conocida como «leer la mente en la mirada». Se mostró a cada uno de ellos 36 fotos de distintas miradas y se les pidió que escogieran qué palabra, de las cuatro que se ofrecían, describía mejor la emoción que sentía esa persona.[*]

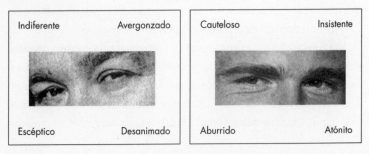

* El lector encontrará las respuestas correctas en la nota 27.

Nos informan asimismo de que esta prueba mide la empatía de la gente. Los miembros del equipo A eligieron la emoción correcta, como media, el 49 por ciento de las veces; los del equipo B, el 58 por ciento.[27]

¿Cambiaría eso nuestra decisión?

En 2008, un grupo de psicólogos de la Universidad Carnegie Mellon y del MIT se preguntaron si podían determinar qué clase de equipos eran claramente superiores a la media. «En la medida en que las tareas de investigación, de gestión y de muchos otros tipos son realizadas de manera creciente por grupos (tanto los que funcionan de forma presencial como "virtual"), se está haciendo cada vez más importante comprender los determinantes del rendimiento de grupo —escribían los investigadores en 2010 en la revista *Science*—.[28] En el siglo pasado, los psicólogos hicieron progresos significativos a la hora de definir y medir sistemáticamente la inteligencia de las personas. Nosotros hemos utilizado el enfoque estadístico que ellos desarrollaron en el caso de la inteligencia individual para medir de manera sistemática la inteligencia de los grupos.»

En otras palabras, los investigadores querían saber si existía una inteligencia colectiva que surge en el seno de un grupo y que es distinta a la agudeza de cada uno de sus miembros.

Para ello, los investigadores reunieron a 699 personas, las dividieron en equipos de 152 y luego asignaron a cada grupo unas tareas que requerían distintos tipos de cooperación. La mayoría de los equipos empezaron por dedicar diez minutos a una tormenta de ideas para descubrir los posibles usos de un ladrillo, y recibieron un punto por cada idea excepcional. Luego se les pidió que planificaran una salida para hacer la compra como si fueran compañeros de piso que compartían un único coche: a cada miembro del equipo se le entregó una lista distinta de alimentos que adquirir y un mapa donde se mostraban los precios en varias tiendas. La única forma de maximizar la puntuación del equipo era que cada persona sacrificara un artículo que realmente deseaba a cambio de algo que complaciera a todo el grupo. Después se pidió a los equipos que fallaran sobre un caso disciplinario en el que presuntamente un jugador de baloncesto universitario había sobornado a su profesor. Algunos miembros del equipo representaban los intereses del cuerpo docente; otros los de la sección deportiva de la universidad. Los puntos se concedían por alcanzar un veredicto que maximizara los intereses de cada grupo.

Todas estas tareas requerían la participación del equipo por entero; cada una de ellas exigía distintos tipos de colaboración. Al observar cómo abordaban las tareas los distintos grupos, los investigadores vieron que surgían diversas dinámicas. A algunos equipos se les ocurrieron docenas de usos inteligentes para el ladrillo, llegaron a un veredicto que contentó a todo el mundo y distribuyeron fácilmente la salida para hacer la compra. Otros describieron siempre los mismos usos para el ladrillo con distintas palabras, llegaron a veredictos que marginaban a algunos participantes y solo lograron comprar helado y cereales para el desayuno, pues nadie estuvo dispuesto a una solución de compromiso. Lo interesante era que los equipos que hacían bien una tarea, también parecían hacer bien las demás. Y al revés: los equipos que fallaban en una cosa, parecían fallar en todo.

Hay quien supondría que los «buenos equipos» tenían éxito porque sus miembros eran más inteligentes; es decir, que la inteligencia del grupo podría no ser más que la inteligencia de los individuos que lo formaban. Pero los investigadores habían medido de antemano los CI de los participantes y visto que la inteligencia individual no guardaba correlación con el rendimiento del equipo. Meter a diez personas inteligentes en una habitación no implicaba que estas resolvieran los problemas de forma más inteligente; de hecho, esas personas inteligentes a menudo se veían superadas por grupos integrados por otras que habían obtenido puntuaciones más bajas en los tests de inteligencia, pero que aun así parecían ser más inteligentes como grupo.

Otros podrían argumentar que los buenos equipos tenían líderes más decididos, pero la investigación demostraba que tampoco eso era correcto.

A la larga, los investigadores concluyeron que los buenos equipos habían tenido éxito no debido a las cualidades innatas de sus miembros, sino por el modo como estos se trataban entre sí. En otras palabras, los equipos de mayor éxito se regían según unas normas que hacían que todo el mundo encajara muy bien.

«Encontramos evidencias coincidentes de un factor de inteligencia colectiva general que explica el rendimiento de un grupo en una amplia variedad de tareas —escribían los investigadores en su artículo de *Science*—. Esta clase de inteligencia colectiva es una propiedad del grupo en sí, no solo de los individuos que lo integran.»[29] Eran las normas, no las personas, las que hacían a los equipos tan inteligentes. Unas normas adecuadas podían aumentar la inteligencia colectiva de unos pensadores mediocres y unas inadecuadas podían perjudicar a un grupo integrado por personas que, por sí solas, eran todas muy brillantes.

Pero cuando los investigadores revisaron los vídeos de las interacciones de los buenos equipos, observaron que no todas las normas parecían iguales. «Resultaba llamativo de qué forma tan distinta se comportaban algunos de ellos —decía Anita Woolley, la autora principal del estudio—. Algunos equipos tenían a unas cuantas personas inteligentes que decidían cómo dividir el trabajo de manera equitativa. En otros había miembros bastante mediocres, pero se les ocurrían formas de sacar partido de los puntos fuertes de cada uno. Algunos grupos tenían un líder determinado. Otros eran más flexibles y todo el mundo asumía un papel de liderazgo.»

No obstante, había dos comportamientos que compartían todos los buenos equipos.

En primer lugar, todos los miembros de los buenos equipos hablaban más o menos en la misma proporción, fenómeno al que los investigadores se referían como «igualdad en la distribución de los turnos de palabra». En algunos equipos, por ejemplo, todo el mundo hablaba durante cada tarea. En otros la conversación experimentaba altibajos entre unas tareas y otras, pero al final del día todos habían hablado aproximadamente en la misma proporción.

«Mientras cualquiera tuviera la posibilidad de hablar, al equipo le iba bien —explicaba Woolley—. Pero si hablaba todo el tiempo una persona o un pequeño grupo, la inteligencia colectiva disminuía. Las conversaciones no tenían por qué ser iguales minuto a minuto, pero en conjunto tenían que equilibrarse.»

En segundo lugar, se comprobó también que los buenos equipos poseían una «elevada sensibilidad social media», una forma elegante de decir que eran especialmente hábiles a la hora de intuir cómo se sentían sus miembros según el tono de la voz, la postura que adoptaban y sus expresiones faciales.

Una de las formas más fáciles de calibrar la sensibilidad social es mostrar a alguien fotos de miradas y pedirle que describa lo que esa persona piensa o siente, la prueba de empatía antes descrita. Es una «prueba de en qué medida el participante puede meterse en la mente de otra persona y "sintonizar" con su estado mental», escribía el creador de «leer la mente en la mirada», Simon Baron-Cohen, de la Universidad de Cambridge.[30] Mientras que, por regla general, los hombres adivinan la emoción de la persona de la foto un 52 por ciento de las veces, normalmente las mujeres aciertan el 61 por ciento.

Los miembros de los buenos equipos en el experimento de Woolley obtuvieron puntuaciones superiores a la media en la prueba «leer la mente en la mirada». Parecían saber cuándo alguien se sentía contrariado o marginado. Dedicaban tiempo a preguntarse unos a otros en qué pensaban. Los buenos equipos también estaban formados por más mujeres.

Volviendo a la pregunta de a qué equipo incorporarse, si nos dan a elegir entre el equipo A, serio y profesional, o el B, más flexible e informal, deberíamos optar por el equipo B. El equipo A es inteligente y está formado por colegas eficaces; como individuos, todos ellos tendrán éxito. Pero, en cuanto equipo, siguen tendiendo a actuar como individuos. Hay poco que sugiera que como grupo devienen colectivamente inteligentes, puesto que existen escasas evidencias de que todo el mundo tenga igual voz y de que sus miembros sean sensibles a las emociones y necesidades de sus compañeros.

Por el contrario, el equipo B es más desordenado. Sus miembros hablan a la vez, se van por la tangente, se ponen a charlar en lugar de centrarse en el orden del día. Sin embargo, cada uno habla cuanto necesita. Todos se sienten escuchados por igual y son sensibles al lenguaje y las expresiones corporales de los demás. Tratan de anticiparse a la reacción del otro. Puede que el equipo B no tenga tantas estrellas individuales, pero cuando sus miembros se unen la suma es mucho mayor que cualquiera de sus partes.

Si le preguntamos al equipo original de *Saturday Night Live* por qué el programa tuvo tanto éxito, todos citarán a Lorne Michaels. Algo en su liderazgo hacía que todo confluyera, dirán. Tenía la capacidad de hacer que todo el mundo se sintiera escuchado, que hasta los actores y guionistas más egocéntricos se prestaran atención entre sí. Su buen ojo para el talento casi no tiene rival en la industria del espectáculo de los últimos cuarenta años.

También habrá gente que dirá que Michaels es distante, socialmente torpe, orgulloso y celoso, y que cuando decide echar a alguien corta todo vínculo con él. Probablemente uno no querría tener a Michaels como amigo. Pero, como responsable de *Saturday Night Live*, lo que ha creado es extraordinario: uno de los programas más longevos de la historia, basado en el talento de unos cómicos ególatras que veinte veces al año, durante cuatro décadas, han dejado de lado su chifladura justo el tiempo suficiente para hacer un programa de televisión en directo con solo una semana de preparación.

El propio Michaels, que sigue siendo el productor ejecutivo del programa, dice que la razón del éxito de *Saturday Night Live* es que él se esfuerza mucho en obligar a la gente a formar equipo. Y afirma que el secreto para que eso suceda es dar voz a todo el mundo y encontrar personas dispuestas a ser lo bastante sensibles como para escucharse unas a otras.

«Lorne se aseguraba expresamente de que todo el mundo tuviera la posibilidad de proponer sus ideas —me explicaba la guionista

Marilyn Miller—. Solía decir: "¿Tenemos piezas para las chicas esta semana?"; "¿Quién lleva tiempo sin estar en antena?".»

«Tiene esa clase de capacidad psíquica de atraer a todo el mundo —decía Alan Zweibel—. Creo honestamente que por eso el programa lleva cuarenta años. En la parte superior de cada guión hay una lista con las iniciales de todos los que han trabajado en el sketch, y Lorne siempre ha dicho que es más feliz cuantas más iniciales ve.»[31]

Michaels resulta casi exagerado en sus manifestaciones de sensibilidad social, y espera que los miembros del reparto y los guionistas lo imiten. Durante los primeros años del programa, era él quien dedicaba unas palabras tranquilizadoras a un guionista exhausto que se ponía a chillar en su despacho. Se sabe que ha interrumpido un ensayo o una lectura de guión y se ha llevado discretamente a un actor aparte para preguntarle si necesitaba hablar de su vida personal. En cierta ocasión en que el guionista Michael O'Donoghue se sentía excesivamente orgulloso de una obscena parodia comercial, Michaels le ordenó que la leyera en dieciocho pruebas distintas, a pesar de que todos sabían que los censores de la cadena nunca dejarían que se emitiera.

«Recuerdo que una vez me acerqué a Lorne y le dije: "Bueno, esta es mi idea: un montón de niñas en su primera fiesta de pijamas se cuentan unas a otras cómo funciona el sexo". Y Lorne me respondió: "Escríbela", así sin más, sin preguntar nada. Luego cogió una ficha y la puso en el tablero para el siguiente programa.» Aquel sketch —que apareció en *Saturday Night Live* el 8 de mayo de 1976— se convertiría en uno de los fragmentos más famosos del programa. «Yo estaba en la cima del mundo —decía Miller—. Él tiene esa especie de percepción extrasensorial social. A veces sabe exactamente qué te hará sentirte la persona más importante de la tierra.»

Muchos de los actores y guionistas originales de *Saturday Night Live* no eran personas con quienes resultara demasiado fácil llevarse bien. Admiten con franqueza que, aún hoy, son beligerantes y chismosos, y a veces muy malos. Pero cuando trabajaban juntos se mostraban especialmente cuidadosos con los sentimientos de los demás. Puede que Michael O'Donoghue tirara a la basura el guión de Garrett Morris, pero luego insistió en explicarle a este que era una broma, y cuando Morris propuso una idea sobre una historia infantil deprimente, a O'Donoghue se le ocurrió otra titulada «El trenecito que murió» («¡Sé que puedo! ¡Sé que puedo! ¡Infarto! ¡Infarto! ¡Oh, Dios mío, qué dolor!»).[32] Los miembros del equipo de *SNL* evitaban discutir («Cuando conté aquel chiste sobre Hitler, Marilyn dejó de hablarme —me explicaba Beatts—. Pero esa es la cuestión: no me hablaba, pero no lo convirtió en un drama»). Puede que la gente criticara las ideas de los otros, pero con cuidado de no llevar sus críticas demasiado lejos. Discrepaban y chocaban, pero todos seguían teniendo voz en cada lectura de guión, y pese al sarcasmo y la competencia se mostraban a la vez protectores unos con otros. «A todos les caían bien los demás, o al menos se esforzaban mucho en fingir que les caían bien —decía Don Novello, guionista del programa en las décadas de los años setenta y ochenta, y el actor que creó e interpretó a uno de los personajes célebres del programa, al padre Guido Sarducci—. Confiábamos sinceramente unos en otros, por descabellado que suene.»

Para que se dé la seguridad psicológica en un grupo, sus integrantes no tienen que ser amigos, pero sí han de ser socialmente sensibles y garantizar que todo el mundo se sienta escuchado. «La mejor táctica para crear seguridad psicológica es que la ponga en práctica un jefe de equipo —me decía Amy Edmondson, que actualmente es profesora en la Escuela de Negocios de Harvard—. Parece bastante secundario, pero cuando el jefe de equipo hace un esfuerzo para lograr que todo el mundo se sienta escuchado, o empieza una reunión diciendo "Puede que se me escape algo, así que necesito que todos estéis bien atentos a mis errores", o comenta "Jim, hace rato que no dices nada, ¿tú qué piensas?", la cosa cambia mucho.»

En los estudios de hospitales que hizo Edmondson, los equipos con mayores niveles de seguridad psicológica eran también aquellos cuyos jefes daban mayor ejemplo de capacidad de escucha y sensibilidad social. Invitaban a la gente a expresarse. Hablaban de sus propias emociones. No interrumpían a los demás. Cuando alguien estaba preocupado o contrariado, mostraban al grupo que era acertado intervenir. Trataban de anticiparse a las reacciones de la gente y luego se esforzaban en tener en cuenta esas reacciones. Así es como los equipos alientan a la gente a discrepar sin dejar de ser honestos unos con otros y chocar de vez en cuando. Así surge la seguridad psicológica: dando la misma posibilidad de expresarse a todo el mundo y fomentando la sensibilidad social entre los compañeros de equipo.

El propio Michaels afirma que la labor de dar ejemplo normativo es la más importante de sus tareas. «Todos los que pasan por este programa son distintos, y tengo que mostrar a cada uno de ellos que estoy tratándolo de diferente manera, y mostrar a todos los demás que los trato de distinta manera, si queremos que aflore la genialidad única de cada uno», me decía.

«*SNL* solo funciona cuando tenemos diferentes estilos de guiones y actuaciones, todos ellos pugnando y combinándose entre sí —añadía—. Ese es mi trabajo: proteger las distintas voces de la gente, pero también hacer que trabajen juntas. Quiero preservar aquello que hiciera a cada persona especial antes de venir al programa, pero también ayudar a todos a ser lo bastante sensibles para limar asperezas. Es la única forma de hacer un nuevo programa cada semana sin que todos quieran matarse en cuanto hemos terminado.»

IV

En el verano de 2015, los investigadores de Google que trabajaban en el Proyecto Aristóteles llevaban dos años reuniendo encuestas, realizando entrevistas, haciendo regresiones y analizando datos estadísticos. Habían escrutado decenas de miles de grupos de datos y escrito docenas de programas de software para analizar tendencias. Por fin, estaban listos para revelar sus conclusiones a los empleados de la empresa.

Programaron una reunión en la sede central de Mountain View,

California, a la que acudieron miles de empleados, y otros tantos más la siguieron por vídeo en tiempo real. Laszlo Bock, jefe del departamento de People Operations de Google, subió al escenario y dio las gracias a todos por su presencia. «Lo que deberíais sacar de este trabajo es que cómo funcionan los equipos importa, en muchos aspectos, más que quién los integra», afirmó.

Antes de salir a escena, Bock había estado hablando conmigo. «Todos tenemos un mito en la cabeza —me dijo—. Creemos que necesitamos superestrellas. Pero nuestra investigación no ha revelado eso. Si coges a un equipo de personas con un rendimiento mediocre y les enseñas a interactuar de manera adecuada, harán cosas que ninguna superestrella podría lograr jamás. Y hay otros mitos, como que los equipos de ventas deberían gestionarse de forma distinta a los equipos de ingeniería, o que los mejores equipos necesitan un consenso en todo, o que los equipos de alto rendimiento requieren de un gran volumen de trabajo para mantenerse ocupados, o que los equipos necesitan estar físicamente juntos.

»Hoy podemos decir que no es así. Los datos muestran que hay un rasgo universal en el modo como los buenos equipos tienen éxito. Es importante que todos los miembros de un grupo sientan que tienen voz propia, pero que realmente voten o no sobre cosas o tomen decisiones ya no importa tanto. Como tampoco el volumen de trabajo o la colocalización física. Lo que importa es tener voz y sensibilidad social.»

En el escenario, Bock mostró una serie de diapositivas. «Lo que importa son cinco normas clave», dijo a la audiencia.

Los equipos tienen que creer que su trabajo es importante.

Los equipos tienen que sentir que su trabajo resulta personalmente significativo.

Los equipos necesitan objetivos claros y papeles definidos.

Los miembros del equipo tienen que saber que pueden depender unos de otros.

Pero lo más importante de todo es que los equipos necesitan seguridad psicológica.

Para crear seguridad psicológica —prosiguió Bock—, los jefes de equipo tenían que dar ejemplo de las conductas adecuadas. En Google se habían confeccionado unas listas que podían servir al respecto: los jefes no deberían interrumpir a los compañeros de equipo durante las conversaciones, porque eso crearía una norma de interrupción; deberían demostrar que han escuchado a una persona resumiendo lo que ha dicho esta cuando ha terminado de hablar; deberían admitir lo que no saben; no deberían finalizar una reunión hasta que todos los miembros del equipo hayan hablado al menos una vez; deberían alentar a las personas que se sienten contrariadas a expresar sus frustraciones, y a sus compañeros de equipo a responder de maneras que no impliquen juicio alguno; deberían anunciar los conflictos intergrupales y resolverlos con una discusión abierta.

En las listas había docenas de tácticas. Sin embargo, todas remitían a dos principios generales: los equipos tienen éxito cuando todo el mundo siente que puede expresarse y cuando los miembros son sensibles a cómo se sienten los demás.

«Hay muchísimas pequeñas cosas que puede hacer un jefe —me decía Abeer Dubey—. En las reuniones, ¿el jefe interrumpe a la gente diciendo "Dejadme plantear una pregunta", o espera a que alguien termine de hablar? ¿Cómo actúa cuando alguien se siente contrariado? Estas cosas son muy sutiles, pero pueden tener un impacto enorme. Cada equipo es distinto, y en una empresa como Google no es infrecuente que tanto a ingenieros como a vendedores se los enseñe a luchar por lo que creen. Pero se requieren las normas adecuadas para que los argumentos sean productivos en lugar de destructivos. En caso contrario, un equipo nunca se hace más fuerte.»

Durante tres meses, el Proyecto Aristóteles fue de sección en sección explicando sus conclusiones y aleccionando a los jefes de equipo. Los altos ejecutivos de Google crearon una serie de herramientas que cualquier equipo podía utilizar para evaluar si sus miembros se sentían psicológicamente seguros y hojas de cálculo a fin de ayudar a los jefes e integrantes de los equipos a mejorar sus resultados en ese sentido.

«Mi formación es sobre todo cuantitativa. Si he de creer algo, hay que darme datos que lo respalden —decía Sagnik Nandy, quien, como jefe de Google Analytics Engineering, dirige uno de los mayores equipos de la empresa—. De modo que, para mí, ver esos datos ha supuesto un cambio. A los ingenieros les gusta depurar el software porque sabemos que podemos conseguir un 10 por ciento más de eficacia haciendo simplemente unos cuantos ajustes. Pero nunca nos centramos en las interacciones humanas. Reunimos a excelentes personas y esperamos que funcione, y a veces funciona y otras no, pero casi nunca sabemos por qué. Aristóteles nos permite "depurar" a nuestra gente. La forma en que dirijo las reuniones ha cambiado por completo. Ahora soy mucho más consciente de cómo dar ejemplo de capacidad de escucha, o de si interrumpo, o de cómo animar a hablar a todo el mundo.»

El proyecto también ha tenido consecuencias para el propio equipo Aristóteles. «Hace un par de meses en una reunión yo cometí un error —me explicaba Julia Rozovsky—. No un error grave, pero sí embarazoso, y más tarde envié una nota explicando lo que se había hecho mal, por qué y qué estábamos haciendo para resolverlo. Enseguida recibí un correo electrónico de respuesta de un miembro del equipo que decía solo: "¡Ay!".

»Fue como un puñetazo en la barriga. Ya me sentía bastante mal por haber cometido el error, y aquella nota se cebaba en mis inseguridades. Pero, gracias a todo el trabajo que habíamos hecho, respondí así a aquel compañero: "¡Nada como un buen ay para destruir la seguridad psicológica a primera hora de la mañana!". Y él me contestó: "Solo estaba probando tu resiliencia", lo que podría haber sido desacertado de habérselo dicho a otra persona, pero él sabía exactamente lo que yo necesitaba oír. Con una interacción de treinta segundos acabamos con la tensión.

»Tiene gracia eso de hacer un proyecto sobre la eficacia de los equipos trabajando en equipo, porque podemos poner a prueba cuanto vamos aprendiendo sobre la marcha. De lo que me he dado cuenta es de que, cuando todos saben que pueden hablar y realmente demostramos que queremos escucharnos unos a otros, sientes que todos te cubren la espalda.»

En las dos últimas décadas, en Estados Unidos, las empresas se han centrado cada vez más en el trabajo en equipo. Hoy es posible que el trabajador medio forme parte de un grupo de ventas, así como de uno de gerentes de departamento, de un equipo especial de planificación de productos futuros y del equipo encargado de supervisar la fiesta de vacaciones. Los ejecutivos pertenecen a grupos que supervisan la remuneración y la estrategia, las contrataciones y los despidos, la aprobación de las políticas de recursos humanos y la reducción de costes. Quizá estos equipos se reúnan a diario y en persona, se escriban por correo electrónico o colaboren a través del teletrabajo desde todo el mundo. Los equipos son importantes. En empresas y grupos de empresas, agencias gubernamentales y escuelas, los equipos en la actualidad constituyen la unidad fundamental de autoorganización.

Y resulta que las reglas no escritas que hacen que los equipos triunfen o fracasen son las mismas en cualquier lugar. El modo como los agentes de inversiones coordinan sus esfuerzos podría parecer distinto a la forma de distribuirse las tareas las enfermeras de la unidad de ortopedia. Y en esos entornos diferentes, las normas concretas probablemente variarán. Pero una cosa seguirá siendo válida si los equipos funcionan bien: en ambos lugares, los grupos sentirán seguridad psicológica. Tendrán éxito porque los miembros del equipo sienten que pueden confiar unos en otros y discutir con franqueza sin temor a represalias. Los compañeros de equipo tendrán más o menos la misma voz y se mostrarán sensibles a las emociones y necesidades de los demás.

Por regla general, el camino para crear seguridad psicológica empieza por el jefe de equipo. De modo que, si diriges uno —ya sea un grupo de compañeros de trabajo o un equipo deportivo, una reunión de miembros de tu iglesia o tu cena familiar—, piensa en qué mensaje transmiten tus decisiones. ¿Alientas la igualdad a la hora de hablar, o recompensas a quienes más alzan la voz? ¿Das ejemplo de capacidad de escucha? ¿Demuestras sensibilidad ante lo que la gente piensa y siente, o permites que tu decidido liderazgo sea una excusa para no prestar tanta atención como deberías?

Siempre hay buenas razones para elegir comportamientos que minen la seguridad psicológica. A menudo resulta más eficiente interrumpir el debate, tomar una decisión rápida, escuchar a quien sabe más y pedir a los demás que se callen. Pero un equipo se convertirá en una amplificación de sus normas internas, para bien o para mal. Todos los estudios muestran que, aunque la seguridad psicológica podría ser menos eficiente a corto plazo, con el tiempo resulta más productiva.

Si la motivación proviene de dar a los individuos mayor sensación de control, entonces la seguridad psicológica es la advertencia que debemos recordar cuando se une a individuos en un grupo. Establecer el control requiere algo más que hacerse con la autodeterminación. Ser subversivo funciona, siempre y cuando no dirijas un equipo.

Cuando se une a personas en un grupo, a veces tenemos que dar el control a otros. A eso se reducen en última instancia las normas de los equipos: individuos que ceden de buen grado una parte del control a sus compañeros de equipo. Pero eso solo funciona si las personas saben que pueden confiar unas en otras. Solo tiene éxito si nos sentimos psicológicamente seguros.

Como jefes de equipo, pues, es importante ceder el control a la gente. Algunos jefes de equipo de Google hacen una marca al lado de los nombres de las personas cada vez que estas hablan y no dan por terminada una reunión hasta que todas esas marcas son más o menos equivalentes. Y como miembros de un equipo, compartimos el control cuando demostramos que escuchamos de verdad: repitiendo lo que alguien acaba de decir, respondiendo a sus comentarios, mostrando que nos preocupamos reaccionando si alguien parece contrariado o nervioso, en lugar de actuar como si no pasara nada. Cuando respetamos el juicio de otros, cuando tratamos abiertamente las preocupaciones de los demás como si fueran nuestras, damos el control al grupo y se afianza la seguridad psicológica.

«Lo que más me gusta es cuando veo un sketch y los actores realmente lo bordan en escena, y los guionistas del sketch se felicitan en el monitor, y los que esperan entre bastidores ríen, y ya hay otro equipo imaginando cómo hacer a los personajes más graciosos la próxima vez», me dijo Lorne Michaels. «Cuando veo a todo el equipo sacando algún tipo de inspiración de una misma cosa, sé que todo funciona —añadió—. En ese momento, los miembros del equipo se apoyan mutuamente y cada uno se siente como si fuera la estrella.»

3

Concentración

Tunelización cognitiva, el vuelo 447 de Air France y el poder de los modelos mentales

Cuando finalmente hallaron los restos, quedó claro que pocas víctimas habían sido conscientes de que se avecinaba el desastre incluso cuando se produjo. No había indicios de que, en el último minuto, los pasajeros se abrocharan los cinturones o de que, presa del pánico, volcaran las bandejas de comida. Las máscaras de oxígeno estaban metidas en los paneles del techo. Un submarino que analizaba el accidente en el fondo del Atlántico descubrió una hilera de asientos derechos sobre la arena, como si esperaran volar de nuevo.

Se habían tardado casi dos años en encontrar las cajas negras del avión, y la gente tenía la esperanza de que, una vez recuperadas, por fin se dilucidara la causa del accidente. Sin embargo, al principio las cajas dieron pocas pistas. Según los datos, ninguno de los ordenadores del avión había presentado fallos. No había indicación alguna de error mecánico o problemas eléctricos. Hasta que los investigadores no oyeron las grabaciones de voz de la cabina de mando, no empezaron a entenderlo. Este Airbus —uno de los aviones más grandes y sofisticados jamás fabricados, diseñado como modelo de automatización a prueba de errores— no se encontraba en el fondo del océano por un defecto de la maquinaria, sino por un error de atención.

Veintitrés meses antes, el 31 de mayo de 2009, el cielo nocturno estaba despejado cuando el vuelo 447 de Air France se alejó de la puerta de embarque en Río de Janeiro con 228 pasajeros rumbo a París.[1] A bordo viajaban parejas de luna de miel, un ex director de la Ópera Nacional de Washington, un conocido activista por el control armamentístico y un niño de once años que iba a ingresar en un internado. Uno de los pilotos del avión había llevado a su mujer a Río para disfrutar de un descanso de tres días en el Copacabana Beach. Ahora estaba sentada en la parte trasera del enorme avión, mientras él y dos compañeros se encontraban en la cabina para llevarlos a casa.[2]

Cuando el avión inició el ascenso hubo varias comunicaciones por radio con la torre de control, el parloteo habitual que acompaña a cualquier despegue. Cuatro minutos después de abandonar la pista, el hombre que ocupaba el asiento derecho —la posición subalterna— activó el piloto automático. Durante las siguientes diez horas y media, si todo iba según lo previsto, el avión se pilotaría prácticamente solo.

Solo dos décadas antes, volar de Río a París era mucho más agotador. Antes de la década de los años noventa y de los avances en la automatización de las cabinas, los pilotos tenían que calcular docenas de variables durante un vuelo, incluida la velocidad aerodinámica, el consumo de combustible, la dirección y una altitud óptima, a la vez que controlaban alteraciones climatológicas, las conversaciones con control del tráfico aéreo y la posición del aparato en el cielo. Eran viajes tan exigentes que los pilotos a menudo se turnaban en las responsabilidades.[3] Todos conocían los riesgos que entrañaba que la atención disminuyera. En 1987, un piloto de Detroit se había agobiado tanto en el despegue que se olvidó de activar los *flaps*. Fallecieron 154 personas cuando el avión se estrelló tras el despegue.[4] Quince años antes, unos pilotos que volaban cerca de Miami se habían obsesionado con una luz de aterrizaje defectuosa y no se percataron de que estaban descendiendo gradualmente. Perecieron 101 personas[5] cuando el avión se estrelló en el Parque

Nacional Everglades.[6] Antes de que se inventaran los sistemas de aviación automatizados, no era raro que cada año murieran más de mil personas en accidentes, a menudo porque la capacidad de concentración de los pilotos estaba sometida a demasiada presión o debido a otros errores humanos.[7]

Sin embargo, el avión que volaba de Río a París estaba diseñado para eliminar esos errores reduciendo enormemente el número de decisiones que un piloto debía tomar. El Airbus A330 era tan avanzado que sus ordenadores podían intervenir automáticamente cuando surgían esos problemas, identificar soluciones y luego notificar a los pilotos, por medio de instrucciones en pantalla, dónde dirigir su atención al responder a las indicaciones informatizadas. En condiciones óptimas, un ser humano podía pilotar solo unos ocho minutos por trayecto, durante el despegue y el aterrizaje. Aviones como el A330 habían transformado la esencia del pilotaje, que ya no era una profesión proactiva, sino reactiva. En consecuencia, pilotar resultaba más sencillo. El número de accidentes se redujo y la productividad de las aerolíneas se disparó, ya que podían viajar más clientes con menos tripulación. Un vuelo transoceánico en su día requería hasta de seis pilotos. En la época del vuelo 447, gracias a la automatización, Air France solo necesitaba dos personas en la cabina de mando al mismo tiempo.

Transcurridas cuatro horas de viaje, a medio camino entre Brasil y Senegal, el avión cruzó el ecuador. La mayoría de los pasajeros debían de estar durmiendo. A lo lejos se divisaban nubes de una tormenta tropical. Los hombres de la cabina de mando comentaron la electricidad estática que se veía por las ventanas, un fenómeno conocido como fuego de San Telmo. «Bajo un poco la luz para ver fuera, ¿de acuerdo?», dijo Pierre-Cédric Bonin, el piloto cuya esposa viajaba en el avión. «Sí, sí», repuso el capitán. En una pequeña bodega situada detrás de la cabina, un tercer piloto echaba una cabezada. El capitán le indicó que lo sustituyera y dejó a los dos pilotos menos veteranos a los controles para dormir. El avión volaba sin percances con el piloto automático a 32.000 pies de altitud.

Veinte minutos después notaron una pequeña sacudida causada por las turbulencias. «Quizá no estaría de más decirles a los pasajeros que se abrochen los cinturones», informó Bonin a una azafata por el intercomunicador. A medida que el aire que rodeaba la cabina iba enfriándose, tres cilindros metálicos que sobresalían del chasis del avión —los tubos de Pitot, que miden la velocidad aerodinámica al detectar la fuerza del aire que entra en ellos— quedaron obstruidos por cristales de hielo. Durante casi cien años, los pilotos se han quejado del hielo que se acumula en los tubos de Pitot y se han adaptado a ello sin problemas. La mayoría saben que si la medición de la velocidad aerodinámica cae inesperadamente, es probable que los tubos de Pitot se hayan obstruido. Cuando los del vuelo 447 se congelaron, los ordenadores del avión perdieron la información sobre la velocidad aerodinámica y el piloto automático se desactivó, como estaba programado.

Se oyó una alarma.

—Tengo los mandos —dijo Bonin tranquilamente.

—De acuerdo —respondió su compañero.

En ese momento, si los pilotos no hubieran hecho nada, el avión habría seguido volando sin problemas y los tubos de Pitot habrían acabado descongelándose. Pero Bonin, tal vez sacado de su ensimismamiento por la señal de alarma y deseoso de compensar el hecho de que el piloto automático no funcionara, tiró un poco de la palanca, lo cual provocó que el morro del avión se alzara y que el aparato ganara altura. En un minuto había ascendido 3.000 pies.[8]

Ahora que el morro del vuelo 447 apuntaba ligeramente hacia arriba, la aerodinámica del avión empezó a cambiar. La atmósfera a esa altura era poco densa y el ascenso había interrumpido el paso regular de aire sobre las alas del avión. La sustentación del aparato —la fuerza física básica que mantiene los aviones en el cielo porque hay menos presión encima del ala que debajo— empezó a deteriorarse. En condiciones extremas, esto puede causar una entrada en pérdida, una situación peligrosa en la que un avión empieza a caer aunque sus motores tengan propulsión y el morro apunte hacia arriba; en sus primeros estadios, es fácil resolverla. El mero hecho de bajar el morro para que empiece a fluir el aire por encima de las alas impide que se produzca. Pero si el morro de un avión sigue apuntando hacia arriba, la entrada en pérdida empeorará cada vez más hasta que el aparato caiga como una piedra en un pozo.

Mientras el vuelo 447 se elevaba en la atmósfera poco densa, se oyó un fuerte pitido en la cabina de mando y una voz pregrabada que advertía: «¡Entrada en pérdida! ¡Entrada en pérdida! ¡Entrada en pérdida! ¡Entrada en pérdida!», indicando que el morro del avión estaba demasiado alto.

—¿Qué es eso? —preguntó el copiloto.

—¿No tenemos... hum... una buena indicación de velocidad? —contestó Bonin.[9]

Los tubos de Pitot seguían obstruidos por el hielo, de modo que la pantalla no mostraba la velocidad aerodinámica.

—Estate atento a la velocidad —dijo el copiloto.

—De acuerdo, de acuerdo, estoy descendiendo —repuso Bonin.

—Dice que ascendemos —precisó el copiloto—. Desciende.

—De acuerdo —dijo Bonin.

Pero Bonin no descendió. Si hubiera equilibrado el avión, este habría seguido su curso sin problemas. Sin embargo, continuó tirando ligeramente de la palanca, lo cual elevó todavía más el morro hacia el cielo.

En la actualidad, la automatización se ha colado en casi todos los aspectos de nuestra vida. La mayoría conducimos coches equipados con ordenadores que activan automáticamente los frenos y reducen la potencia de transmisión cuando pasamos por un tramo por la lluvia o con hielo, a menudo con tal sutileza que no notamos que el vehículo se ha anticipado a nuestra tendencia a corregir excesivamente. Trabajamos en oficinas donde se dirige a los clientes a los departamentos por medio de sistemas telefónicos informatizados, donde se envían correos electrónicos automáticamente cuando no nos hallamos en nuestro puesto y donde las cuentas bancarias son protegidas instantáneamente contra fluctuaciones de divisas. Nos comunicamos con teléfonos inteligentes que acaban de escribir nuestras palabras. Incluso sin ayuda de la tecnología, todos los humanos recurren a automatizaciones cognitivas conocidas como «heurística», que nos permiten realizar múltiples tareas. Por eso podemos enviar un correo electrónico a la canguro mientras hablamos con nuestro cónyuge y vigilamos simultáneamente a los niños.[10] La automatización mental nos permite elegir, casi de forma inconsciente, a qué prestamos atención y qué pasamos por alto.

La automatización ha hecho que las fábricas sean más seguras, las oficinas más eficientes, los coches menos proclives a accidentes y las economías más estables. Según algunos cálculos, la productividad personal y profesional en los últimos cincuenta años ha obtenido más beneficios que en los dos siglos anteriores juntos, en gran parte gracias a la automatización.[11]

Pero a medida que la automatización se ha hecho más común, ha aumentado el riesgo de que nuestra capacidad de atención falle. Estudios de Yale, UCLA, Harvard, Berkeley, la NASA, los Institutos Nacionales de Salud y otros demuestran que los errores son especialmente probables cuando la gente se ve obligada a alternar entre el automatismo y la concentración,[12] e inusualmente peligrosos cuando los sistemas automáticos se infiltran en aviones, coches y otros entornos en los que un paso en falso puede ser trágico.[13] En la era de la automatización, saber gestionar la concentración resulta más crucial que nunca.[14]

Pongamos por caso la actitud de Bonin cuando se vio obligado a hacerse con el control del vuelo 447. No está claro por qué siguió orientando el aparato hacia arriba tras coincidir con el copiloto en que debían descender. Tal vez esperaba elevarse sobre las nubes de tormenta que había en el horizonte. Quizá fue una reacción no intencionada a la alarma repentina. Nunca sabremos por qué no situó de nuevo los controles en posición neutra una vez que sonó el aviso de entrada en pérdida. Sin embargo, existen indicios importantes de que Bonin era víctima de lo que se conoce como «tunelización cognitiva», un mal funcionamiento que en ocasiones se produce cuando nuestro cerebro se ve obligado a pasar abruptamente de una automatización relajada a una atención histérica.[15]

«Hay que imaginar la capacidad de concentración de nuestro cerebro como un foco que puede ensancharse y dispersarse o estrecharse y centrarse», afirma David Strayer, un psicólogo cognitivo de la Universidad de Utah. Nuestra capacidad de concentración está guiada por nuestras intenciones. En la mayoría de las situaciones, elegimos si centramos el foco o lo dejamos distenderse. Pero cuando permitimos que sistemas automatizados como ordenadores o pilotos automáticos presten atención por nosotros, nuestro cerebro atenúa ese foco y le permite que apunte donde quiera. Esto obedece en parte a un esfuerzo de nuestro cerebro por conservar energía. La capacidad para relajarse de esta manera nos brinda grandes ventajas: nos ayuda a controlar subconscientemente los niveles de estrés y resulta más fácil proponer ideas, significa que no tenemos que controlar sin cesar nuestro entorno y nos ayuda a prepararnos para grandes tareas cognitivas. Nuestros cerebros buscan de forma automática oportunidades para desconectar y relajarse.

«Pero, entonces, ¡pam!, se produce una emergencia, recibimos un correo electrónico inesperado o alguien nos formula una pregunta importante en una reunión y, de repente, el foco de nuestra cabeza tiene que redoblar esfuerzos y al principio no sabe dónde iluminar —señala Strayer—. Así el cerebro instintivamente apunta con la máxima luminosidad posible al estímulo más obvio, lo que tengamos justo delante, aunque no sea la mejor opción. Es entonces cuando se produce la tunelización cognitiva.»

A causa de la tunelización cognitiva la gente se concentra en exceso en lo que tiene directamente ante los ojos o se preocupa de tareas inmediatas. Es lo que mantiene a alguien pegado a su smartphone mientras los niños lloran o los transeúntes lo esquivan en la acera. Lo que empuja a los conductores a pisar a fondo el freno ante un semáforo en rojo.[16] Podemos aprender técnicas para alternar mejor entre relajación y concentración, pero requieren práctica y el deseo de seguir atentos. No obstante, una vez que nos hallamos en un túnel cognitivo, perdemos la capacidad para orientar nuestra concentración. Por el contrario, nos aferramos a los estímulos más fáciles y obvios, a menudo a expensas del sentido común.[17]

Mientras los tubos de Pitot se congelaban y las alarmas resonaban, Bonin entró en un túnel cognitivo. Su atención había estado relajada cuatro horas. Ahora, rodeado de luces parpadeantes y pitidos, buscó dónde focalizarla. Lo más obvio era el monitor de vídeo que tenía justo delante de los ojos.

La cabina de un Airbus A330 es una obra maestra minimalista, un entorno diseñado para que no haya distracciones, con solo unas pocas pantallas junto a un reducido número de medidores y controles.[18] Uno de los monitores más prominentes, que se halla directamente en el campo visual del piloto, es la pantalla principal de vuelo. Una línea ancha la cruza horizontalmente, indicando la división entre el cielo y la tierra. Sobre esta línea aparece el pequeño icono de un avión. Si un aparato se desplaza a un lado u otro de la línea en pleno vuelo, el icono se descentra y los pilotos saben que las alas ya no van en paralelo al suelo.

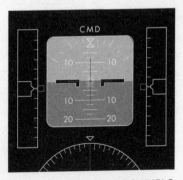

PANTALLA PRINCIPAL DE VUELO

Cuando Bonin oyó la alarma y observó el cuadro de mandos, vio la pantalla principal de vuelo. El icono del avión que aparecía en ella se había desplazado ligeramente a la derecha. En circunstancias normales, no habría sido para preocuparse, pues los aviones suelen oscilar un poco durante todo el viaje y se enderezan con facilidad.[19] Pero ahora, con el piloto automático desconectado y la repentina presión para que se concentrara, el foco en la cabeza de Bonin iluminó ese icono descentrado. Según indican las cajas negras, Bonin se concentró en que las alas de ese icono coincidieran con el centro de su pantalla. Y luego, tal vez porque estaba obsesionado con corregir la inclinación, no reparó en que seguía tirando de la palanca y levantando el morro del avión.

Cuando Bonin tiró de la palanca hacia atrás, la parte delantera del avión se elevó aún más. Entonces se produjo otra tunelización cognitiva, en esta ocasión en la cabeza del copiloto de Bonin. El hombre que ocupaba el asiento izquierdo se llamaba David Robert y era oficialmente el «piloto de control». Su labor consistía en vigilar a Bonin e intervenir si el «piloto de vuelo» se sentía abrumado; en el peor de los casos, Robert podía tomar el control del avión. Pero ahora que sonaban las alarmas, Robert hizo lo más natural en esa situación: se concentró en los estímulos más obvios. Junto a él había una pantalla que lanzaba textos según el ordenador del avión proporcionaba actualizaciones e instrucciones. Robert dejó de mirar a Bonin, se centró en el texto que se desplazaba hacia arriba y leyó los mensajes en voz alta. «Estabiliza —dijo Robert—. Desciende.»

Al estar concentrado en la pantalla, Robert no vio que Bonin tiraba de la palanca ni que estaba elevando aún más el aparato, pese a que coincidía con él en que debían descender. No existen pruebas de que Robert consultara los medidores. Por el contrario, leyó frenéticamente una serie de mensajes generados de forma automática por el ordenador de a bordo. Aunque esas indicaciones hubieran sido de utilidad, nada apunta a que Bonin, que miraba fijamente el icono del avión que tenía delante, oyera lo que su compañero le decía.

El avión ascendió a 35.000 pies, acercándose peligrosamente a su altura máxima. En ese momento, el morro del aparato tenía una inclinación de doce grados.

Finalmente, el copiloto apartó la vista de la pantalla.

—Según esto estamos subiendo —dijo a Bonin en referencia al cuadro de mandos—. ¡Desciende! —gritó.

—De acuerdo —repuso Bonin, que empujó la palanca hacia delante, logrando así que el morro del avión bajara ligeramente.

A raíz de ello, la fuerza de la gravedad que experimentaban los pilotos se atenuó un tercio, lo cual les infundió una fugaz sensación de ingravidez. «¡Poco a poco!», le espetó su compañero. Entonces Bonin, tal vez abrumado por la combinación de las alarmas, la ingravidez y la reprimenda del copiloto, apartó la mano hacia atrás, lo cual frenó el descenso del morro. El aparato seguía inclinado seis grados hacia arriba. Por los altavoces de la cabina sonó otra estridente alarma, y segundos después el avión empezó a vibrar, lo que se conoce como *buffeting*, resultado del movimiento de aire sobre las alas en los primeros estadios de una entrada en pérdida grave.

—Estamos… estamos subiendo, ¿verdad? —dijo Bonin.

Durante diez segundos, ninguno de los dos habló. El avión se elevó por encima de los 37.500 pies, su altitud máxima recomendada. Para permanecer en el aire, el vuelo 447 tenía que descender. Si Bonin bajaba el morro, todo iría bien.

Entonces, mientras los pilotos miraban sus pantallas, los cristales de hielo que obstruían los tubos de Pitot se descongelaron y el ordenador del avión empezó a recibir una vez más información precisa de la velocidad aerodinámica. A partir de ese momento, los sensores del aparato funcionaron correctamente todo el vuelo. El ordenador comenzó a dar instrucciones e indicó a los pilotos cómo resolver la entrada en pérdida. Sus cuadros de mandos les mostraban cuanto necesitaban para nivelar el avión, pero no tenían ni idea de dónde mirar. Aun cuando llegaba información útil, Bonin y Robert no sabían en qué concentrarse.

La alarma de entrada en pérdida sonó de nuevo. Empezó a oírse un ruido agudo y penetrante llamado «*cricket*», concebido para que los pilotos no puedan pasarlo por alto.

—¡Mierda! —gritó el copiloto, que ya había llamado al capitán—. ¿Dónde está?... Sobre todo intenta tocar lo menos posible los controles laterales —le dijo a Bonin.

—De acuerdo —repuso este—. Estoy en TO/GA, ¿verdad?

Fue en ese instante, según concluyeron más tarde los investigadores, cuando quedaron condenadas las vidas de los 228 ocupantes del vuelo 447. TO/GA es un acrónimo de Take Off, Go Around, opción que utilizan los pilotos para abortar un aterrizaje o sobrevolar la pista en círculos. El TO/GA aumenta la propulsión de un avión al máximo mientras el piloto sube el morro. Existe una secuencia de movimientos asociados al TO/GA que practican todos los pilotos centenares de veces cuando se preparan para ciertos tipos de emergencia. A baja altura, el TO/GA tiene mucho sentido. Cerca de la superficie de la tierra el aire es denso, de modo que aumentar la propulsión y elevar el morro hace que un avión vuele más rápido y más alto, lo cual permite al piloto abortar el aterrizaje de manera segura.

Pero a 38.000 pies, el aire es tan poco denso que el TO/GA no funciona. Un avión no puede ganar más propulsión a dicha altura, y levantar el morro no hace sino aumentar la gravedad de una entrada en pérdida. La única decisión correcta entonces es bajar el morro. Sin embargo, ante el pánico paralizador, Bonin cometió un segundo error, un tropiezo mental primo hermano de la tunelización cognitiva: intentó orientar su foco mental hacia algo conocido. Recurrió a una reacción que había practicado repetidamente, una secuencia de movimientos que había aprendido a asociar con las emergencias. Cayó en lo que los psicólogos denominan «pensamiento reactivo».[20]

El pensamiento reactivo es un elemento esencial a la hora de fijar nuestra atención y, en muchas circunstancias, una ventaja tremenda. Los deportistas, por ejemplo, practican ciertos movimientos una y otra vez para poder pensar reactivamente en un partido y ejecutar jugadas a las que sus oponentes no puedan responder con suficiente rapidez. El pensamiento reactivo es nuestra manera de crear hábitos, y por eso son tan útiles las listas de tareas y las alertas de calendario: en lugar de tener que decidir qué haremos a continuación, podemos aprovechar nuestros instintos reactivos y actuar de manera automática. En cierto sentido, el pensamiento reactivo externaliza las decisiones y el control que, en otras situaciones, crean motivación.

Pero la desventaja del pensamiento reactivo es que los hábitos y las reacciones pueden volverse tan automáticos que dominen nuestro criterio. Una vez externalizada nuestra motivación, simplemente reaccionamos. Un estudio llevado a cabo por el psicólogo Strayer en 2009 analizó cómo cambiaba el comportamiento de los conductores cuando el vehículo estaba equipado con regulador de velocidad y sistemas de frenado automáticos que permitían a la gente prestar menos atención a las condiciones de la carretera.[21]

«Supuestamente, esas tecnologías hacen que la conducción sea más segura, y muchas veces es así —afirma Strayer—. Pero también facilitan el pensamiento reactivo, de modo que, cuando lo inesperado nos sobresalta, cuando el coche patina o tenemos que frenar repentinamente, reaccionamos con respuestas practicadas y habituales, como pisar el freno a fondo o girar demasiado el volante. En lugar de pensar, reaccionamos, y si no es la respuesta correcta, suceden cosas malas.»

Dentro de la cabina, mientras sonaban las alarmas y el *cricket*, los pilotos guardaban silencio. Robert, el copiloto, tal vez sumido en sus pensamientos, no respondió a la pregunta de Bonin —«Estoy en TO/GA, ¿verdad?»—, sino que de nuevo avisó al capitán, que seguía descansando en la bodega. Si Bonin se hubiera detenido a sopesar los elementos básicos —que la atmósfera era poco densa, que estaba sonando la alarma de entrada en pérdida y que el avión no podía ascender de manera segura—, se habría dado cuenta inmediatamente de que debía bajar el morro. Por el contrario, recurrió a comportamientos practicados cientos de veces y tiró otra vez de la palanca. La inclinación del avión aumentó a unos aterradores dieciocho grados mientras Bonin abría el propulsor. El avión ascendió, describió medio arco y empezó a caer con el morro apuntando todavía hacia arriba y los motores a pleno rendimiento. La cabina comenzó a temblar a medida que el *buffeting* aumentaba. El avión empezó a caer a toda velocidad.

—¿Qué carajos está pasando? —preguntó el copiloto—. ¿Entiendes lo que está pasando o no?

—¡He perdido el control del avión! —gritó Bonin—. ¡Lo he perdido por completo!

Es probable que los pasajeros apenas se dieran cuenta de que algo iba mal. No podían oír ninguna alarma. Posiblemente interpretaron el *buffeting* como unas turbulencias normales. Ningún piloto les dijo nada.[22]

Finalmente, el capitán entró en la cabina de mando.

—¿Qué narices estáis haciendo? —preguntó.

—No sé qué pasa —dijo Robert.

—¡Estamos perdiendo el control del avión! —gritó Bonin.

—Hemos perdido el control del avión y no lo entendemos —terció Robert—. Lo hemos probado todo.

Ahora, el vuelo 447 descendía a una velocidad de 10.000 pies por minuto.[23] El capitán, situado detrás de los pilotos y tal vez abrumado por lo que veía, soltó una palabrota y guardó silencio durante cuarenta y un segundos.

—Tengo un problema —dijo Bonin con tono de pánico—. Las pantallas no funcionan.

Eso no era cierto. Las pantallas del tablero de mandos estaban dando información precisa y eran claramente visibles. Pero él estaba demasiado agobiado para concentrarse.

—Tengo la sensación de que vamos increíblemente rápido —comentó Bonin. En realidad, el avión en aquel momento se movía demasiado lento—. ¿Vosotros qué opináis? —preguntó mientras se disponía a accionar la palanca que desplegaría los *spoilers* del ala, lo cual ralentizó aún más el aparato.

—¡No! —gritó el copiloto—. ¡Sobre todo no abras los *spoilers*!

—De acuerdo —respondió Bonin.

—¿Qué hacemos? —preguntó el copiloto al capitán—. ¿Tú qué ves?

—No lo sé —dijo el capitán—. Está descendiendo.

Durante los treinta y cinco segundos posteriores, mientras los pilotos se hacían preguntas a voz en cuello, el avión descendió otros 9.000 pies.

—¿Estoy bajando? —preguntó Bonin. El instrumental que tenía delante podría haberle respondido fácilmente.

—Estás bajando sin parar —dijo el copiloto.

—Llevo un rato tirando de la palanca a fondo —repuso Bonin.

—¡No, no! —gritó el capitán. Ahora el avión se hallaba a menos de 10.000 pies del océano Atlántico—. ¡No subas!

—¡Dame los mandos! —dijo el copiloto—. ¡Los mandos! ¡A mí!

—Todo tuyo —dijo Bonin, soltando por fin la palanca—. Tienes los mandos. Seguimos en TO/GA, ¿verdad?

Cuando el copiloto se hizo con el control, el avión cayó otros 6.000 pies hacia el mar.

—Cuidado, estás subiendo —dijo el capitán.

—¿Estoy subiendo? —replicó el copiloto.

—Estás subiendo —repitió el capitán.

—¡Es que tenemos que subir! —exclamó Bonin—. ¡Estamos a 4.000 pies!

Ahora, la única manera de que el avión ganara velocidad suficiente era bajar el morro en picado y permitir que circulara más aire sobre las alas. Pero con tan poca distancia entre el avión y el océano no había margen de maniobra. En ese momento se disparó una alarma de proximidad con tierra: «¡RÉGIMEN DE ASCENSO! ¡SUBA!». En la cabina de mando no dejaban de oírse ruidos.

—Estás subiendo —dijo el capitán al copiloto.

—¡Vamos! —respondió Bonin—. ¡Sube! ¡Sube! ¡Sube!

Por un instante, los hombres guardaron silencio.

—No puedo creerlo —dijo al cabo Bonin.

Por las ventanillas se veía el océano. Si los pilotos hubieran vuelto la cabeza, habrían distinguido las olas.

—Pero ¿qué está pasando? —preguntó Bonin.

Dos segundos después, el avión se hundía en el mar.

II

A finales de los años ochenta, un grupo de psicólogos de una consultoría llamada Klein Associates empezaron a estudiar por qué algunas personas parecen conservar la calma y la concentración en momentos críticos, mientras que otras se ven superadas. Klein Associates estaba ayudando a varias empresas a analizar sus procesos de toma de decisiones. Algunos clientes querían saber por qué ciertos empleados tomaban tan buenas decisiones en situaciones de estrés y cuando disponían de poco tiempo mientras que otros se distraían. Y lo que es más importante: querían saber si podían entrenar a la gente para que prestara más atención a las cosas correctas.

El equipo de Klein Associates empezó entrevistando a profesionales que trabajaban bajo mucha presión como bomberos, altos mandos del ejército y personal de rescate y emergencia. Sin embargo, muchas de esas conversaciones resultaron frustrantes. Los bomberos eran capaces de observar una escalera en llamas e intuir si soportaría su peso y sabían qué partes de un edificio necesitaban atención constante y cómo estar al caso de las señales de advertencia, pero no acertaron a explicar cómo lo hacían. Los soldados podían decirte en qué partes del campo de batalla era más probable que hubiera enemigos y dónde buscar indicios de emboscada, pero cuando les pidieron que explicaran sus decisiones, las atribuyeron a la intuición.

Así que el equipo se desplazó a otros ambientes laborales. Una investigadora, Beth Crandall, visitó varias unidades de cuidados intensivos neonatales, o UCIN, en la zona de Dayton, cerca de donde vivía.[24] Una UCIN, como todos los lugares de atención crítica, es una mezcla de caos y banalidad con un trasfondo de máquinas que lanzan pitidos y avisos constantes. Muchos de los bebés ingresados en una UCIN se hallan en plena recuperación; es posible que hayan nacido prematuramente o sufrido lesiones menores durante el parto, pero no padecen dolencias graves. Sin embargo, otros están enfermos y necesitan supervisión permanente. No obstante, lo que más dificulta las cosas a las enfermeras de la UCIN es que no siempre queda claro qué bebés están enfermos y qué bebés sanos. Bebés prematuros aparentemente sanos pueden enfermar con rapidez; bebés enfermos pueden recuperarse de forma inesperada. Así que ellas toman decisiones constantes sobre dónde concentrar su atención: ¿el bebé que llora o el que está callado? ¿Los nuevos resultados del laboratorio o los padres preocupados que dicen que algo parece ir mal? Es más, esas decisiones se toman en medio de un goteo incesante de datos proporcionados por las máquinas —monitores cardíacos, termómetros automáticos, equipos para la presión sanguínea y oxímetros de pulso—, preparadas para hacer saltar las alarmas en el momento en que algo cambia. Esas innovaciones han brindado mayor seguridad a los pacientes y mejorado extraordinariamente la productividad de las UCIN, ya que ahora se necesitan menos enfermeras para supervisar a más niños. Pero también las han vuelto más complejas. Crandall quería comprender cómo las enfermeras tomaban decisiones sobre qué niños requerían su atención y por qué a algunas se les daba mejor concentrarse en lo más importante.

Entrevistó a enfermeras que se mostraban tranquilas ante una emergencia y a otras que parecían a punto de derrumbarse. Le interesaron más las enfermeras que parecían especialmente dotadas para percatarse de cuándo un bebé estaba en apuros. Podían predecir el empeoramiento o la recuperación de un recién nacido a partir de pequeñas señales de advertencia que casi todos los demás pasaban por alto. A menudo, las pistas en que se basaban para detectar problemas eran tan sutiles que incluso a ellas les costaba recordar qué las había impulsado a actuar. «Era como si vieran cosas que nadie más podía ver —me dijo Crandall—. Parecían pensar de modo diferente.»

Una de las primeras entrevistas que hizo Crandall fue a una enfermera de gran talento llamada Darlene, que le describió un turno de unos años antes. Darlene había pasado junto a una incubadora y mirado al bebé que la ocupaba. Todas las máquinas conectadas a la niña mostraban que sus constantes vitales estaban dentro de los rangos normales. Otra enfermera vigilaba al bebé atentamente, sin preocuparse, dado lo que veía. Pero a Darlene le pareció que algo iba mal. La piel de la pequeña estaba levemente moteada en lugar de presentar un tono rosado uniforme y la barriga parecía un poco hinchada. Recientemente le habían extraído sangre del talón y en la tirita se veía una mancha carmesí en vez de un pequeño punto.

Nada resultaba especialmente inusual o preocupante. La enfermera que atendía a la niña dijo que comía y dormía bien. El pulso era fuerte. Pero a Darlene le llamó la atención que todas esas pequeñas cosas estuvieran sucediendo a la vez. Abrió la incubadora y examinó a la recién nacida, que estaba consciente y despierta. Se estremeció un poco al notar el tacto de Darlene, pero no lloró. No se trataba de nada específico, pero el aspecto del bebé no era el que ella esperaba.

Darlene fue a buscar al médico de cabecera, quien dijo que empezaran a administrar antibióticos intravenosos a la niña. Solo podían fiarse de la intuición de Darlene, pero el médico, confiando en su criterio, ordenó la medicación y una batería de pruebas. Cuando tuvieron los resultados, se hizo evidente que el bebé sufría el primer estadio de una sepsis, una inflamación en todo el cuerpo potencialmente mortal provocada por una infección grave. La dolencia avanzaba con tal rapidez que, de haber esperado más, la recién nacida probablemente habría muerto. Sin embargo, se recuperó por completo.

«Me fascinó que Darlene y la otra enfermera hubieran visto las mismas señales de advertencia y contaran con la misma información, pero solo la primera detectara el problema —comentaba Crandall—. Para la otra enfermera, la piel moteada y la tirita manchada de sangre eran simples datos, nada lo bastante importante como para que saltaran las alarmas. Pero Darlene hizo que encajaran todas las piezas. Vio una panorámica completa.»[25] Cuando Crandall pidió a Darlene que explicara cómo sabía que el bebé estaba enfermo, dijo que fue una corazonada. Sin embargo, al formularle más preguntas surgió otra explicación. Darlene tenía una imagen clara de cómo debía ser un bebé sano, y cuando miró a aquella niña vio que no encajaba en dicha imagen. Así que el foco mental de Darlene iluminó la piel de la niña, la mancha de sangre en el talón y la barriga hinchada. Se centró en esos detalles inesperados e hizo que la enfermera se alarmara. Por el contrario, la otra enfermera no tenía una imagen mental nítida de lo que esperaba ver, así que su foco se centró en detalles más obvios: el bebé comía, sus latidos eran fuertes, no lloraba. A la enfermera la distrajo la información que resultaba más fácil de entender.

Las personas que, como Darlene, saben gestionar muy bien su atención suelen compartir ciertas características. Una es la propensión a crear imágenes mentales de lo que esperan ver. Esas personas se relatan lo que está sucediendo en el mismo momento en que pasa. Se narran mentalmente su propia experiencia. Tienen tendencia a contestar preguntas con anécdotas en lugar de con respuestas simples. Dicen que cuando sueñan despiertas, a menudo imaginan conversaciones futuras. Visualizan sus días con mayor concreción que el resto.

Los psicólogos utilizan una expresión para este tipo de pronóstico habitual: «crear modelos mentales».[26] Comprender cómo construye la gente modelos mentales se ha convertido en uno de los temas más importantes de la psicología cognitiva. Todo el mundo recurre hasta cierto punto a dichos modelos. Todos nos contamos historias sobre cómo funciona el mundo, nos demos cuenta de ello o no.

Pero algunos creamos modelos más sólidos que otros. Visualizamos las conversaciones que mantendremos con mayor concreción e imaginamos lo que haremos ese mismo día con más detalle. En consecuencia, se nos da mejor decidir en qué nos concentramos y qué pasamos por alto. El secreto de personas como Darlene es que tienen el hábito de contarse historias todo el tiempo. Pronostican sin parar. Tienen ensoñaciones sobre el futuro y, luego, cuando la vida entra en conflicto con su imaginación, su atención se sobresalta. Eso ayuda a explicar por qué Darlene reparó en que el bebé estaba enfermo. Tenía la costumbre de imaginar el aspecto que debían tener los bebés de su unidad. Entonces, al comprobar que la tirita ensangrentada, la barriga hinchada y la piel moteada no encajaban con la imagen que ella se había formado, su foco mental se dirigió a la incubadora de la niña.[27]

La tunelización cognitiva y el pensamiento reactivo se dan cuando nuestro foco mental pasa de tenue a brillante en una fracción de segundo. Pero si estamos contándonos historias y creando imágenes mentales constantemente, ese haz luminoso nunca se apaga del todo. Siempre va de un lado a otro en nuestra mente. Y, por ello, cuando debe cobrar vida en el mundo real, su resplandor no nos ciega.

Cuando los investigadores del accidente del vuelo 447 de Air France empezaron a analizar las grabaciones de audio de la cabina de mando, hallaron pruebas convincentes de que ninguno de los pilotos tenía modelos mentales sólidos durante el vuelo.

—¿Qué es eso? —preguntó el copiloto cuando sonó por primera vez el aviso de entrada en pérdida.

—¿No tenemos una buena indicación de velocidad?… Estamos… ¿estamos subiendo? —respondió Bonin.

Los pilotos no dejaban de formularse preguntas mientras la crisis del avión se agravaba, ya que no contaban con modelos mentales que los ayudaran a procesar la información nueva a medida que llegaba. Cuanto más sabían, más confusos se sentían. Eso explica por qué Bonin era tan proclive a la tunelización cognitiva. No se había contado a sí mismo una historia durante el vuelo, de modo que, cuando sobrevino lo inesperado, no sabía a ciencia cierta a qué detalles prestar atención. «Tengo la sensación de que vamos increíblemente rápido —dijo cuando el avión empezó a perder velocidad y altura—. ¿Vosotros qué opináis?»

Y cuando Bonin se aferró por fin a un modelo mental —«Estoy en TO/GA, ¿verdad?»—, no buscó datos que cuestionaran tal modelo. «Estoy subiendo, de acuerdo, así que estamos bajando», dijo dos minutos antes de que el aparato se estrellara, aparentemente ajeno a la contradicción que entrañaban sus palabras. «De acuerdo, estamos en TO/GA —añadió—. ¿Cómo es posible que sigamos descendiendo?»

«No puedo creerlo», dijo segundos antes de que el avión impactara contra el agua. Después pronuncia sus últimas palabras, que cobran todo el sentido del mundo si nos damos cuenta de que Bonin seguía intentando idear modelos mentales útiles mientras el avión se precipitaba hacia las olas:

—Pero ¿qué está pasando?

Este problema no es exclusivo de los pilotos del vuelo 447, por supuesto. Sucede continuamente, en oficinas y autopistas, cuando manipulamos nuestros teléfonos inteligentes y hacemos varias cosas a la vez desde el sofá. «Esta situación caótica es cien por cien culpa nuestra —afirma Stephen Casner, un psicólogo de investigación de la NASA que ha analizado docenas de accidentes como el del vuelo 447 de Air France—. Empezamos con un ser humano creativo y adaptable capaz de resolver problemas y un ordenador bastante estúpido al que se le dan bien las tareas de memoria y repetitivas como la supervisión. Así que dejemos que se encargue el ordenador estúpido y que los humanos que escriben novelas, elaboran teorías científicas y pilotan aviones se sienten delante del ordenador como plantas en un tiesto buscando luces parpadeantes. Siempre ha sido difícil aprender a concentrarse. Ahora lo es todavía más.»[28]

Una década después de que Beth Crandall entrevistara a las enfermeras de la UCIN, dos economistas y un sociólogo del MIT decidieron estudiar cómo crean exactamente los modelos mentales las personas más productivas.[29] Para ello, convencieron a una empresa de contratación de personal a fin de que les facilitara sus datos de beneficios y pérdidas, los calendarios de citas con empleados y los 125.000 correos electrónicos que los directivos de la empresa habían enviado en los diez meses anteriores.

Lo primero que detectaron los investigadores al empezar a revisar esos datos fue que los trabajadores más productivos de la empresa, sus superestrellas, compartían varios rasgos. El primero era que solían trabajar solo en cinco proyectos a la vez, una carga notable, pero no extraordinaria. Otros empleados llevaban diez o doce proyectos simultáneamente. Pero el índice de beneficios de esos empleados era más bajo que el de las superestrellas, que se mostraban más cuidadosas a la hora de invertir su tiempo.

Los economistas imaginaron que las superestrellas eran más selectivas porque buscaban encargos que fueran similares a trabajos anteriores realizados. Según la creencia popular, la productividad aumenta cuando la gente realiza las mismas tareas una y otra vez. La repetición nos vuelve más rápidos y eficientes porque no tenemos que adquirir nuevas aptitudes con cada encargo. Pero cuando los economistas observaron los datos más detenidamente descubrieron lo contrario: las superestrellas no elegían tareas que aprovecharan aptitudes ya existentes.[30] Por el contrario, se embarcaban en proyectos que requerían nuevos compañeros y habilidades. Por eso solo trabajaban en cinco proyectos a la vez: conocer a gente nueva y adquirir nuevas aptitudes precisa de muchas más horas.

Otro rasgo que las superestrellas tenían en común es que se sentían desproporcionadamente atraídas por encargos que se hallaran en sus primeras fases. Esto resultaba sorprendente, porque unirse a un proyecto en sus inicios es arriesgado. Las ideas nuevas fracasan a menudo, por inteligentes que sean o por bien que se ejecuten. Lo menos arriesgado es apuntarse a un proyecto que ya esté en marcha.

Sin embargo, el comienzo de un proyecto también es más rico en información. Al unirse a iniciativas en ciernes, las superestrellas se veían incluidas en correos electrónicos que de lo contrario no habrían leído. Supieron cuáles de los directivos más jóvenes eran inteligentes y obtenían ideas nuevas de sus compañeros de menor edad. Estaban en contacto con los mercados emergentes y conocían la economía digital antes que otros directivos. Es más, podían reivindicar después la propiedad de una innovación por el mero hecho de estar en la sala cuando había nacido, en lugar de librar batallas de paternidad una vez que se considerara un éxito.[31]

Por último, las superestrellas también tenían en común un comportamiento en particular, casi un tic intelectual y conversacional: les encantaba generar teorías, muchas, muchísimas teorías, sobre temas de toda índole, por ejemplo, por qué ciertas cuentas triunfaban o fracasaban, por qué algunos clientes estaban satisfechos o descontentos o cómo influían diferentes estilos de gestión en varios empleados. De hecho, estaban un poco obsesionados con intentar explicarse el mundo a sí mismos y sus compañeros a lo largo de la jornada.

Las superestrellas siempre narraban lo que habían visto y oído. En otras palabras, eran mucho más proclives a generar modelos mentales. Mostraban una tendencia mayor a plantear ideas en las reuniones, a pedir a sus compañeros que los ayudaran a imaginar cómo podían ser las conversaciones futuras o a visualizar cómo debería ir una puja. Ideaban conceptos para productos nuevos y ensayaban cómo los venderían. Contaban anécdotas sobre conversaciones pasadas y soñaban inverosímiles planes de expansión. Estaban creando modelos mentales de manera casi permanente.

«A muchas de esas personas se les ocurren explicaciones sucesivas sobre lo que acaban de ver —afirmaba Marshall Van Alstyne, uno de los investigadores del MIT—. Reconstruyen una conversación delante de ti, analizándola fragmento a fragmento, y te piden que cuestiones su interpretación. Siempre están intentando averiguar cómo encaja la información.»

A la postre, los investigadores del MIT calcularon que el hecho de que te incluyan en uno de esos primeros correos electrónicos llenos de información suculenta y debatir esos modelos mentales suponía a las superestrellas una media de 10.000 dólares más anuales en primas. Las superestrellas solo realizaban cinco proyectos a la vez, pero superaban a sus compañeros porque sus métodos de pensamiento eran más productivos.

Los investigadores han hallado resultados similares en docenas de estudios. La gente que sabe gestionar su atención y que habitualmente crea modelos mentales sólidos suele ganar más dinero y obtener mejores notas. Asimismo, los experimentos demuestran que cualquiera puede aprender a construir modelos mentales de forma habitual. Al desarrollar el hábito de contarnos historias sobre lo que sucede alrededor, aprendemos a afinar dónde centramos nuestra atención. Esos momentos en que narramos historias pueden reducirse a intentar visualizar una futura reunión mientras vamos en coche al trabajo —obligándonos a imaginar cómo empezará, qué argumentos plantearemos si el jefe pide que hagamos comentarios o qué objeciones es probable que pongan nuestros compañeros—, o abarcar tanto como las de la enfermera cuando imagina el aspecto que deberían tener los bebés al pasar por una UCIN.

Si uno quiere ser más receptivo a los pequeños detalles del trabajo, hay que cultivar el hábito de imaginar lo más específicamente posible lo que se espera ver o hacer al llegar a la mesa. Entonces se percibe mejor cómo se desvía la vida real de la narración mental en pequeños detalles. Si queremos escuchar mejor a los hijos, cuéntate lo que te dijeron la víspera a la hora de cenar. Nárrate tu vida como la estás viviendo, y codificarás de manera más profunda esas experiencias en el cerebro. Si necesitas mejorar la concentración y aprender a evitar distracciones, tómate un momento para visualizar con el máximo detalle posible lo que estás a punto de hacer. Es más fácil saber qué nos espera cuando tenemos en mente un guión completo.

En el mundo de las empresas se afirma que esas tácticas son importantes en toda clase de entornos laborales, ya sea que aspiremos a un puesto de trabajo, ya sea que estemos decidiendo a quién contratamos. Los candidatos que cuentan historias son los que toda empresa desea. «Buscamos a gente que describa sus experiencias como una especie de narración —me dijo Andy Billings, vicepresidente del gigante de los videojuegos Electronic Arts—. Es una pista de que alguien tiene instinto para atar cabos y comprender cómo funciona al mundo a un nivel más profundo. Esa es la persona que todo el mundo quiere.»

III

Un año después de que el vuelo 447 de Air France desapareciera en el océano, otro Airbus —este perteneciente a Qantas Airways— entró en una pista de Singapur, solicitó permiso para emprender el vuelo de ocho horas hasta Sidney y se elevó en el radiante cielo matinal.[32]

El avión de Qantas que volaba ese día contaba con los mismos sistemas de pilotaje automático que el de Air France que se había estrellado en el mar. Pero los pilotos eran muy distintos. Ya antes de subir a bordo del vuelo 32 de Qantas, el capitán Richard Champion de Crespigny se puso a instruir a su tripulación en los modelos mentales que esperaba que utilizaran.

«Quiero que visualicemos lo primero que haremos si surge un problema —dijo a sus copilotos en el trayecto en furgoneta desde el hotel Fairmont hasta el aeropuerto Changi de Singapur—. Imaginad que se produce un fallo en el motor. ¿Dónde miraréis primero?» Los pilotos fueron respondiendo. De Crespigny mantenía aquella conversación antes de cada vuelo. Sus copilotos contaban con ello. Les preguntaba qué pantallas consultarían en caso de emergencia, dónde pondrían las manos si sonaba una alarma o si volverían la cabeza hacia la izquierda o mirarían al frente. «La realidad de la aviación moderna es que hay un cuarto de millón de sensores y ordenadores que a veces no diferencian entre basura y sentido común —me decía más tarde De Crespigny, un australiano brusco, un cruce entre Cocodrilo Dundee y el general Patton—. Por eso tenemos pilotos humanos. Nuestro trabajo consiste en pensar qué podría ocurrir y no qué está ocurriendo.»[33]

Tras la sesión de visualización de la tripulación, De Crespigny expuso algunas normas.

—Todos tenéis la responsabilidad de decirme si discrepáis de mis decisiones o si pensáis que se me escapa algo. Mark —dijo, haciendo gestos a un copiloto—, si ves a todo el mundo mirar hacia abajo, quiero que mires hacia arriba. Si todos miramos hacia arriba, tú mira hacia abajo. Probablemente todos cometeremos al menos un error en este vuelo. Cada uno de vosotros es responsable de detectarlos.

Había 440 pasajeros preparándose para embarcar en el avión cuando los pilotos entraron en la cabina de mando. De Crespigny, como todos los pilotos de Qantas, debía someterse a una evaluación anual de aptitudes de vuelo, de modo que aquel día había dos pilotos más en cabina, observadores elegidos entre los más experimentados de la aerolínea. La evaluación no era intrascendente. Si De Crespigny fallaba, podía acabar con una jubilación anticipada.

Cuando los pilotos se hallaban en posición, uno de los observadores se sentó cerca del centro de la cabina, donde el protocolo habitual de operaciones solía ubicar al segundo oficial. De Crespigny frunció el ceño. Esperaba que el observador se sentara a un lado, sin molestar. Tenía una imagen mental de la disposición de su cabina.

De Crespigny miró al evaluador.

—¿Dónde piensa sentarse? —preguntó.

—Aquí, entre usted y Matt —respondió el observador.

—No me parece bien —dijo De Crespigny—. Está cohibiendo a mi tripulación.

Se hizo el silencio en la cabina. Se suponía que ese tipo de enfrentamientos no debían darse entre un capitán y los observadores.

—Rich, si me siento en el lugar de Mark no puedo ver —dijo el observador—. ¿Cómo voy a evaluarle a usted?

—Ese es su problema —repuso De Crespigny—. Quiero a mi tripulación junta y a Mark en su asiento.

—Richard, está siendo poco razonable —terció el otro observador.

—Tengo que dirigir este vuelo y quiero que mi tripulación trabaje adecuadamente —explicó De Crespigny.

—Mire, Richard —respondió el evaluador—, si le sirve de ayuda, prometo que seré el segundo oficial si es necesario.

De Crespigny guardó silencio. Quería demostrar a su tripulación que podía cuestionar sus decisiones. Quería que supieran que estaba prestando mucha atención a lo que tuvieran que decir y que era sensible a lo que ellos pensaban. Igual que los equipos de Google y *Saturday Night Live* deben poder criticarse entre sí sin temor a un castigo, De Crespigny quería que su tripulación viera que los animaba a discrepar.

—Fantástico —dijo De Crespigny al evaluador. («Cuando mencionó que sería el segundo oficial, encajaba en el plan que yo tenía en mente», me contó De Crespigny más tarde.) Dentro de la cabina, De Crespigny se volvió hacia el panel de mandos y empezó a alejar el vuelo 32 de Qantas de la puerta de embarque.

El avión aceleró por la pista y se elevó. A 2.000 pies, De Crespigny activó el piloto automático. No había nubes y las condiciones eran perfectas.

A 7.400 pies, justo cuando De Crespigny estaba a punto de ordenar al primer oficial que apagara el cartel del cinturón de seguridad de la cabina, oyó un «bum». Pensó que probablemente fuera solo una racha de viento de alta presión al atravesar el motor. Entonces se oyó otro estallido aún más fuerte, seguido de lo que parecían mil canicas arrojadas contra el chasis.

En el cuadro de mandos de De Crespigny una luz roja se puso a parpadear y sonó una alarma en la cabina. Más tarde los investigadores determinarían que un incendio ocasionado por aceite en uno de los motores izquierdos había provocado que un enorme tubo de la turbina se desprendiera del eje de transmisión, se partiera en tres trozos y saliera disparado, lo cual destruyó el motor. Dos de los fragmentos más grandes de la explosión abrieron boquetes en el ala izquierda, uno tan grande como para que cupiera un hombre. Cientos de fragmentos más pequeños, que explotaron como una bomba de racimo, cortaron cables eléctricos, mangueras de combustible, un depósito y varias bombas hidráulicas. Parecía que hubieran ametrallado la parte inferior del ala.

Del ala izquierda colgaban largas tiras de metal que se batían en el aire. El avión empezó a dar sacudidas. De Crespigny se dispuso a aminorar la velocidad, la reacción habitual ante una emergencia de este tipo, pero, cuando pulsó el botón, el autopropulsor no respondió. En su pantalla de ordenador empezaron a aparecer alarmas. El segundo motor estaba en llamas. El tercero había sufrido daños. No había datos sobre los motores primero y cuarto. Las bombas de combustible estaban fallando. Los sistemas hidráulico y eléctrico y los neumáticos estaban prácticamente inutilizables. El ala izquierda perdía combustible a chorros. Los desperfectos serían descritos más tarde como uno de los peores desastres mecánicos sufridos por la aviación moderna en pleno vuelo.

De Crespigny contactó por radio con el control del tráfico aéreo de Singapur.

—QF32, al parecer el segundo motor ha fallado —dijo—. Rumbo a 150, manteniendo 7.400 pies, les tendremos informados y volveremos a contactar en cinco minutos.

Habían transcurrido menos de diez segundos desde el primer estruendo. De Crespigny cortó la alimentación de la segunda ala y puso en marcha los protocolos antiincendios. El avión dejó de vibrar unos momentos. Dentro de la cabina de mando atronaban las alarmas. Los pilotos guardaban silencio.

Los pasajeros, aterrorizados, corrían hacia las ventanillas y señalaban las pantallas de sus asientos, que, por desgracia, estaban retransmitiendo la imagen del ala dañada desde una cámara que había en la cola.

Los hombres de la cabina de mando empezaron a responder a las indicaciones de los ordenadores del avión, hablándose entre sí con frases cortas y eficientes. De Crespigny observó su pantalla y vio que veintiuno de los veintidós sistemas importantes del aparato estaban dañados o completamente inutilizados. Los motores que funcionaban se deterioraban con rapidez y el ala izquierda perdía la hidráulica que posibilitaba el manejo del avión. En cuestión de minutos, el aparato solo podía realizar cambios mínimos de propulsión y navegación. Nadie sabía a ciencia cierta cuánto tiempo permanecerían en el aire.

Uno de los copilotos apartó la vista de los mandos y dijo:

—Creo que deberíamos dar media vuelta.

Girar para regresar al aeropuerto era arriesgado. Pero con el rumbo que llevaban, cada segundo se alejaban un poco más de la pista de aterrizaje.

De Crespigny informó a la torre de control de que iban a volver e hizo virar lentamente el avión describiendo un gran arco.

—Solicito ascenso a 10.000 pies —anunció De Crespigny al control del tráfico aéreo.

—¡No! —gritaron sus copilotos, que expusieron inmediatamente sus preocupaciones: ganar altura podía forzar los motores. El cambio de altitud tal vez acelerara la pérdida de combustible. Querían seguir a baja altura y mantener el avión equilibrado.

De Crespigny tenía más de 15.000 horas de vuelo como piloto y había practicado situaciones de desastre como aquella en docenas de simuladores. Había imaginado momentos como aquel cientos de veces. Tenía una imagen mental de cómo reaccionar, lo que conllevaba elevarse para disponer de más opciones. Todos sus instintos le indicaban que ganara altura. Pero todo modelo mental tiene lagunas y la labor de su tripulación consistía en dar con ellas.

—Qantas 32 —anunció por radio—. Descarten el ascenso a 10.000 pies. Nos mantendremos a 7.400 pies.

Durante los veinte minutos siguientes, los hombres de la cabina lidiaron con un creciente número de alarmas y emergencias. El ordenador del avión mostraba soluciones paso a paso para cada problema, pero a medida que dichos problemas se sucedían, las instrucciones resultaban tan abrumadoras que nadie estaba seguro de qué priorizar o en qué concentrarse. De Crespigny notó que estaba siendo arrastrado hacia un túnel cognitivo. Una lista de verificación del ordenador indicó a los pilotos que transfirieran combustible de un ala a otra para equilibrar el peso del avión.

—¡Para! —gritó De Crespigny cuando un copiloto se disponía a cumplir la orden que aparecía en pantalla—. ¿Debemos transferir combustible del ala derecha, que está en perfecto estado, a la izquierda, que tiene una fuga?

Una década antes, un vuelo de Toronto había estado a punto de estrellarse cuando la tripulación perdió sin querer el combustible al transferirlo a un motor que presentaba una fuga. Los pilotos coincidieron en que debían pasar por alto la orden.

De Crespigny se recostó en su asiento. Estaba intentando visualizar los daños, repasar las opciones, cada vez más escasas, y hacerse una imagen mental del avión a medida que comprendía mejor el problema. Durante aquella crisis, De Crespigny y los otros pilotos habían creado modelos mentales del Airbus. Sin embargo, allá donde miraran veían una nueva alarma, otro sistema que fallaba y más luces parpadeantes. De Crespigny respiró hondo, apartó la mano de los mandos y la apoyó en el regazo.

—Simplifiquémoslo —dijo a sus copilotos—. No podemos transferir combustible, no podemos desperdiciarlo. El combustible del depósito de compensación está atrapado en la cola y los depósitos de transferencia están inutilizados.

»Así que olvidemos las bombas, olvidemos los otros ocho depósitos y olvidemos el indicador de combustible total. Tenemos que dejar de centrarnos en lo que va mal y empezar a prestar atención a lo que todavía funciona.

Siguiendo esas indicaciones, uno de los copilotos comenzó a señalar lo que aún funcionaba: todavía seguían operativas dos de las ocho bombas hidráulicas. El ala izquierda no tenía electricidad, pero a la derecha todavía llegaba un poco. Las ruedas estaban intactas y los copilotos creían que De Crespigny podría pisar los frenos al menos una vez antes de que fallaran.

El primer avión que había pilotado De Crespigny era un Cessna, uno de los aparatos monomotor y apenas informatizados que tanto gustaban a los aficionados. Evidentemente, un Cessna es un juguete comparado con un Airbus, pero en su esencia todos los aviones poseen los mismos componentes: un sistema de combustible, controles de vuelo, frenos y tren de aterrizaje. «¿Y si imagino que este avión es un Cessna? —pensó De Crespigny—. ¿Qué haría entonces?»

«Ese momento es el verdadero punto de inflexión —me dijo Barbara Burian, una psicóloga de investigación de la NASA que ha estudiado el vuelo 32 de Qantas—. Cuando De Crespigny decidió hacerse con el control del modelo mental que estaba aplicando a la situación en lugar de reaccionar al ordenador, su actitud cambió. Ahora está decidiendo dónde se concentra en lugar de fiarse de las instrucciones.

»Cuando existe una sobrecarga de información, casi nunca somos conscientes de ello y por eso es tan peligroso. Así que los pilotos realmente buenos se obligan a hacer muchas suposiciones antes de un acontecimiento y repasan escenarios mentalmente. De esa manera, cuando se produce una emergencia, tienen modelos que utilizar.»[34]

Este cambio de mentalidad —«¿Y si imagino que este avión es un Cessna?»— es lo que por desgracia nunca se produjo en la cabina de mando del vuelo 447 de Air France. Los pilotos franceses no recurrieron a un nuevo modelo mental para explicar lo que pasaba. Pero cuando el modelo mental del Airbus de De Crespigny empezó a desmoronarse bajo el peso de las emergencias, decidió sustituirlo por algo nuevo. Comenzó a imaginar que el avión era un Cessna, lo cual le permitió discernir dónde debía centrar su atención y qué podía pasar por alto.

De Crespigny pidió a uno de sus copilotos que calculara cuánta pista necesitarían. De Crespigny imaginaba el aterrizaje de un Cessna enorme. «Imaginármelo de esa manera me ayudó a simplificar las cosas —me contaba—. Tenía una imagen mental con los elementos básicos, y era lo único que necesitaba para hacer aterrizar el avión.»[35]

Si De Crespigny lo hacía todo correctamente, respondió el copiloto, el avión necesitaría 3.900 metros de asfalto. La pista más larga del aeropuerto Changi, en Singapur, medía 4.000. Si se pasaban de largo, el avión se doblaría cuando las ruedas pisaran la hierba y las dunas de arena.

—Hagámoslo —dijo De Crespigny.

El avión empezó a descender hacia el aeropuerto de Changi. A 2.000 pies de altura, De Crespigny apartó la mirada del cuadro de mandos y vio la pista. A 1.000 pies, una alarma empezó a atronar en la cabina: «¡VELOCIDAD! ¡VELOCIDAD! ¡VELOCIDAD!». El avión corría el peligro de entrar en pérdida. La mirada de De Crespigny oscilaba entre la pista y sus indicadores de velocidad. Mentalmente, veía las alas del Cessna. Tiró delicadamente del regulador, aumentando un poco la velocidad, y la alarma cesó. Después levantó un poco el morro, ya que eso es lo que le decía su imagen mental.

—Confirme que los bomberos están a la espera —indicó un copiloto a la torre de control.

—Afirmativo. Tenemos los servicios de emergencia a la espera —respondió una voz.

El avión descendía a cuatro metros por segundo; la velocidad máxima que podía absorber el tren de aterrizaje era de tres metros y medio por segundo. Pero no había opción.

«CINCUENTA», dijo una voz computerizada. «CUARENTA.» De Crespigny tiró ligeramente de la palanca. «TREINTA... VEINTE.» De repente se oyó una voz metálica: «¡ENTRADA EN PÉRDIDA! ¡ENTRADA EN PÉRDIDA! ¡ENTRADA EN PÉRDIDA!». El Cessna que De Crespigny tenía en mente seguía rumbo hacia la pista, dispuesto a aterrizar como había hecho centenares de veces.

No estaba entrando en pérdida. No hizo caso de la alarma. Las ruedas posteriores del Airbus tocaron tierra y De Crespigny empujó la palanca para que las ruedas delanteras entraran en contacto con el asfalto. Los frenos solo funcionarían una vez, así que los pisó a fondo y los mantuvo en esa posición. Los primeros mil metros de pista pasaron a toda velocidad. Cuando alcanzaron la marca de los dos mil metros, a De Crespigny le pareció que estaban aminorando la marcha. El final de la pista se acercaba rapidísimamente por el parabrisas y la hierba y las dunas de arena se agrandaban al aproximarse. Cuando estaba a punto de llegar al final, el metal empezó a crujir. Las ruedas dejaron largas marcas de derrape en el asfalto. Entonces, el aparato perdió velocidad, vibró y se detuvo con cien metros de margen.

Más tarde, los investigadores calificarían el vuelo 32 de Qantas como el Airbus A380 más dañado que haya logrado aterrizar sin incidentes. Muchos pilotos han intentado recrear la recuperación de De Crespigny en los simuladores, pero siempre fracasaron.[36]

Cuando el vuelo 32 de Qantas se detuvo por fin, el principal auxiliar de vuelo activó el sistema de megafonía del avión.

—Damas y caballeros —dijo—, bienvenidos a Singapur. Son las 11.55, hora local, del jueves 4 de noviembre y creo que coincidirán conmigo en que ha sido uno de los aterrizajes más agradables que hemos tenido en bastante tiempo.

De Crespigny regresó a casa como un héroe. Actualmente, el caso del vuelo 32 de Qantas se estudia en las escuelas de aviación y las aulas de psicología como ejemplo práctico de cómo mantener la concentración en una emergencia. Se cita como uno de los principales ejemplos de que los modelos mentales pueden ayudarnos a mantener bajo control incluso las situaciones más extremas.

Los modelos mentales nos ayudan al proporcionarnos un andamio ante el torrente de información que nos rodea. Nos sirven para elegir dónde centramos nuestra atención para poder tomar decisiones en lugar de limitarnos a reaccionar. Los pilotos de Air France no contaban con modelos mentales sólidos, de modo que, cuando sobrevino la tragedia, no sabían en qué concentrarse. De Crespigny y sus copilotos, por el contrario, estaban contándose historias —y poniéndolas a prueba y revisándolas— incluso antes de subir al avión, así que cuando se produjo el desastre estaban preparados.

Tal vez no nos parezca que las situaciones de nuestra vida son similares a lo que sucede en una cabina de avión. Pero pensemos por un momento en las presiones que afrontamos a diario. Si estamos en una reunión y el consejero delegado nos pide de repente nuestra opinión, es posible que nuestra mente pase de una escucha pasiva a una participación activa y, si no vamos con cuidado, un túnel cognitivo podría llevarnos a decir algo de lo que arrepentirnos. Si estamos en varias conversaciones y tareas a la vez y llega un correo electrónico importante, el pensamiento reactivo puede llevarnos a teclear una respuesta antes de que hayamos pensado realmente lo que queremos decir.

Entonces ¿cuál es la solución? Si queremos prestar más atención a lo que realmente importa, no sentirnos abrumados ni distraernos con el flujo constante de correos electrónicos, conversaciones e interrupciones que forman parte de nuestra cotidianidad, habituémonos a contarnos historias. Nárrate tu vida a medida que ocurre y cuando tu jefe formule una pregunta repentina o llegue una nota urgente y solo dispongas de unos minutos para contestar, tu foco mental estará preparado para apuntar en la dirección correcta.

A fin de ser verdaderamente productivos debemos tomar las riendas de nuestra atención; debemos crear modelos mentales que nos otorguen un control férreo. Cuando vayas en coche al trabajo, oblígate a imaginar tu jornada. Mientras estés sentado en una reunión o almorzando, descríbete lo que ves y qué significa. Encuentra a otros que escuchen tus teorías y las cuestionen. Desarrolla el patrón de obligarte a pronosticar qué ocurrirá a continuación. Si eres padre, presupón lo que dirán tus hijos cuando estén a la mesa. Entonces te darás cuenta de lo que no se dice o de si hay algún comentario al azar que deberías interpretar como una señal de advertencia.

«El pensamiento no puede delegarse —me dijo De Crespigny—. Los ordenadores fallan, las listas de verificación fallan, todo puede fallar, pero las personas no. Tenemos que tomar decisiones, lo que incluye decidir qué merece nuestra atención. La clave es obligarte a pensar. Si piensas, ya tienes medio camino recorrido.»

4

Fijarse objetivos

Objetivos inteligentes, objetivos ambiciosos y la guerra de Yom Kipur

En octubre de 1972, uno de los generales más brillantes de Israel, Eli Zeira, de cuarenta y cuatro años, fue ascendido al rango de jefe del Servicio de Espionaje Militar, organismo responsable de alertar a los líderes del país en caso de que sus enemigos estuvieran a punto de atacar.[1]

El nombramiento de Zeira llegaba media década después de la guerra de los Seis Días, que se libró en 1967 y en la que Israel, en un asombroso ataque preventivo, había conquistado la península del Sinaí, los Altos del Golán y otros territorios de Egipto, Siria y Jordania. Esa guerra había demostrado la superioridad militar de Israel, duplicó con creces el territorio que controlaba el país y humilló a los enemigos de la nación. Pero también había infundido en los ciudadanos israelíes la profunda ansiedad de que los enemigos del país buscaran venganza en algún momento.

Eran temores legítimos. Desde el final de la guerra de los Seis Días, generales de Egipto y Siria habían amenazado repetidamente con recuperar el territorio perdido, y algunos líderes árabes habían jurado en acalorados discursos que empujarían al Estado judío hacia el mar. Mientras los enemigos de Israel se volvían cada vez más belicosos, el gobierno de la nación intentaba templar la inquietud ciudadana pidiendo al ejército que diera pronósticos regulares sobre la probabilidad de un ataque.

Sin embargo, las valoraciones del Servicio de Espionaje Militar a menudo eran contradictorias y no concluyentes, una mezcla de opiniones que predecían varios niveles de riesgo. Los analistas enviaban memorandos discordantes y daban giros de ciento ochenta grados de una semana a otra. Algunas semanas se advertía al gobierno que estuviera alerta y luego no ocurría nada. Se convocaban reuniones con políticos, a quienes se anunciaba que tal vez estaba materializándose un peligro, pero nadie podía asegurarlo. Se ordenaba a las unidades el ejército que prepararan sus defensas y después dichas órdenes eran revocadas sin explicación alguna.

En consecuencia, la frustración de los políticos y los ciudadanos israelíes iba en aumento. Los reservistas constituían un 80 por ciento de las tropas de tierra de las Fuerzas de Defensa israelíes. Reinaba un nerviosismo constante ante la posible orden para que centenares de miles de ciudadanos abandonaran de repente a sus familias y se desplazaran rápidamente a las fronteras. La gente quería saber si el riesgo de otra guerra era real y, en tal caso, con qué antelación les sería notificado.

Eli Zeira fue nombrado jefe del Servicio de Espionaje Militar en parte para paliar esas incertidumbres. Era un ex paracaidista conocido por su sofisticación y su destreza política. Había ascendido rápidamente en las filas del ejército de Israel, e incluso pasado algunos años como ayudante de Moshe Dayan, el héroe de la guerra de los Seis Días. Cuando Zeira se hizo cargo del Servicio de Espionaje declaró ante el Parlamento israelí que su labor era sencilla: proporcionar a quienes tomaban las decisiones un «cálculo tan claro y acertado como fuera posible».[2] Su principal objetivo, afirmó, era asegurarse de que solo saltaban las alarmas cuando el riesgo de guerra fuera real.

Su método para lograr esa certeza era ordenar a sus analistas militares que utilizaran una fórmula estricta para evaluar las intenciones árabes. Él mismo había colaborado en el desarrollo de esos criterios, conocidos entre los mandos del espionaje como «el concepto». Zeira argumentaba que durante la guerra de los Seis Días, la superioridad aérea, el arsenal de misiles de largo alcance y el dominio en el campo de batalla de Israel habían sonrojado de tal manera a sus enemigos, que ningún país volvería a atacar a menos que contara con una fuerza aérea lo bastante poderosa como para proteger a las tropas de tierra de los aviones israelíes y con unos misiles Scud capaces de alcanzar Tel Aviv. Si no se daban esas dos condiciones, aseguraba Zeira, las amenazas de los líderes árabes no eran más que palabrería.[3]

Seis meses después de que Zeira ocupara el puesto, la nación tuvo la oportunidad de poner a prueba ese concepto. En la primavera de 1973 empezó a concentrarse un gran número de tropas egipcias en el canal de Suez, que era la frontera entre Egipto y la península del Sinaí, controlada por Israel. Los espías israelíes advirtieron que Egipto había planeado una invasión para mediados de mayo.

El 18 de abril, la primera ministra israelí Golda Meir convocó a sus principales asesores para una reunión a puerta cerrada. El jefe del Estado Mayor y el director del Mosad afirmaron que el ataque egipcio era una posibilidad real y que la nación debía estar preparada.

Meir pidió opinión a Zeira, que discrepaba de sus compañeros. Egipto todavía no contaba con una fuerza aérea poderosa y no poseía misiles capaces de alcanzar Tel Aviv. Los líderes egipcios tan solo estaban haciendo ruido de sables para impresionar a sus conciudadanos. Las posibilidades de invasión, concluyó, eran «muy bajas».

Al final, Golda Meir tomó partido por su jefe del Estado Mayor y el Mosad. Ordenó al ejército que realizara preparativos defensivos y, durante el mes siguiente, los militares se pertrecharon para la guerra. Los soldados construyeron muros, puestos de avanzada y baterías a lo largo de los ciento setenta kilómetros

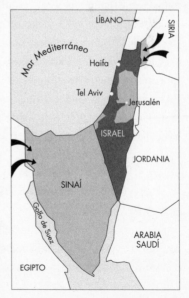

del canal de Suez. En los Altos del Golán, que lindaban con Siria, varios pelotones se entrenaron en el lanzamiento de proyectiles y los tanques ensayaron formaciones de batalla. Se gastaron millones de dólares y se negó a miles de soldados que se fueran de permiso. Pero el ataque nunca llegó a materializarse. El gobierno de Meir, disgustado por su reacción excesiva, no tardó en dar la vuelta a sus declaraciones públicas. En julio de ese año, Moshe Dayan, a la sazón ministro de Defensa de Israel, declaraba a la revista *Time* que era improbable que estallara una guerra en la siguiente década.[4] Zeira salió de aquella situación, en palabras del historiador Abraham Rabinovich, «con su reputación y su confianza en sí mismo enormemente realzadas».

«Con las alarmas sonando a su alrededor y el destino de la nación en juego, había sostenido fríamente durante toda la crisis que la probabilidad de una guerra no solo era baja, sino "muy baja" —escribía Rabinovich—. Decía que su tarea era mantener baja la presión arterial de la nación y que no saltaran alarmas innecesariamente. De lo contrario, se movilizaría a la reserva cada dos meses, lo cual tendría un efecto devastador en la economía y la moral.»

En verano de 1973, Zeira se había convertido en uno de los líderes más influyentes de Israel. Había asumido su nuevo cargo con el objetivo de reducir una ansiedad innecesaria y había demostrado que una estrategia disciplinada podía prevenir titubeos ineficientes. La nación quería liberarse de las constantes preocupaciones por un ataque inminente y Zeira lo había conseguido. Parecía predestinado a escalar a posiciones aún más poderosas.

II

Imaginemos que nos piden que rellenemos un cuestionario. Nuestro cometido es puntuar en qué medida coincidimos o discrepamos con cuarenta y dos afirmaciones, entre ellas:

Creo el orden y la organización como dos de las características más importantes.

Considero que establecer una rutina constante me permite disfrutar más de la vida.

Me gusta tener amigos impredecibles.

Prefiero interactuar con gente cuyas opiniones sean muy distintas de las mías.

Mi espacio personal normalmente es caótico y desorganizado.

Es molesto escuchar a alguien que parece incapaz de decidirse.

Un equipo de investigadores de la Universidad de Maryland publicó por primera vez este test en 1994, que desde entonces se ha convertido en un elemento básico en los exámenes de personalidad. A primera vista, las preguntas parecen concebidas para medir las preferencias de alguien en materia de organización personal y si se siente cómodo ante puntos de vista alternativos. Y, de hecho, los investigadores han descubierto que esta prueba ayuda a identificar a personas que son más decididas y seguras de sí mismas, y que esos rasgos se correlacionan con un éxito general en la vida. Las personas decididas y centradas suelen trabajar más duro y realizar las tareas con mayor rapidez. Permanecen más tiempo casadas y tienen redes de amigos más sólidas. A menudo desempeñan trabajos mejor pagados.

Pero este cuestionario no pretende evaluar como nos organizamos personalmente. Por el contrario, está diseñado para medir un rasgo de personalidad conocido como «la necesidad de cierre cognitivo»,[5] que los psicoanalistas definen como «el deseo de emitir un juicio firme sobre una cuestión, cualquier juicio firme, en contraste con la confusión y la ambigüedad».[6] La mayoría de la gente responde a este examen —denominado «escala de la necesidad de cierre»— demostrando su preferencia por una mezcla de orden y caos en su vida. Aseguran valorar el orden, pero reconocen tener su mesa desordenada. Dicen que les molesta la indecisión, pero también cuentan con amigos que no son de fiar. Sin embargo, algunos —alrededor del 20 por ciento de quienes realizan el test y muchas de las personas más dotadas que han acabado el examen— muestran una preferencia superior a la media por la organización personal, la decisión y la previsibilidad. Suelen desdeñar a los amigos volubles y las situaciones ambiguas. Esas personas tienen una gran necesidad emocional de cierre cognitivo.

La necesidad de cierre cognitivo en muchas situaciones puede ser una gran virtud. La gente que siente un fuerte deseo de cierre es más proclive a la disciplina y a que sus compañeros la vean como líder. El instinto de emitir un juicio y ceñirse a él impide dudas innecesarias y debates prolongados. Los mejores jugadores de ajedrez normalmente demuestran una alta necesidad de cierre, lo cual los ayuda a concentrarse en un problema concreto en momentos estresantes en lugar de obsesionarse con errores pasados. En cierta medida todos anhelamos el cierre cognitivo, y eso es bueno, porque un nivel básico de organización personal es requisito previo para el éxito. Es más, tomar una decisión y pasar a la siguiente pregunta resulta productivo. Se interpreta como un progreso.

Pero existen riesgos asociados a una gran necesidad de cierre. Cuando la gente empieza a anhelar la satisfacción emocional que conlleva tomar una decisión —cuando necesitan la sensación de ser productivos para calmarse— tiene más probabilidades de tomar una decisión apresurada y menos de reconsiderar una decisión poco inteligente. La «necesidad de cierre introduce un sesgo en el proceso de valoración», escribía en 2003 un equipo de investigadores en *Political Psychology*.[7] Se ha demostrado que una alta necesidad de cierre genera estrechez mental, impulsos autoritarios y preferencia por el conflicto en detrimento de la cooperación. Los individuos con una gran necesidad de cierre «pueden hacer gala de una considerable impaciencia o impulsividad cognitiva: pueden llegar a conclusiones basándose en pruebas no concluyentes y mostrar rigidez de pensamiento y renuencia a aceptar opiniones distintas a las suyas», escribían Arie Kruglanski y Donna Webster, autores de la escala de necesidad de cierre, en 1996.[8]

Dicho de otro modo, el instinto de firmeza es estupendo, hasta que deja de serlo. Cuando la gente se apresura a tomar decisiones simplemente porque sienten que así están cumpliendo una tarea, es más probable que se produzcan errores.

Los investigadores afirman que la necesidad de cierre posee varios componentes. Existe la necesidad de «agarrarse» a un objetivo, además del ansia de «congelarse» en un objetivo una vez que ha sido seleccionado.[9] La gente decidida tiene el instinto de «aferrarse» a una decisión cuando cumple un umbral mínimo de aceptabilidad. Este es un impulso útil, ya que nos ayuda a comprometernos con los proyectos en lugar de debatir cuestiones interminablemente o dudar de nosotros mismos hasta sumirnos en un estado de parálisis.

Sin embargo, si nuestra ansia de cierre es demasiado fuerte, nos «congelamos» en nuestros objetivos y anhelamos aferrarnos a ese sentimiento de productividad a expensas del sentido común. «Los individuos con una gran necesidad de cierre cognitivo pueden negar, reinterpretar o suprimir información que no coincida con las ideas preconcebidas en las que están "congelados"», escribían los investigadores en *Political Psychology*. Cuando nos concentramos excesivamente en sentirnos productivos, nos volvemos ciegos a detalles que nos darían que pensar.

Conseguir el cierre resulta agradable. Sin embargo, a veces no estamos dispuestos a sacrificar esa sensación aunque esté claro que cometemos un error.[10]

El 1 de octubre de 1973, seis meses después de que Zeira predijera que las probabilidades de guerra eran «muy bajas» —y cinco días antes de Yom Kipur, la fecha más sagrada del calendario judío—, un joven alto mando del espionaje israelí llamado Binyamin Siman-Tov envió a sus comandantes de Tel Aviv una advertencia: estaba recibiendo informes desde el Sinaí de que por la noche llegarían numerosos convoyes egipcios. El ejército de Egipto estaba excavando campos de minas que había instalado a lo largo de la frontera, lo cual les facilitaba el movimiento de material a través del canal. Había reservas de barcos y suministros para la construcción de puentes en el lado egipcio de la frontera. Era la mayor acumulación de equipamiento que habían visto los soldados destacados en el frente.

Zeira había recibido varios informes como aquel la semana anterior, pero no le preocuparon demasiado. «Recuerden el concepto», aconsejó a sus lugartenientes: Egipto todavía no disponía de aviones o misiles suficientes para derrotar a Israel. Además, Zeira tenía otras cosas en que pensar, sobre todo en la transformación cultural que estaba llevando a cabo en el Servicio de Espionaje Militar. Además de estar en plena remodelación de la actitud militar hacia el análisis de amenazas, Zeira también estaba erradicando en su institución la tendencia a unos debates interminables. En adelante, había declarado, los altos mandos de espionaje serían evaluados por la claridad de sus recomendaciones. Ni Zeira ni su principal lugarteniente «tenían paciencia para debates largos y abiertos y los consideraban una "chorrada"», escribían los historiadores Uri Bar-Joseph y Abraham Rabinovich. Zeira «humillaba a los altos mandos que en su opinión llegaban poco preparados a las reuniones. Se le oyó decir al menos en una ocasión que los altos mandos que en la primavera de 1973 pronosticaron que era probable que estallara una guerra no debían contar con un ascenso».[11] Aunque los debates internos se toleraban hasta cierto punto, «una vez que se formulaba un cálculo, todo el mundo se ceñía a él y no se permitía que nadie expresara un cálculo distinto fuera de la organización».[12]

El Servicio de Espionaje debía predicar con el ejemplo, declaró Zeira. Había sido elegido para dar respuestas, no para prolongar los debates. Cuando uno de sus subordinados, preocupado por los últimos informes sobre movimientos de tropas egipcias, pidió que se movilizara a unos cuantos reservistas para que ayudaran a analizar qué estaba ocurriendo, recibió una llamada telefónica. «Yoel, escuche bien —le dijo Zeira al autor del memorando—. La labor del Servicio de Espionaje es salvaguardar los nervios de la nación, no volver loca a la ciudadanía.» La petición fue denegada.

El 2 y el 3 de octubre de 1973, los avistamientos de tropas egipcias aumentaron. Entonces llegaron noticias de actividad en la frontera con Siria. Alarmada, la primera ministra convocó otra reunión. Una vez más, la división de Zeira aseguró que no había motivo para preocuparse: las fuerzas aéreas de Egipto y Siria eran débiles y tampoco poseían misiles capaces de alcanzar Tel Aviv. En esta ocasión, los expertos militares que habían discrepado con Zeira seis meses antes le dieron la razón. «No veo un peligro concreto en un futuro cercano», dijo un general a la primera ministra. Según contaba en sus memorias, Meir había estado inquieta antes de la reunión, pero la valoración del Servicio de Espionaje la tranquilizó. Había elegido a los altos mandos adecuados para infundir a la nación un alivio muy necesario.

Setenta y dos horas después de que Binyamin Siman-Tov presentara su informe, los analistas de espionaje israelíes tuvieron conocimiento de que la Unión Soviética había iniciado la evacuación urgente de asesores y sus familias desde Siria y Egipto. Varias llamadas telefónicas entre familias rusas que fueron interceptadas revelaron que les habían ordenado que se dirigieran apresuradamente al aeropuerto. Algunas fotografías aéreas mostraban más tanques, artillería y cañones de defensa aérea concentrados en el canal de Suez y las zonas de los Altos del Golán controladas por Siria.

La mañana del viernes 5 de octubre, cuatro días después del informe de Siman-Tov, un grupo de altos mandos militares de Israel, entre ellos Zeira, se reunieron en la oficina de Moshe Dayan, el ministro de Defensa. El héroe de la guerra de los Seis Días estaba preocupado. Los egipcios habían colocado 1.100 piezas de artillería en el canal de Suez y el reconocimiento aéreo mostraba gran cantidad de tropas. «Ustedes no se toman lo bastante en serio a los árabes», dijo Dayan. El jefe del Estado Mayor de las Fuerzas de Defensa israelíes coincidía con su apreciación. Aquella misma mañana había ordenado al ejército que declarara el máximo estado de alerta desde 1967.

Pero Zeira tenía otra explicación para los movimientos de tropas: los egipcios estaban preparando sus defensas por si Israel lanzaba una invasión. En Egipto no había nuevos cazas de combate, afirmó.

Tampoco misiles Scud. Los líderes árabes sabían que atacar Israel sería un suicidio. «No me imagino ni a los egipcios ni a los sirios atacando», declaró Zeira.

Después, la reunión se trasladó a la oficina de la primera ministra, que solicitó que la pusieran al día. El jefe del Estado Mayor, consciente de que movilizar a los reservistas de Israel el día más sagrado para los judíos motivaría críticas feroces, dijo: «Sigo creyendo que no van a atacar, pero no tenemos información precisa».

Entonces habló Zeira. Las preocupaciones ante un posible ataque egipcio y sirio, dijo, eran «absolutamente irracionales». Incluso tenía un motivo lógico para la evacuación de los asesores soviéticos. «Quizá los rusos piensan que los árabes van a atacar porque no los entienden bien», añadió, pero los israelíes conocían mejor a sus vecinos. Aquel día, cuando los generales israelíes informaron al gabinete de la primera ministra, Zeira reiteró que creía que había «pocas probabilidades» de guerra. Lo que estaban presenciando eran preparativos defensivos o un entrenamiento militar, argumentó. Los líderes árabes no eran irracionales.

Al haberse aferrado a una respuesta —que Egipto y Siria sabían que no podían ganar y, por tanto, no atacarían—, Zeira se congeló, negándose a reconsiderar la cuestión. Su objetivo, la toma de decisiones disciplinada, había quedado satisfecho.

La mañana siguiente era el primer día de Yom Kipur.

Antes del alba, el director del Mosad llamó a sus colegas para decirles que sabía por una buena fuente que Egipto invadiría al anochecer. El mensaje fue remitido a la primera ministra, y también a Dayan y al jefe del Estado Mayor. Al salir el sol, todos se precipitaron a sus oficinas. Creían que las posibilidades de guerra habían cambiado.

Cuando dieron comienzo las oraciones de Yom Kipur, las calles de Israel estaban tranquilas. Las familias se hallaban en casas y sinagogas. Poco después de las diez, seis días más tarde de que las fuerzas enemigas empezaran a concentrarse en las fronteras israelíes, el ejército hizo un llamamiento parcial a la reserva. En los templos, los rabinos leían apresuradamente las listas con los nombres de las personas que debían presentarse al servicio. Para entonces, Egipto y Siria llevaban semanas moviendo tanques y artillería hasta posiciones de ataque, pero aquel era el primer indicio público de que podían avecinarse problemas. En aquel momento había más de 150.000 soldados enemigos en las fronteras de Israel, preparados para atacar desde dos direcciones, y otro medio millón de efectivos esperando seguir las oleadas iniciales. Egipto y Siria habían pasado meses coordinando sus planes de invasión. Cuando décadas después salieron a la luz varios documentos confidenciales del período, trascendió que el presidente egipcio daba por sentado que Israel sabía lo que hacían. ¿Cómo si no iban a interpretar el traslado de todos aquellos hombres y materiales a la frontera?

A mediodía, Meir convocó una reunión urgente de su gabinete. «Estaba pálida y con la mirada abatida —escribía *The Times of Israel* en una reconstrucción de la jornada—. Su cabello, que normalmente llevaba pulcramente peinado hacia atrás, estaba desgreñado, y no parecía haber pegado ojo en toda la noche [...] Empezó con un informe detallado de los acontecimientos de los últimos días: el despliegue árabe en las fronteras, que de repente había tomado un cariz ominoso, la apresurada evacuación de las familias de los asesores soviéticos desde Egipto y Siria, las fotos aéreas y la insistencia de la inteligencia militar en que no habría guerra pese a los crecientes indicios que apuntaban a lo contrario.» Meir anunció su conclusión: era probable que se produjera una invasión a Israel, quizá en las seis horas posteriores.

«Los ministros estaban estupefactos —informaba *The Times of Israel*—. No tenían conocimiento de la concentración árabe. Asimismo, les habían dicho durante años que, incluso en el peor de los casos, la inteligencia militar advertiría a la reserva al menos cuarenta y ocho horas antes de que estallara la guerra.»[13] Ahora les anunciaban que iba a librarse una guerra en dos frentes en menos de seis horas. La reserva solo había sido movilizada parcialmente y, debido a las vacaciones, no estaba claro con qué rapidez podrían llegar las tropas al frente.

El ataque llegó incluso antes de lo que Meir esperaba. Dos horas después del comienzo de la reunión del gabinete, cayeron en el Sinaí los primeros de un total de 10.000 proyectiles egipcios; a las cuatro de la tarde, 23.000 soldados egipcios cruzaron el canal de Suez en la primera oleada del ataque. Al final del día, las fuerzas enemigas se habían internado tres kilómetros en territorio israelí. Habían acabado con la vida de quinientos soldados israelíes y avanzaban veloces hacia las ciudades de Yamit y Avshalom, así como una base de las fuerzas aéreas. Entretanto, en la otra punta del país, Siria atacaba simultáneamente los Altos del Golán con soldados, aviones y tanques.

Durante las veinticuatro horas posteriores, Egipto y Siria se adentraron más en el Sinaí y el Golán mientras Israel se esforzaba por responder. Había más de 100.000 tropas enemigas en territorio israelí. Les llevó tres días frenar el avance egipcio y dos organizar un contraataque a Siria. A la postre se impuso la superioridad armamentística de Israel. Los soldados israelíes empujaron a los sirios hacia la frontera, y obligaron al ejército que se batía en retirada a dejar atrás 1.000 de sus 1.500 carros de combate. Días después, las Fuerzas de Defensa israelíes comenzaron a bombardear las afueras de Damasco.

Entonces, el presidente egipcio Anwar el-Sadat, con la esperanza de conquistar más territorio en el Sinaí, lanzó una arriesgada ofensiva para hacerse con dos pasos estratégicos del interior de la península. La apuesta fracasó. Las fuerzas israelíes obligaron a los egipcios a retroceder. El 15 de octubre, nueve días después de la invasión de Egipto, Israel cruzó el canal de Suez y empezó a conquistar tierras egipcias. En una semana, el Tercer Ejército de Egipto, situado a orillas del canal de Suez, quedó rodeado y los israelíes le cortaron el acceso a suministros y refuerzos. El Segundo Ejército, desplegado en el norte, también estaba prácticamente cercado. En vista de la derrota, el presidente Sadat exigió un alto el fuego, y los líderes estadounidenses y soviéticos presionaron a Israel para que aceptara. Los combates terminaron a finales de octubre y la guerra tocó formalmente a su fin el 18 de enero de 1974. Israel había repelido la invasión, pero con un elevado coste. Más de 10.000 israelíes murieron o resultaron heridos. Se calcula que fallecieron hasta 30.000 egipcios y sirios.[14]

«El año pasado, algo nuestro fue destruido en Yom Kipur —declaró un periódico israelí con motivo del primer aniversario de la guerra—. El Estado se salvó, es cierto, pero nuestra fe quedó fracturada, nuestra confianza dañada y nuestros corazones profundamente hundidos, y estuvimos a punto de perder a una generación entera.»[15]

«Incluso un cuarto de siglo después, la guerra de Yom Kipur sigue siendo la fase más traumática de la historia de Israel», escribía el historiador P. R. Kumaraswamy.[16] A día de hoy, las cicatrices psicológicas de la invasión siguen abiertas.

Zeira había comenzado con el objetivo de aliviar la ansiedad ciudadana y el gobierno siguió su consejo. Pero en su ansia por ofrecer respuestas firmes, por emitir juicios decisivos y evitar la ambigüedad, esos líderes estuvieron a punto de acabar con Israel.

III

Quince años después y en la otra punta del planeta, en General Electric, una de las empresas más grandes del mundo, estaban pensando objetivos muy diferentes cuando sus directivos pidieron ayuda a un psicólogo organizacional de la Universidad del Sur de California para averiguar por qué algunas fábricas habían ido mal.

Ocurrió a finales de los años ochenta, cuando GE era la segunda empresa más importante de Estados Unidos, justo por detrás de Exxon. GE fabricaba desde bombillas hasta motores de avión, neveras y vagones de ferrocarril y, como propietaria de la cadena NBC, llegaba a millones de hogares con series emblemáticas como *Cheers*, *La hora de Bill Cosby* y *La ley de Los Ángeles*. La empresa contaba con más de 220.000 trabajadores, cifra superior a la población de muchas ciudades estadounidenses. Uno de los motivos por los que GE era tan próspera, según alardeaban sus directivos, era que se le daba muy bien elegir objetivos.[17]

En los años cuarenta, GE había formalizado un sistema de fijación de objetivos empresariales que con el tiempo se convertiría en un modelo universal. En la década de los sesenta, se pedía a todos los empleados de GE que expusieran sus objetivos para ese año en una carta dirigida a su director. «Dicho llanamente —escribían los historiadores de la Escuela de Negocios de Harvard en 2011—, se exigía al trabajador que escribiera una carta a su superior indicando cuáles eran sus objetivos para el siguiente período, cómo cumpliría dichos objetivos y qué criterios cabía esperar. Cuando el superior aceptaba esa carta (normalmente tras corregirla y comentarla), se convertía en el "contrato" laboral.»[18]

En los años ochenta, este sistema se había convertido en lo que vino a llamarse «objetivos SMART» (acrónimo para *Specific* [específico], *Measurable* [medible], *Achievable* [realizable], *Realistic* [razonable] y *based on a Timeline* [basado en un horario]), es decir, inteligentes, que todos los departamentos y directores debían describir cada trimestre. Esos objetivos debían ser concretos, mensurables, factibles, realistas y que se ajustaran a un calendario. En otras palabras, tenían que ser demostrablemente alcanzables y descritos de un modo que expusieran un plan concreto.

Si un objetivo no cumplía los criterios SMART, el director debía enviar un memorando detallando sus propósitos una y otra vez hasta que fueran aprobados por sus superiores. «La cuestión era ser concreto —decía William Conaty, que se retiró de su cargo como

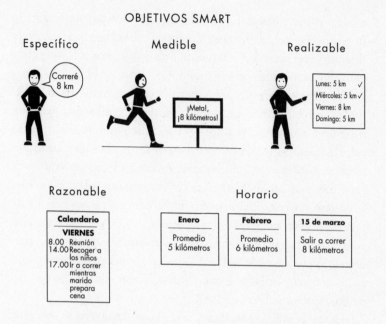

jefe de recursos humanos de GE en 2007—. Tu director te preguntaba siempre por los detalles y el calendario. Te pedía que le demostraras que era realista. El sistema funcionaba porque, cuando habías terminado, sabías con bastante certeza cómo iban a desarrollarse las cosas.»

La mentalidad SMART se propagó por todo GE. Había gráficas SMART para ayudar a los directivos de nivel medio a describir objetivos mensuales y hojas de cálculo SMART para convertir propósitos personales en planes de acción. Y la creencia de la empresa en que los objetivos SMART funcionarían se cimentaba en una ciencia fiable.

En los años setenta, dos psicólogos universitarios llamados Edwin Locke y Gary Latham habían ayudado a desarrollar los criterios SMART por medio de experimentos que analizaban la mejor manera de fijar objetivos.[19] En un ensayo llevado a cabo por Latham en 1975, los investigadores se citaron con cuarenta y cinco de los mecanógrafos más experimentados y productivos de una gran empresa y calcularon lo rápido que producían texto.[20] Los mecanógrafos sabían que se encontraban entre los mejores de la empresa, pero nunca habían calculado cuán rápido tecleaban. Los investigadores descubrieron que, de media, cada trabajador producía noventa y cinco líneas mecanografiadas por hora.

Después los investigadores dieron a cada mecanógrafo un objetivo específico basado en su rendimiento anterior —por ejemplo, noventa y ocho líneas por hora— y les enseñaron un sistema para calcular fácilmente su rendimiento por horas. Los investigadores también mantuvieron una conversación con cada mecanógrafo para cerciorarse de que el objetivo era realista —y para adaptarlo si fuera preciso— y comentaron qué cambios eran necesarios para hacer factible el objetivo. Crearon un calendario para cada persona. La conversación no duraba demasiado —unos quince minutos por persona—, pero después cada mecanógrafo sabía exactamente qué hacer y cómo calcular su grado de éxito. Todos ellos, dicho de otro modo, tenían un objetivo SMART.

Algunos compañeros de los investigadores no creían que esto fuera a influir en el rendimiento de los mecanógrafos. Todos eran profesionales con años de experiencia; una conversación de quince minutos no cambiaría mucho a alguien que llevaba dos décadas mecanografiando ocho horas diarias.

Pero una semana después, cuando los investigadores calcularon de nuevo la velocidad de mecanografiado, descubrieron que los trabajadores estaban haciendo un promedio de ciento tres líneas por hora. Transcurrida otra semana eran ciento doce líneas. La mayoría de los mecanógrafos habían superado los objetivos que se habían marcado. A los investigadores les preocupaba que los trabajadores solo estuvieran intentando impresionarlos, así que volvieron tres meses después y calcularon discretamente el rendimiento de todos una vez más. Mecanografiaban igual de rápido y algunos incluso más.

«Unos cuatrocientos estudios de laboratorio y de campo [demuestran] que unos objetivos concretos y ambiciosos conducen a un mayor nivel de rendimiento que los objetivos fáciles o difusos, metas abstractas como la exhortación a "dar lo máximo de uno mismo"», escribían Locke y Latham en 2006 en una reseña de estudios sobre fijación de objetivos. En particular, metas como los objetivos SMART a menudo desbloquean un potencial que con frecuencia la gente no es consciente de poseer. Esto responde en parte a que procesos de establecimiento de objetivos como el sistema SMART obligan a la gente a traducir aspiraciones difusas en planes concretos. El proceso de convertir un objetivo en algo concreto y demostrar que es factible conlleva discernir los pasos que requiere o modificar ligeramente tal objetivo si nuestros propósitos iniciales han sido poco realistas. Crear un calendario y una manera de calcular el éxito infunde una disciplina al proceso que no es equiparable a las buenas intenciones.

«Obligarte a desglosar un objetivo en sus componentes SMART es lo que crea la diferencia entre esperar que algo se haga realidad y averiguar cómo hacerlo», me dijo Latham.[21]

Jack Welch, consejero delegado de GE, afirmaba desde hacía tiempo que su insistencia en los objetivos SMART era una de las razones por las que el valor de la empresa se había triplicado con creces en ocho años. Pero obligar a la gente a detallar sus objetivos con tanta concreción no significaba que todos los departamentos funcionaran bien. Algunos, pese a fijarse objetivos SMART, nunca parecían despuntar, iban de los beneficios a las pérdidas o parecían crecer y de repente se desmoronaban. A finales de los años ochenta, a los directivos empezaron a preocuparles especialmente dos divisiones —un fabricante de material nuclear de Carolina del Norte y una fábrica de motores de avión de Massachusetts— que en su día estaban entre las que más rendían, pero que ahora renqueaban.

Al principio, los directivos sospechaban que esas divisiones simplemente necesitaban objetivos mejor definidos, así que pidieron a los directores de las fábricas que prepararan un sinfín de memorandos para describir unas metas cada vez más concretas. Sus respuestas eran detalladas, precisas y realistas. Cumplían todos los criterios SMART.

Y, sin embargo, los beneficios seguían disminuyendo.

Entonces, un grupo de asesores internos de GE visitó la fábrica de material nuclear de Wilmington, en Carolina del Norte, y pidieron a los empleados que les mostraran sus objetivos semanales, mensuales y trimestrales. Un directivo de la fábrica explicó que su objetivo SMART consistía en impedir que los manifestantes antinucleares acosaran a los trabajadores al llegar a la empresa porque consideraba que ello socavaba su estado de ánimo. Había ideado un plan SMART para construir una valla. El objetivo era específico y razonable (la valla mediría quince metros de largo por tres de alto), se ajustaría a un horario (se llevaría a cabo en febrero) y era realizable (ya tenían al constructor).

A continuación, los asesores visitaron la fábrica de motores de avión de Lynn, Massachusetts, y entrevistaron, entre otros, a una auxiliar administrativa, que les dijo que su objetivo SMART era encargar el material de oficina de la fábrica. Les enseñó una gráfica SMART con metas concretas («Pedir grapadoras, bolígrafos y calendarios de sobremesa») que eran mensurables («En junio»), además de factibles y realistas, y se ajustaban a un calendario («Realizar pedido el 1 de febrero. Solicitar información actualizada el 15 de marzo»).

Muchos de los objetivos SMART que los asesores descubrieron en las fábricas eran igual de detallados y de triviales. Los trabajadores se pasaban horas cerciorándose de que sus objetivos satisfacían todos los criterios SMART, pero invertían mucho menos tiempo en garantizar que por sí mismos merecieran la pena. Los guardias de seguridad de la fábrica habían redactado extensos memorandos sobre el objetivo de la prevención de robos e ideado un plan que «básicamente consistía en registrar las bolsas de todo el mundo cada vez que entraban o salían de la fábrica, lo cual provocaba enormes demoras —comentaba Brian Butler, uno de los asesores—. Es posible que descendieran los robos, pero también acabó con la productividad de la fábrica, porque todo el mundo empezó a marcharse a diario más temprano para llegar a casa a una hora decente». Incluso los altos directivos de las fábricas, según descubrieron los asesores, estaban obsesionados con objetivos factibles pero inconsecuentes, y se concentraban en irrelevantes metas a corto plazo en lugar de en planes más ambiciosos.

Cuando los asesores preguntaron a los empleados qué opinaban de la insistencia de GE en los objetivos SMART, esperaban quejas sobre la onerosa burocracia. Creían que la gente diría que quería pensar más a lo grande, pero que se veían atados de pies y manos por las incesantes exigencias SMART. Por el contrario, los empleados respondieron que les encantaba el sistema. La auxiliar administrativa encargada del material de oficina dijo que cumplir esos objetivos le infundía una sensación de logro. A veces, añadía, escribía un memorando SMART sobre una tarea que ya había finalizado y la guardaba en su carpeta de «Terminados». La hacía sentirse muy bien.

Los investigadores que han estudiado los objetivos SMART y otros métodos estructurados para elegir objetivos dicen que esa reacción no es infrecuente. Esos sistemas, si bien resultan útiles, en ocasiones pueden generar nuestra necesidad de cierre de forma contraproducente. Metas como los objetivos SMART «pueden provocar que una persona tenga visión túnel, que se concentre más en intensificar esfuerzos que en obtener resultados inmediatos», escribían Locke y Latham en 1990.[22] Los experimentos han demostrado que la gente con objetivos SMART es más proclive a aferrarse a las tareas más sencillas, a obsesionarse con terminar proyectos y a quedar congelada en las prioridades una vez que se ha marcado un objetivo. «Uno desarrolla una mentalidad en la que tachar cosas de la lista de quehaceres es más importante que preguntarse si está haciendo lo correcto», señalaba Latham.[23]

Los directivos de GE no sabían cómo ayudar a las fábricas de material nuclear y motores de avión. Así que en 1989 acudieron a un profesor llamado Steve Kerr, decano de la escuela de negocios de la Universidad del Sur de California.[24] Kerr era experto en la psicología de la fijación de objetivos y empezó entrevistando a los empleados de la fábrica nuclear. «Muchos estaban desmoralizados

—afirmaba—. Habían comenzado a trabajar en el sector de la energía nuclear porque querían cambiar el mundo. Entonces sucedió lo de Three Mile Island y Chernóbil y el sector sufría protestas a diario y fue completamente destrozado por la prensa.» Fijar objetivos a corto plazo y conseguirlos, declararon los trabajadores y directores de la fábrica a Kerr, era una de las pocas cosas que los satisfacían en su labor.

La única manera de mejorar el rendimiento de la fábrica nuclear, pensaba Kerr, era conseguir que la gente no se concentrara tanto en objetivos a corto plazo. GE había iniciado recientemente una serie de reuniones entre sus altos directivos conocidas como «entrenamientos», concebidas para animar a la gente a pensar objetivos más ambiciosos y planes más a largo plazo. Kerr ayudó a ampliar esas reuniones a las bases de las fábricas.[25]

Las normas de los entrenamientos eran simples: los empleados podían proponer cualquier objetivo que consideraran que GE debía perseguir. No había gráficas ni memorandos SMART. «El concepto era que nada resultaba descabellado», me dijo Kerr. Los directores tenían que aprobar o rechazar cada propuesta rápidamente, a menudo al instante, y «queríamos que fuera fácil decir que sí», añadió Kerr. «Pensamos que si conseguíamos que la gente identificara primero la ambición y luego ideaba el plan, se fomentaría un pensamiento más ambicioso.» Si una idea parecía poco madurada, señalaba el profesor Kerr, el director debía «decir que sí, porque aunque la propuesta no sea mejor que lo que estás haciendo ahora, con la energía del grupo como soporte el plan será espléndido».[26] Cuando un objetivo era aprobado, todo el mundo iniciaba el proceso formal de determinar cómo convertirlo en algo realista y factible y el resto de criterios SMART.[27]

En un entrenamiento en la fábrica de motores de Massachusetts, un trabajador dijo a sus jefes que estaban cometiendo un error al subcontratar la construcción de escudos protectores para sus fresadoras. La fábrica, aseguraba, podía hacerlos internamente por la mitad de precio. Luego desenrolló un trozo de papel de estraza lleno de proyectos garabateados. La propuesta no contenía ni un solo criterio SMART. No estaba claro si era realista o factible o qué cálculos aplicar. Pero cuando el director general de la fábrica observó aquel papel de estraza, dijo: «Creo que podemos intentarlo».

Cuatro meses después, cuando los proyectos fueron rediseñados profesionalmente y el plan se convirtió en una serie de objetivos SMART, se instaló el primer prototipo. Costó 16.000 dólares, un precio que era más de un 80 por ciento inferior al de la subcontrata. La fábrica se ahorró aquel año 200.000 dólares gracias a ideas propuestas en el entrenamiento. «Todo el mundo se ve arrastrado por una tremenda oleada de adrenalina —decía Bill DiMaio, un jefe de equipo de la fábrica—. Las ideas que plantea la gente son tan alentadoras que resulta increíble. Esta gente se emociona. Todas sus ideas son válidas.»[28]

Luego, Kerr ayudó a llevar el programa de entrenamientos al resto de la empresa. En 1994, todos los empleados de GE habían participado en al menos un entrenamiento. A medida que los beneficios y la productividad aumentaban, los directivos de otras empresas empezaron a imitar el sistema. En 1995 centenares de empresas realizaban entrenamientos. Kerr pasó a formar parte de la plantilla de GE en 1994 y al final se convirtió en su «director general de aprendizaje».

«Los entrenamientos funcionaron porque equilibraban la influencia psicológica de los objetivos inmediatos con la libertad para pensar en cosas más grandes —decía Kerr—. Eso es fundamental. La gente responde a las condiciones que la rodean. Si nos dicen constantemente que nos centremos en resultados factibles, solo pensaremos en objetivos factibles. No soñaremos a lo grande.»

Sin embargo, los Entrenamientos no eran perfectos. Consumían una jornada entera de todo el mundo y normalmente la fábrica debía ralentizar la producción para que todos los empleados pudieran asistir a las reuniones. Un departamento o una fábrica podía permitírselo un par de veces al año como mucho. Y aunque todo el mundo se entusiasmaba y tenía ganas de cambios gracias a los entrenamientos, los efectos a menudo no duraban demasiado. Una semana después, todo el mundo había retomado sus viejas tareas y, con frecuencia, sus viejas maneras de pensar.

Kerr y sus compañeros querían fomentar ambiciones constantes. ¿Cómo podían conseguir que la gente pensara a lo grande todo el tiempo?

IV

En 1993, doce años después de convertirse en consejero delegado de General Electric, Jack Welch viajó a Tokio y, durante una visita a una fábrica que producía material para pruebas médicas, le contaron una historia sobre el sistema ferroviario japonés.[29]

En los años cincuenta, en el dilatado período posterior a la devastación de la Segunda Guerra Mundial, Japón estaba totalmente centrado en mejorar la economía de la nación. Un gran porcentaje de la población del país vivía en o entre las ciudades de Tokio y Osaka, separadas por solo quinientos kilómetros de vías ferroviarias. A diario, decenas de miles de personas viajaban entre dichas ciudades. Por esas vías se transportaban ingentes cantidades de materias primas industriales. Pero la topografía japonesa era tan montañosa y el sistema ferroviario tan anticuado que el viaje podía durar hasta veinte horas. Así que, en 1955, el director de los ferrocarriles japoneses retó a los mejores ingenieros de la nación a inventar un tren más rápido.[30]

Seis meses después, un equipo presentó un prototipo de locomotora capaz de viajar a cien kilómetros por hora, velocidad que en aquella época lo convertía en el tren de pasajeros más rápido del mundo. Para al director del sistema ferroviario no le bastaba. Quería doscientos kilómetros por hora.[31]

Los ingenieros le explicaron que no era realista. A esas velocidades, si un tren giraba demasiado abruptamente, la fuerza centrífuga lo haría descarrilar. Ciento diez kilómetros por hora era más realista, tal vez ciento veinte. A mayor velocidad, habría accidentes.

—¿Por qué tienen que girar los trenes? —preguntó el director de los ferrocarriles.

Había numerosas montañas entre las ciudades, respondieron los ingenieros.

—Entonces ¿por qué no hacemos túneles?

El coste del trabajo necesario para perforar túneles en aquel territorio podía equivaler al de reconstruir Tokio después de la Segunda Guerra Mundial.

Tres meses después, los ingenieros presentaron un motor capaz de circular a ciento veinte kilómetros por hora. El director del sistema ferroviario rechazó los diseños. Ciento veinte kilómetros por hora, argumentó, no podían transformar la nación. Unas mejoras progresivas solo generarían un crecimiento económico paulatino. La única manera de reformar el sistema de transportes japonés era reconstruir todos los aspectos del funcionamiento de los trenes.

Los ingenieros se pasaron los dos años posteriores experimentando: diseñaron vagones con motores incorporados. Fabricaron otros engranajes para que encajaran con menos fricción. Descubrieron que sus nuevos vagones eran demasiado pesados para las vías japonesas, así que las reforzaron, con lo que obtuvieron la ventaja añadida de una mayor estabilidad, que incrementaba la velocidad de los vagones en casi un kilómetro por hora. Se produjeron cientos de innovaciones, grandes y pequeñas, y los trenes eran un poco más rápidos que antes.

En 1964, el Tōkaidō Shinkansen, el primer tren bala del mundo, partió de Tokio sobre unos raíles soldados de manera continua que atravesaban los túneles perforados en las montañas de Japón. Hizo su viaje inaugural en tres horas y cincuenta y ocho minutos a una velocidad media de doscientos kilómetros por hora. Centenares de personas habían esperado toda la noche para presenciar la llegada del tren a Osaka. Pronto, otros trenes bala viajaban a otras ciudades japonesas, lo cual contribuyó a una asombrosa expansión económica. El desarrollo del tren de alta velocidad, según un estudio de 2014, fue esencial para espolear el crecimiento japonés hasta bien entrados los años ochenta.[32] Y, transcurrida una década desde esa innovación, las tecnologías desarrolladas en Japón habían dado lugar a proyectos ferroviarios de alta velocidad en Francia, Alemania y Australia y revolucionado el diseño industrial en todo el mundo.

Para Jack Welch, aquella historia fue una revelación. Lo que necesitaba GE, dijo a Kerr cuando regresó de Japón, era una perspectiva similar, un compromiso institucional con objetivos audaces. En lo sucesivo, todos los directivos y departamentos, además de presentar objetivos concretos, factibles y oportunos, tendrían que identificar un objetivo difícil, una meta tan ambiciosa que, al menos al principio, los directores no pudieran decir cómo alcanzarla. Todo el mundo, dijo Welch, debía participar en la «mentalidad del tren bala».[33]

En una carta enviada en 1993 a los accionistas, el consejero delegado aseguraba que «"ambicioso" es un concepto que en GE habría provocado sonrisas, cuando no carcajadas, hace tres o cuatro años, porque básicamente significa utilizar los sueños para establecer objetivos de negocio sin una idea real de cómo conseguirlos. Si sabes cómo llegar a él, no es un objetivo ambicioso».

Seis meses después del viaje de Welch a Japón, todos los departamentos de GE tenían un objetivo ambicioso. Por ejemplo, el que fabricaba motores de avión anunció que reduciría en un 25 por ciento el número de defectos en los motores acabados. Para ser sinceros, los directores del departamento pensaban que podían conseguirlo con bastante facilidad. Casi todos los defectos que encontraban en los motores eran pequeños, cosas superficiales, como un cable ligeramente torcido o rasguños sin importancia. Cualquier fallo más serio era corregido antes del envío del motor. Si contrataban a más personal en control de calidad, conjeturaron los directivos, podrían reducir dichos defectos estéticos con poco esfuerzo.

Welch coincidió en que reducir defectos era un objetivo inteligente.

Entonces les dijo que los redujeran en un 70 por ciento.

«Eso es absurdo», respondieron los directivos. Fabricar motores era una tarea tan compleja —cada uno pesaba cinco toneladas e incluía más de 10.000 componentes—, que era imposible lograr una reducción del 70 por ciento.

Welch les dijo que tenían tres años.

Los directores del departamento, presas del pánico, empezaron a analizar cada error que habían registrado en los doce meses anteriores. Pronto se dieron cuenta de que contratar a más personal de control de calidad no bastaría. La única manera de reducir errores en un 70 por ciento era convertir a cada uno de sus empleados en un auditor de control de calidad. Todo el mundo debía hacerse responsable de localizar errores. Pero la mayoría de los trabajadores de la fábrica no tenían conocimientos suficientes sobre los motores para identificar cada pequeño defecto posible. La única solución, concluyeron los directivos, era un curso masivo de formación.

Pero tampoco funcionó. Nueve meses después de la formación, el índice de error solo había disminuido en un 50 por ciento, así que los directivos empezaron a contratar trabajadores con más conocimientos técnicos, el tipo de gente que sabía qué apariencia debía tener un motor y, por tanto, podía detectar imperfecciones más fácilmente. La fábrica de GE que producía motores CF6 en Durham, Carolina del Norte, llegó a la conclusión de que la mejor manera de encontrar a los empleados adecuados era contratar solo aquellos con un certificado en fabricación de motores expedido por la Administración Federal de Aviación. No obstante, dado que había mucha demanda de esos trabajadores, para atraerlos los directivos dijeron que podrían gozar de mayor autonomía, planificarse ellos mismos los turnos y organizar equipos a su antojo. Eso significaba que la fábrica debía prescindir de su planificación centralizada. Los equipos debían organizarse solos y dilucidar su tasa de producción.[34]

Welch había encomendado a su departamento de fabricación de motores el ambicioso objetivo de reducir errores en un 70 por ciento, algo tan audaz que la única manera de conseguirlo era cambiarlo casi todo: (a) la formación de los trabajadores, (b) qué trabajadores se contrataban y (c) cómo funcionaba la fábrica. Al terminar, los direc-

tivos de Durham habían eliminado los gráficos organizativos, redi-
señado las tareas y revisado las entrevistas a los candidatos, ya que
necesitaban personas con mejores aptitudes de equipo y de mentalidad más flexible. En otras palabras, el objetivo ambicioso de Welch
provocó una reacción en cadena que revaluó la fabricación de motores de maneras que nadie había imaginado. En 1999, el número de
defectos por motor se había reducido en un 75 por ciento y la empresa llevaba treinta y ocho meses sin perder un solo envío, lo cual
constituía un récord. El coste de fabricación había bajado un 10 por
ciento cada año. Ningún objetivo SMART lo habría conseguido.

En numerosos estudios académicos se ha evaluado el impacto
de los objetivos ambiciosos y demostrado de manera sistemática que
obligar a la gente a comprometerse con metas ambiciosas y aparentemente inalcanzables puede dar lugar a enormes avances en materia de innovación y productividad. Por ejemplo, un estudio realizado en 1997 por Motorola puso en evidencia que el tiempo que los
ingenieros tardaban en desarrollar nuevos productos se redujo por
diez tras imponerse objetivos ambiciosos en toda la empresa.[35] Según
un estudio de 3M, los objetivos ambiciosos contribuyeron a la creación de inventos como la cinta adhesiva y el Thinsulate.[36] Los objetivos ambiciosos transformaron Union Pacific, Texas Instruments y
varias escuelas públicas de Washington y Los Ángeles. Los sondeos
realizados a personas que perdieron mucho peso y luego se convirtieron en corredores de maratones han mostrado que los objetivos
ambiciosos a menudo son un elemento integral de su éxito.

Los objetivos ambiciosos «son como sobresaltos que perturban
la complacencia y fomentan nuevas maneras de pensar —escribía
en 2011 un grupo de investigadores en la revista de negocios *Academy of Management Review*—. Al imponer un aumento sustancial
de las aspiraciones colectivas, los objetivos ambiciosos pueden des-
viar la atención hacia posibles futuros novedosos y tal vez infundir
más energía a la organización. Por tanto, pueden motivar un aprendizaje exploratorio por medio de la experimentación, la innovación,
una búsqueda amplia o la diversión».[37]

No obstante, hay que tener cuidado con los objetivos ambiciosos Los estudios demuestran que si un objetivo ambicioso es audaz, puede generar innovaciones, pero también pánico y convencer a las personas de que el éxito es imposible porque el objetivo es demasiado grande. La línea que separa una ambición que ayuda a la gente a conseguir algo increíble y una ambición que mine su estado de ánimo es muy fina. Para que un objetivo ambicioso inspire, a menudo debe acompañarse de algo parecido al sistema SMART.

El motivo por el que necesitamos objetivos ambiciosos y objetivos SMART es que esa audacia por sí sola puede resultar aterradora. A menudo uno no sabe cómo afrontar un objetivo ambicioso. Y, por tanto, para que dicho objetivo se convierta en algo más que una mera inspiración, necesitamos una mentalidad disciplinada que nos demuestre cómo hacer de una meta lejana una serie de objetivos realistas a corto plazo. La gente que sabe crearse objetivos SMART a menudo se ha habituado a que los objetivos ambiciosos pueden desglosarse en elementos gestionables, así que cuando se topan con ambiciones aparentemente enormes, saben cómo proceder. Los objetivos ambiciosos sumados a un pensamiento SMART pueden convertir lo imposible en alcanzable.

Por ejemplo, en un experimento realizado en la Universidad de Duke, se pidió a atletas del equipo universitario que corrieran por la pista y, al oír una señal, se acercaran lo máximo posible a una línea de meta situada a doscientos metros en diez segundos. Todos los corredores del estudio sabían, simplemente observando la distancia que querían que recorrieran, que era un objetivo absurdo. Nadie se ha acercado ni mucho menos a la marca de doscientos metros en diez segundos. Los atletas recorrieron una media de 59,6 metros durante su *sprint*.

Días después, se planteó la tarea a los mismos participantes, sin embargo en esta ocasión la línea de meta se hallaba a solo cien metros. El objetivo seguía siendo ambicioso, pero entraba dentro de lo posible (en 2009, Usain Bolt corrió cien metros en 9,58 segundos). Durante la prueba, los corredores recorrieron un promedio de 63,1 metros en diez segundos, «una gran diferencia según los baremos del atletismo», señalaron los investigadores.[38]

La diferencia en el rendimiento obedecía al hecho de que la distancia más corta, aun siendo un desafío, se prestaba a la clase de planificación metódica y a los modelos mentales que los corredores experimentados están acostumbrados a utilizar. En otras palabras, la distancia más corta permitía, en su equivalente atlético, a los corredores desglosar un objetivo ambicioso en componentes SMART. «Todos los corredores de nuestra muestra se entrenaban de forma regular», escribieron los investigadores, así que, cuando tuvieron que correr cien metros en diez segundos, sabían cómo afrontarlo. Desglosaron la tarea y la concibieron como harían con otros *sprints*. Empezaron fuerte y adelantaron a otros corredores, y luego se esforzaron al máximo en los últimos segundos. Pero cuando habían tenido que correr doscientos metros en diez segundos, no había ningún planteamiento práctico; era imposible desglosar el problema en partes gestionables. No había criterios SMART que aplicar. Simplemente, era imposible.

Experimentos realizados en la Universidad de Waterloo,[39] la Universidad de Melbourne y otras arrojan resultados similares:[40] los objetivos ambiciosos pueden dar lugar a innovaciones extraordinarias, pero solo cuando la gente tiene un sistema para desglosarlos en planes concretos.

Esta lección puede aplicarse incluso a los aspectos más mundanos de la vida. Pongamos por caso las listas de tareas. «Las listas de tareas son estupendas si las utilizamos correctamente —me dijo Timothy Pychyl, un psicólogo de la Universidad de Carleton—. Pero si la gente dice, por ejemplo, "A veces anoto cosas fáciles que puedo tachar al momento porque me hace sentir bien", justamente está creando de manera errónea una lista de tareas. Ello indica que estás utilizándola para animarte en lugar de ser productivo.»

El problema de muchas listas es que, cuando anotamos una serie de objetivos a corto plazo, en la práctica estamos permitiendo que nuestro cerebro se aferre a la satisfacción que procurará cada una de esas tareas. Estamos alentando nuestra necesidad de cierre y nuestra tendencia a congelarnos en un objetivo, sin preguntarnos si es la meta adecuada. El resultado es que nos pasamos horas respondiendo correos electrónicos sin ninguna importancia en lugar de redactar un extenso y reflexivo memorando, ya que resulta muy satisfactorio vaciar nuestra bandeja de entrada.[41]

A primera vista, podría parecer que la solución es crear listas de tareas solo con objetivos ambiciosos. Pero todos sabemos que limitarse a anotar grandes aspiraciones no garantiza que vayamos a conseguirlas. De hecho, los estudios demuestran que si nos enfrentamos a una lista en la que solamente hay objetivos de gran alcance, lo más probable es que nos desanimemos y los abandonemos.

Así que una solución es confeccionar listas de tareas que aúnen objetivos ambiciosos y objetivos SMART. Debemos crear un menú con nuestras mayores ambiciones. Soñar a lo grande. Describir los objetivos que a primera vista parecen imposibles, como fundar una empresa o correr un maratón.

Después elegiremos un objetivo y empezaremos a desglosarlo en pasos concretos a corto plazo. Pregúntate: ¿qué progresos realistas podrías hacer en el próximo día, semana o mes? ¿Cuántos kilómetros es realista que recorras mañana y durante las tres semanas siguientes? ¿Cuáles son los pasos concretos y a corto plazo en el camino hacia un éxito mayor? ¿Qué calendario es el lógico? ¿Abrirás tu tienda dentro de seis meses o de un año? ¿Cómo calcularás tus progresos? En psicología, estas ambiciones más pequeñas son conocidas como «metas proximales»; muchos estudios han demostrado que desglosar una gran ambición en metas proximales multiplica las probabilidades de que aquella se cumpla.

Por ejemplo, cuando Pychyl confecciona una lista de tareas, empieza escribiendo un objetivo ambicioso —como «realizar investigación que explique la interfaz objetivo/neurología»— en la parte superior de la página. Después va al grano: las pequeñas tareas que le indican precisamente qué hacer. «Concreción: descargar solicitud de beca. Calendario: mañana.»

DIAGRAMA DE FLUJO DE LA FIJACIÓN DE OBJETIVOS

«De ese modo estoy diciéndome constantemente qué hacer a continuación, pero también me recuerdo mi ambición mayor para no quedar atrapado en la fase de llevar a cabo cosas simplemente para sentirme mejor», afirmaba Pychyl.

En resumen, necesitamos objetivos ambiciosos y SMART, aunque no es preciso que los denominemos así. No es importante que nuestras metas proximales cumplan todos los criterios SMART, sino que lo importante es tener una gran ambición y un sistema para saber convertirla en un plan específico y razonable. Entonces, cuando tachemos los elementos pequeños de nuestra lista de tareas, estaremos acercándonos un poco más a lo que verdaderamente importa. Tendremos la mirada puesta en lo que es a la vez sensato y SMART.

«No tenía ni idea de que lo que estábamos haciendo iba a afectar al resto del mundo», me dijo Kerr. La adopción de objetivos SMART y ambiciosos por parte de GE ha sido analizada en estudios académicos y manuales de psicología; el sistema de la empresa ha sido imitado en todo el mundo corporativo de Estados Unidos.[42] «Demostramos que puedes cambiar la manera de actuar de las personas pidiéndoles que conciban los objetivos de otra forma —señalaba Kerr—. Una vez que lo aprendes, puedes hacer casi cualquier cosa.»

V

Veintisiete días después del final de los combates en la guerra de Yom Kipur, el Parlamento israelí creó un comité nacional de investigación para averiguar por qué la nación había estado tan peligrosamente desprotegida. Las autoridades se reunieron en 148 sesiones y oyeron testimonios de 58 testigos, entre ellos la primera ministra Golda Meir, el ministro de Defensa Moshe Dayan y Eli Zeira, jefe del Servicio de Espionaje Militar.

«En los días previos a la guerra de Yom Kipur, el Departamento de Investigación de Espionaje Militar recibió numerosas señales de advertencia», concluyeron los investigadores.[43] No había justificación alguna para que Israel estuviese desprevenido. Zeira y sus compañeros habían pasado por alto obvios indicios de peligro y disuadido a otros líderes de que siguieran sus instintos. Esos errores no fueron fruto de la malicia, afirmaron los investigadores, sino que obedecieron a que Zeira y su equipo estaban tan obsesionados con evitar un pánico innecesario y con tomar decisiones concluyentes, que perdieron de vista el objetivo más importante: la seguridad de los israelíes.

La primera ministra Meir dimitió una semana después de que el informe del gobierno se hiciera público. Moshe Dayan, el otrora héroe, fue acosado por sus detractores hasta el día de su muerte, acaecida seis años después. Y Zeira fue relevado de su cargo y obligado a renunciar a su servicio gubernamental.

Los errores de Zeira antes de la guerra de Yom Kipur ilustran una última consideración sobre cómo funcionan los objetivos e influyen en nuestra psicología. De hecho, Zeira estaba utilizando tanto objetivos ambiciosos como SMART cuando convenció a los líderes de la nación de que no hicieran caso a los indicios obvios de guerra. Tenía claras y grandes ambiciones de terminar con el ciclo de ansiedad que asolaba a los israelíes; sabía que su gran meta era poner fin a los interminables debates y las dudas. Y sus métodos para desglosar esos grandes objetivos en fragmentos más pequeños conllevaron que diera con metas proximales concretas, mensurables, factibles y realistas y que se ajustaran a un calendario. Rediseñó el organismo que dirigía de forma deliberada y paso a paso. Hizo todo lo que psicólogos como Latham y Locke han señalado que debemos hacer para alcanzar objetivos grandes y pequeños.

Pero el anhelo de cierre cognitivo de Zeira y su intolerancia a volver a formular preguntas una vez respondidas fueron uno de los principales motivos por los que Israel no predijo los ataques. Zeira es un ejemplo de que los objetivos ambiciosos y SMART a veces no bastan por sí solos. Además de tener ambiciones audaces y planes exhaustivos, de vez en cuando debemos apartarnos del día a día y plantearnos si estamos avanzando hacia unos objetivos con sentido. Todavía hay que pensar.

El 6 de octubre de 2013, en el cuarenta aniversario de la guerra de Yom Kipur, Eli Zeira habló ante un público integrado por estudiosos de la seguridad nacional en Tel Aviv. Tenía ochenta y cinco años y subió con paso vacilante al escenario para leer con voz temblorosa unas notas manuscritas. Había ido a defenderse, dijo. Se habían cometido errores, pero no solo se había equivocado él. Todo el mundo había aprendido que debían ser más cuidadosos y menos confiados. Todos tenían la culpa.[44]

Un antiguo compañero que estaba entre el público empezó a acosarlo con sus preguntas.

—¡Nos está contando cuentos de hadas! —gritó el hombre—. ¡Está mintiendo![45]

—Esto no es un tribunal militar —repuso Zeira.

La guerra no solo era culpa suya, aseguró. Nadie estaba dispuesto a mirar de frente a la posibilidad más aterradora: una invasión a gran escala.

Pero entonces, en un momento de reflexión, Zeira reconoció que había cometido un error: había pasado por alto lo aparentemente imposible. No había pensado en todas las alternativas con tanta profundidad como debía.

—Normalmente llevaba una nota en el bolsillo —dijo al público— y esa breve nota decía: «¿Y si no?».

La nota era un talismán, un recordatorio de que el deseo de hacer algo, de ser decisivo, también puede ser un defecto. Supuestamente, la nota debía llevarlo a formular preguntas más trascendentales.

Pero en los días previos a la guerra de Yom Kipur «no leí esa breve nota», dijo Zeira. «Ese fue mi error.»

5

Dirigir a otros

Resolver un secuestro con un pensamiento ajustado* y ágil y una cultura de confianza

Frank Janssen acababa de regresar a casa después de dar un paseo en bici cuando oyó que llamaban a la puerta. Era una soleada mañana de sábado; a unas pocas manzanas unos niños jugaban al fútbol. Cuando Janssen miró por la ventana, vio a una mujer con una carpeta sujetapapeles y a dos hombres vestidos con pantalones militares y el cuello de la camisa abrochado. ¿Quizá estaban haciendo una encuesta? ¿O eran misioneros religiosos? Janssen no sabía por qué estaban allí, pero confió en quitárselos de encima enseguida.[1]

Sin embargo, cuando abrió la puerta, los dos hombres entraron a la fuerza. Uno de ellos agarró a Janssen, lo empujó contra la pared y lo tiró al suelo. Luego se sacó una pistola de la pretina y le cruzó la cara con el cañón. El otro le puso una pistola eléctrica en el torso y apretó el gatillo, paralizando momentáneamente a Janssen, de sesenta y tres años. Después le ataron las manos con una brida de plástico, lo sacaron y lo metieron en el asiento trasero de un Nissan plateado que esperaba en el camino de entrada a la casa. Los dos hombres se sentaron a ambos lados de Janssen, mientras la mujer lo hacía delante, junto al conductor. Cuando Janssen fue recuperando

---

* En inglés *lean thinking*, también traducido como «pensamiento *lean*»; sobre el uso de este término, véase más adelante. *(N. del T.)*

poco a poco el control de su cuerpo, trató de empujar a sus atacantes. Entonces lo tiraron al suelo y le dispararon de nuevo con la pistola eléctrica. El coche volvió a la calzada y se dirigió hacia el oeste, pasando por delante del campo donde los niños jugaban al fútbol. Uno de los atacantes cubrió el cuerpo de Janssen con una manta. El vehículo tomó la autopista y se incorporó al tráfico en dirección sur.*

Cuando la esposa de Janssen llegó a casa alrededor de una hora más tarde, se encontró la vivienda vacía y la puerta de la calle entreabierta. La bici de Frank estaba apoyada contra el garaje. ¿Quizá había ido a pasear? Al cabo de una hora, sin tener noticias de él, empezó a preocuparse. Buscó en la entrada, pensando que podía haber dejado una nota. En el umbral vio unas gotas de sangre. Presa del pánico, se dirigió al camino de entrada de la casa, donde vio más sangre. Entonces telefoneó a su hija, que le dijo que llamara a la policía.

Su marido era consultor en una empresa especializada en seguridad nacional, explicó a los agentes. Su casa no tardó en estar rodeada de coches patrulla y cinta amarilla que señalizaba el escenario del crimen. Llegaron varios todoterrenos negros, de los que bajó un equipo de agentes del FBI que esparció polvos detectores de huellas y fotografió marcas en la hierba. Durante los dos días siguientes, los agentes analizaron los registros del teléfono móvil de Janssen y entrevistaron a sus vecinos y compañeros de trabajo, pero nada les indicó lo que estaba pasando.

---

* Se enviaron varios resúmenes de este capítulo al FBI; las respuestas de dicho organismo pueden verse en las notas del capítulo. La familia Janssen no respondió a las repetidas solicitudes de sus comentarios por teléfono y correo electrónico. Los detalles referentes a este caso proceden de documentos judiciales, entrevistas y otros materiales especificados en las notas. En el momento de redactar estas líneas, las acusaciones de actividad criminal contenidas en el presente capítulo no han sido juzgadas por ningún tribunal y, en consecuencia, siguen siendo acusaciones y no hechos probados. En las notas del capítulo pueden verse más detalles y las respuestas que dieron los abogados de los implicados en este presunto delito.

Entonces, tres días después del secuestro, en plena noche del 7 de abril de 2014, el teléfono de la esposa de Janssen emitió un zumbido. Era una serie de mensajes de texto de un número desconocido con prefijo de la ciudad de Nueva York.

«Tenemos a su marido —rezaban los mensajes—, y está en el maletero de un coche que va a California. Si se pone en contacto con la policía, se lo devolveremos en seis cajas y cada vez que podamos nos llevaremos a alguien de su familia a italia [sic] y los torturaremos y los mataremos, dispararemos y mataremos a tiros a cualquiera de su familia y lanzaremos granadas por su ventana.»

Los mensajes también hacían referencia a la hija de Janssen y a un hombre llamado Kelvin Melton. De repente las cosas empezaban a cobrar algún sentido. La hija de Janssen, Colleen, era ayudante del fiscal del distrito en la cercana Wake Forest, y unos años antes había procesado a Melton, un jefe de la banda de los Bloods. Colleen había logrado enviar a Melton a la cárcel para el resto de su vida por un delito de asalto con arma mortal. Una teoría empezó a tomar cuerpo: los investigadores del gobierno sospecharon que los Bloods habían secuestrado a Frank Janssen para castigar a su hija en venganza por meter entre rejas a uno de sus jefes.

En cuestión de horas, la policía requirió los registros del teléfono que había enviado los mensajes en busca de un vínculo con conocidos miembros de la banda. Sabían que los mensajes se habían enviado desde Georgia, pero el dispositivo era un teléfono de prepago no registrado y comprado en efectivo en un Walmart. Nada en los registros del móvil ni en los recibos de compra indicaban a los investigadores quién era el dueño del teléfono o dónde se hallaba actualmente.

Al cabo de dos días llegó otro mensaje de un número distinto, esta vez con prefijo de Atlanta. «Aquí hay 2 foto[s] de su marido —rezaba, e incluía fotos de Janssen atado a una silla—. Si no puede decirme dónde están mis cosas mañana empezaré a quemar al padre de colleen [sic].» Ninguno de los investigadores tenía la menor idea de a qué «cosas» se referían los secuestradores. Los mensajes también exigían que alguien le llevara un paquete de cigarrillos a Melton, el jefe de la banda encarcelado, además de otras órdenes. «Jefe* quiere sus cosas y necesita tener otro teléfono deprisa para que podamos terminar nuestro asunto y si no tengo noticias de él muy muy deprisa tenemos problemas con su gente.» La policía no sabía si lo de «Jefe» se refería a Melton o a algún otro, o por qué Melton quería cigarrillos dado que en la prisión donde estaba encerrado, la Institución Correccional Polk, en Carolina del Norte, podía comprarlos sin problemas. Llegaron más mensajes con referencias a personas desconocidas. «Ahora él sabe ah [sic] jugar a juegos —rezaba uno de ellos—. Díganle que tenemos a franno [sic], díganle que mejor encuentre una forma de decirme dónde [están] mis cosas y conseguir mi dinero o matamos a esas personas en 2 días.» Los investigadores estaban confusos por aquellas alusiones a un «Jefe» y a un tal «Franno», y por las amenazas de matar a varias personas cuando las autoridades solo sabían de la existencia de una única víctima de secuestro. Si era un complot para vengarse, ¿por qué los secuestradores enviaban tantos mensajes ambiguos? ¿Por qué no habían hecho ninguna petición de rescate? Un agente federal pensaba que los secuestradores actuaban como si ni ellos mismos estuvieran seguros de lo que pasaba, como si no tuvieran un plan.

El FBI pidió información a Google sobre búsquedas realizadas más o menos en la fecha del secuestro que incluyeran la dirección de Janssen. El gigante de la informática les comunicó que alguien había buscado en Google «dirección Colleen Janssen» utilizando un móvil desechable, pero que lo que había encontrado había sido la dirección de sus padres, donde vivía antes. Surgió una nueva teoría: los secuestradores tenían la intención de llevarse a Colleen en venganza por haber procesado a Kelvin Melton, pero se habían llevado accidentalmente a su padre.

Los investigadores determinaron que el teléfono de Georgia desde el que se habían enviado los últimos mensajes era también de

---

* En español en el original. (N. del T.)

prepago, pero esta vez, cuando los agentes acudieron a las operadoras de móvil, sus registros resultaron más fructíferos: se habían enviado desde Atlanta. Además, el teléfono había recibido recientemente una llamada de otro número, que a su vez había estado enviando y recibiendo mensajes de un tercer teléfono que la policía pudo determinar que se hallaba entre los muros de la propia Institución Correccional Polk. Este último teléfono había hecho casi un centenar de llamadas a las hijas de Melton.[2]

Los investigadores empezaron a pensar que el secuestro estaba dirigido por el propio Melton.[3]

El FBI telefoneó al Correccional Polk y le pidió al alcaide que registrara la celda de Melton. Cuando este vio acercarse a los guardias, atrancó la puerta y rompió en pedazos su móvil. Se necesitaron varios días para recuperar los datos del dispositivo.

El FBI no podía hacer nada para obligar a Melton a cooperar con los investigadores, dado que ya estaba condenado a cadena perpetua. Tampoco podía sacarse más información de ningún registro de móviles. Los agentes habían revisado las cintas de vigilancia de las tiendas donde se habían comprado los móviles de prepago y analizado las grabaciones de las cámaras de tráfico de las inmediaciones de la casa de Janssen. Todo en vano. El FBI disponía de cientos de retazos de información. Había numerosos datos pero nada que los relacionara.

Algunos agentes confiaban en que el nuevo sistema informático del FBI, un complejo software llamado Sentinel, pudiera ayudar a descubrir conexiones que hubieran pasado por alto. Otros eran más escépticos. Más de una década antes, el FBI había empezado a desarrollar tecnologías que, según prometían sus funcionarios, iban a proporcionar nuevos y poderosos instrumentos para resolver crímenes. Pero la mayoría de esos intentos fracasaron. Un importante proyecto se abandonó en 2005 tras haber gastado 170 millones de dólares en crear un motor de búsqueda que se colgaba constantemente. Otro se suspendió en 2010 después de que los auditores concluyeran que el mero hecho de averiguar por qué el sistema no funcionaba costaría varios millones más. Aun años antes del secuestro de Janssen las bases de datos de la agencia estaban tan anticuadas que la mayoría de los agentes ni siquiera se molestaban en introducir el grueso de la información que recababan durante las investigaciones, sino que usaban expedientes y fichas de papel, como sus predecesores en décadas anteriores.[4]

Luego, en 2012, la agencia desarrolló Sentinel.[5] Por resumirlo, era un sistema para clasificar y gestionar pruebas, pistas, declaraciones de testigos y decenas de miles de otros fragmentos de información que los agentes recababan a diario. Sentinel estaba conectado a los motores de análisis y las bases de datos desarrollados por el FBI y otras fuerzas del orden a fin de hallar patrones. El desarrollo del software lo había supervisado un joven de Wall Street que había convencido al FBI de que le contratara, argumentando que la agencia tenía que aprender de empresas como Toyota y de métodos como la «producción ajustada»* y la «programación ágil».[6] Había prometido que Sentinel funcionaría en menos de dos años con unos cuantos ingenieros de software, y había cumplido su promesa.

Sentinel ya funcionaba. Ninguno de los que trabajaban en el caso Janssen estaba seguro de si iba a resultar de ayuda, pero estaban desesperados. Uno de los agentes empezó a introducir toda la información que habían recabado hasta entonces, y luego se sentó a ver si Sentinel escupía algo útil.

II

Cuando Rick Madrid se presentó a su entrevista de trabajo en la vieja planta de General Motors, llevaba gafas de sol de espejo, una camiseta de Iron Maiden y unos vaqueros recortados que una vez había descrito como «el mayor afrodisíaco del norte de California».[7]

---

* En inglés *lean manufacturing*. Sobre el uso de los términos *lean* y *agile* en este contexto, véase la nota 6. (*N. del T.*)

Corría el año 1984. Por cortesía hacia sus entrevistadores —y porque Madrid quería aquel trabajo—, se había peinado la barba y puesto desodorante. Sin embargo, no había llegado al extremo de llevar manga larga para cubrir sus tatuajes.[8]

Madrid conocía ya la planta de General Motors en Fremont, California, porque había trabajado allí hasta hacía dos años, cuando la empresa la había cerrado. Fremont tenía fama, tanto a escala local como nacional, de ser la peor fábrica de automóviles del mundo. Ocho horas al día durante veintisiete años, Madrid había montado llantas con una maza, había hecho proselitismo sobre las grandezas del Sindicato de Trabajadores de Automoción (UAW) y había servido rondas de «destornilladores mágicos», una mezcla de alto octanaje de vodka y zumo de naranja que vertía en vasos de plástico que encajaba en los chasis de los automóviles para que sus compañeros de trabajo pudieran compartirlos a medida que los vehículos avanzaban en la cadena de montaje. Las cintas transportadoras de Fremont se deslizaban siempre con suavidad, de manera que las bebidas casi nunca se derramaban. Las bolsas de hielo que metía en los maleteros de los vehículos a menudo deformaban el revestimiento, pero ese era un problema de quien comprara el coche. «El trabajo era una interrupción de mi tiempo libre —diría más tarde Madrid—. Yo estaba allí para ganar dinero. En realidad no me importaba ni la calidad del trabajo ni General Motors. Ellos solo querían sacar tantos coches como pudieran.»

Sin embargo, cuando Madrid se presentó a esa entrevista, sospechaba que aquella vez las cosas podían ser distintas. GM se había asociado con el fabricante de automóviles japonés Toyota a fin de reabrir la planta de Fremont.[9] Para Toyota, era una oportunidad de fabricar coches en territorio estadounidense y ampliar las ventas de la empresa en América. Para General Motors, era una oportunidad de aprender del célebre «Sistema de Producción Toyota», que en Japón estaba dando lugar a coches de muy alta calidad a muy bajo coste.[10] Un inconveniente de esta asociación empresarial era que el acuerdo de GM con el UAW establecía que al menos el 80 por ciento de los trabajadores que contratara la planta tenían que ser antiguos empleados despedidos dos años antes. De modo que Madrid y sus compañeros se presentaron, uno a uno, a su entrevista de trabajo en la New United Motor Manufacturing, Inc., o NUMMI.

Madrid suponía que era un buen candidato porque, la verdad sea dicha, su afición a la bebida en horas de trabajo no era nada en comparación con las payasadas de sus antiguos colegas. Sí, puede que se hubiera emborrachado y hubiera mantenido relaciones sexuales en el almacén donde guardaban los asientos de los Chevy, pero, a diferencia de muchos de sus compañeros de trabajo, él no esnifaba coca mientras montaba pastillas de freno ni fumaba hierba en pipas construidas con piezas de silenciador. No había sido cliente del aparcamiento de caravanas donde las prostitutas ofrecían sus servicios perfectamente sincronizados con las pausas laborales exigidas por el sindicato. Tampoco había saboteado nunca deliberadamente un vehículo como quienes metían botellas de whisky vacías y tornillos sueltos detrás de los paneles de las puertas para que se movieran de un lado a otro, chocando con estrépito una vez vendidos los coches.

Los saboteadores eran un ejemplo extremo de una guerra feroz que había arrasado la planta de Fremont en los días de GM, y en la que los trabajadores no excluían las tácticas sucias si creían que así se fortalecería la influencia de su sindicato. Los empleados sabían que, mientras mantuvieran la cadena de montaje en movimiento, no era probable que se castigara a nadie por mala conducta, por muy atroz que fuera lo que hicieran. Lo único que importaba realmente en GM era mantener el ritmo de producción. A veces los empleados detectaban fallos en los coches conforme avanzaban por la cinta transportadora, pero, en lugar de detenerla y solucionar el problema, marcaban el vehículo con un lápiz de cera o un pósit y dejaban que siguiera su camino. Al final había que llevarlos completamente montados a la parte trasera a fin de desmontarlos allí para reparar los fallos. En cierta ocasión, un trabajador había sufrido un infarto y caído en el foso cuando un coche pasaba por encima; todo el mundo esperó a que el vehículo atravesara lentamente el foso retumbando con estrépito antes de sacarlo. Todos conocían la ley fundamental de la planta: la cadena no se detiene.

La primera entrevista de Madrid tuvo lugar en una pequeña sala de conferencias. Al otro lado de la mesa se sentaban un representante del UAW, dos ejecutivos japoneses de Toyota y un gerente de GM. Todos intercambiaron cumplidos. Preguntaron a Madrid por su experiencia y le pusieron algunos problemas básicos de matemáticas y montaje para probar su conocimiento en la fabricación de automóviles. Le preguntaron si tenía la intención de beber mientras trabajaba. No —respondió él—, eso se había acabado. Fue una conversación relativamente breve. Entonces, cuando salía, uno de los japoneses le preguntó a Madrid qué le había disgustado en la planta cuando había trabajado allí.

Rick Madrid nunca había temido decir lo que pensaba. Contestó que no le había gustado trabajar en coches que sabía que tenían fallos, porque todo lo que él hacía luego habría de deshacerse para reparar el error. No le había gustado que sus sugerencias fueran siempre desatendidas por sus superiores. Una vez —explicó—, cuando se estaba instalando una nueva máquina de montaje de neumáticos, a él se le había ocurrido la idea de situar los mandos en un lugar distinto para acelerar el trabajo. Incluso fue a buscar a un ingeniero para mostrarle un diagrama de su idea. Pero cuando volvió de comer, la nueva máquina estaba montada con los mandos en su posición original. «Yo operaba desde el lado izquierdo de la máquina de neumáticos, pero todos los mandos estaban en el derecho —les dijo a los entrevistadores—. ¡Gracias a Dios que el ingeniero no construía puentes!»

Cuando la planta estaba controlada por GM, los trabajadores eran meros engranajes en una máquina, les explicó Madrid. «Solo estabas allí para obedecer», añadió. Nadie le preguntó nunca su opinión ni se interesó por lo que pensaba.

En el largo trayecto de vuelta a su casa, Madrid se daba de cabezazos por haber expresado todas aquellas frustraciones a sus entrevistadores. Realmente necesitaba el trabajo. Debería haberse quedado calladito.

Al cabo de unos días recibió la llamada. Los ejecutivos japoneses habían valorado su honestidad y le ofrecían trabajo. Primero, no obstante, tendría que ir a Japón dos semanas para aprender el Sistema de Producción Toyota. Dieciséis días después, NUMMI envió a Madrid y a unas dos docenas de trabajadores más a la planta de fabricación de automóviles de Takaoka, en las afueras de la ciudad japonesa de Toyota, en el que sería el primero de una serie de viajes que realizarían casi todos los empleados de la empresa. Cuando Madrid visitó la factoría japonesa, vio cadenas de montaje que le resultaron familiares y oyó los reconocibles silbidos y zumbidos de las herramientas neumáticas. ¿Por qué se habían tomado la molestia de enviarlo al otro extremo del mundo para formarle en una fábrica exactamente igual a la de casa? Tras un recorrido corto y una reunión de orientación, Madrid se dirigió a la fábrica y vio a un hombre que ponía tornillos en marcos de puertas, una y otra vez, con una pistola de aire comprimido. Madrid sabía que, a medida que cada coche siguiera su avance por la cadena, aquellos tornillos quedarían enterrados bajo capas de metal y plástico. Era exactamente igual que en California, salvo porque los letreros estaban en japonés y los lavabos, mucho más limpios.

En ese momento, el trabajador que manejaba la pistola neumática puso un tornillo en su sitio, aplicó su herramienta y sonó un desagradable chirrido. El tornillo no se había enroscado bien en el agujero —un error frecuente— y había quedado medio incrustado en el marco de la puerta. Madrid esperaba que el hombre señalara el defecto poniendo una marca en la puerta, como hacían ellos en GM, para que al final el coche se reparara en la parte trasera. El problema de ese sistema, no obstante, era que sustituir el tornillo requeriría desmontar la puerta, solventar el error y luego reconstruirlo todo. A raíz de ello, los embellecedores quedarían menos ajustados en el chasis. Quien comprara el coche al principio no lo notaría, pero al cabo de unos años la puerta empezaría a vibrar. Sería un vehículo de peor calidad.

Sin embargo, cuando chirrió el atornillador en la planta japonesa, ocurrió algo inesperado. El trabajador que había cometido el error alzó la cabeza y tiró de un cable colgante que encendió una luz giratoria amarilla. Entonces invirtió la dirección de su atornillador y sacó el tornillo del marco de la puerta, cogió otra herramienta y la utilizó para alisar los bordes del agujero. En ese momento llegó atropelladamente un gerente, se colocó detrás del trabajador y empezó a hacer preguntas. El trabajador no le prestó atención excepto para gritar unas cuantas órdenes; luego cogió otra herramienta y volvió a roscar el agujero. La cinta transportadora seguía moviéndose, pero el trabajador no había terminado su reparación. Cuando la puerta llegó al final de su sección, la cadena de montaje se detuvo. Madrid no tenía ni idea de lo que pasaba.

Llegó otro hombre, claramente un jefe de mayor rango. En lugar de gritar, preparó un nuevo tornillo y equipamiento en una bandeja, como una enfermera en un quirófano. El trabajador siguió dando órdenes a sus superiores. En Fremont, eso le habría valido un puñetazo. Allí, en cambio, no había gritos airados ni murmullos ansiosos. Los otros hombres de la cadena permanecían tranquilamente en sus puestos o verificando las piezas que acababan de instalar. Nadie parecía sorprendido por lo que ocurría. Entonces el trabajador acabó su roscado, puso un nuevo tornillo en la puerta y volvió a tirar del cable que pendía sobre su cabeza. La cadena de montaje empezó a moverse a la velocidad normal. Todo el mundo reanudó su trabajo.

«No me lo creía —diría Madrid—. En casa había visto a un tío caerse en el foso y no se había parado la cadena. Durante muchos años comprobé que la cadena no se detiene, pase lo que pase.» Le habían dicho que parar una cadena de montaje tenía un coste de 15.000 dólares por minuto. «Pero, para Toyota, la calidad estaba antes que los ingresos. Fue entonces cuando me di cuenta de que podemos hacerlo, podemos competir contra esos tíos aprendiendo lo que hacen ellos —explicaba Madrid—. Un tornillo, un tornillo cambió mi actitud. Sentí que por fin, por fin podía sentirme orgulloso de lo que hacía.»

Mientras proseguía su formación en Japón, Madrid se llevó también otras sorpresas. Un día siguió a un trabajador que, a mitad de turno, le dijo a un gerente que tenía una idea para una nueva herramienta que le ayudaría a instalar brazos de suspensión. El gerente se dirigió al taller de maquinaria y volvió al cabo de quince minutos con un prototipo. Luego el trabajador y el gerente se pasaron el resto de la jornada perfeccionando el modelo. A la mañana siguiente, todo el mundo tenía su propia versión de la herramienta esperándole en su sección.

Los instructores de Madrid le explicaron que el Sistema de Producción Toyota —que en Estados Unidos pasaría a conocerse como «producción ajustada» (*lean manufacturing*)— se basaba en desplazar la toma de decisiones al nivel más bajo posible. Los trabajadores de la cadena de montaje eran los que primero detectaban los problemas, quienes más de cerca veían los fallos técnicos que resultaban inevitables en cualquier proceso de fabricación. De modo que tenía sentido darles a ellos la mayor autoridad en la búsqueda de soluciones.

«Toda persona en una organización tiene derecho a ser el mayor experto en algo —me decía John Shook, que formó a Madrid como uno de los primeros empleados occidentales de Toyota—. Si yo monto silenciadores o soy recepcionista o conserje, sé más que nadie de sistemas de escape, de recepción de personas o de limpieza de oficinas, y es un derroche increíble que una empresa no aproveche ese conocimiento. Toyota odia el derroche. El sistema se creó para explotar la pericia de todo el mundo.»

Cuando Toyota propuso inicialmente esta filosofía de gestión a General Motors, los estadounidenses se rieron literalmente de su ingenuidad. Puede que ese planteamiento funcione en Japón, pero en California fracasaría, dijeron. A los trabajadores de la planta de Fremont les traía sin cuidado aportar su pericia; lo único que les importaba era trabajar lo menos posible.

«Pero solo podíamos aceptar la asociación si GM se comprometiera a probarlo —explicaba Shook—. Nuestra filosofía se basaba en la idea de que nadie fuera al trabajo con la idea de chupar del bote. Si pones a la gente en situación de tener éxito, lo tendrá.

»Lo que no dijimos era que, si no lográbamos determinar cómo exportar el Sistema de Producción Toyota, estábamos jodidos —añadió Shook—. La cultura de empresa es la base del éxito de Toyota, no los cables colgantes o los prototipos de herramientas. No teníamos ninguna otra idea más que exportar una cultura de la confianza. De modo que enviamos a todo el mundo a Estados Unidos y rezamos para que la cosa funcionara.»

En 1994, dos profesores de la Escuela de Negocios de Stanford empezaron a estudiar cómo se crea exactamente una atmósfera de confianza en el seno de una empresa. Durante años, estos profesores —James Baron y Michael Hannan— habían estado enseñando a sus alumnos que la cultura de una empresa importaba tanto como su estrategia. La forma en que trata a sus trabajadores era crucial para su éxito, decían. En particular, sostenían que en la mayoría de las empresas —independientemente de lo importante que fuera lo que producía o lo leales que fueran sus clientes— a la larga todo se venía abajo a menos que los empleados confiaran unos en otros.

De modo que cada año nuevos estudiantes pedían pruebas que respaldaran esas afirmaciones.

La verdad era que Baron y Hannan creían que sus aseveraciones eran ciertas, pero no tenían demasiados datos para respaldarlas. Los dos poseían formación como sociólogos y sabían de estudios que probaban la importancia de la cultura empresarial a la hora de hacer que los empleados estuvieran contentos, de contratar a nuevos trabajadores o de alentar un equilibrio saludable entre trabajo y vida. Pero había pocos trabajos que mostraran cómo la cultura de una empresa influía en su rentabilidad. De modo que en 1994 iniciaron un proyecto plurianual para ver si podían demostrar que su afirmación era correcta.[11]

Sin embargo, primero tenían que encontrar un sector industrial con muchas empresas de reciente creación cuya evolución pudieran seguir en el tiempo; se les ocurrió que la avalancha incesante de nuevas empresas en Silicon Valley podría ser la muestra perfecta. Por entonces internet estaba en los albores. La mayoría de la gente pensaba que el símbolo de la arroba «@» podía ignorarse perfectamente en el teclado y la pronunciación inglesa «gúgol» correspondía únicamente a un número del mismo nombre.*

«Nosotros no estábamos intrínsecamente interesados en la tecnología y no teníamos ni idea de que las empresas que estudiábamos serían tan importantes —explicaba Baron, que actualmente da clase en Yale—. Solo buscábamos empresas emergentes que estudiar, y cerca estaban creándose empresas tecnológicas, de modo que todas las mañanas comprábamos el *San Jose Mercury News* y hojeábamos sus páginas, y cada vez que se mencionaba una empresa recién creada poníamos a nuestro equipo a buscar un número de teléfono o una dirección de correo, y luego enviábamos a alguien a ver si el presidente quería responder a un cuestionario.»[12] Con el tiempo, como explicaban en un trabajo que redactaron más tarde, «sin ser conscientes de ello cuando iniciamos nuestro estudio en 1994-1995, reunimos la base de datos más exhaustiva hasta la fecha sobre las historias, estructuras y prácticas de recursos humanos de las empresas de alta tecnología de Silicon Valley, justo cuando la zona estaba a punto de vivir un boom económico y tecnológico de proporciones históricas». El proyecto acabó alargándose quince años y estudiando cerca de doscientas empresas.[13]

Sus cuestionarios analizaron casi todas las variables que podían influir en la cultura de una empresa emergente, entre ellas, cómo se contrataba a los empleados, cómo se entrevistaba a los aspirantes, cuánto cobraba la gente y a qué trabajadores decidían ascender o

---

* Un «gúgol» es un 1 seguido de cien ceros, o 10^{100}. La pronunciación del término en inglés (*googol*) coincide prácticamente con la de «Google». (*N. del T.*)

despedir los ejecutivos. Vieron a estudiantes que no habían ni acabado sus estudios en la universidad convertirse en multimillonarios, pero también estrellarse y quemarse a ejecutivos brillantes y ambiciosos.

A la larga reunieron suficientes datos[14] para concluir que la mayoría de las culturas de las empresas encajaban en una de cinco categorías.[15] Una de estas era una cultura a la que denominaron el modelo «estrella»: en esas empresas se contrataba a los ejecutivos en universidades de élite u otras empresas de éxito y se daba a los empleados mucha autonomía. Las oficinas disponían de elegantes cafeterías y se pagaban generosos incentivos. A los inversores en capital riesgo les gustaban las empresas del modelo estrella porque, según la opinión general, dar dinero a un grupo de élite siempre ha sido la apuesta más segura.

La segunda categoría era el modelo de «ingeniería»: en este tipo de empresas no había muchas estrellas individuales, pero eran los ingenieros, como grupo, los que predominaban. Prevalecía una mentalidad de ingeniería a la hora de resolver problemas o abordar decisiones de contratación. «Es la típica empresa emergente de Silicon Valley, con un puñado de programadores anónimos bebiendo refrescos delante de sus ordenadores —explicaba Baron—. Son jóvenes y están hambrientos, y podrían ser la siguiente generación

CULTURA «ESTRELLA»

de estrellas una vez prueben su valía, pero ahora mismo están concentrados en resolver problemas técnicos.» Las culturas centradas en la ingeniería son fuertes porque permiten a las empresas crecer con rapidez. «Piense en lo rápido que se expandió Facebook —decía Baron—. Cuando todos provienen de una formación y una mentalidad similares, puedes basarte en unas normas sociales comunes para mantener a todo el mundo en el mismo camino.»[16]

CULTURA DE INGENIERÍA

La tercera y cuarta categorías de empresas incluían las forjadas en torno a «burocracias» y las construidas como «autocracias». En el modelo burocrático, las culturas emergían a través de pobladas filas de mandos intermedios. Los ejecutivos redactaban largas descripciones de puestos de trabajo, organigramas y manuales para empleados. Todo se explicaba al detalle, y había rituales, como las reuniones semanales de todo el personal, para transmitir regularmente los valores de la empresa a sus trabajadores. La cultura autocrática es similar, salvo que todas las normas, descripciones de puestos de trabajo y organigramas apuntan en última instancia a los deseos y objetivos de una persona, normalmente el fundador o presidente. «Un presidente autocrático nos dijo que su modelo cultural era: "Tú trabajas. Haces lo que yo digo. Y cobras"», explicaba Baron.[17]

CULTURA
BUROCRÁTICA

CULTURA
AUTOCRÁTICA

La última categoría, a la que denominaron modelo de «compromiso», representaba un retroceso a una época en la que la gente trabajaba felizmente para la misma empresa durante toda la vida. «Los presidentes del modelo de compromiso dicen cosas tales como: "Quiero construir una empresa donde la gente solo se va cuando se jubila o se muere" —explicaba Baron—. Eso no significa necesariamente que la empresa sea torpe y pesada, pero sí implica una serie de valores que podrían priorizar un crecimiento lento y constante.» Algunos ejecutivos de Silicon Valley le dijeron a Baron que consideraban las empresas del modelo de compromiso obsoletas, vestigios de un paternalismo empresarial que había socavado sectores de la economía estadounidense como la industria fabril. Estas empresas dudaban más a la hora de despedir gente y solían contratar a profesionales de los recursos humanos cuando otras empresas emergentes utilizaban ese precioso dinero para reclutar a ingenieros o vendedores. «Los presidentes del modelo de compromiso creen que lograr la cultura adecuada es más importante al principio que diseñar el mejor producto», decía Baron.

CULTURA DE COMPROMISO

Durante la década siguiente, Baron y Hannan observaron de cerca qué empresas emergentes prosperaban y cuáles iban a trompicones. Alrededor de la mitad de las empresas que estudiaron siguieron funcionando al menos una década; algunas llegaron a contarse entre las firmas de más éxito del mundo.[18] El objetivo de Baron y Hannan era ver si determinadas culturas empresariales concretas tenían más probabilidades que otras de guardar una correlación con el éxito. Pero no estaban preparados para lo drásticamente que se revelaría el impacto de las culturas.[19] «Incluso en el acelerado mundo de las iniciativas empresariales de alta tecnología de Silicon Valley, los modelos de empleo de los fundadores ejercen importantes y duraderos efectos en el modo como sus empresas evolucionan y rinden», escribían los investigadores en 2002 en la revista *California*

Management Review.[20] El enorme impacto de las decisiones culturales «resulta evidente aun después de tener en cuenta muchos otros factores que cabría esperar que afecten al éxito o el fracaso de las jóvenes iniciativas tecnológicas, como la edad de la empresa, su tamaño, el acceso a capital riesgo, los cambios en la alta dirección y el contexto económico».

Tal como sospechaban Baron y Hannan, el modelo estrella estaba detrás de algunos de los mayores triunfadores del estudio. Resultó que poner a todas las personas más inteligentes en una misma habitación podía generar una enorme influencia y riqueza. Pero, de manera inesperada, las empresas del modelo estrella también mostraban cifras récord de fracasos. Como grupo, tenían menos probabilidades de llegar a una oferta pública de venta (OPV) que ninguna otra categoría, y a menudo eran pasto de rivalidades internas. Como sabe cualquiera que haya trabajado alguna vez en este tipo de empresas, en una firma que se centra en las estrellas las luchas internas suelen resultar más feroces, puesto que todo el mundo quiere ser la estrella de la empresa.

De hecho, cuando Baron y Hannan analizaron sus datos, se dieron cuenta de que la única cultura que salía triunfante siempre era la de compromiso. De manera aplastante, la cultura de compromiso superaba a los demás estilos de dirección en casi todos los aspectos significativos. «Ninguna de las empresas de compromiso que estudiamos fracasó —decía Baron—. Ninguna de ellas, lo que resulta asombroso por sí mismo. Pero eran también las empresas que salían antes a Bolsa, que tenían las mayores ratios de rentabilidad y que tendían a ser más ligeras, con menos mandos intermedios, porque, cuando eliges a tus empleados con calma, tienes tiempo para encontrar a gente que destaque en autonomía.» Los empleados de este modelo perdían menos tiempo en rivalidades internas porque todos estaban comprometidos con la empresa antes que con sus prioridades personales. Asimismo, en estas empresas de compromiso había tendencia a conocer a sus clientes mejor que otras y, en consecuencia, podían detectar antes las variaciones del mercado. «Pese a su ampliamente proclamada muerte en Silicon Valley a mediados de la década de 1990, al modelo de compromiso le va muy bien en nuestra muestra», escribían los investigadores.

«A los inversores en capital riesgo les gustan las empresas estrella porque, cuando inviertes en una cartera de empresas, lo único que necesitas son unos cuantos éxitos enormes —me decía Baron—. Pero si eres empresario y apuestas por solo una empresa, según los datos, te irá mucho mejor con una cultura centrada en el compromiso.»

Parecía que una de las razones del éxito de las culturas de compromiso era que surgía un sentimiento de confianza entre los trabajadores, los directivos y los clientes que alentaba a todo el mundo a esforzarse más y mantenerse unidos ante los reveses, inevitables en cualquier industria. La mayoría de las empresas de compromiso evitaban los despidos a menos que no hubiera otra opción, invertían mucho en formación y contaban con niveles más elevados de trabajo en equipo y seguridad psicológica. Puede que no tuvieran fastuosas cafeterías, pero ofrecían generosas bajas de maternidad, programas de guardería y opciones de teletrabajo. Estas iniciativas no resultaban inmediatamente rentables, pero se valoraba más que los empleados se sintieran contentos que lograr beneficios rápidos y, como resultado, los trabajadores tendían a rechazar empleos mejor pagados en empresas rivales. Y los clientes eran leales porque mantenían unas relaciones que se prolongaban por años. Las firmas de compromiso eludían uno de los mayores costes comerciales ocultos del mundo: los beneficios que se pierden cuando un empleado se lleva clientes o ideas a un competidor.

«Los buenos empleados son siempre el activo más difícil de encontrar —decía Baron—. Cuando todo el mundo quiere quedarse, cuentas con una ventaja bastante importante.»[21]

Lo primero que hizo Rick Madrid al volver a California fue contarle a todo el mundo lo que había visto en Japón. Habló de los cables colgantes, llamados «cables Andon», y de cómo los gerentes recibían órdenes de los trabajadores, y no al revés. Describió cómo vio que se paraban las cadenas de montaje porque algún mecánico decidía que necesitaba más tiempo para volver a atornillar una puerta. Declaró que en la planta de Fremont todo estaba a punto de cambiar ahora que se había hecho cargo NUMMI.

Sus amigos se mostraron escépticos: ya habían oído antes esa historia. GM solía decir que la empresa valoraba las aportaciones de los empleados... hasta que estos empezaban a recomendar cambios de los que la dirección no quería ni oír hablar. En las semanas previas a la apertura de la planta de NUMMI, los trabajadores de la fábrica se aseguraron de que la afiliación a su sindicato siguiera vigente y celebraron reuniones de cara a discutir tácticas para enfrentarse a la dirección si llegaba el caso. Votaron por crear una «caja de resistencia NUMMI» para pagar los gastos de los trabajadores si se declararan en huelga. Exigieron un sistema formal para formular quejas, lo que NUMMI aceptó de inmediato proporcionarles.

Luego, la dirección de NUMMI anunció la política de despidos de la empresa. «New United Motor Manufacturing, Inc., reconoce que la seguridad en el trabajo es esencial para el bienestar de un empleado —rezaba el acuerdo de la firma con el Sindicato de Trabajadores de Automoción—. La empresa acepta que no despedirá a empleados a menos que se vea obligada a hacerlo por graves condiciones económicas que amenacen su viabilidad a largo plazo.»[22] NUMMI prometía que reduciría el sueldo de los ejecutivos antes que despedir a trabajadores y que formaría a la gente para limpiar suelos, reparar máquinas o servir comidas en la cafetería a fin de preservar sus puestos de trabajo.[23] Toda queja o sugerencia de un empleado, por muy descabellada o cara que fuera, sería considerada, o bien se expondría públicamente una respuesta explicando por qué no se tenía en consideración. Se daba potestad a cada equipo para cambiar el planteamiento y el flujo de trabajo de su sección. Cualquiera, en cualquier momento, podía detener la cadena de montaje si detectaba un problema. Ningún fabricante de automóviles estadounidense había hecho nunca tal promesa pública de evitar despidos y responder a las quejas de los trabajadores.

Los trabajadores escépticos dijeron que tales promesas eran fáciles de hacer cuando la planta ni siquiera estaba en funcionamiento aún, pero aceptaron cooperar a regañadientes. La fábrica empezó a producir el modelo Chevy Nova el 10 de diciembre de 1984.

Rick Madrid fue asignado a un equipo que troquelaba capós y puertas a partir de gigantescas hojas de acero; de inmediato, se le hizo evidente que las cosas habían cambiado. Personas que antes solo se preocupaban de suscitar encuentros furtivos en el trastero, ahora tenían las manos quietas. Nadie bebía en el trabajo. La autocaravana no había vuelto al aparcamiento. La gente tenía miedo de arriesgarse: no querían tentar a la suerte. Esa vacilación, no obstante, también tenía consecuencias menos ventajosas. Nadie tiraba de los cables Andon ni hacía sugerencias porque nadie tenía el menor interés en costar a la fábrica 15.000 dólares por minuto. Nadie estaba seguro de que eso no le costara a él su trabajo.

Un mes después de la reapertura de la planta, Tetsuro Toyoda —el presidente de NUMMI, cuyo abuelo había fundado Toyota en 1933— fue a visitar la fábrica de Fremont. Entonces vio a un empleado esforzándose con denuedo por instalar un piloto trasero que había quedado encajado en el chasis en un ángulo incorrecto. Toyoda se acercó al trabajador y, leyendo el nombre cosido en su uniforme, le dijo:

—Joe, por favor, tire del cable.

—Puedo arreglarlo, señor —le respondió Joe.

—Joe, por favor, tire del cable.

Joe nunca había tirado del cable Andon. Tampoco nadie en su área. Desde la apertura de la planta, había ocurrido solo unas pocas veces, y una de ellas por accidente.

—Señor, puedo arreglarlo —repitió Joe, luchando frenéticamente por meter el piloto en su sitio.

El jefe de equipo de Joe estaba allí al lado. El jefe de este había estado siguiendo a Toyoda en su recorrido por toda la fábrica, de modo que también andaba por allí cerca. Cuando Joe alzó la vista, vio a media docena de los directivos principales de la planta observándole atentamente.

—Joe, por favor —repitió Toyoda.

Entonces se adelantó, tomó la mano de Joe con la suya, la guió hasta el cable Andon y ambos tiraron de él. Una luz intermitente empezó a girar. Cuando el chasis llegó al final de la sección de Joe sin que el piloto trasero estuviera correctamente colocado, la cadena se detuvo. Joe temblaba tanto que tenía que sujetar su palanqueta con las dos manos. Finalmente logró colocar el piloto en su posición y, tras mirar aterrorizado a sus jefes, alargó la mano y tiró del cable Andon, reanudando la marcha de la cadena.

Toyoda se volvió hacia Joe y le hizo una reverencia. Luego se puso a hablar en japonés.

—Joe, por favor, perdóneme —tradujo un lugarteniente—. No he sabido instruir a sus jefes sobre la importancia de ayudarle a tirar del cable si hay un problema. Usted es la parte más importante de esta planta. Solo usted puede hacer grande cada coche. Le prometo que haré cuanto pueda para no volver a fallarle.

A la hora de comer, todos los que estaban presentes en la fábrica ya se habían enterado de lo ocurrido. Al día siguiente los trabajadores tiraron de los cables Andon más de una docena de veces: la semana siguiente, más de dos docenas. Al cabo de un mes, la planta tenía una media de casi cien tirones diarios.

La importancia de los cables Andon, las sugerencias de los empleados y la disculpa de Toyoda residía en que demostraban que el destino de la empresa estaba en manos de sus empleados. «Había una auténtica dedicación a convencer a los empleados de que formaban parte de una familia —explicaba Joel Smith, representante del UAW en NUMMI—. Tenía que reforzarse sin parar, pero era real. Podíamos tener desacuerdos o ver las cosas de manera distinta, pero al final del día todos estábamos comprometidos con el éxito de los demás.»

«Si la gente hubiera empezado a tirar de los Andon sin ningún motivo, la planta se habría desmoronado», añadía Smith. Todo el mundo sabía que cada minuto que la cadena se detenía seguía costando miles de dólares, «y que cualquiera podía parar la cadena, en cualquier momento, sin ninguna penalización. Así que los empleados podrían haberla llevado a la quiebra si hubieran querido.

»Una vez que te delegan esa clase de autoridad, no puedes por menos que sentir cierta responsabilidad —añadía Smith—. Los trabajadores de rango más bajo no querían que NUMMI quebrara y tampoco lo quería la dirección, de modo que, de repente, todo el mundo estaba en el mismo lado de la mesa.» Y en la medida en que se potenció a los trabajadores para que tomaran más decisiones, su motivación se disparó como un cohete. Tal como Mauricio Delgado y el Cuerpo de Marines de Estados Unidos habían descubierto en otros ámbitos, cuando los trabajadores tuvieron mayor sensación de control, su dinamismo se acrecentó.

Pronto se corrió la voz del experimento de NUMMI. Cuando varios profesores de la Escuela de Negocios de Harvard visitaron la planta reabierta unos años después, vieron que los antiguos empleados de GM que antaño pasaban solo cuarenta y cinco segundos de cada minuto trabajando, ahora lo hacían una media de cincuenta y siete segundos por minuto. En 1986 «la productividad de NUMMI era mayor que la de cualquier otra instalación de GM y más del doble de la de su predecesora, GM-Fremont», escribían los investigadores de Harvard. El absentismo, que era del 25 por ciento en la época de GM, había bajado al 3 por ciento con NUMMI. No había niveles observables de abuso de sustancias, prostitución o sabotaje. El sistema formal de quejas casi nunca se utilizaba. La productividad de NUMMI era tan alta como la de las plantas de Japón, «aunque, como media, sus trabajadores eran diez años mayores y tenían mucha menos experiencia con el sistema de producción de Toyota», explicaban los investigadores.[24] En 1985 la revista *Car and Driver* publicó un artículo titulado «El infierno se congela»,* anunciando

---

* En inglés, *hell freezes over*, frase hecha que alude a algo extremadamente improbable y que, en ese sentido, podría traducirse en español por expresiones como «las ranas crían pelo» o «las vacas vuelan». (*N. del T.*)

los logros de NUMMI. La peor fábrica de automóviles sobre la faz de la tierra se había convertido en una de las plantas más productivas existentes, con los mismos trabajadores que antes.

Luego, cuatro años después de la apertura de NUMMI, la recesión golpeó a la industria del automóvil. La Bolsa se desmoronó. El paro iba en aumento. Las ventas de coches se desplomaron. Los directivos de NUMMI estimaron que tenían que reducir la producción en un 40 por ciento. «Todo el mundo decía que iba a haber despidos», explicaba Smith, el representante del UAW. Sin embargo, lo que se hizo fue reducir la paga de los 65 ejecutivos de mayor rango. En lugar de despedir a algunos trabajadores de la cadena de montaje, se los recolocó en labores de conserjería o jardinería, o fueron enviados a la sala de pintura para limpiar a fondo los conductos de ventilación. La empresa demostró que cumplía su compromiso.

«A partir de entonces, los trabajadores estuvieron dispuestos a hacer cualquier cosa por la empresa —relató Smith—. Ha habido cuatro bajadas de ventas distintas en treinta años, y en NUMMI no ha habido despidos ni una sola vez. Y en cada ocasión, cuando el negocio finalmente se ha recuperado, todo el mundo se ha esforzado aún más que antes.»

Rick Madrid se jubiló en 1992, después de casi cuatro décadas haciendo coches. Tres años más tarde, el Instituto Smithsoniano exhibió, entre otros objetos, la placa de identificación de Madrid y su sombrero en el marco de una exposición titulada *Un palacio de progreso* que se celebró el Museo Nacional de Historia Estadounidense. NUMMI —escribieron los conservadores— era un icono, una fábrica que había demostrado que era posible unir a trabajadores y directivos en torno a una causa común a través del compromiso mutuo y el poder compartido.[25]

Aun hoy, las escuelas de negocios y los líderes del mundo empresarial citan a NUMMI como ejemplo de lo que pueden lograr las organizaciones cuando predomina en ellas una cultura de compromiso. A partir de la fundación de NUMMI, los principios de la «producción ajustada» han ido infiltrándose en casi cada rincón del comercio estadounidense, desde Silicon Valley hasta Hollywood, incluso en la atención sanitaria. «Estoy realmente contento de haber terminado mis años como trabajador de la automoción en NUMMI —decía Madrid—. Pasé de estar deprimido, aburrido, de que la gente ni siquiera supiera que existía, a ver que J. D. Power* declaraba a NUMMI una planta de calidad superior.»

Tras la declaración de J. D. Power, los trabajadores de NUMMI celebraron una fiesta. «Y cuando hablé yo —explicaba Madrid—, dije: somos los mejores puñeteros trabajadores de automoción del mundo. No solo los trabajadores. No solo los directivos. Todos nosotros, juntos, somos los mejores, porque estamos unidos.»[26]

III

Seis años antes de que Frank Janssen fuera secuestrado, el FBI acudió a un ejecutivo de Wall Street de treinta y cuatro años para ver si estaba interesado en dirigir el desarrollo de los sistemas de tecnología de la agencia. Chad Fulgham nunca había trabajado para las fuerzas del orden. Su especialidad era desarrollar complejas redes informáticas para bancos de inversión como Lehman Brothers y JP Morgan Chase, de modo que se sorprendió cuando en 2008 lo llamaron del FBI para entrevistarlo.

Mejorar la tecnología de la agencia era desde hacía tiempo una prioridad de los funcionarios federales. Ya en 1997 los altos directivos del FBI habían prometido al Congreso estadounidense que pondrían a punto un sistema remodelado que vinculara las docenas de bases de datos internas y motores de análisis de la agencia. Esta red —dijeron los funcionarios— dotaría a los agentes de nuevas y poderosas herramientas para relacionar casos dispares. Pero cuando

---

* Firma especializada en los sondeos de satisfacción del cliente, calidad de producto y comportamiento del comprador para todo tipo de empresas. *(N. del T.)*

la agencia se puso en contacto con Fulgham once años después, el trabajo en dicho sistema, Sentinel, había costado ya 305 millones de dólares y no se le veía el final.[27] El FBI había contratado a un grupo externo para averiguar por qué se tardaba tanto, que había dicho que la agencia estaba tan empantanada por la burocracia y las diferentes prioridades contradictorias, que harían falta decenas de millones de dólares solo para volver a encarrilar el programa.

Entonces se pusieron en contacto con Fulgham para ver si encontraba una forma más barata de encarrilar las cosas. «Yo siempre había deseado en secreto trabajar para el FBI o la CIA —me dijo—. Así que, cuando me llamaron, especialmente con aquel enorme y peliagudo problema, era como si me ofrecieran el trabajo de mis sueños.»

Primero, no obstante, Fulgham tenía que convencer al FBI de que su enfoque era el correcto. Les explicó que su forma de dirección se inspiraba en ejemplos como NUMMI. En las dos décadas anteriores, a medida que el éxito de NUMMI se hacía más conocido, ejecutivos de otros sectores habían empezado a adaptar la filosofía del Sistema de Producción Toyota a sus empresas.[28] En 2001 un grupo de programadores informáticos se habían reunido en un refugio de esquí en Utah para redactar, con el título de «Manifiesto por el desarrollo ágil de software», una serie de principios que adaptaban los métodos de Toyota y la producción ajustada a la forma de desarrollar software.[29] La metodología ágil, como pasaría a conocerse, se basaba en la colaboración, las pruebas frecuentes y la iteración rápida, además de desplazar la toma de decisiones a quien estuviera más cerca de un problema. No tardó en revolucionar el desarrollo de software, y actualmente es la metodología estándar en muchas empresas tecnológicas.[30]

En el mundo del cine, el «método Pixar» se inspiró específicamente en las técnicas de dirección de Toyota y se hizo famoso por dotar de autoridad a los animadores de bajo nivel a la hora de tomar decisiones críticas. Cuando se pidió a la dirección de Pixar que se hiciera cargo de Disney Animation en 2008, se introdujo a los ejecutivos en lo que pasaría a conocerse como «Discurso Toyota», «en el que yo describía el compromiso del fabricante de automóviles de dar poder a sus empleados y dejar que las personas de la cadena de montaje tomaran decisiones cuando veían problemas —escribiría más tarde Ed Catmull, cofundador de Pixar—. Insistía en que nadie en Disney tenía que esperar a que le dieran permiso para encontrar soluciones. ¿Qué sentido tiene contratar a gente inteligente, preguntábamos, si no le das autoridad para arreglar lo que está roto?».[31]

En los hospitales, otorgar autoridad a las enfermeras y otras personas que no son médicos se conoce como «atención sanitaria ajustada».* Se trata de una filosofía de dirección y una «cultura en la que cualquiera puede, y de hecho debe, "parar la cadena", o detener el proceso de atención si cree que hay algo incorrecto», escribía en 2005 el director de un «hospital ajustado», el Centro Médico Virginia Mason, de Seattle.[32]

Estos planteamientos surgieron en diferentes ámbitos, pero tanto estas como otras adaptaciones de la producción ajustada compartían atributos básicos. Todos se consagraban a transferir la toma de decisiones a la persona que más cerca estuviera de un problema. Todos alentaban la colaboración permitiendo a los equipos autogestionarse y autoorganizarse. Insistían en especial en una cultura de compromiso y confianza.

Fulgham pensaba que los esfuerzos tecnológicos del FBI solo podían tener éxito si la agencia adoptaba un planteamiento similar. Los funcionarios del FBI tenían que comprometerse a distribuir la toma de decisiones críticas a las personas que estaban sobre el terreno, como humildes ingenieros de software o agentes de campo, explicaba. Este enfoque suponía un cambio significativo porque previamente los ejecutivos de la agencia —recelosos unos de otros y presas de las luchas de poder internas— habían empezado diseñando los nuevos sistemas tecnológicos perfilando las miles de es-

* En inglés *lean healthcare*. Véase la nota 6 sobre el uso de los términos «*lean*» y «*agile*». (*N. del T.*)

pecificaciones que tenía que satisfacer cada pieza de software. Los comités llenaban cientos de páginas con normas del funcionamiento de las bases de datos. Cualquier cambio importante requería la aprobación de numerosos funcionarios. El sistema era tan disfuncional que a veces los equipos de desarrollo de software pasaban meses para crear un programa que al final, una vez terminado, se cancelaba. Y los resultados también solían ser disfuncionales. Así, por ejemplo, cuando Fulgham pidió que le hicieran una demostración del trabajo hecho con Sentinel hasta el momento, un ingeniero lo condujo ante una pantalla de ordenador y le invitó a introducir algunas palabras clave, como el alias de un delincuente y una dirección asociada a un delito.

—En quince minutos tendremos un informe de casos anteriores vinculados a esa dirección y a ese nombre —le explicó el ingeniero.

—Las personas a las que voy a informar llevan armas, ¿y quiere que les diga que el ordenador va a tardar quince minutos en servirles de algo? —le preguntó Fulgham.

Un informe de 2010 del inspector general del Departamento de Justicia estadounidense había declarado que harían falta otros seis años y 396 millones de dólares para que Sentinel funcionara.[33] Fulgham le dijo al director de la agencia que, si le daban autoridad para distribuir el control, reduciría el número de empleados necesarios de más de cuatrocientos a solo treinta, y tendría a punto Sentinel por 20 millones de dólares en poco más de un año. Poco después Fulgham y un equipo de ingenieros de software y agentes del FBI se recluían en los sótanos del cuartel general del FBI en Washington. Las únicas normas —les dijo Fulgham— eran que todo el mundo tenía que hacer sugerencias, cualquiera podía pedir tiempo muerto si creía que un proyecto estaba yendo en la dirección incorrecta y la persona más cercana a un problema tenía la responsabilidad de determinar cómo resolverlo.

Fulgham creía que el principal problema de Sentinel era que el FBI —como muchas grandes organizaciones— había tratado de planificarlo todo por adelantado.[34] Pero crear un gran software requiere flexibilidad. Los problemas aparecen inesperadamente y los grandes avances son imprevisibles. Lo cierto era que nadie sabía bien cómo usarían Sentinel los agentes del FBI una vez que se pusiera en funcionamiento, o cómo tendría que cambiar a medida que las técnicas de la lucha contra el crimen evolucionaran. De manera que, en lugar de prediseñar meticulosamente cada interfaz y sistema —en lugar de tratar de controlarlo desde arriba—, tenían que hacer de Sentinel una herramienta capaz de adaptarse a las necesidades de los agentes. Y Fulgham estaba convencido de que la única forma de conseguirlo era que los programadores se liberaran de restricciones.[35]

El equipo de Fulgham empezó proponiendo más de un millar de escenarios en los que Sentinel podía resultar útil, desde la introducción de declaraciones de víctimas hasta el seguimiento de pruebas, pasando por la interconexión con las bases de datos del FBI para buscar patrones en las pistas. Luego empezaron a trabajar en sentido inverso para determinar qué tipo de software debería acomodarse a cada necesidad. Todas las mañanas celebraban una reunión «vertical» —reuniones en las que todo el mundo permanecía de pie en pos de la brevedad—, donde se explicaba el trabajo realizado el día anterior y lo que esperaban lograr en las veinticuatro horas siguientes. Quien fuera la persona más cercana a un determinado problema o una porción de código concreta se lo consideraba el experto en ese tema, pero cualquier programador o agente, con independencia de su rango, era libre de hacer sugerencias. En cierta ocasión, un programador y un agente de campo, después de una tormenta de ideas, sugirieron que parte de Sentinel se inspirara en TurboTax, el popular software financiero que reducía miles de páginas de complicadas leyes tributarias a una serie de cuestiones básicas. «La idea era básicamente "Investigaciones y justicia para *dummies*" —explicaba Fulgham—. Era absolutamente inteligente.»

En el antiguo sistema, obtener aprobación para una sugerencia como aquella habría llevado más de seis meses y requerido docenas de memorandos, cada uno de ellos meticulosamente depurado de cualquier mención al TurboTax o de cualquier indicación de que los programadores tenían la intención de simplificar procedimientos federales. A nadie le habría gustado que un abogado o un periodista con demasiada iniciativa le echaran la zarpa a algo que se servía de un lenguaje sencillo para explicar cómo funcionaba el sistema. Bajo la dirección de Fulgham, en cambio, esa burocracia no existía. El programador y el agente mencionaron la idea un lunes, el miércoles tuvieron listo un prototipo y el viernes todos acordaron seguir con ese enfoque. «Era como un gobierno con esteroides, hinchado», decía Fulgham.

Cada dos semanas, el equipo hacía una demostración de su trabajo ante una amplia audiencia de funcionarios de alto rango que luego opinaban. El director de la agencia había prohibido a todo el mundo tratar de controlar los detalles o formular exigencias. Como mucho, los jefes de sección podían dar sugerencias, cada una de las cuales era catalogada y evaluada por la persona más cercana a aquella porción de código. Poco a poco, el equipo de Sentinel se fue volviendo más audaz y ambicioso, no limitándose únicamente a crear sistemas de archivado, sino conectando asimismo Sentinel con herramientas capaces de identificar tendencias y amenazas y de establecer comparaciones entre casos. Para cuando terminaron, Sentinel era el núcleo de un sistema tan potente que podía examinar millones de investigaciones a la vez y detectar patrones que habían pasado inadvertidos a los agentes. El software entró en funcionamiento dieciséis meses después de que Fulgham asumiera el mando. «El despliegue de la aplicación Sentinel en julio de 2012 representó un momento crucial para el FBI», manifestarían más tarde en la agencia. Solo en su primer mes, lo usaron más de treinta mil agentes. Desde entonces se le ha atribuido el mérito de haber contribuido a resolver miles de crímenes.[36]

En NUMMI, descentralizar la toma de decisiones ayudó a inspirar a los trabajadores. En el FBI cumplió un papel distinto. La dirección ajustada (*lean management*) y los métodos ágiles ayudaron a alimentar las ambiciones y la capacidad de innovación de unos jóvenes programadores previamente vencidos por la burocracia. Les dio alas para encontrar soluciones en las que nadie había pensado. Los convenció para ir a por todas porque sabían que no serían sancionados si se equivocaban alguna vez.

«El efecto de Sentinel en el FBI ha sido espectacular —escribía Jeff Sutherland, uno de los autores del Manifiesto Ágil, en un estudio sobre el desarrollo de este sistema publicado en 2014—. La capacidad de comunicar y compartir información ha cambiado de manera fundamental lo que somos capaces de hacer.»[37]

Pero aún más importante es el modo como dicho sistema logró servir de fuente de inspiración a la agencia y sus directores. «La experiencia de Sentinel nos enseñó mucho acerca del potencial que aflora cuando das más autoridad a la gente —me contaba Jeff Johnson, actual director de tecnología del FBI—. Vimos hasta qué punto se apasionan más las personas. Si piensas en algunos de nuestros casos recientes (el secuestro de Carolina del Norte, situaciones de rescate de rehenes, investigaciones sobre terrorismo), en tales situaciones hemos aprendido que es crucial que los agentes sientan que pueden decidir con independencia.

»Pero potenciar a la gente en una agencia de este tamaño resulta muy difícil —añadía Johnson—. Ese era uno de los problemas antes del 11-S: la gente no se sentía recompensada por pensar de forma independiente. Entonces observas el desarrollo de Sentinel y te das cuenta de cuánto puede hacerse.»

IV

Cuando los agentes que trabajaban en el caso del secuestro de Frank Janssen introdujeron en Sentinel los datos obtenidos, el software y las bases de datos conectadas a él empezaron a buscar patrones y pistas. Los agentes habían metido los números de móvil recopilados por el FBI, las direcciones a las que se habían desplazado los investigadores y los alias usados por los secuestradores en las llamadas interceptadas. Otros agentes introdujeron los nombres de las personas que habían visitado a Kelvin Melton en la cárcel, los números de matrícula captados por las cámaras en las inmediaciones de casa de Janssen y las transacciones con tarjetas de crédito hechas en las tiendas donde compraron los móviles desechables. Cada detalle se introdujo en el sistema con la esperanza de que apareciera una conexión.

A la larga, las bases de datos de la agencia detectaron una coincidencia: el teléfono desde el que se habían enviado fotos de Janssen a su esposa era también desde el cual se había hecho una llamada a Austell, Georgia, una pequeña población a las afueras de Atlanta. Los ordenadores del FBI habían examinado millones de historiales de otros casos y encontrado un caso vinculado a Austell.

Un año antes, en marzo de 2013, un confidente había dado a los agentes la dirección de un apartamento en Austell, asegurándoles que un grupo de delincuentes lo usaba como piso franco. Aquel mismo confidente, en otro momento, había mencionado también al jefe de una banda que estaba en prisión y que se había «encargado de la fiscal del distrito que lo había procesado». El FBI consideró que se refería a Kelvin Melton, el hombre que presuntamente había planeado el secuestro de Janssen.

En el momento en que aquellas conversaciones tuvieron lugar nadie en el FBI sabía de qué hablaba el confidente (Janssen no sería secuestrado hasta un año después). Y desde entonces nadie había vuelto a pensar en ello. Los agentes que habían entrevistado al confidente ni siquiera estaban en el equipo que buscaba a Janssen.

Pero ahora los ordenadores conectados a Sentinel dieron con un vínculo: un confidente había mencionado a alguien que encajaba en la descripción de Kelvin Melton, el presunto responsable del secuestro. El confidente también había mencionado un apartamento en Austell; un apartamento al que, según acababa de revelar el sistema, uno de los secuestradores podía haber llamado por teléfono.

Alguien tenía que ir a aquel apartamento.

El problema era que solo se trataba de una más entre las docenas de pistas que seguían los investigadores. Asimismo, había antiguos compinches de Melton a quienes localizar, visitantes de la cárcel a los que observar, antiguas novias que podían estar involucradas... De hecho, había demasiadas pistas potenciales para que los agentes las siguieran todas. El FBI tenía que establecer prioridades, y no estaba claro que seguir la pista de una conversación de doce meses antes fuera emplear bien el tiempo.

En los últimos años, no obstante, en la medida en que el éxito de Sentinel había ido llamando cada vez más la atención en el seno del FBI, los funcionarios se habían comprometido con el uso de técnicas ajustadas y ágiles en toda la agencia. Tanto los mandos como los agentes de campo habían adoptado la filosofía de que se debía dotar de autoridad a la persona más cercana a una cuestión para responder a ella. El director del FBI, Robert Mueller, había puesto en marcha una serie de iniciativas —el Sistema de Gestión de Estrategia, el Programa de Desarrollo de Liderazgo, los Equipos de Ejecución Estratégica— diseñadas para provocar (como declaró en el Congreso estadounidense en 2013) «un cambio de paradigma en la mentalidad del FBI».[38] Un objetivo concreto era alentar a los agentes de bajo rango a tomar decisiones independientes sobre las pistas que deberían seguir, en lugar de esperar órdenes de sus superiores. Cualquier agente podía seguir una pista si creía que se estaba pasando algo por alto. Era como tirar del cable Andon, pero en la versión de las fuerzas del orden. «Es un cambio crucial —afirmaba Jeff Johnson, director de tecnología del FBI—. Hay que dotar a las personas más cercanas a la investigación de autoridad para decidir cómo emplean su tiempo.» Sentinel no fue la única influencia subyacente a este cambio, pero sí aceleró la adopción de una filosofía ágil en la agencia. «Hoy la mentalidad básica del FBI es ágil —me decía Fulgham—. La consolidó el éxito de Sentinel.»

Los investigadores del caso Janssen tenían docenas de pistas entre las que elegir, pero, por otra parte, se alentaba a los agentes de bajo rango a tomar decisiones por sí mismos. Así que dos de ellos decidieron ir al apartamento mencionado por el confidente más de un año antes.

Cuando llegaron, se enteraron de que allí vivía una mujer llamada Tianna Brooks. No se encontraba en casa, pero sí estaban sus dos hijos pequeños, solos, sin nadie que los vigilara. Los agentes llamaron al servicio de protección a la infancia y, una vez que los trabajadores sociales se hubieron llevado a los niños, fueron a hablar con los vecinos y les preguntaron adónde había ido Brooks. Nadie lo sabía, pero alguien dijo que Brooks había recibido la visita de dos hombres que andaban por allí cerca. Los agentes los encontraron e interrogaron. Pero respondieron que no sabían nada de Brooks ni de ningún secuestro.

A las 23.33 entró una llamada en uno de los numerosos teléfonos que el FBI había vinculado a los secuestradores y que, debido a ello, estaban bajo vigilancia.

—¡Se han llevado a mis hijos! —exclamó una voz de mujer.

Se informó de la llamada a los agentes de Austell, quienes empezaron a interrogar a sus dos sospechosos de forma más contundente. Les señalaron que primero ellos habían ido a ver a Tianna Brooks y ahora el FBI había interceptado una llamada telefónica de una mujer presa del pánico —posiblemente la propia Brooks— diciendo que el FBI tenía a sus hijos.

En otras palabras, los dos sospechosos habían visitado recientemente a alguien a quien podía relacionarse con un secuestro.

¿Querían añadir algo al respecto?

Uno de ellos mencionó un apartamento en Atlanta.

Los agentes informaron por radio a sus colegas del centro de mando de secuestros, y unos minutos antes de la medianoche los camiones del SWAT llegaban al complejo de apartamentos de Atlanta referido por los sospechosos. Los agentes saltaron de los vehículos y corrieron entre los edificios destartalados. Luego, se detuvieron ante una casa y derribaron la puerta de hierro forjado. Dentro había dos hombres sentados en unas sillas, a los que pillaron completamente desprevenidos a pesar de que tenían pistolas al alcance de la mano. También hallaron cuerdas, una pala y varias botellas de lejía. Los hombres habían utilizado recientemente sus teléfonos para enviar mensajes relacionados con deshacerse de un cadáver. «Coged lejía y echadla en las paredes —les había ordenado alguien—. Hacedlo quizá en el armario.»

Un agente con equipo antidisturbios irrumpió en una habitación y rompió todas las puertas. Dentro de un armario encontró a Frank Janssen atado a una silla, inconsciente y todavía con el rostro ensangrentado debido a los culatazos de los atacantes. Llevaba ya seis días desaparecido y estaba gravemente deshidratado. La policía lo liberó y sacó del apartamento, mientras los secuestradores yacían en el suelo con las manos esposadas a la espalda. Tras subirlo a una ambulancia, lo trasladaron con urgencia al hospital. Cuando su esposa lo vio se puso a sollozar: en casi una semana nadie había sabido si estaba vivo o muerto, y ahora estaba allí, sin heridas graves más allá de algunos cortes y magulladuras. Dos días después le dieron el alta, pues estaba en perfecto estado de salud.

El gran avance en el caso Janssen no se debió simplemente a que los sistemas informáticos del FBI hubieran atado cabos entre su secuestro y una antigua entrevista con un confidente, aparentemente sin relación alguna. Janssen fue rescatado más bien porque cientos de personas entregadas trabajaron ininterrumpidamente para seguir docenas de pistas y porque una mentalidad ágil dotó a los agentes de bajo rango de autoridad para tomar decisiones independientes y seguir las pistas que para ellos tenían sentido.

«Los agentes aprenden a investigar siguiendo su intuición y descubriendo que pueden cambiar de rumbo si aparecen nuevas pruebas —me explicaba Fulgham—. Pero para liberar esos instintos, la dirección tiene que dotarles de autoridad. Debe haber un sistema en vigor que te permita confiar en que puedes elegir la solución que crees que es mejor y en que tus jefes se comprometen a apoyarte si asumes un riesgo que podría no dar resultado. De ahí que la agencia haya adoptado [la metología] ágil. Eso dice quiénes son.»

Esta, en última instancia, es una de las lecciones más importantes de las empresas como NUMMI y de las filosofías ajustada y ágil: los empleados trabajan mejor y de forma más inteligente cuando creen que tienen más autoridad para tomar decisiones y cuando consideran que sus colegas están comprometidos con su éxito. La sensación de control puede alentar la motivación, pero, para que ese impulso genere ideas e innovaciones, las personas tienen que saber que sus sugerencias no serán pasadas por alto y que no les echarán en cara sus errores. Y sentirse respaldadas por los demás.

La descentralización de la toma de decisiones puede convertir a cualquiera en un experto; pero si no hay confianza, si los empleados de NUMMI no creen que la dirección está comprometida con ellos, si no se confía en los programadores del FBI a la hora de resolver problemas, si no se alienta a los agentes a seguir una corazonada sin temor a amonestaciones, las organizaciones pierden acceso a la inmensa pericia que cada uno de nosotros llevamos dentro. Cuando se permite a las personas detener la cadena de montaje, reorientar un enorme proyecto de software o seguir su propio instinto, estas asumen la responsabilidad de asegurarse de que la empresa tendrá éxito.

Una cultura de compromiso y confianza no es una panacea. No garantiza que un producto se venda o que una idea dé fruto. Pero es la mejor opción para garantizar que se dan las condiciones adecuadas cuando se presenta una gran idea.

Dicho esto, hay buenas razones por las que las empresas no descentralizan la autoridad. Limitar el poder solo a unas pocas manos obedece a una lógica muy poderosa. En NUMMI, un pequeño grupo de trabajadores descontentos podrían haber llevado la empresa a la bancarrota tirando innecesariamente del cable Andon. En el FBI, un programador confundido podría haber creado el sistema informático equivocado, o un agente seguido una corazonada errónea. Pero, al final, las recompensas de las culturas de autonomía y compromiso superan sus costes. La peor equivocación es que no exista nunca una oportunidad para que un empleado cometa un error.

Unas semanas después de su rescate, Frank Janssen envió una carta de agradecimiento a los agentes que lo liberaron. «Nunca he experimentado una mayor alegría, alivio y libertad que en aquel momento milagroso en que oí la voz firme de un soldado estadounidense diciendo: "Señor Janssen, estamos aquí para llevarle a casa" —escribía—. A pesar de la pesadilla que he vivido, el hecho de que esté escribiendo esta carta en la comodidad de mi hogar da testimonio de las muchas cosas maravillosas que hicieron muchas personas maravillosas.» Que lo secuestraran había sido una calamidad —añadía Janssen— y que lo salvaran, un testimonio del compromiso del FBI.

6

Toma de decisiones

Pronosticar el futuro (y ganar al póquer) con la psicología bayesiana

El que ha repartido las cartas observa a Annie Duke esperando a que diga algo. En el centro de la mesa hay una pila de fichas por valor de 450.000 dólares y alrededor nueve de los mejores jugadores de póquer del mundo —todos hombres, excepto Annie— aguardando con impaciencia a que ella haga su apuesta.[1] Es el Torneo de Campeones 2004, una competición televisada con dos millones de dólares para el ganador. No hay premio para quien quede en segundo lugar.[2]

El que reparte todavía no ha sacado las cartas comunes,* y Annie esconde una pareja de dieces. Tiene una buena mano, tan buena que ya ha puesto la mayoría de sus fichas en el bote. Ahora ha de decidir si quiere apostarlas. Todos los demás jugadores han abandonado, excepto uno: Greg Raymer, alias *FossilMan*, un orondo caballero de Connecticut que lleva trozos de corteza petrificada en los bolsillos y gafas de sol con ojos de lagarto holográficos.

Annie no sabe qué cartas guarda FossilMan. Hasta hace unos segundos, basándose en cómo se desarrollaban las cosas, ella calculaba que ganaría esta mano.[3] Pero de repente FossilMan lo ha apos-

---

* En algunas variantes del póquer, cartas que se colocan boca arriba y que comparten todos los jugadores según determinadas reglas. *(N. del T.)*

tado todo y ha frustrado sus planes. ¿Acaso ha estado jugando con ella todo el rato? ¿La ha engatusado para hacer apuestas cada vez mayores aguardando el momento de saltar sobre ella? ¿O está tratando de asustarla con una apuesta tan grande creyendo que así le pondrá los pelos de punta y la hará retirarse?

Todo el mundo observa fijamente a Annie. Ella no sabe qué hacer.

Podría abandonar. Pero significaría renunciar a las decenas de miles de dólares que ha gastado para acceder a esa mesa, a todos los progresos hechos en las nueve últimas horas, a todo lo que se ha esforzado tanto en ganar.

O bien podría igualar la apuesta y jugárselo todo. Si pierde, quedará eliminada del torneo. Pero si le sale bien y gana esta mano, pasará a encabezarlo y estará un paso más cerca de poder pagar la escuela de sus hijos y su hipoteca, por no hablar de su complicado divorcio y de todas las incertidumbres que le provocan dolor de estómago por las noches.

Observa de nuevo la montaña de fichas sobre la mesa y siente un nudo en la garganta. Toda su vida ha sufrido ataques de pánico, crisis nerviosas tan severas que solía encerrarse en su apartamento negándose a salir. Hace veinte años, durante su segundo curso en la Universidad de Columbia, llegó a sentir tal ansiedad que se dirigió a un hospital y pidió que la ingresaran, y allí permaneció dos semanas.

Transcurren cuarenta y cinco segundos mientras Annie trata de decidirse.

—Lo siento mucho —se excusa—. Sé que estoy tardando mucho. Es una decisión muy difícil.

Annie se centra en su pareja de dieces. Piensa en lo que sabe y en lo que ignora. Lo que a ella le gusta del póquer son las certezas. El truco del juego consiste en hacer predicciones, imaginando futuros alternativos y luego calculando cuáles tienen más probabilidades de materializarse. La estadística hace que Annie sienta que tiene el control. Puede que no sepa exactamente qué pasará, pero sí conoce las probabilidades exactas de acertar o equivocarse. La mesa de póquer la templa.

Pero ahora FossilMan ha acabado con esa serenidad haciendo una apuesta que no encaja con ninguno de los escenarios en los que piensa Annie. Y ella no tiene ni idea de cómo calibrar lo que es más probable que suceda. Está bloqueada.

—Lo siento de veras —repite—. Solo necesito un segundo más.

Muchas tardes, durante la infancia de Annie, su madre se sentaba a la mesa de la cocina con una cajetilla de cigarrillos, un vaso de whisky escocés y una baraja de cartas, y jugaba una mano tras otra al solitario hasta que el alcohol se acababa y el cenicero se llenaba. Luego iba tambaleándose hasta el sofá y se quedaba dormida.

El padre de Annie era profesor de inglés en la St. Paul's School de New Hampshire, un internado para jóvenes vástagos de senadores y presidentes de empresa. Su familia vivía en una casa adosada a uno de los dormitorios de los estudiantes, de manera que, cada vez que sus padres discutían por la afición a la bebida de su madre o la falta de dinero de su padre —cosa que hacían con frecuencia—, Annie sabía que sus compañeros de clase lo oían. Solía sentirse como una paria en la escuela: demasiado pobre para pasar las vacaciones con los niños ricos, demasiado inteligente para conectar con las chicas populares, demasiado inquieta para sentirse cómoda entre los hippies y demasiado interesada en las matemáticas y la ciencia para el consejo estudiantil. Para Annie, la clave de la supervivencia en la cambiante tectónica de la popularidad adolescente fue aprender a pronosticar. Si predecía el capital social estudiantil que subía o bajaba, le resultaba más fácil evitar las luchas internas. Si predecía cuándo discutían sus padres o su madre bebía, podía saber cuándo invitar tranquilamente a casa a compañeros de clase.

«Cuando uno de tus padres es alcohólico, pasas mucho tiempo pensando en lo que sucederá —me explicaba Annie—. Nunca das por sentado que cenarás o que alguien te dirá cuándo acostarte. Siempre esperas que todo se venga abajo.»

Tras graduarse en secundaria, Annie fue a la Universidad de Columbia, donde no tardó en descubrir el departamento de psicología. Ahí estaba, por fin, lo que había estado buscando. Había clases que reducían el comportamiento humano a normas y fórmulas sociales comprensibles; profesores que disertaban sobre las diferentes categorías de personalidad y acerca de por qué surgen inquietudes; estudios sobre el impacto de tener un progenitor alcohólico. Le pareció que empezaba a entender por qué a veces sufría ataques de pánico, por qué de vez en cuando le resultaba imposible levantarse de la cama, por qué le asaltaba ese temor de que en cualquier momento pudiera suceder algo malo.

Por entonces la psicología estaba experimentando una transformación debida a una serie de descubrimientos en las ciencias cognitivas que aportaban rigor científico a la comprensión de determinadas conductas que durante largo tiempo habían permanecido inmunes al análisis metódico. Psicólogos y economistas colaboraban para entender los códigos que explican por qué la gente hace lo que hace. Parte de la investigación más apasionante —un trabajo que a la larga merecería un Premio Nobel— se centraba en estudiar cómo tomamos decisiones.[4] ¿Por qué —se preguntaban los investigadores— algunas personas deciden tener hijos cuando los costes derivados, en términos de dinero y trabajo duro, son tan evidentes, mientras que los beneficios, como el amor y la satisfacción, resultan tan difíciles de calcular? ¿Cómo es que la gente decide enviar a sus hijos a caras escuelas privadas antes que a otras públicas gratuitas? ¿Por qué alguien decide casarse después de dedicarse a ligar durante años?

Muchas de las decisiones más importantes que tomamos son, de hecho, intentos de pronosticar el futuro. Cuando enviamos a un hijo a una escuela privada, en parte apostamos a que el dinero gastado hoy en educación producirá felicidad y oportunidades futuras. Cuando decidimos tener un bebé, pronosticamos que la alegría de ser padres pesará más que el coste de las noches en vela. Cuando decidimos casarnos —aunque pueda parecer muy poco romántico—, en cierto plano estamos calculando que los beneficios de sentar la cabeza son mayores que la oportunidad de esperar a ver quién más puede aparecer. Una buena toma de decisiones depende de la capacidad básica de prever qué pasará a continuación.

Lo que fascinaba a psicólogos y economistas era la frecuencia con la que la gente, en el curso de su cotidianidad, era capaz de elegir entre diversos futuros distintos sin quedarse paralizada por las complejidades de cada opción. Es más: parecía que algunas personas estaban mejor dotadas que otras para prever varios futuros y elegir los que más le convenían. ¿Por qué algunas personas eran capaces de tomar decisiones mejores?

Cuando Annie se licenció, se matriculó en un programa de doctorado en psicología cognitiva en la Universidad de Pennsylvania y empezó a acumular becas y publicaciones. Tras cinco años de trabajo duro y un fructífero historial de artículos y premios, a solo unos meses de sacarse el doctorado, le invitaron a dar una serie de «charlas sobre empleo» en varias universidades. Si lo hacía bien, tenía prácticamente garantizada una prestigiosa cátedra.

La noche antes de su primera charla, en la Universidad de Nueva York, cogió el tren en dirección a Manhattan. Llevaba toda la semana angustiada. En la cena empezó a vomitar. Esperó una hora, se bebió un vaso de agua y vomitó de nuevo. No lograba aplacar su angustia. No podía dejar de pensar que se equivocaba, que ella no quería ser catedrática, que solo estaba haciéndolo porque le parecía el camino más seguro, más predecible. Entonces llamó a la Universidad de Nueva York y pospuso su charla. Luego su novio fue a Manhattan y se la llevó de regreso a Filadelfia, donde ingresó en un hospital. Le dieron el alta al cabo de unas semanas, pero aun entonces la angustia era como una piedra caliente en el estómago. Del hospital fue directa a un aula de la Universidad de Pennsylvania donde se suponía que tenía que dar clase, y de algún modo lo logró, pero con tantas náuseas y nervios que casi se desmaya. Entonces se dijo que no podía volver a impartir clases. No podía dar charlas sobre empleo. No podía ser catedrática.

Metió su investigación en el maletero de su coche, envió una nota a sus profesores diciendo que por un tiempo iba a ser difícil de localizar y se dirigió hacia el oeste. Su novio había encontrado una casa por 11.000 dólares a las afueras de Billings, en Montana. Al llegar, Annie concluyó que, aun a ese precio, habían pagado demasiado, pero en aquel momento estaba demasiado exhausta para reaccionar. Metió todo el material de su tesis doctoral en el armario y se arrellanó en el sofá. Su único objetivo era pensar lo menos posible.

Semanas después, su hermano, Howard Lederer, la llamó para invitarla a pasar unas vacaciones en Las Vegas. Howard era jugador de póquer profesional y, desde hacía unos años, cada primavera le pagaba el avión a Annie para que ella pudiera relajarse junto a la piscina del casino hotel Golden Nugget mientras él jugaba en un torneo. Cuando ella se aburría, deambulaba por el casino para verlo competir, o bien jugaba ella también unas manos de póquer. Pero ese año, cuando él la llamó, Annie le dijo que se sentía demasiado enferma para viajar.

Howard se inquietó. A Annie le encantaba Las Vegas. Nunca rechazaba un viaje.

—¿Por qué no buscas al menos un lugar donde jugar al póquer que te quede cerca? —le preguntó—. Te ayudaría a salir de casa.

Por entonces Annie ya se había casado, de modo que pidió a su marido que hiciera algunas averiguaciones. Se enteraron de que había un bar en Billings llamado Crystal Lounge en cuyo sótano un grupo de rancheros jubilados, trabajadores de la construcción y agentes de seguros jugaban al póquer por las tardes. El sótano era como una mazmorra triste y saturada de humo. Annie fue una tarde y le gustó. Volvió a ir días después y salió cincuenta dólares más rica. «Jugar al póquer allí abajo era una combinación de matemáticas, que me encantaban, y toda aquella ciencia cognitiva que había estado estudiando en mi posgrado —me explicaba Annie—. Observaba a la gente intentando ir de farol y ocultando su emoción cuando les llegaba una buena mano, y todos esos tipos de comportamientos sobre los que habíamos pasado horas hablando en clase. Cada noche llamaba a mi hermano y hablábamos sobre las manos que yo había jugado ese día, y entonces él me explicaba mis errores, o cómo algún otro había deducido mi juego y había empezado a usarlo contra mí, o de lo que debía hacer distinto la próxima vez.» Al principio Annie no era muy buena, pero a menudo ganaba lo suficiente para continuar. Se dio cuenta de que sentada a la mesa de póquer nunca le dolía el estómago.

Muy pronto empezó a acudir al Crystal Lounge todos los días laborables, como si fuera un trabajo: llegaba a las tres de la tarde y permanecía allí hasta la medianoche, tomando notas y probando estrategias. Su hermano le envió un cheque de 2.400 dólares con el acuerdo de que él se quedaría con la mitad de sus ganancias. Annie terminó el primer mes con 2.650 dólares, una vez deducida la parte de él. La primavera siguiente, cuando su hermano la invitó a Las Vegas, Annie condujo catorce horas, compró un sitio en un torneo y al final de la primera jornada había acumulado 30.000 dólares en fichas.

Esa cifra era más de lo que había ganado en un año como estudiante de posgrado. Ella entendía el póquer; lo entendía mejor que muchas de las personas contra quienes jugaba. Entendía que una mano perdedora no constituye necesariamente una pérdida, sino, más bien, un experimento. «Lo que yo ya había determinado en ese punto era la diferencia entre jugadores medios y de élite —me explicaba—. En el nivel medio, quieres conocer el máximo número de reglas posible. Los jugadores medios ansían la certeza. Pero los jugadores de élite pueden utilizar esa ansia contra aquellos, porque hace a los jugadores medios más predecibles.

»Para ser de élite, tienes que empezar a pensar en las apuestas como una manera de formular preguntas a los otros jugadores. ¿Estás dispuesto a pasar en este momento? ¿Quieres subir? ¿Hasta dónde puedo presionar antes de que empieces a actuar impulsivamente? Y cuando obtienes una respuesta, te permite predecir el futuro con un poquito más de exactitud que al otro tío. El póquer consiste en utilizar tus fichas para reunir información más deprisa que nadie.»

Al final del segundo día del torneo, Annie tenía 95.000 dólares en fichas. Terminó en el puesto n.º 26, por delante de cientos de profesionales, algunos de ellos con décadas de experiencia. Al cabo de tres meses ella y su marido se trasladaron a Las Vegas. En algún momento llamó a sus profesores de la Universidad de Pennsylvania y les dijo que no iba a volver.

Ha pasado un minuto entero. Annie sigue teniendo una pareja de dieces. Si FossilMan guarda una pareja más alta —pongamos dos reinas— y Annie va, casi seguro que quedará eliminada del Torneo de Campeones. Pero si gana la mano, se convertirá en la jugadora con más fichas de la mesa.

Todos los cálculos y gráficos de probabilidades que le rondan a Annie por la cabeza le dicen que haga una cosa: igualar la apuesta de FossilMan. Pero cada vez que le ha planteado una pregunta a FossilMan en este torneo haciendo una apuesta, él le ha dado una respuesta extremadamente racional. Nunca se lo ha jugado todo sin una buena razón. Ahora, en esta mano, ha puesto todas sus fichas en el bote, a pesar de que Annie ha ido subiendo una y otra vez.

Annie es consciente de que FossilMan sabe lo difícil que a ella le resulta echarse atrás en este instante. Él sabe que, a diferencia de algunos de los otros integrantes de la mesa, ella no está en el Salón de la Fama del Póquer. Es la primera vez que Annie aparece ante un millón de telespectadores.[5] Incluso puede que sepa que a ella le preocupa la posibilidad de que no le corresponda estar ahí en absoluto, que sospecha que solo la han invitado porque los productores de televisión querían a una mujer en la mesa.

De repente Annie se da cuenta de que todo el rato ha estado pensando en esta mano de manera equivocada. FossilMan ha apostado como si tuviera una buena mano porque realmente la tiene.

Annie ha estado dándole demasiadas vueltas; o, al menos, cree que ha estado dándole demasiadas vueltas. No está segura.[6]

Observa su pareja de dieces, mira los 450.000 dólares sobre la mesa y decide no ir. FossilMan coge el dinero. Annie no sabe si ha tomado una buena o una mala decisión, porque FossilMan no tiene que mostrar sus cartas a nadie. Otro jugador se inclina hacia ella y le susurra que ha malinterpretado completamente la situación. «Si hubieras ido, habrías ganado.»

Unas manos después, Annie ha pasado cuando FossilMan, con un diez y un nueve, apuesta de nuevo todas sus fichas. Es una jugada inteligente, el movimiento correcto, pero cuando las cartas descubiertas caen sobre la mesa se vuelven contra él. Hasta los jugadores de póquer más inteligentes pueden verse superados por la mala suerte. Los cálculos probabilísticos quizá te ayuden a pronosticar probabilidades, pero no garantizan el futuro. Así, FossilMan queda fuera del torneo como si nada. Cuando se levanta para marcharse, se inclina hacia Annie y le dice:

—Sé que la mano que tenías antes te ha resultado muy difícil. Quiero que sepas que yo tenía dos reyes y que has hecho bien en no ir.

Cuando le dice eso, el nudo de pánico que Annie tenía en el estómago se deshace. Ha estado distraída desde que ha decidido no ir contra él. Ha estado cuestionándose a sí misma a posteriori, dándole vueltas a esa mano, tratando de averiguar si había jugado bien o mal. Ahora su mente vuelve a estar centrada en el juego.

Por supuesto, es normal querer saber cómo resultarán las cosas. Da miedo ser conscientes de cuántos asuntos dependen de opciones cuyo futuro no podemos predecir. ¿Nacerá mi bebé sano o enfermo? ¿Mi novia y yo seguiremos queriéndonos dentro de diez años? ¿Mi hija tiene que ir a una escuela privada, o en la escuela pública local aprenderá lo mismo? Tomar buenas decisiones se basa en pronosticar el futuro, pero hacer pronósticos es una ciencia imprecisa, a menudo aterradora, porque nos obliga a afrontar cuánto ignoramos. La paradoja de aprender a tomar decisiones más acertadas es que requiere que seamos capaces de llegar a sentirnos cómodos con la duda.

Sin embargo, hay formas de aprender a lidiar con la incertidumbre. Existen métodos para que un futuro vago resulte más previsible calculando, con cierta precisión, lo que hacemos sin saberlo.

Annie sigue en el Torneo de Campeones. Tiene bastantes fichas para continuar en el juego. El que reparte da a cada jugador sus nuevas cartas, y empieza otra mano.

II

En 2011, la Oficina del Director de Inteligencia Nacional estadounidense se puso en contacto con unas cuantas universidades ofreciendo dinero para becas a cambio de que participaran en un proyecto «para potenciar drásticamente la exactitud, la precisión y la oportunidad de los pronósticos de inteligencia».[7] La idea era que cada escuela reclutara a un equipo de expertos en asuntos exteriores y les pidiera que hicieran predicciones sobre el futuro. Los investigadores estudiarían quiénes hacían los pronósticos más exactos y, de manera especial, cómo los hacían. El gobierno esperaba que aquellas ideas ayudaran a los analistas de la CIA a mejorar en su trabajo.

La mayoría de las universidades que participaron en el programa adoptaron un planteamiento estándar. Buscaron a profesores, estudiantes de posgrado, investigadores en política internacional y otros especialistas y les plantearon preguntas cuya respuesta nadie conocía aún: ¿volverá a incorporarse Corea del Norte a las conversaciones sobre armamento a finales de año? ¿El partido Plataforma Cívica obtendrá la mayoría de los escaños en las elecciones parlamentarias polacas?… y analizaron cómo afrontaban las respuestas. Todos creían que estudiar diversos enfoques proporcionaría algunas nuevas ideas a la CIA.[8]

Pero dos de las universidades adoptaron un planteamiento distinto. Un grupo de psicólogos, estadísticos y politólogos de la Universidad de Pennsylvania y la Universidad de California en Berkeley, trabajando en colaboración, decidieron usar el dinero del gobierno como una oportunidad para ver si podían formar a personas normales y corrientes y convertirlas en buenos pronosticadores.[9] Este grupo se autodenominó «Proyecto Buen Juicio» (GJP, por sus siglas en inglés) y, en lugar de reclutar a especialistas, solicitó la colaboración de miles de personas —abogados, amas de casa, estudiantes de máster, lectores de periódicos voraces—, a quienes matriculó en cursos de pronóstico online donde les enseñaron diferentes formas de pensar en el futuro. Luego, tras el período de entrenamiento, se pidió a estos participantes que contestaran a las mismas preguntas sobre asuntos exteriores que los expertos.[10]

Durante dos años, el GJP realizó sesiones de entrenamiento, observando cómo la gente hacía predicciones y recopilando datos. Estudió quiénes mejoraban y cómo cambiaba el rendimiento al exponer a la gente a diferentes tipos de tutoriales. Al final, el GJP publicó sus conclusiones: proporcionar a los participantes aunque fueran breves sesiones de entrenamiento en técnicas de investigación y estadística —enseñarles varias formas de pensar en el futuro— potenciaba la exactitud de sus predicciones. Y lo que resultaba más sorprendente: un tipo concreto de entrenamiento —el entrenamiento para aprender a pensar de manera probabilística— incrementaba significativamente la capacidad de la gente de pronosticar el futuro.[11]

Las lecciones sobre pensamiento probabilístico ofrecidas por el GJP instruían a los participantes a pensar en el futuro no como lo que va a pasar, sino más bien como una serie de posibilidades que podrían ocurrir. Les enseñaban a concebir el mañana como una serie de potenciales resultados, todos ellos con diferentes probabilidades de materializarse. «La mayoría de la gente piensa en el futuro de manera poco rigurosa —explicaba Lyle Ungar, un profesor de informática de la Universidad de Pennsylvania que contribuyó a supervisar el GJP—. Por ejemplo, dicen: "Es probable que este año vayamos de vacaciones a Hawai". Bueno, ¿eso significa que es seguro en un 51 por ciento?, ¿o en un 90 por ciento?, porque es muy importante si compras billetes no reembolsables.» El objetivo del entrenamiento probabilístico del GJP era mostrar a la gente cómo convertir sus intuiciones en estimaciones estadísticas.

En un ejercicio, por ejemplo, se pedía a los participantes que analizaran si el presidente francés, Nicolas Sarkozy, saldría reelegido en unos próximos comicios.

El entrenamiento indicaba que, como mínimo, había tres variables que cualquiera debía considerar al predecir las posibilidades de reelección de Sarkozy. La primera era el hecho de estar o no en ejercicio. Los datos de anteriores elecciones francesas indicaban que un presidente en ejercicio, como Sarkozy, puede esperar como media obtener el 67 por ciento de los votos. Basándose en esto, se podría pronosticar que Sarkozy tenía un 67 por ciento de probabilidades de seguir en el cargo.

Pero había que tener en cuenta también otras variables. Sarkozy había caído en desgracia entre los votantes franceses y los sondeos estimaban que, según los índices de desaprobación, las probabilidades de reelección de Sarkozy eran en realidad del 25 por ciento. A tenor de esa lógica, había una probabilidad de tres cuartas partes de que no saliera reelegido. Había que considerar asimismo que la economía francesa renqueaba y los economistas suponían que, basándose en el rendimiento económico, Sarkozy obtendría solo el 45 por ciento de los votos.

Así pues, había tres potenciales futuros que considerar: Sarkozy podía obtener un 67 por ciento, un 25 por ciento o un 45 por ciento de los votos. En el primero de estos tres casos ganaría fácilmente, en el segundo perdería por un amplio margen y en el tercero la cosa estaría relativamente reñida. ¿Cómo combinar esos resultados contradictorios en una predicción? «Simplemente tiene usted que hacer una media de sus estimaciones basadas en el hecho de estar en ejercicio, los índices de popularidad y las tasas de crecimiento económico —se explicaba en el entrenamiento—. Si no tiene usted ninguna base para tratar una variable como más importante que otra, utilice una ponderación igualitaria. Ese planteamiento le llevará a predecir [(67 % + 25 % + 45 %) / 3] = aproximadamente una posibilidad de reelección del 46 por ciento.»

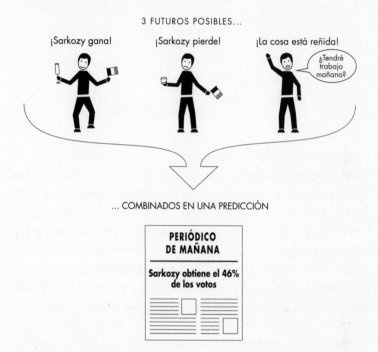

predecir [(67 % + 25 % + 45 %) / 3] = aproximadamente una posibilidad de reelección del 46 por ciento.»

Nueve meses después, Sarkozy sacó el 48,4 por ciento de los votos y fue sustituido por François Hollande.

Este es el tipo más básico de pensamiento probabilístico, un ejemplo simplista que enseña una idea subyacente: pueden combinarse futuros contradictorios en una sola predicción. Cuando esta clase de lógica se vuelve más sofisticada, normalmente los expertos empiezan a hablar de los diversos resultados como curvas de probabilidad, esto es, gráficos que muestran la distribución de los potenciales futuros. Por ejemplo, si se pidiera a alguien que adivinara cuántos escaños iba a obtener el partido de Sarkozy en el Parlamento francés, un experto podría describir los posibles resultados como una curva que muestre cómo la probabilidad de obtener escaños parlamentarios está vinculada a las probabilidades de Sarkozy de seguir siendo presidente:

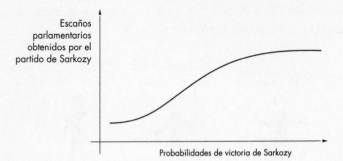

De hecho, cuando Sarkozy perdió las elecciones, su partido, la Unión por un Movimiento Popular (UMP), también sufrió en las urnas, pues obtuvo solo 194 escaños, una bajada significativa.

Los módulos de entrenamiento del GJP instruían a la gente en varios métodos de combinar probabilidades y comparar futuros. En todos ellos se repetía una y otra vez una idea central: el futuro no es una cosa; antes bien es una multitud de posibilidades que a menudo se contradicen entre sí hasta que una de ellas se materializa. Y esos futuros pueden combinarse para predecir cuál de ellos es más probable.

Este es el pensamiento probabilístico: la capacidad de pensar múltiples resultados contradictorios y estimar sus probabilidades relativas. «No estamos acostumbrados a pensar en múltiples futuros —explicaba Barbara Mellers, otra responsable del GJP—. Solo vivimos en una realidad, de modo que, cuando nos obligamos a pensar en el futuro como numerosas posibilidades, quizá resulte perturbador para algunas personas porque nos fuerza a pensar en cosas que esperamos que no se realicen.»

El mero hecho de exponer a los participantes al entrenamiento probabilístico —escribían los investigadores del GJP— se asoció a un incremento de hasta el 50 por ciento en la exactitud de sus predicciones. «Los equipos con un entrenamiento relacionado con el pensamiento probabilístico obtuvieron mejores resultados —señalaba un observador externo—. Se enseñó a los participantes a con-

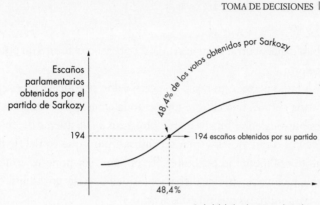

Escaños parlamentarios obtenidos por el partido de Sarkozy

48,4% de los votos obtenidos por Sarkozy

194 ← 194 escaños obtenidos por su partido

48,4%

Probabilidades de victoria de Sarkozy

vertir corazonadas en probabilidades. Luego mantuvieron conversaciones online con miembros de su equipo [sobre el modo de] ajustar las probabilidades, llegando a hacerlo diariamente... Tener grandes teorías sobre, pongamos por caso, la situación de la China moderna no resultaba útil. Ser capaces de examinar una cuestión concreta desde numerosas posiciones estratégicas y reajustar rápidamente las probabilidades se reveló sumamente útil.»[12]

Aprender a pensar de manera probabilística requiere que cuestionemos nuestros supuestos y vivamos con incertidumbre. Para ser mejores a la hora de predecir el futuro —a la hora de tomar buenas decisiones—, hemos de conocer la diferencia entre lo que esperamos que suceda y lo que resulta más y menos probable que ocurra.

«Es estupendo estar completamente seguro de que amas a tu novia en este momento, pero si estás pensando en proponerle matrimonio, ¿no sería mejor saber las probabilidades de seguir casados durante las tres próximas décadas? —se preguntaba Don Moore, un profesor de la Escuela de Negocios Haas, de la Universidad de California en Berkeley, que contribuyó a gestionar el GJP—. Yo no puedo decirte de manera precisa si os seguiréis gustando dentro de treinta años. Pero sí puedo generar algunos cálculos probabilísticos sobre la posibilidad de que os sigáis gustando y de cómo coincidirán vuestros objetivos, y estadísticas acerca de cómo tener hijos podría cambiar la relación, y luego tú puedes ajustar esas probabilidades basándote en tus experiencias y en lo que crees que es más o menos probable que ocurra, y eso te ayudará a predecir el futuro un poquito mejor.

»A largo plazo, esto resulta de gran valor, porque aunque sepas con toda certeza que en este momento la amas, pensar de manera probabilística en el futuro puede obligarte a considerar detenidamente cosas que hoy podrían ser difusas, pero que con el tiempo resultan realmente importantes. Te obliga a ser honesto contigo mismo, incluso si parte de dicha honestidad consiste en admitir que hay cosas sobre las que no estás seguro.»[13]

Cuando Annie empezó a jugar al póquer en serio, su hermano la sentó con él y le explicó lo que diferenciaba a los ganadores de los demás. Howard le dijo que los perdedores siempre buscan la certeza en la mesa. A los ganadores, en cambio, no les molesta admitir lo que ignoran. De hecho, saber lo que ignoras es una enorme ventaja, algo que puede utilizarse contra otros jugadores. Cuando Annie llamaba a Howard y se quejaba de que había perdido, de que había tenido mala suerte, de que las cartas le habían sido desfavorables, él le pedía que dejara de lloriquear.

—¿Has considerado la posibilidad de que seas tú el idiota de la mesa que busca la certeza? —le preguntaba.

En la variante de póquer llamada «Texas hold'em» —a la que jugaba Annie—, cada jugador recibe dos cartas privadas ocultas y luego se echan en el centro de la mesa cinco comunes, descubiertas, que todos compartirán. Gana quien tiene la mejor combinación de cartas privadas y comunes.

Howard le explicó a su hermana que cuando él estaba aprendiendo a jugar, solía acudir a una partida que se celebraba a altas horas de la noche y en la que participaban operadores de Bolsa de Wall Street, jugadores del campeonato mundial de bridge y demás obsesos de las matemáticas. Decenas de miles de dólares cambiaban de manos mientras ellos jugaban hasta el amanecer; luego se iban todos a desayunar juntos y a analizar las partidas. A la larga Howard comprendió que la parte difícil del póquer no eran las matemáticas. Con la suficiente práctica, cualquiera puede memorizar probabilidades o aprender a estimar las posibilidades de llevarse el bote. No; la parte difícil era aprender a tomar decisiones basadas en probabilidades.

Imaginemos, por ejemplo, que estamos jugando al Texas hold'em. Nuestras cartas privadas, cubiertas, son una reina y un nueve de corazones, y hasta ahora quien reparte ha echado cuatro cartas comunes en la mesa:*

Cartas comunes

Falta por repartir una carta común. Si esta es un corazón, tendremos color, o cinco corazones, que es una buena mano. Un rápido cálculo mental nos dice que, puesto que en una baraja hay 52 cartas, y ya han aparecido 4 corazones, faltan otros 9 posibles corazones más que podrían repartirse en la mesa, además de otras

---

* Las cinco cartas comunes descubiertas no se echan todas a la vez, sino en tres rondas: primero tres, luego la cuarta y luego la quinta. *(N. del T.)*

37 cartas que no son corazones. En otras palabras, hay 9 cartas que nos harán tener color, y 37 que no. Así pues, las probabilidades de tener color son de 9 a 37, o aproximadamente un 20 por ciento.[14*]

En otras palabras, hay una posibilidad del 80 por ciento de que no logremos tener color y perdamos nuestro dinero. Un jugador novato, basándose en estas probabilidades, a menudo pasará y abandonará la mano. Ello se debe a que el principiante se centra en las certezas: las probabilidades de tener color son relativamente bajas. Antes que tirar el dinero apostando a un resultado improbable, se retirará.[15]

Pero un experto ve esta mano de manera distinta. «A un buen jugador de póquer no le preocupa la certeza —le explicó Howard a Annie—, sino saber lo que sabe y lo que ignora.»

Por ejemplo, si una experta tiene una reina y un nueve de corazones y espera tener color, y ve que su oponente apuesta 10 dólares, haciendo que el bote total ascienda a 100, empieza a calcular un segundo conjunto de probabilidades. Para seguir en el juego —y ver si la última carta es un corazón—, la experta solo tiene que igualar la última apuesta, 10 dólares. Si la experta apuesta 10 dólares y logra tener color, ganará 100 dólares. Así pues, a la experta se le ofrecen unas «probabilidades en relación con el bote» (*pot odds*) de 10 a 1, dado que, si gana, conseguirá 10 dólares por cada dólar apostado en este momento.

Ahora la jugadora experta puede comparar esas probabilidades imaginando esta mano un centenar de veces. La experta no sabe si va a ganar o perder esta mano, pero sí sabe que, si jugara esa misma mano exacta un centenar de veces, como media ganaría veinte, obteniendo 100 dólares con cada victoria y ganando un total de 2.000.

---

* El póquer es un juego de probabilidades dentro de probabilidades. Aunque este ejemplo da una explicación del pensamiento probabilístico (y del concepto de «probabilidades en relación al bote»), vale la pena señalar que un análisis exhaustivo de esta mano resultaría ligeramente más complejo (y tendría en cuenta, por ejemplo, a los otros jugadores de la mesa). Para un análisis más profundo, véanse las notas de este capítulo.

Y también sabe que jugar un centenar de veces le costará solo 1.000 dólares adicionales (porque tiene que apostar únicamente 10 dólares cada vez). De modo que, aunque perdiera ochenta veces y ganara solo veinte, seguiría embolsándose 1.000 dólares extra (que son las ganancias de 2.000 dólares menos los 1.000 necesarios para jugar).

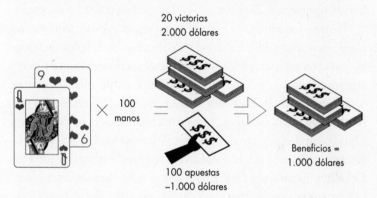

¿Lo pilla? Si no, tampoco pasa nada, porque lo importante aquí es que el pensamiento probabilístico le dice a la experta cómo proceder: ella es consciente de que hay muchas cosas que no puede predecir. Pero si jugara esta misma mano un centenar de veces, probablemente terminaría siendo 1.000 dólares más rica. De modo que la experta hace la apuesta y sigue en el juego. Sabe, desde un punto de vista probabilístico, que con el tiempo le compensará. No importa que esta mano sea incierta: lo que importa es confiar en probabilidades que compensen a largo plazo.

«La mayoría de los jugadores se obsesionan con encontrar la certeza en la mesa, lo que influye en sus decisiones —le explicó a Annie su hermano—. Ser un gran jugador significa adoptar la incertidumbre. Mientras te sientas cómodo con la incertidumbre, puedes hacer que las probabilidades trabajen por ti.»[16]

El hermano de Annie, Howard, compite en este Torneo de Campeones justo al lado de ella cuando FossilMan es eliminado.[17] En las dos últimas décadas, Howard se ha consolidado como uno de los mejores jugadores del mundo. Tiene dos brazaletes de la Serie Mundial de Póquer y millones de dólares en ganancias. Hasta ahora, en el torneo, Annie y Howard han tenido mucha suerte y no se han visto obligados a competir directamente por muchos botes importantes. Esta vez, sin embargo, han pasado siete horas.

Primero fue eliminado FossilMan por aquel golpe de mala suerte. Luego otro competidor llamado Doyle Brunson, un hombre de setenta y un años y nueve veces campeón, quedó fuera de combate tras un arriesgado intento de doblar sus fichas. Phil Ivey, que ganó su primera Serie Mundial de Póquer a los veinticuatro años, fue eliminado por Annie cuando esta sacó un as y una reina frente al as y el ocho de Ivey. Con el tiempo, el número de jugadores de la mesa ha ido disminuyendo hasta que solo quedan tres: Annie, Howard y un hombre llamado Phil Hellmuth. Es inevitable que Annie y Howard acaben enfrentándose. Los contendientes discuten cordialmente sobre fichas y manos durante noventa minutos. Entonces le llegan a Annie una pareja de seises.

Ella empieza a hacer recuento de lo que sabe y lo que ignora. Sabe que tiene buenas cartas. Sabe, desde un punto de vista probabilístico, que si jugara esta mano un centenar de veces le iría bien. «A veces, cuando enseño póquer, le digo a la gente que hay situaciones en las que ni siquiera deberías mirar tus cartas antes de apostar —me explicó Annie—. Porque, si las probabilidades en relación con el bote están a tu favor, siempre deberías apostar. Simplemente confiar en ello.»

Parece que a su hermano también le ha gustado su mano, porque pone todas sus fichas, que suman 310.000 dólares, sobre la mesa. Phil Hellmuth pasa. Le toca apostar a Annie.

—Igualo la apuesta —dice.

Ambos descubren sus cartas. Annie revela su par de seises. Howard muestra una pareja de sietes.

Cartas de Annie   Cartas de Howard

—¡Buena mano, Bub! —exclama Annie.

Howard tiene un 82 por ciento de posibilidades de ganar esta mano[18] y llevarse fichas por valor de más de medio millón de dólares. Desde una perspectiva probabilística, los dos han jugado esta mano exactamente igual de bien. «Annie tomó la decisión correcta —diría Howard más tarde—. Confió en las probabilidades.»

El repartidor echa las tres primeras cartas comunes.

Cartas comunes

Cartas de Annie   Cartas de Howard

—¡Ay, Dios! —exclama Annie cubriéndose el rostro—. ¡Ay, Dios!

El seis y las dos reinas de la pila común le dan un full. Si Annie y Howard volvieran a jugar esta mano un centenar de veces, probablemente Howard ganaría ochenta y dos de dichas pugnas. Pero no esta ahora. El que reparte pone las cartas restantes sobre la mesa.[19]

Cartas comunes

Cartas de Annie   Cartas de Howard

Howard queda fuera.

Annie se levanta de un salto de su silla y abraza a su hermano.

—Lo siento, Howard —le susurra.

Luego sale corriendo del plató. Empieza a sollozar antes de llegar a la puerta.

—No pasa nada —le dice Howard cuando se encuentra con ella en el pasillo—. Ahora cárgate a Phil.

«Tienes que acostumbrarte a ello —me diría Howard más tarde—. Pasé por lo mismo con mi hijo en una ocasión. Estaba haciendo solicitudes de admisión para varias universidades y eso le provocaba inquietud, de modo que hicimos una lista de doce facultades (cuatro seguras, cuatro en las que las posibilidades estaban igualadas y cuatro que eran especialmente exigentes), nos sentamos y empezamos a calcular las probabilidades.»

Examinando las estadísticas que aquellas facultades habían publicado online, Howard y su hijo calcularon la probabilidad de entrar en cada universidad. Luego sumaron aquellas probabilidades. Eran matemáticas bastante básicas, del tipo que hasta los estudiantes de letras pueden manejar con un poco de ayuda de Google. Calcularon que el hijo de Howard tenía un 99,5 por ciento de posibilidades de entrar al menos en una facultad y algo más de la mitad de entrar en una de buen nivel. Pero no era seguro en absoluto que entrara en una de las facultades exigentes, que eran las que más le gustaban. «Resultaba decepcionante, pero tras analizar las cifras se sintió menos inquieto —explicaba Howard—. Eso lo preparó para la posibilidad de que no entrara en su primera opción, pero definitivamente entraría en algún sitio.

»Las probabilidades son lo más parecido a la adivinación —añadió Howard—. Pero tienes que ser lo bastante fuerte para aceptar lo que te dicen que podría ocurrir.»[20]

III

A finales de la década de los años noventa, un profesor de ciencia cognitiva del Instituto de Tecnología de Massachusetts (MIT) llamado Joshua Tenenbaum emprendió una investigación a gran escala de las formas ocasionales en que la gente hace predicciones a diario. Hay docenas de preguntas que cada uno de nosotros afronta diariamente y a las que solo puede responderse con cierto nivel de predicción. Cuando estimamos cuánto durará una reunión, por ejemplo, o imaginamos dos rutas de conducción y tratamos de adivinar en cuál de ellas habrá menos tráfico, o predecimos si nuestras familias se lo pasarán mejor en la playa o en Disneylandia, estamos haciendo pronósticos que asignan distintas probabilidades a diversos resultados. Puede que no nos demos cuenta, pero estamos pensando de manera probabilística. ¿Cómo lo hace nuestro cerebro?, se preguntaba Tenenbaum.

La especialidad de Tenenbaum era la cognición computacional, en particular las similitudes en el modo como procesan información los ordenadores y los humanos.[21] Un ordenador es una máquina intrínsecamente determinista. Puede predecir si nuestra familia preferirá la playa o Disneylandia solo si le proporcionamos una fórmula específica para comparar las ventajas de pasárselo bien en la playa o en los parques de atracciones. Los humanos, por nuestra parte, podemos tomar esas decisiones aunque nunca hayamos estado en la costa o en ningún parque temático de Disney. Nuestro cerebro puede inferir a partir de experiencias pasadas que, puesto que los niños siempre se quejan cuando vamos de camping y en cambio les encantan los dibujos animados, probablemente todo el mundo lo pasará mejor con Mickey y Goofy.

«¿Cómo consigue nuestra mente sacar tanto de tan poco? —se preguntaba Tenenbaum en un artículo publicado en 2011 en la revista *Science*—. Todos los padres saben, y los científicos lo han confirmado, que cualquier niño normal de dos años puede aprender a usar una palabra nueva como "caballo" o "cepillo" viendo solo unos ejemplos.»[22] Para un niño de dos años, los caballos y los cepillos tienen mucho en común. Las palabras suenan parecidas. En imágenes, ambos tienen una forma alargada con una serie de líneas rectas —en un caso patas; en el otro, cerdas— que se prolongan hacia fuera. Los hay de distintos colores. Y sin embargo, aunque un niño pueda haber visto solo una imagen de un caballo y haber utilizado solo un cepillo, es capaz de aprender muy pronto la diferencia entre ambas palabras.

Un ordenador, en cambio, necesita instrucciones explícitas para saber cuándo utilizar «caballo» y cuándo «cepillo». Requiere de un software que especifique que la presencia de cuatro patas aumenta las posibilidades de que sea un caballo, mientras que un centenar de cerdas incrementa la probabilidad de que se trate de un cepillo. Un niño puede hacer esos cálculos aun antes de lograr formar ora-

ciones. «Vista como un cómputo basado en datos de entrada senso-
riales, esta es una notable hazaña —escribía Tenenbaum—. ¿Cómo
capta un niño los límites de estos subconjuntos viendo solamente
uno o unos pocos ejemplos de cada uno?»[23]

En otras palabras, ¿por qué se nos da tan bien pronosticar ciertas clases de cosas —y, por tanto, tomar decisiones— cuando estamos tan poco expuestos a todas las probabilidades posibles?

En un intento de responder a esta pregunta, Tenenbaum y un
colega suyo, Thomas Griffiths, crearon un experimento. Peinaron
internet buscando datos sobre diferentes tipos de acontecimientos
predecibles, como, por ejemplo, cuánto recaudará de taquilla una
determinada película, o cuánto vive por término medio una persona,
o cuánto tiempo hay que hornear un pastel. Les interesaban estos
hechos porque, si se traza un gráfico con múltiples ejemplos de cada
uno de ellos, surge una pauta distinta. Las recaudaciones de taquilla,
por ejemplo, normalmente se ajustan a una regla básica: cada año
hay unos cuantos grandes éxitos que recaudan una enorme cantidad
de dinero y montones de otras películas que ni siquiera cubren gastos.

En matemáticas, esto se conoce como «distribución de ley potencial», y cuando se elabora un gráfico con los ingresos de todas
las películas estrenadas en un determinado año, tiene este aspecto:

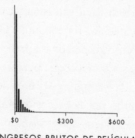

INGRESOS BRUTOS DE PELÍCULAS

Elaborar gráficos de otros tipos de acontecimientos se traduce
en pautas distintas. Tomemos como ejemplo la esperanza de vida.
Las probabilidades de que una persona muera en un determinado

año se disparan brevemente al nacer —dado que algunos niños fa-
llecen poco después de llegar al mundo—, pero si un bebé sobrevive sus primeros años, es probable que viva unas décadas más. Luego, a partir de los cuarenta, nuestras probabilidades de morir
empiezan a acelerarse. A los cincuenta la probabilidad de muerte
aumenta de año en año, hasta que alcanza un punto máximo hacia
los ochenta y dos.

La esperanza de vida se ajusta a una curva de distribución normal, o gaussiana. La pauta tiene este aspecto:

ESPERANZA DE VIDA

La mayoría de las personas entienden intuitivamente que deben
utilizar distintos tipos de razonamiento para predecir diferentes clases de acontecimientos. Sabemos que las recaudaciones de taquilla y
la esperanza de vida requieren diferentes tipos de estimaciones, aunque no sepamos nada de estadísticas médicas o de las tendencias de
la industria del espectáculo. Tenenbaum y Griffiths sentían curiosi-
dad por averiguar cómo las personas aprenden intuitivamente a hacer tales valoraciones, de modo que buscaron acontecimientos con
pautas distintas, desde los ingresos brutos de taquilla hasta la esperanza de vida, pasando por la extensión media de los poemas, las
carreras profesionales de los congresistas estadounidenses (que se
ajustan a la llamada «distribución de Erlang») y el tiempo que tarda
un pastel en hornearse (que no muestra ninguna pauta marcada).[24]

Luego pidieron a varios centenares de estudiantes que predijeran
el futuro basándose en un solo dato:

- Te has enterado de que una película ha recaudado hasta el momento 60 millones de dólares. ¿Cuánto recaudará en total?
- Has conocido a alguien que tiene treinta y nueve años. ¿Cuánto tiempo vivirá?
- Un pastel lleva horneándose catorce minutos. ¿Cuánto tiempo más tiene que permanecer en el horno?
- Has conocido a un congresista estadounidense que lleva quince años en el cargo. ¿Cuánto tiempo más seguirá?[25]

No se proporcionó a los estudiantes ninguna información adicional. No se les explicó nada sobre distribuciones de ley potencial o curvas de Erlang. Al contrario, simplemente se les pidió que hicieran una predicción basada en un solo dato, y tampoco se les dio directriz acerca de qué clases de probabilidades aplicar.

Pese a tales carencias, las predicciones de los estudiantes resultaron asombrosamente exactas. Supieron que una película que ha vendido 60 millones de dólares en entradas es un gran éxito y probablemente tendrá una recaudación de otros 30 millones más. Intuyeron que si conoces a alguien de treinta y pico años, probablemente vivirá otros cincuenta. Adivinaron que si conoces a un congresista que lleva quince años en el poder, probablemente estará más o menos otros siete, porque el cargo acarrea ventajas, pero hasta los legisladores más poderosos pueden verse superados por las tendencias políticas.

Si se les preguntaba, pocos de los participantes eran capaces de describir la lógica que habían seguido para tales pronósticos. Simplemente habían dado las respuestas que ellos creían correctas. Como media, sus predicciones solían hallarse dentro de un margen de error del 10 por ciento con respecto a la respuesta correcta según los datos. De hecho, cuando Tenenbaum y Griffiths trazaron los gráficos de las predicciones de todos los estudiantes para cada pregunta, las curvas de distribución resultantes coincidían casi perfectamente con las pautas reales que los profesores habían encontrado en los datos recopilados en internet.

Y lo que no es menos importante: cada estudiante comprendía intuitivamente que los distintos tipos de predicciones requerían diferentes clases de razonamiento. Entendían, sin saber necesariamente por qué, que la esperanza de vida encaja con una curva de distribución normal, mientras que los ingresos brutos de taquilla tienden a ajustarse a una distribución de ley potencial.

Algunos investigadores denominan a esta capacidad de intuir pautas «cognición bayesiana», o «psicología bayesiana», debido al hecho de que, para que un ordenador pueda hacer esas predicciones, debe utilizar una variante de la Regla de Bayes,[26] fórmula matemática que generalmente requiere ejecutar miles de modelos a la vez y comparar millones de resultados.* La esencia de la Regla de Bayes es este principio: aun en el caso de que tengamos muy pocos datos, podemos pronosticar el futuro formulando supuestos y luego sesgándolos en función de lo que observamos sobre el mundo. Por ejemplo, supón que tu hermano te dice que ha quedado con alguien para cenar. Podrías predecir que en un 60 por ciento de posibilidades se reunirá con un hombre, debido a que la mayoría de los amigos de tu hermano son hombres. Ahora imagina que tu hermano menciona el hecho de que su compañero o compañera de cena es alguien del trabajo. Puede que entonces quisieras modificar tu pronóstico, dado que sabes que la mayoría de sus compañeros

---

* La denominada Fórmula o Regla de Bayes, postulada originariamente por el matemático Thomas Bayes en un manuscrito póstumo publicado en 1763, puede resultar tan compleja a nivel de cómputo que durante siglos la mayoría de los estadísticos básicamente pasaron por alto el trabajo porque carecían de herramientas para realizar los cálculos que exigía. Sin embargo, a partir de la década de los años cincuenta, en la medida en que los ordenadores se hicieron más potentes, los científicos descubrieron que podían utilizar enfoques bayesianos para pronosticar acontecimientos hasta entonces considerados impredecibles, como la posibilidad de una guerra o las probabilidades de que un fármaco tenga una eficacia generalizada aunque solo se haya probado con unas cuantas personas. Todavía hoy, no obstante, calcular una curva de probabilidad bayesiana en algunos casos puede requerir que un ordenador trabaje durante horas.

de trabajo son mujeres. Con la Regla de Bayes puede calcularse las probabilidades exactas de que el compañero o compañera de cena de tu hermano sea hombre o mujer basándote solo en uno o dos datos y en sus supuestos.[27] Cuanta más información consideres —el nombre de su compañero o compañera es Pat, le gustan las películas de aventuras y las revistas de moda—, más podrás afinar las probabilidades.

Los humanos somos capaces de hacer esa clase de cálculos sin siquiera tener que pensar demasiado en ellos y tendemos a ser sorprendentemente exactos. La mayoría de nosotros nunca hemos estudiado las tablas actuariales de esperanza de vida, pero basándonos en la experiencia sabemos que es relativamente raro que muera un niño pequeño y, en cambio, más frecuente que les ocurra a las personas de noventa años. La mayoría de nosotros no prestamos atención a las estadísticas de taquilla, pero somos conscientes de que cada año hay unas pocas películas que ve todo el mundo y un montón de filmes que desaparecen de los cines un par de semanas después de su estreno. De modo que formulamos supuestos sobre esperanza de vida e ingresos de taquilla basándonos en nuestra experiencia, y nuestros instintos se van afinando cada vez más conforme aumenta el número de funerales a que asistimos o de películas que vemos. Los humanos somos unos pronosticadores bayesianos asombrosamente buenos, aunque no seamos conscientes de ello.

A veces, no obstante, cometemos errores. Por ejemplo, cuando Tenenbaum y Griffiths pidieron a sus alumnos que predijeran cuánto tiempo reinaría un faraón egipcio si llevaba ya once años gobernando, la mayor parte de ellos supusieron que los faraones eran similares a otros tipos de realeza, como los monarcas europeos. La mayoría de la gente sabe, por haberlo leído en los libros de historia y visto en televisión, que algunos reyes murieron a una edad muy temprana; pero, en general, si un rey o reina sobrevive hasta la madurez, normalmente suele permanecer en el trono hasta que encanece. De modo que a los participantes en el experimento de Tenenbaum les pareció lógico que el caso de los faraones fuera similar y ofrecieron un abanico de conjeturas que daba una media de unos veintitrés años más en el poder:

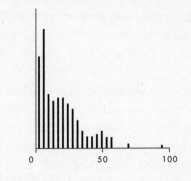

CONJETURAS SOBRE EL REINADO DEL FARAÓN

Esto habría sido un gran acierto en el caso de un monarca europeo, pero no en el de un faraón egipcio, ya que hace cuatro mil años la gente tenía una esperanza de vida mucho menor. A la mayoría de los faraones, si llegaban a los treinta y cinco años, se los consideraba ancianos. De modo que la respuesta correcta es que, en el caso de un faraón que lleva once años en el trono, cabe esperar que reine solo otros doce más y luego muera de enfermedad o de alguna otra muerte común en el antiguo Egipto:

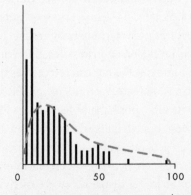

AÑOS REALES DE REINADO DEL FARAÓN

Los estudiantes acertaron en el razonamiento. Intuyeron correctamente que el cálculo del reinado de un faraón sigue una distribución de Erlang. Pero su supuesto —lo que los bayesianos denominan el «previo» o «tasa base»— era erróneo. Y al tener un supuesto erróneo sobre cuánto vivían los antiguos egipcios, las predicciones subsiguientes también resultaron sesgadas.[28]

«Es increíble que se nos dé tan bien hacer predicciones con tan poca información y luego ajustarlas a medida que vamos asimilando datos de la vida —me decía Tenenbaum—. Pero eso solo funciona si partes de los supuestos correctos.»

Entonces ¿cómo hacernos con los supuestos correctos? Pues asegurándonos de que nos exponemos a un completo espectro de experiencias. Nuestros supuestos se fundamentan en lo que nos hemos encontrado en la vida, pero nuestras experiencias suelen basarse en muestras sesgadas. En concreto, resulta mucho más probable que prestemos atención o recordemos los éxitos y olvidemos los fracasos. Muchos de nosotros aprendemos del mundo empresarial, por ejemplo, leyendo periódicos y revistas. Lo más frecuente es que vayamos a restaurantes llenos de gente y veamos las películas más populares. El problema es que tales experiencias nos exponen al éxito de manera desproporcionada. Los periódicos y revistas tienden a dedicar más cobertura a las empresas emergentes que han sido adquiridas por mil millones de dólares y menos a los cientos de empresas similares que han quebrado. Apenas nos fijamos en los restaurantes vacíos por los que pasamos de camino a nuestra abarrotada pizzería favorita. En otras palabras, nos ejercitamos en percibir el éxito y luego, debido a ello, predecimos con excesiva frecuencia resultados de éxito porque nos basamos en experiencias y supuestos que están sesgados en favor de todos los éxitos que hemos visto, antes que en los fracasos que hemos pasado por alto.[29]

Muchas personas de éxito, en cambio, dedican mucho tiempo a buscar información sobre fracasos. Leen las secciones de economía de los periódicos en pos de artículos sobre empresas que se han arruinado. Quedan para comer con colegas que no han sido ascendidos y luego les preguntan qué fue mal. Piden críticas además de elogios en las evaluaciones anuales. Analizan los extractos de su tarjeta de crédito para saber por qué exactamente no han ahorrado tanto como esperaban. Repasan sus equivocaciones diarias cuando llegan a casa, en lugar de permitirse el lujo de olvidar sus pequeños errores. Se preguntan por qué una determinada llamada telefónica no ha ido tan bien como esperaban, o si podían haber hablado de manera más sucinta en una reunión. Tenemos una propensión natural a ser optimistas, a ignorar nuestras equivocaciones y olvidar los pequeños errores de otros. Pero hacer buenas predicciones requiere formular supuestos realistas, que se basan en nuestras experiencias. Si solo prestamos atención a las buenas noticias, nos perjudicamos.

«Los mejores empresarios son sumamente conscientes de los riesgos que conlleva hablar solo con personas que han tenido éxito —explicaba Don Moore, el profesor de Berkeley que participó en el GJP y que también estudia la psicología del espíritu emprendedor—. Los obsesiona pasar tiempo con personas que se quejan de sus fracasos, esas personas que el resto de nosotros normalmente intentamos evitar.»

Este, en última instancia, es uno de los secretos más importantes para aprender a decidir mejor. Tomar buenas decisiones se basa en pronosticar el futuro. Un pronóstico exacto requiere que nos expongamos al máximo número posible de éxitos y decepciones. Tenemos que sentarnos en cines abarrotados y en cines vacíos para saber qué rendimiento darán las películas; necesitamos pasar tiempo con bebés y con ancianos para calibrar con exactitud la esperanza de vida, y debemos hablar con los colegas que prosperan y con los que fracasan para desarrollar un buen instinto empresarial.

Esto resulta difícil, pues es más fácil fijarse en el éxito. La gente tiende a evitar las preguntas desagradables a amigos a quienes acaban de despedir; dudamos a la hora de interrogar a los colegas divorciados acerca de qué fue exactamente lo que se torció. Pero calibrar nuestra tasa base requiere aprender tanto de los encumbrados como de los humillados.

De modo que, la próxima vez que a un amigo le nieguen un ascenso, pregúntale por qué. La próxima vez que se frustre un trato, llama a la otra parte para averiguar qué hiciste mal. La próxima vez que tengas un mal día o que hables de mala manera a tu cónyuge, no te limites simplemente a decirte que las cosas serán mejor la próxima vez; en lugar de ello, oblígate a averiguar realmente qué ha ocurrido.

Luego usa todas esas ideas para pronosticar más futuros potenciales, para inventar más posibilidades sobre lo que podría ocurrir. Nunca sabrás con un cien por cien de certeza cómo serán las cosas, pero cuanto más te obligues a prever potenciales futuros, más aprenderás acerca de qué supuestos son seguros o endebles, y en consecuencia mayores serán tus probabilidades de tomar una buena decisión la próxima vez.

Annie sabe mucho de pensamiento bayesiano por sus estudios de posgrado y lo utiliza en las partidas de póquer. «Cuando juego contra alguien a quien nunca he visto antes, lo primero que hago es empezar a pensar en tasas base —me explicaba—. Para alguien que nunca ha estudiado la Regla de Bayes, el modo como juego podría parecer prejuicioso, porque si me siento, pongamos por caso, frente a un hombre de negocios de cuarenta años, supondré que lo único que le importa es decirle a sus amigos que ha jugado con profesionales y que en realidad le da igual ganar, de manera que asumirá muchos riesgos. O, si me siento frente a un joven de veintidós años con una camiseta de póquer, supondré que ha aprendido a jugar online y, por tanto, su juego es limitado.

»Pero la diferencia entre el prejuicio y el pensamiento bayesiano es que yo trato de mejorar mis supuestos sobre la marcha. De modo que, una vez que empezamos a jugar, si veo que el hombre de cuarenta años es un gran farolero, en realidad podría tratarse de un profesional que espera que todo el mundo lo subestime. O si el joven de veintidós años intenta ir de farol en cada mano, probablemente signifique que es un niño rico que no sabe lo que hace. Paso mucho tiempo actualizando mis supuestos porque, si son erróneos, mi tasa base no vale.»

Con el hermano de Annie fuera de la competición, solo quedan dos jugadores en la mesa del Torneo de Campeones: Annie y Phil Hellmuth. Hellmuth es una leyenda de los salones de juego, un famoso de la televisión al que se conoce como The Poker Brat («el mocoso, o el niñato, del póquer»).[30] «Yo soy el Mozart del póquer —me decía—. Puedo leer en los otros jugadores probablemente mejor que nadie que juegue, tal vez mejor que nadie en el mundo. Es magia blanca, instinto.»

Annie se sienta a un extremo de la mesa; Hellmuth al otro. «Yo tenía bastante idea de cómo me veía Phil en aquel momento —explicaría Annie más tarde—. Antes me había dicho que no tenía en gran opinión mi creatividad, que pensaba que tengo más suerte que inteligencia y demasiado miedo para ir de farol cuando importa.»[31]

Eso es un problema para Annie, porque quiere que Phil crea que sí va de farol. La única forma en que puede atraerle hacia un bote importante es convenciéndole de que va de farol cuando en realidad no es así. Para ganar este torneo, tiene que obligar a Phil a cambiar sus supuestos sobre ella.

Pero Phil tiene otro plan. Él cree que es el jugador mejor. Cree que puede leer en Annie. «Tengo la capacidad de aprender muy, muy deprisa —me decía—. Cuando sé lo que hace la gente puedo controlar la mesa.» No se trata de meros alardes: Hellmuth lleva ganados catorce campeonatos de póquer.

Annie y Phil tienen montones de fichas aproximadamente del mismo tamaño. Durante la hora siguiente juegan una mano tras otra, sin que ninguno obtenga una ventaja clara. Phil sigue tratando sutilmente de librarse de Annie, de sacarla de quicio o hacerle perder la calma.

—Habría preferido jugar con tu hermano —le dice.

—Muy bien —responde ella—. En mi caso, estoy encantada de estar en las finales.

Annie va de farol en cuatro ocasiones. «Yo quería que él llegara al punto límite donde dijera: "¡Hay que joderse!, va de farol una mano tras otra y yo tengo que defenderme"», diría Annie más tarde. Pero Phil no parece inmutarse. No reacciona de manera exagerada.

Al final, Annie consigue la mano que había estado esperando. El que reparte le da un rey y un nueve. A Phil, un rey y un siete. En el centro de la mesa, el que reparte deposita las cartas comunes: un rey, un seis, un nueve y una jota.

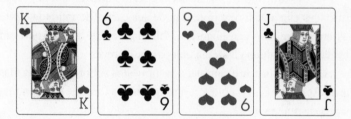

Cartas comunes

Cartas de Annie   Cartas de Phil

Phil sabe que tiene una pareja de reyes. Pero ignora que Annie tiene una doble pareja: dos reyes y dos nueves. Ninguno de los dos sabe lo que tiene el otro.

Le toca apostar a Annie: sube a 120.000 dólares. Phil, pensando que probablemente su pareja de reyes es la mano más fuerte de la mesa, iguala la apuesta. Entonces Annie va con todo, elevando el bote a 970.000 dólares.

Le toca apostar a Phil.

Él empieza a murmurar.

—¡Esto es increíble! —exclama luego en voz alta—. ¡Verdaderamente increíble! Ella quizá ni siquiera conozca mi fuerza. No estoy seguro de que entienda del todo el valor de la mano. —Se levanta—. No sé —añade, caminando alrededor de la mesa—. No sé, tengo un mal presentimiento con esta mano.*

Decide no ir.[32]

Phil descubre su rey, mostrando a Annie que tenía una pareja. Entonces ella ataca: descubre una de sus cartas descuidadamente —pero no ambas—, enseñando a Phil su pareja de nueves, pero sin revelar que también ella tenía una pareja de reyes.

«Quería obligarle a cambiar sus supuestos sobre mí —diría más tarde Annie—. Quería que creyera que había ido de farol con una pareja de nueves.»

—¡Vaya! ¿De verdad vas con todo con solo un nueve? —le pregunta Phil a Annie—. Eso es muy imprudente, sobre todo contra alguien como yo. A lo mejor me he precipitado.

Los jugadores están listos para la siguiente mano. Annie tiene 1.460.000 dólares en fichas; Phil, 540.000. Les reparten las cartas. Annie tiene un rey y un diez; Phil, un diez y un ocho. Las primeras cartas comunes son un dos, un diez y un siete.

---

* Recuérdese que se trata de una competición televisada; de otro modo, este tipo de comentarios «a terceros» no tendrían mucho sentido. (N. del T.)

Cartas comunes

Cartas de Annie   Cartas de Phil

Phil tiene una pareja de dieces, con un ocho de respaldo. Es una buena mano. Annie también tiene una pareja de dieces, con un rey; un poco mejor.

Phil pone 45.000 dólares en el bote. Annie sube a 200.000. Es un movimiento agresivo. Pero Phil está empezando a creer que Annie juega de manera imprudente. Le parece ver una pauta que no esperaba de ella: va de farol una vez, y otra, y otra. La tasa base de Phil está cambiando poco a poco.

Phil observa con atención el montón de fichas sobre la mesa. ¿Acaso su supuesto de que Annie tiene demasiado miedo para ir de farol en los momentos críticos es erróneo? ¿A lo mejor va de farol ahora mismo? ¿Es posible que al final se le haya ido la mano?

—Voy con todo —dice Phil, empujando su montón al centro de la mesa.[33]

—Igualo —responde Annie.

Ambos jugadores descubren sus cartas.

—¡Mierda! —exclama Phil, al ver que los dos tienen una pareja de dieces, pero Annie tiene la carta más alta, un rey frente a su ocho.

El que reparte pone un siete sobre la mesa, que no beneficia a ningún jugador.

Cartas comunes

Cartas de Annie Cartas de Phil

Ahora Annie está de pie, con las manos a las mejillas. Phil también se ha levantado y respira con fuerza.

—¡Dame un ocho, por favor! —dice; es la única carta que le mantendrá en el juego.

El que reparte saca la última carta común. Es un tres.

Cartas comunes

Cartas de Annie Cartas de Phil

Annie gana los dos millones de dólares. Phil queda fuera.[34] La partida ha terminado y Annie se proclama campeona.

Más tarde, ella explicaría que haber ganado entonces cambió su vida. En efecto, la convirtió en la jugadora de póquer más famosa del mundo. En 2010 ganó el Campeonato Nacional de Póquer Heads-Up, un torneo anual que se juega en Estados Unidos, y actualmente ostenta el récord de ganancias de la Serie Mundial de Póquer. En total ha ganado más de cuatro millones de dólares. Ya no tiene que preocuparse por la hipoteca. Ya no sufre ataques de pánico. En 2009 apareció en una emisión del programa de televisión estadounidense *The Celebrity Apprentice*. Antes de empezar a rodar estaba un poco nerviosa, pero no demasiado. No tuvo crisis de ansiedad. En la actualidad no participa en demasiados torneos de póquer: dedica la mayor parte de su tiempo a dar conferencias a empresarios acerca de cómo pensar de manera probabilística, sobre cómo aceptar la incertidumbre y cómo, si te consagras a una perspectiva bayesiana, sabrás tomar mejores decisiones.

«Mucho en el póquer se reduce a la suerte —me explicaba Annie—. Igual que en la vida. Nunca sabes dónde acabarás. Cuando me sometí a un chequeo en el hospital psiquiátrico en el segundo curso de universidad, jamás podría haber imaginado que terminaría como jugadora de póquer profesional. Pero tienes que sentirse cómodo no sabiendo exactamente hacia dónde va la vida. Así aprendí a mantener a raya la ansiedad. Lo único que podemos hacer es aprender a tomar las mejores decisiones que tenemos delante, y confiar en que, con el tiempo, las probabilidades se decantarán a nuestro favor.»

¿Cómo aprendemos a tomar las mejores decisiones? En parte, ejercitándonos a pensar de manera probabilística. Para ello debemos obligarnos a prever varios futuros —a albergar en nuestra mente escenarios contradictorios de manera simultánea— y luego exponernos a un amplio espectro de éxitos y fracasos a fin de desarrollar una intuición acerca de qué pronósticos tienen más o menos probabilidades de materializarse.

Podemos desarrollar esa intuición estudiando estadística, jugando a juegos como el póquer, pensando detenidamente en las potenciales dificultades y éxitos de la vida o ayudando a nuestros hijos a resolver sus inquietudes poniendo por escrito y calculando pacientemente las probabilidades. Hay numerosas maneras de crearse un instinto bayesiano, algunas tan sencillas como pensar en nuestras decisiones pasadas y preguntarnos: ¿por qué estaba tan seguro de que las cosas serían de una manera determinada? ¿Por qué me equivoqué?

Independientemente de cuáles sean nuestros métodos, los objetivos son los mismos: ver el futuro como múltiples posibilidades antes que como un resultado predeterminado; identificar qué hacemos sin saber que lo hacemos; preguntarnos qué opción nos da las mejores probabilidades. La adivinación no es real: nadie puede predecir el mañana con absoluta confianza. Pero algunas personas cometen el error de tratar de evitar las predicciones porque su sed de certeza es muy fuerte y su temor a la duda demasiado aplastante.

Si Annie se hubiera quedado en el mundo académico, ¿algo de todo esto hubiera importado? «Por supuesto —explica—. Decidir qué puesto de trabajo vas a aceptar, o si puedes permitirte unas vacaciones, o cuánto necesitas ahorrar para la jubilación, todas son predicciones.» Se aplican las mismas reglas básicas. Las personas que deciden mejor son las que más se esfuerzan en prever varios futuros, ponerlos por escrito y estudiarlos detenidamente, y luego se preguntan cuáles son más probables y por qué.

Cualquiera puede aprender a decidir mejor. Todos podemos ejercitarnos en las pequeñas predicciones que hacemos a diario. Nadie tiene razón siempre. Pero, con la práctica, quizá aprendamos a influir en la probabilidad de que nuestra adivinación se convierta en realidad.

7

Innovación

Cómo los mediadores de ideas y la desesperación creativa salvaron *Frozen*, de Disney

El público empieza a hacer cola una hora antes de que abran las puertas de la sala de proyección. Son directores, animadores, editores de historias y guionistas, todos ellos empleados de Disney, todos ellos ansiosos por ver una primera versión de la película de la que todo el mundo habla.[1]

Cuando se acomodan en sus asientos y se apagan las luces, aparecen en pantalla dos hermanas en un paisaje helado. Anna, la más joven, se muestra enseguida como una persona mandona y estirada, obsesionada con su futura boda con el atractivo príncipe Hans y con su coronación como reina. Elsa, su hermana mayor, es envidiosa y malvada, y está maldita: todo lo que toca se convierte en hielo. Debido a ese poder ha sido descartada para ocupar el trono y ahora, al huir de su familia a un palacio de cristal en lo alto de las montañas, alberga una honda amargura. Quiere venganza.

A medida que se acerca el día de la boda de Anna, Elsa conspira con un mordaz muñeco de nieve llamado Olaf para hacerse con el trono. Intentan secuestrar a Anna, pero su plan se ve frustrado por el príncipe Hans, un hombre elegante de mandíbula prominente. La amarga y enfurecida Elsa ordena a un ejército de monstruos de nieve que bajen al pueblo y lo destruyan. Los aldeanos repelen a los invasores, pero, cuando las cosas se apaciguan, descubren que hay bajas: el corazón de la princesa Anna ha sido parcialmente congelado por su malvada hermana y el príncipe Hans ha desaparecido.

En la segunda mitad de la película asistimos a la búsqueda de Anna por parte del príncipe con la fútil esperanza de que su beso sane su dolido corazón. Entretanto, Elsa prepara un nuevo ataque: ahora inunda el pueblo de despiadadas criaturas de nieve. Sin embargo, los monstruos no tardan en descontrolarse. Empiezan a amenazar a todo el mundo, incluida a la propia Elsa. Anna y Elsa se dan cuenta de que la única manera de sobrevivir es aunando esfuerzos. Por medio de la cooperación, derrotan a las criaturas y las hermanas aprenden que trabajar juntas es mejor que pasar penurias separadas. Se hacen amigas. El corazón de Anna se deshiela. La paz vuelve. Todo el mundo vive feliz para siempre.

La película se titula *Frozen* y su estreno está previsto para dentro de solo dieciocho meses.

Normalmente, cuando termina un pase de una película en Disney se oyen aplausos. A menudo, la gente vitorea o grita. Suele haber cajas de pañuelos de papel en la sala de proyecciones porque, en Disney, un buen llanto es señal de un éxito asegurado.

Esta vez no hay llantos. Ni vítores. Nadie toca los pañuelos. Al salir, todos están muy, muy callados.

Cuando terminó la proyección, el director de la película, Chris Buck, y más o menos una docena de cineastas de Disney se reunieron en uno de los comedores del estudio para comentarla. Era una reunión del «trust de historias» del estudio, grupo responsable de aportar opiniones sobre las películas cuando se hallan en fase de producción. Mientras el trust de historias se preparaba para debatir la última versión de *Frozen*, la gente se servía albóndigas suecas en un bufet. Buck no probó bocado. «Lo último que tenía era hambre», me dijo.

John Lasseter, el director creativo de Disney, fue el primero en hablar. «Hay algunas escenas fantásticas —dijo, y mencionó aspectos que le gustaban especialmente: las batallas eran apasionantes, los diálogos entre las hermanas, ingeniosos; los monstruos de nieve, aterradores. La película tenía buen ritmo y era rápida—. Es una película fascinante y la animación será increíble.»

Entonces empezó a enumerar los fallos. La lista era larga.

«No habéis profundizado bastante —comentó tras detallar una docena de problemas—. El público no encuentra con quién conectar porque no hay ningún personaje al que apoyar. Anna es demasiado estirada y Elsa demasiado mala. Hasta el final de la película no me ha caído bien nadie.»

Cuando Lasseter hubo terminado, intervino el resto del trust de historias, señalando otros problemas: había lagunas lógicas en el argumento, por ejemplo, ¿por qué Anna sigue al lado del príncipe Hans cuando este no parece una gran conquista? Además, había demasiados personajes a los que seguir. Los giros argumentales eran en exceso previsibles. No parecía creíble que Elsa secuestrara a su hermana y luego atacara el pueblo sin intentar primero algo menos dramático. Anna parecía demasiado quejumbrosa para tratarse de una persona que vive en un castillo, que va a casarse con un príncipe y que pronto será reina. A un miembro del trust de historias —una guionista llamada Jennifer Lee— la disgustaba especialmente el cínico compinche de Elsa. «Odio al puñetero Olaf —había garabateado en sus notas—. Matad al muñeco de nieve.»

Lo cierto era que a Buck no le sorprendieron las críticas.[2] Su equipo notaba desde hacía meses que la película no funcionaba. El guionista había reestructurado el texto repetidamente; primero Anna y Elsa eran dos desconocidas en lugar de hermanas y después, Elsa, la hermana maldita, ocupaba el trono y a Anna le molestaba ser una «segundona en lugar de la heredera». Los compositores de la banda sonora —un matrimonio que se había encargado de éxitos de Broadway como *Avenue Q* y *The Book of Mormon*—[3] estaban agotados de escribir y descartar canción tras canción. Decían que no sabían plasmar los celos y la venganza en temas desenfadados.

En algunas versiones de la película las hermanas eran ciudadanas normales en lugar de miembros de la realeza; en otras se reconciliaban por su amor común por un reno. En un guión las habían criado por separado. En otro, a Anna la dejaban plantada en el altar. Buck había introducido varios personajes para explicar los orígenes de la maldición de Elsa e intentado crear otro foco de interés amoroso. Nada funcionó. Cada vez que resolvía un problema —logrando que Anna resultara más agradable, por ejemplo, o Elsa menos resentida—, aparecían docenas más.[4]

«Al principio, todas las películas son una porquería —afirmaba Bobby Lopez, uno de los compositores de canciones de *Frozen*—. Pero esta era como un rompecabezas en el que todas las piezas que añadíamos descolocaban las demás. Y el tiempo se nos acababa.»

Aunque la mayoría de los proyectos de animación disponen de cuatro o cinco años de maduración, *Frozen* seguía un calendario acelerado. La película llevaba en producción menos de un año, pero, debido al fracaso de otro largometraje de Disney, los directivos habían adelantado la fecha de estreno a noviembre de 2013, con lo cual solo había un año y medio de margen. «Teníamos que encontrar soluciones rápido —decía Peter Del Vecho, el productor de la película—. Pero no podían ser tópicos o parecer un montón de historias metidas con calzador. Fue una época bastante estresante.»

Por supuesto, el enigma de cómo alentar la innovación habiendo una fecha límite —o, dicho de otro modo, cómo conseguir que el proceso creativo fuera más productivo— no es exclusivo del cine. A diario, estudiantes, directivos de empresas, artistas, políticos y millones de personas se enfrentan a problemas que requieren respuestas imaginativas cuanto antes. Ahora que la economía está cambiando y que nuestra capacidad de aportar ideas creativas es más importante que nunca, la necesidad de mostrar originalidad rápidamente se vuelve aún más acuciante.

De hecho, una de las labores más importantes de muchas personas es averiguar cómo acelerar la innovación. «Estamos obsesionados con la productividad del proceso creativo —afirma Ed Catmull, presidente de Walt Disney Animation Studios y cofundador de Pixar—. Creemos que puede gestionarse bien o mal y, si llevamos a cabo el proceso creativo de forma correcta, encontramos innovaciones con más rapidez. Pero, si no lo hacemos adecuadamente, las buenas ideas se ahogan.»[5]

En el trust de historias, la conversación sobre *Frozen* estaba desinflándose.[6] «Tengo la sensación de que hay varias ideas distintas compitiendo dentro de esta película —dijo Lasseter a Buck, el director—. Está la historia de Elsa, está la historia de Anna y tenemos al príncipe Hans y a Olaf, el muñeco de nieve. Cada una de esas historias posee elementos fantásticos. Hay muy buen material, pero debéis convertirlo en una historia que conecte con el público. Debéis encontrar la esencia de la película. —Lasseter se levantó de su asiento—. Tomaos el tiempo que necesitéis para encontrar las respuestas —añadió—. Pero sería estupendo que no tardarais.»

II

En 1949, un coreógrafo llamado Jerome Robbins se puso en contacto con sus amigos Leonard Bernstein y Arthur Laurents para exponerles una idea audaz. Tenían que colaborar en un nuevo tipo de musical, les dijo, basado en *Romeo y Julieta*, pero ambientado en el Nueva York moderno. Podían integrar ballet clásico, ópera y teatro experimental, y tal vez además jazz contemporáneo y drama moderno. Su objetivo debía ser fundar la vanguardia en Broadway, dijo Robbins.[7]

Robbins ya era famoso por crear obras de teatro —así como su propia existencia— que iban más allá de los límites establecidos. Era bisexual en una época en que la homosexualidad era un delito. Había cambiado su nombre original, Jerome Rabinowitz, por el de Jerome Robbins por miedo a que el antisemitismo pudiera malograr su carrera. Acusó a varios amigos de comunistas ante el Comité de Actividades Antiestadounidenses, aterrorizado porque, si no cooperaba, su sexualidad fuera revelada públicamente y fuera condenado al ostracismo. Era bravucón y perfeccionista y despreciado por algunos bailarines, que a veces se negaban a hablar con él fuera del escenario. Pero pocos rechazaban sus invitaciones a actuar. Gozaba de gran reconocimiento —veneración, en realidad— como uno de los artistas más creativos de su época.

La idea de Robbins para *Romeo y Julieta* era particularmente osada, ya que en aquellos días, los grandes musicales de Broadway solían seguir unos planes de acción bastante previsibles. Las historias se construían alrededor de un protagonista masculino y otro femenino que desarrollaban la trama con diálogos hablados, no cantados. Había coros y bailarines, elaborados decorados y varios dúos hacia la mitad de cada espectáculo. Sin embargo, argumento, canciones y danza no se entrelazaban como ocurría, por ejemplo, en el ballet, donde la historia y el baile son uno, o la ópera, donde el diálogo se canta y la música modela el drama tanto como cualquier actor sobre el escenario.[8]

Para este nuevo espectáculo, Robbins quería probar algo diferente. «¿Por qué no podíamos ser ambiciosos e intentar aunar nuestros mayores talentos? —decía Robbins más tarde—. ¿Por qué Lenny tenía que escribir ópera, Arthur una obra de teatro y yo un ballet?»[9] Los tres querían crear algo moderno pero intemporal. Cuando Bernstein y Laurents leyeron un artículo de prensa sobre altercados racistas, propusieron crear un musical sobre dos amantes —uno puertorriqueño, el otro blanco— cuyas familias pertenecían a bandas enfrentadas. Decidieron que el título del espectáculo sería *West Side Story*.[10]

En años posteriores, los hombres intercambiaron guiones, partituras e ideas para la coreografía. Se enviaban por correo borradores durante los largos meses que pasaban separados. Sin embargo, tras media década de trabajo, Robbins estaba impaciente. Aquel musical era importante, escribió a Bernstein y Laurents. Rompería esquemas. Debían terminar el guión. Para acelerar las cosas propuso que dejaran de probar algo nuevo cada vez. Por el contrario, debían ceñirse a las convenciones que, gracias a pruebas y errores, habían funcionado en otros espectáculos, pero combinar dichas convenciones de maneras diferentes.

Por ejemplo, habían tenido problemas con el primer encuentro entre Tony y Maria, los protagonistas del musical.[11] Robbins propuso que escogieran una página de Shakespeare e hicieran que los amantes se vieran desde ambos extremos de una pista de baile. Pero debía ser una escena contemporánea, un lugar en el que «suena un alocado mambo y los niños improvisan desaforadamente a ritmo de jitterbug».[12]

Para la pelea en la que Tony mata a su enemigo, Robbins dijo que la coreografía debía imitar la escenificación de enfrentamientos en el cine. «La escena de la pelea debe provocarse de inmediato —escribía Robbins— o aburriremos al público.»[13] Durante un dramático encuentro entre Tony y Maria, necesitaban algo que evocara la clásica escena del matrimonio de *Romeo y Julieta*, pero que también incorporara la teatralidad de la ópera y parte del romanticismo sentimental de Broadway que tanto gustaba al público.

Sin embargo, el mayor desafío era averiguar qué convenciones teatrales eran verdaderamente importantes y cuáles se habían convertido en tópicos. Laurents, por ejemplo, había escrito un guión dividido en los tres actos tradicionales, pero es «un grave error perder la concentración del público durante dos intermedios», escribió Robbins.[14] El cine había demostrado que uno puede mantener al público en su asiento si la acción progresa sin cesar. Es más, escribió Robbins a Laurents, «lo que más me gusta son las secciones en las que has seguido tu propio ritmo, escribiendo a tu estilo con tus propios personajes e imaginación. Son menos satisfactorias aquellas en las que percibo la intimidación de Shakespeare acechándote».[15] Asimismo, había que evitar a toda costa los personajes demasiado previsibles. «Con el personaje de Anita habéis errado el tiro —escribió Robbins a sus compañeros—. Es el típico personaje secundario pesimista. Olvidaos de Anita.»[16]

En 1957 —ocho años después de embarcarse en el proyecto—, por fin acabaron. Habían combinado distintos tipos de teatro para crear algo nuevo: un musical donde baile, canciones y diálogo se integraban en una historia de racismo e injusticia tan contemporánea como los periódicos que se vendían delante del teatro. Solo faltaba el apoyo económico. Casi todos los productores con quienes contactaron los rechazaron. El espectáculo distaba mucho de lo que esperaba el público, decían los inversores. Al final, Robbins encontró a algunos dispuestos a pagar una función en Washington, lo bastante lejos de Broadway, según esperaban todos, para que, en caso de que el espectáculo fracasara, la noticia no llegase a Nueva York.

Resulta que el método propuesto por Robbins para poner en marcha el proceso creativo —tomar ideas demostradas y convencionales de otros ámbitos y combinarlas de nuevas maneras— es extraordinariamente efectivo. Es una táctica usada por gente de todo tipo para conseguir éxitos creativos. En 2011, dos profesores de la Escuela de Negocios de la Northwestern University empezaron a evaluar cómo se producen esas combinaciones en la investigación científica. «Las combinaciones de material existente son elementos esenciales de las teorías de la creatividad, ya sea en el arte, en la ciencia o en la innovación comercial», escribían en la revista *Science* en 2013.[17] Sin embargo, la mayoría de las ideas originales surgen de conceptos viejos, y «las piezas fundamentales de las nuevas ideas a menudo se personifican en el conocimiento ya existente». Los investigadores se preguntaban por qué a algunas personas se les da mucho mejor coger esas piezas y colocarlas de maneras novedosas.

Los investigadores —Brian Uzzi y Ben Jones—[18] decidieron centrarse en una actividad que conocían muy bien: escribir y publicar artículos académicos. Tenían acceso a una base de datos con 17,9 millones de manuscritos científicos publicados en más de doce mil revistas. Sabían que no había forma objetiva de medir la creatividad de cada artículo, pero sí podían calcular su originalidad analizando las fuentes que habían citado los autores en sus notas finales. «Un artículo que combina obras de Newton y Einstein es convencional. Esa combinación se ha producido miles de veces —me decía Uzzi—.

Pero es mucho más probable que un artículo que combine Einstein y Wang Chong, el filósofo chino, sea creativo, ya que es un maridaje inusual.» Además, al centrarse fundamentalmente en los manuscritos más populares de la base de datos —los estudios que habían sido citados miles de veces por otros investigadores—, podían calcular la aportación creativa de cada manuscrito. «Para entrar en el 5 por ciento de los estudios citados con más frecuencia tienes que ofrecer algo bastante nuevo», afirmaba Uzzi.

Uzzi y Jones —junto con sus compañeros Satyam Mukherjee y Mike Stringer— escribieron un algoritmo para evaluar los 17,9 millones de artículos. Analizando cuántas ideas diferentes contenía cada estudio, si esas ideas habían sido mencionadas juntas con anterioridad y si los artículos eran famosos o no, su programa podía estipular en qué medida era novedoso cada uno de ellos. Luego podían comprobar si los artículos más creativos compartían algún rasgo.

Los análisis indicaron que algunos artículos creativos eran breves y otros largos. Algunos habían sido escritos por individuos, aunque la mayoría por equipos. Algunos estudios fueron realizados por investigadores al principio de su carrera; otros eran obra de profesores más experimentados.

En otras palabras, había muchas maneras de escribir un artículo creativo.

Pero casi todos los artículos creativos tenían al menos un elemento en común: normalmente eran combinaciones de ideas ya conocidas mezcladas de maneras novedosas. Es más, de media, un 90 por ciento del contenido de los manuscritos más «creativos» ya había sido publicado en otras revistas y seleccionado por miles de científicos. Sin embargo, en los artículos creativos, esos conceptos convencionales eran aplicados de una manera que nadie había considerado antes. «Nuestro análisis de 17,9 millones de artículos que abarcan todos los campos científicos indica que la ciencia sigue un patrón casi universal —escribían Uzzi y Jones—. La ciencia con mayor impacto se basa eminentemente en combinaciones convencionales de trabajos anteriores, pero a la vez refleja una presencia de combinaciones inusuales.» Era esa combinación de ideas, y no las ideas propiamente dichas, la que normalmente convertía un artículo en algo tan creativo e importante.[19]

Si tenemos en cuenta algunas de las innovaciones intelectuales más relevantes del último medio siglo, veremos esta dinámica en acción. El campo de la economía conductual, que ha transformado la manera de trabajar de empresas y gobiernos, nació a mediados de los años setenta y durante los ochenta, cuando los economistas empezaron a aplicar viejos principios de la psicología a la economía y a formularse preguntas como, por ejemplo, por qué gente perfectamente sensata compraba billetes de lotería.[20] O, por citar también otras yuxtaposiciones de ideas conocidas de maneras novedosas, las empresas de contactos sociales en internet crecieron cuando los programadores informáticos tomaron prestados unos modelos de salud pública que fueron desarrollados originalmente para explicar cómo se propagaban los virus y los aplicaron a cómo compartían actualizaciones los amigos. En la actualidad, los médicos pueden cartografiar rápidamente complejas secuencias genéticas porque los investigadores han trasladado las matemáticas del teorema de Bayes a los laboratorios que estudian la evolución de los genes.[21]

Fomentar la creatividad yuxtaponiendo viejas ideas de maneras originales no es nuevo. Los historiadores han señalado que la mayoría de los inventos de Thomas Edison fueron el resultado de importar ideas de un ámbito de la ciencia a otro. Edison y sus compañeros «utilizaron sus conocimientos sobre el poder electromagnético del sector del telégrafo, donde trabajaron por primera vez, para trasladar viejas ideas [a los sectores de] la iluminación, el teléfono, el fonógrafo, el ferrocarril y la minería», escribían en 1997 dos profesores de Stanford.[22] Los investigadores han probado de forma sistemática que laboratorios y empresas alientan esas combinaciones para fomentar la creatividad. Un estudio realizado en 1997 sobre IDEO —la empresa de diseño de productos de consumo— puso de relieve que la mayoría de sus grandes éxitos se originaban como «combinaciones de conocimientos ya existentes que pertenecen a sectores dispares». Por ejemplo, los diseñadores de IDEO crearon una exitosa botella de agua mezclando una garrafa normal con la boquilla hermética de un envase de champú.

Combinar ideas viejas de nuevas maneras también se aplica a la economía, donde los precios de los derivados financieros se calculan mezclando fórmulas desarrolladas originalmente para describir el movimiento de las partículas de polvo con técnicas de apuestas.[23] Los cascos de moto modernos existen porque un diseñador se preguntó si podría adaptar el diseño de la estructura de un barco, que puede soportar prácticamente cualquier colisión.[24] Incluso puede aplicarse a la paternidad, donde uno de los libros más populares sobre bebés —*The Common Sense Book of Baby and Child Care*, de Benjamin Spock, publicado en 1946— combinaba la psicoterapia freudiana con técnicas de crianza tradicionales.[25]

«Muchas personas a quienes consideramos excepcionalmente creativas son en esencia intermediarios intelectuales —afirmaba Uzzi—. Han aprendido a transferir conocimientos entre diferentes sectores o grupos. Han visto a mucha gente abordar los mismos problemas en ámbitos distintos, así que saben qué ideas tienen más posibilidades de funcionar.»

En el campo de la sociología, estos intermediarios a menudo son conocidos como mediadores de ideas o innovaciones. En un estudio publicado en 2004, un sociólogo llamado Ronald Burt evaluó a 673 directivos de una gran empresa de productos electrónicos y descubrió que las ideas consideradas «creativas» de manera más sistemática provenían de personas que poseían un talento especial para coger conceptos de un departamento de la empresa y explicarlos a empleados de otras secciones. «La gente conectada a varios grupos conoce más formas alternativas de pensar y comportarse —escribía Burt—. Los mediadores intergrupales son más dados a expresar ideas y menos proclives a que estas sean rechazadas. Asimismo, tienen más posibilidades de que sus ideas se consideren valiosas.»[26] Gozaban de mayor credibilidad cuando planteaban propuestas, decía Burt, porque podían explicar qué ideas habían triunfado ya en otras situaciones.[27] «No es una creatividad fruto de la genialidad —escribía Burt—. Es creatividad como un negocio de importación-exportación.»

Sin embargo, lo más interesante es que no existe una personalidad concreta asociada a un mediador de innovaciones. Según los estudios, casi cualquiera puede convertirse en uno siempre que reciba el estímulo adecuado.[28]

Antes de que comenzaran los ensayos de *West Side Story*, Robbins fue a ver a sus compañeros y les dijo que no estaba satisfecho con la primera escena del musical. Según había sido ideado inicialmente, el espectáculo empezaba de forma tradicional, con los personajes presentándose por medio de unos diálogos que ilustraban las tensiones centrales de la trama:[29]

PRIMER ACTO
ESCENA I

A-RAB, *un adolescente vestido con el uniforme de su banda* (LOS JETS), *cruza el escenario. De repente, dos* CHICOS DE PIEL OSCURA *saltan un muro, tiran a* A-RAB *al suelo y le dan una paliza. Los atacantes huyen corriendo y varios chicos —vestidos como* A-RAB— *llegan a toda prisa desde el otro lado.*

DIESEL	¡Es A-rab!
BABY JOHN	Le han dado una buena paliza.
ACTION	¡Y en nuestro territorio!

Entra RIFF, *el jefe de LOS JETS*

RIFF	Vamos al grano, A-rab. ¿Quién ha sido?
ACTION	¡Esos malditos puertorriqueños!
DIESEL	Se supone que en esta zona mandamos nosotros…

MOUTHPIECE	¡Los puertorriqueños nos están invadiendo como sus asquerosas familias están invadiendo a las nuestras!
A-RAB	Vamos a buscar un poco de acción, Riff.
ACTION	¡Vamos a por los puertorriqueños!
BABY JOHN	¡Pelea de bandas!
RIFF	¡Eh, colegas! ¿Qué sabéis vosotros de peleas de bandas, niñatos? Vuestra ignorancia es pasmosa. ¿Cómo creéis que planea una guerra la plana mayor?
BABY JOHN	¡Crack-O Jack-O!
RIFF	Primero envías exploradores a ver al jefe enemigo para organizar un consejo de guerra. Luego…
ACTION	¡Luego vas!
RIFF	Tenemos que ir a buscar a Tony para poder organizar una votación.
ACTION	Pero ¡si siempre hace lo que dices tú! ¡Venga!

En esta versión de la escena inicial, el público conoce los elementos argumentales básicos momentos después de que se haya levantado el telón. Saben que hay dos bandas divididas por líneas étnicas. Saben que esas bandas están siempre enfrentadas. Saben que existe una jerarquía dentro de cada banda —Riff es claramente el líder de los Jets—, así como cierta formalidad: no puede iniciarse una pelea entre ellas sin una reunión del consejo de guerra. El público nota la energía y la tensión («¡Crack-O Jack-O!») y conoce a otro personaje, Tony, que parece importante. En general es un comienzo efectivo.

Robbins lo descartó por demasiado previsible. Era cómodo y estaba lleno de tópicos. Las bandas no solo pelean, sino que son quienes mandan en un territorio, del mismo modo que un bailarín en un escenario. El número inicial de un musical sobre inmigrantes y la energía de Nueva York debía resultar ambicioso y arriesgado, conseguir que el público se sintiera igual que Robbins, Bernstein y Laurents cuando se les ocurrió la idea. Ellos, los propios dramaturgos, eran luchadores, les dijo Robbins. Eran judíos y marginados, y ese musical era una oportunidad para inspirarse en sus experiencias de exclusión y ambición y plasmar sus emociones en el escenario.

«Robbins podía ser inclemente —decía Amanda Vaill, la biógrafa de Robbins—. Era capaz de oler la complacencia creativa y obligar a la gente a idear algo más nuevo y mejor que aquello con lo que se conformaba todo el mundo.» Robbins era un mediador de innovaciones y forzaba a quienes lo rodeaban a ser como él.

Esto es lo que apareció en el escenario —y más tarde en las pantallas de cine— en lo que finalmente vino en llamarse «El prólogo de *West Side Story*». Es una de las creaciones teatrales más influyentes de los últimos sesenta años:

El inicio es musical: medio bailado, medio interpretado con mímica. Es sobre todo una condensación de la creciente rivalidad entre dos bandas adolescentes, LOS JETS y LOS SHARKS, las cuales lucen con orgullo sus uniformes. LOS JETS —con patillas y pelo largo— son vitales, incansables y sardónicos; LOS SHARKS son puertorriqueños.

Cuando se levanta el telón, vemos a LOS JETS en una pista de asfalto, chasqueando los dedos mientras toca la orquesta. Una pelota choca contra la valla y la música se detiene. Uno de los chicos, RIFF, asiente para indicar que devuelvan la pelota a su aterrorizado propietario. El subordinado de RIFF obedece y la música empieza a sonar de nuevo.

LOS JETS echan a andar por la pista y, cuando la música se intensifica, empiezan a hacer piruetas. Gritan «¡Sí!» y comienzan una serie de *ronds de jambe en l'air*. El asfalto es suyo. Son pobres e ignorados por la sociedad, pero ahora mismo son los dueños del lugar.

Entonces aparece UN ADOLESCENTE, el líder de LOS SHARKS. LOS JETS dejan de moverse. Llegan otros SHARKS y empiezan a chasquear los dedos. Luego realizan una serie de piruetas. Los SHARKS se hacen dueños del escenario.

Se produce una refriega entre ambas bandas, que se disputan el territorio y la dominación, representando gestualmente amenazas y disculpas, compitiendo pero sin llegar a pelear, hasta que docenas de SHARKS y JETS vuelan por todo el escenario, rozándose pero sin tocarse mientras se hacen mofas y se provocan. Entonces un SHARK le pone la zancadilla a un JET. El JET empuja a su atacante. Empieza a sonar un platillo y de repente están unos encima de otros, propinándose patadas y puñetazos, hasta que el silbato de un policía los obliga a parar y las bandas fingen ser amigas delante del AGENTE KRUPKE.

No hay diálogo durante nueve minutos. Todo se comunica a través de la danza.[30]

Cuando se estrenó *West Side Story* en 1957, el público no sabía qué pensar. Los actores iban vestidos con ropa de diario, pero se movían como si pertenecieran a un ballet clásico. Las danzas eran tan formales como *El lago de los cisnes*, pero describían peleas callejeras, un intento de violación y escaramuzas con la policía. La música se hacía eco de los tritonos sinfónicos de Wagner, pero también de los ritmos del jazz latino. Durante todo el musical, los actores alternaban canciones y diálogos indistintamente.

«Las normas básicas por las que se rige *West Side Story* se exponen en el número inicial —escribía más tarde el historiador del teatro Larry Stempel—. Antes de que se haya podido pronunciar o cantar una frase inteligible, el baile ha transmitido la información dramática esencial.»[31]

Mientras todos se preparaban para ocupar sus posiciones de cara a la ovación final, «corrimos hasta nuestro sitio y nos cogimos de las manos. Subió el telón y miramos al público y este a nosotros y pensé: "¡Dios mío, esto es la bomba!"» —contaba Carol Lawrence, que interpretó a la Maria original—.[32] Y entonces, como si Jerry lo hubiera coreografiado, la gente se puso en pie. Nunca había oído a la gente dando pisotones y gritando. En ese momento Lenny ya estaba en los camerinos; volvió en el momento de la ovación final, se me acercó, me abrazó y lloramos».

West Side Story se convertiría en uno de los musicales más populares e influyentes de la historia. Triunfó gracias a su mezcla de originalidad y convención para crear algo nuevo. Cogió ideas viejas y las recolocó en nuevos ámbitos de manera tan elegante que muchos nunca se dieron cuenta de que estaban viendo algo conocido transformándose en algo único. Robbins obligó a sus compañeros a convertirse en mediadores, a plasmar sus propias experiencias en el escenario. «Fue todo un logro», decía Robbins más tarde.

III

El espacio asignado al equipo de *Frozen* para sus reuniones diarias era grande, aireado y confortable. Las paredes estaban llenas de bocetos de castillos y cuevas de hielo, renos de aspecto afable, un monstruo de nieve llamado «Marshmallow» y docenas de conceptos para troles. Cada mañana a las nueve, el director, Chris Buck, y su equipo principal de guionistas y artistas se reunían con sus tazas de café y sus listas de tareas.[33] Los músicos Bobby Lopez y Kristen Anderson-Lopez se comunicaban por videoconferencia desde su casa de Brooklyn. Luego, todos se sumían en el pánico por el poco tiempo que les quedaba.

La ansiedad era particularmente mayor la mañana posterior a la desastrosa proyección y la reunión con el trust de historias. Desde el principio, el equipo de *Frozen* sabía que no podía limitarse a narrar otra vez un viejo cuento de hadas. Querían hacer una película que contara algo nuevo. «No podía ser que al final una princesa besara a alguien y esa fuera la definición del amor verdadero», me explicaba Buck. Querían que la película contara algo más grande, una historia sobre por qué las chicas no necesitan ser salvadas por el príncipe encantador, sobre cómo pueden salvarse a sí mismas dos hermanas. El equipo de *Frozen* deseaba dar un giro de ciento ochenta grados a la fórmula estándar de la princesa. Pero justo por ese motivo ahora tenían tantos problemas.

«Era una ambición enorme —decía Jennifer Lee, que pasó a formar parte del equipo de *Frozen* como guionista después de trabajar en ¡*Rompe Ralph!*, otra película de Disney—. Y era particularmente difícil porque toda película necesita tensión, pero si la tensión en *Frozen* es entre las hermanas, ¿cómo consigues que ambas resulten simpáticas? Probamos con una trama sobre celos, pero era banal. Probamos con una historia de venganza, pero Bobby no dejaba de insistir en que necesitábamos una heroína optimista en lugar de contiendas. El trust de historias tenía razón: la película tenía que conectar emocionalmente. Pero no sabíamos cómo conseguirlo sin caer en tópicos.»

Todos los presentes en la sala eran muy conscientes de que solo contaban con dieciocho meses para terminar la película. Peter Del Vecho, el productor, les pidió que cerraran los ojos.

—Hemos probado muchas cosas —dijo—. No pasa nada porque todavía no hayamos encontrado una solución. Ocurre con todas las películas, y cada paso en falso nos acerca un poco más a lo que funciona. Ahora, en lugar de centrarnos en lo que no está funcionando, quiero que penséis en lo que podría estar bien. Que imaginéis vuestras mayores esperanzas. Si pudierais hacer algo, ¿qué os gustaría ver en la pantalla?

El grupo permaneció unos minutos en silencio. Después, abrieron los ojos y se pusieron a describir lo que los había entusiasmado al inicio del proyecto. A algunos les había atraído *Frozen* porque brindaba la oportunidad de cambiar drásticamente la imagen de las chicas en el cine. Otros decían que les inspiró la idea de una película en que dos hermanas se reencuentran.

«Mi hermana y yo nos peleábamos mucho de niñas», les contó Lee a sus compañeros. Sus padres se habían divorciado cuando era joven. Al final se había mudado a Manhattan; su hermana era profesora de instituto al norte del estado de Nueva York.[34] Cuando Lee tenía poco más de veinte años, su novio se había ahogado en un accidente de navegación. Su hermana entendió por lo que estaba pasando y estuvo con ella en un momento de necesidad. «Llega un día en que empiezas a ver a tu hermano como una persona y no como un reflejo de ti mismo —explicó Lee—. Creo que es lo que más me molesta de este guión. Si ves a las dos hermanas, no parece real que una sea una villana y la otra una heroína. Eso no ocurre en la vida real. Los hermanos no se separan porque uno sea bueno y el otro malo. Se separan porque los dos son un desastre y cuando se reúnen se dan cuenta de que se necesitan. Eso es lo que quiero mostrar.»

Durante el mes siguiente, el equipo de *Frozen* se centró en la relación entre Anna y Elsa. En particular, los cineastas se inspiraron en sus propias experiencias para dilucidar la relación de ambas hermanas. «Siempre se encuentra la historia adecuada cuando empezamos a preguntarnos qué parece real —me decía Del Vecho—. Lo que es un lastre para nosotros es cuando nos olvidamos de utilizar nuestra vida, lo que tenemos en la cabeza, como materia prima. Por eso el método de Disney es tan poderoso, porque nos empuja a ahondar cada vez más hasta que nos plasmamos a nosotros mismos en la pantalla.»[35]

Jerry Robbins animó a sus colaboradores de *West Side Story* a inspirarse en sus experiencias para convertirse en mediadores creativos. El Sistema de Producción Toyota activó la capacidad de los empleados para proponer innovaciones otorgándoles más control. El sistema de Disney hace algo distinto. Obliga a la gente a utilizar sus emociones para escribir diálogos para personajes de dibujos animados, a infundir sentimientos reales en situaciones que por definición son irreales y fantásticas. Merece la pena estudiar este método porque plantea una manera según la cual todo el mundo puede convertirse en un mediador de ideas: inspirándose en su vida para obtener alimento creativo. Todos tenemos el instinto natural de pasar por alto nuestras emociones como material creativo. Sin embargo, un elemento clave para aprender a trasladar ideas de un ámbito a otro, de separar lo real de los tópicos, es prestar más atención a cómo nos sentimos. «La creatividad es simplemente conectar cosas —decía Steve Jobs, el cofundador de Apple, en 1996—. Cuando preguntas a las personas creativas cómo han hecho algo, se sienten un poco culpables, porque en realidad no lo han hecho, simplemente han visto algo. Con el tiempo, para ellos resultaba obvio. Por eso han podido conectar experiencias que han vivido y sintetizar cosas nuevas. Y han podido porque han tenido más experiencias o han pensado más en sus experiencias que otros.»[36] En suma, las personas se convierten en mediadores creativos cuando aprenden a prestar atención a cómo reaccionan y sienten.

«La mayoría de las personas concibe la creatividad de forma demasiado obtusa —me decía Ed Catmull, presidente de Disney Animation—. Así que pasamos mucho tiempo presionando a la gente para que profundice más, para que mire más dentro de sí, para que encuentre algo real que pueda convertirse en mágico cuando salga de la boca de un personaje en una pantalla. Todos llevamos el proceso creativo dentro; a veces solo hace falta que nos animen a utilizarlo.»[37]

Esta lección no se limita al cine o a Broadway. Los pósits, por ejemplo, los inventó un ingeniero químico que, frustrado porque se le caían los marcadores del himnario, decidió utilizar un nuevo adhesivo para que no se movieran.[38] Y el celofán lo inventó un químico exasperado que quería proteger los manteles de las manchas de vino.[39] La leche infantil en parte la creó un padre agotado que usó nutrientes vegetales en polvo para poder alimentar a su bebé cuando lloraba en plena noche.[40] Esos inventores buscaron en su propia vida las materias primas para la innovación. Lo destacable es que, en todos los casos, a menudo se mostraban muy nerviosos. Es más probable que veamos descubrimientos ocultos en nuestras experiencias cuando la necesidad nos empuja a ello, cuando el pánico o las frustraciones nos hagan aplicar viejas ideas a nuevas situaciones. Los psicólogos lo llaman «desesperación creativa». No toda la creatividad depende del pánico, por supuesto. Pero un estudio del psicólogo cognitivo Gary Klein indica que aproximadamente un 20 por ciento de las innovaciones creativas vienen precedidas de una ansiedad similar al estrés que acompañó al desarrollo de *Frozen* o las presiones que impuso Robbins a sus colaboradores de *West Side*

Story.[41] Los mediadores efectivos no son fríos y serenos. A menudo están preocupados y asustados.

Meses después de la reunión del trust de historias, los compositores Bobby Lopez y Kristen Anderson-Lopez paseaban por Prospect Park, en Brooklyn, ansiosos debido a todas las canciones que debían componer, cuando Kristen preguntó: «¿Cómo te sentirías si fueras Elsa?». Al pasar junto a los columpios y gente que practicaba *jogging*, Kristen y Bobby hablaron de qué harían si estuvieran malditos y la gente los despreciara por algo que no dependiera de ellos. «¿Qué pasaría si intentaras ser bueno toda tu vida pero no importara porque la gente te juzga constantemente?», preguntó Kristen.

Conocía la sensación. Había notado las miradas de otros padres cuando permitía a sus hijas que comieran helado en lugar de aperitivos más sanos. También cuando ella y Bobby dejaban a sus hijas utilizar el iPad en un restaurante porque necesitaban un momento de tranquilidad. Puede que Kristen no hubiera sido condenada con un poder mortífero, pero sabía lo que se sentía cuando la gente te juzga. No le parecía justo. No era culpa suya querer hacer carrera profesional. Ni querer ser una buena madre y esposa y también una compositora de éxito, lo cual significaba inevitablemente que, a veces, los aperitivos preparados en casa y las conversaciones animadas a la hora de la cena —por no hablar de las notas de agradecimiento, el deporte y contestar correos electrónicos— quedaban aparcados. No quería pedir perdón por no ser perfecta. No creía necesitarlo. Y tampoco creía que Elsa tuviera que pedir perdón por sus defectos.

«Elsa ha intentado hacer bien las cosas durante toda su vida —le dijo Kristen a Bobby—. Ahora la castigan por ser ella misma y la única salida es dejar de preocuparse, dejarlo correr.»

Mientras paseaban, empezaron a improvisar fragmentos de letras. ¿Y si escribían una canción que empezara como un cuento de hadas, propuso Bobby, como las historias que leían a sus hijas por la noche? Entonces, Elsa podría hablar de las presiones que conlleva el ser una buena chica, respondió Kristen, subiéndose a un banco de picnic. «Podría convertirse en una mujer —dijo—. Eso es crecer, dejar atrás las cosas por las que no deberías preocuparte.»

Kristen empezó a cantar para los árboles y las papeleras, probando letras en las que Elsa transmitiera lo que ha hecho al ser una buena chica y que ya no le importa lo que piensen los demás. Bobby estaba grabando su canción improvisada con el iPhone.

Kristen abrió los brazos.

Suéltalo, suéltalo.
La farsa se acabó.

«Creo que acabas de componer el estribillo», dijo Bobby.

Cuando llegaron a casa, grabaron una versión inicial de la canción en su pequeño estudio. De fondo se oía el tintineo de platos del restaurante griego de la planta de abajo. Al día siguiente se la enviaron a Buck, Lee y el resto del equipo de *Frozen*. A medio camino entre la balada con fuerza y el aria clásica, se hallaba embebida de las frustraciones de Kristen y Bobby y de lo libres que se sintieron cuando pasaron por alto las expectativas de la gente.[42]

Cuando los responsables de *Frozen* se reunieron en las oficinas de Disney a la mañana siguiente, pusieron *Let It Go* en el equipo de música. Chris Montan, director musical de Disney, pegó un manotazo en la mesa.

—Lo tenemos —exclamó—. Esa es nuestra canción. ¡De eso trata la película!

—Tengo que ir a reescribir el principio de la película —respondió Lee.

«Estaba muy contenta —me contaba Lee más tarde—. Muy aliviada. Habíamos pasado mucho tiempo con dificultades. Entonces escuchamos *Let It Go* y por fin tuvimos la sensación de que habíamos superado el escollo. Tenía clara la película. Llevábamos los fragmentos en la cabeza, pero necesitábamos que alguien nos plasmara a nosotros mismos en los personajes, que resultaran familiares. *Let It Go* hizo que Elsa pareciera uno de nosotros.»[43]

IV

Siete meses después, el equipo de *Frozen* ya tenía los primeros dos tercios de la película. Sabían cómo hacer que Anna y Elsa resultaran simpáticas a la vez que las separaban para crear la tensión que se necesitaba. Sabían cómo retratar a las hermanas como personas esperanzadas, pero atribuladas. Incluso habían transformado a Olaf —el dichoso muñeco de nieve— en un compinche adorable. Todo empezaba a encajar.

Excepto que no sabían cómo terminar la película.

«Era un rompecabezas enorme —decía Andrew Millstein, presidente de Walt Disney Animation Studios—. Lo intentamos todo. Queríamos que Anna se sacrificara para salvar a Elsa. También queríamos que el verdadero amor de la película fuese entre las hermanas. Pero teníamos que ganarnos ese final. Tenía que parecer real.»[44]

Cuando los cineastas de Disney se quedan estancados, denominan a ese fenómeno «*spinning*». «El *spinning* se produce porque estás atascado y ya no eres capaz de ver tu proyecto desde perspectivas diferentes», afirmaba Ed Catmull. Así que gran parte del proceso creativo consiste en distanciarse y no estar demasiado pegado a tu creación. Pero el equipo de *Frozen* se sentía tan cómodo con su visión de las hermanas, tan aliviado por haber dilucidado los elementos básicos de la película y tan agradecido porque la desesperación creativa hubiera amainado un poco, que no era capaz de ver otros caminos.

Este problema le será familiar a cualquiera que haya trabajado en un proyecto creativo de larga duración. Cuando los mediadores de innovaciones aúnan diferentes perspectivas, a menudo se libera una energía creativa que se ve acrecentada por una pequeña cantidad de tensión, por ejemplo, la presión resultante de un plazo de entrega,[45] los enfrentamientos generados cuando personas con formaciones diferentes comparten ideas o el estrés que nos ocasionan los colaboradores al presionarnos para que hagamos más. Y esas «tensiones pueden desembocar en una mayor creatividad, ya que todas esas diferencias desencadenan un pensamiento divergente, la capacidad para ver algo nuevo si estamos obligados a pensar en una idea desde el punto de vista de otro —afirma Francesca Gino, que estudia la psicología de la creatividad en la Escuela de Negocios de Harvard—. Pero cuando esa tensión desaparece, cuando resuelves el gran problema y todo el mundo empieza a ver las cosas de la misma manera, la gente a veces también empieza a pensar igual y a olvidar las opciones que tiene».

El equipo de *Frozen* había resuelto casi todos sus problemas. Nadie quería que se perdieran los progresos hechos. Pero no sabían cómo terminar. «Empiezas a estancarte cuando tu flexibilidad disminuye —dice Catmull—. Te dedicas a lo que ya has creado. Pero tienes que estar dispuesto a matar a tus predilectos para avanzar. Si no puedes dejar atrás aquello en lo que has trabajado tanto, acaba atrapándote.»

Así que los directivos de Disney realizaron un cambio.

«Teníamos que dar un giro radical —explica Catmull—. Teníamos que espolear a todo el mundo, así que nombré a Jenn Lee segunda directora.»[46]

En cierto sentido, no era un gran cambio: Lee ya era la guionista de la película. Nombrarla segunda directora, con la misma autoridad que Chris Buck, no determinaba quién participaría en las reuniones diarias, no incorporó voces nuevas a las reuniones. Y la propia Lee fue la primera en reconocer que estaba tan atascada como los demás.

Pero los directivos de Disney tenían la esperanza de que modificar ligeramente la dinámica del grupo evitara el estancamiento general.[47]

En los años cincuenta, un biólogo llamado Joseph Connell abandonó su casa en California y empezó a viajar a las junglas y los arrecifes de coral de Australia para comprender por qué algunas regiones del mundo albergaban una diversidad biológica tan increíble, mientras que otras eran ecológicamente tan anodinas.[48]

Connell había elegido Australia por dos motivos. Primero, porque no le gustaba aprender idiomas. Y segundo, porque los bosques y los paisajes marinos australianos eran ejemplos perfectos de diversidad y homogeneidad biológicas en proximidad. Había extensos tramos de la costa australiana donde convivían estrechamente diferentes clases de corales, peces y vegetación marina. A menos de medio kilómetro de distancia, en otra zona marítima que parecía esencialmente igual, esa diversidad desaparecía y solo te encontrabas con una o dos clases de coral y plantas. Asimismo, algunas zonas de las junglas australianas tenían docenas de tipos diferentes de árboles, líquenes, setas y vides que florecían unos al lado de otros. Pero a solo cien metros, todo se reducía a una especie de cada uno. Connell quería entender por qué la diversidad de la naturaleza —su capacidad de generación creativa— estaba distribuida de manera tan desigual.[49]

Su búsqueda empezó en las junglas de Queensland: 32.600 kilómetros cuadrados que albergan desde mantos forestales hasta arboledas de eucaliptos, además de la selva de Daintree, donde coníferas y helechos crecen al lado del mar, y el Parque Nacional Eungella, donde los árboles son tan frondosos que el suelo puede estar prácticamente a oscuras a mediodía. Connell, que se pasaba el día caminando bajo bóvedas arboladas y abriéndose paso a machetazos por el denso follaje, encontró bolsas de biodiversidad que parecían salidas de la nada. Entonces, a pocos minutos, esa mezcolanza se reducía a una o dos especies. ¿Qué explicaba esa diversidad y homogeneidad?

Al final, Connell empezó a advertir un patrón similar en cada bolsa de biodiversidad: a menudo había indicios de que había caído un gran árbol. A veces encontraba un tronco en descomposición o una profunda hendidura en el suelo. En otras bolsas verdeantes, descubría restos chamuscados bajo la superficie, lo cual indicaba que había estado activo un fuego —tal vez causado por un relámpago— durante un período breve pero intenso antes de que la humedad de la jungla apagara las llamas.

Esos árboles caídos y fuegos, según creía Connell, desempeñaban un papel crucial en la aparición de las especies. ¿Por qué? Porque en algún momento había existido «un hueco en el bosque donde los árboles habían caído o ardido, y ese hueco era bastante grande como para que penetrara la luz y permitiera que otras especies compitieran», me dijo. Ya jubilado, Connell reside en Santa Bárbara, pero recuerda los detalles de esos viajes. «Cuando encontraba ciertas zonas, habían transcurrido años desde el incendio o la caída del árbol, así que en su lugar habían crecido nuevos árboles que volvían a impedir que penetrara el sol —afirmaba—. Pero hubo un momento en que llegaba suficiente luz para que otras especies pudieran conquistar parte del territorio. Alguna alteración había brindado a plantas nuevas la posibilidad de competir.»

En las regiones donde no habían caído árboles ni se habían declarado incendios, una especie se había convertido en la dominante y desplazado a sus competidoras. Dicho de otro modo, una vez que una especie resolvía el problema de la supervivencia, desterraba las demás alternativas. Pero si algo alteraba el ecosistema solo un poco, la biodiversidad se disparaba.

«Aunque solo hasta cierto punto —me dijo Connell—. Si el hueco en el bosque era demasiado grande, surtía el efecto opuesto.» En aquellas zonas donde los leñadores habían talado bosques enteros, donde una gran tormenta había arrancado tramos extensos o donde un incendio se había propagado demasiado, había mucha menos diversidad, incluso décadas después. Si el trauma sufrido por el paisaje era demasiado grande, solo los árboles y vides más resistentes sobrevivían.

Después, Connell observó los arrecifes de la costa australiana, donde también halló un patrón similar. En algunos lugares había una vertiginosa variedad de corales y algas que vivían unos cerca de otros, mientras que, a solo unos minutos en barco, una especie de coral de crecimiento rápido ocupaba hasta el último centímetro cuadrado. La diferencia, según descubrió Connell, era debida a la frecuencia e intensidad de las olas y las tormentas. En las zonas con una gran biodiversidad, había olas de tamaño medio y tormentas moderadas de vez en cuando. Por el contrario, los lugares sin olas ni tormentas estaban dominados por unas pocas especies. O, si las olas eran demasiado fuertes o había demasiadas tormentas, el arrecife estaba pelado.

Daba la impresión de que las capacidades creativas de la naturaleza dependían de una especie de alteración periódica —como la caída de un árbol o una tormenta ocasional— que trastocaba temporalmente el entorno natural. Pero la alteración no podía ser demasiado leve ni demasiado grande. Debía tener la envergadura correcta. «Las alteraciones intermedias son cruciales», me explicó Connell.

En biología, esto se ha dado a conocer como hipótesis de la alteración intermedia,[50] que sostiene que «la diversidad de las especies locales se maximiza cuando la alteración ecológica no es demasiado infrecuente ni demasiado frecuente».[51] Existen teorías alternativas que explican la diversidad de otras maneras, pero la hipótesis de la alteración intermedia se ha convertido en una clave de la biología.[52]

«La idea es que todos los hábitat están colonizados por varias especies, pero con el tiempo una o varias tienden a imponerse», señala Steve Palumbi, director de la estación marina de Stanford en Monterey, California. Esto se conoce como «exclusión competitiva». Si no se producen alteraciones en el entorno, las especies más fuertes se afianzan tanto que ninguna más puede competir. Del mismo modo, si se producen alteraciones grandes y frecuentes, solo vuelven a crecer las especies más resistentes. Pero si se dan alteraciones intermedias, crecen numerosas especies y afloran las capacidades creativas de la naturaleza.

Por supuesto, la creatividad humana es distinta de la biológica. Comparar la caída de un árbol en la jungla australiana con un cambio en la dirección de Disney es una analogía imprecisa. Pero juguemos un instante con esta comparación, porque nos da una lección valiosa: cuando las ideas firmes se afianzan, a veces pueden desplazar de tal modo a sus competidoras que las alternativas son incapaces de prosperar. Así que, en ocasiones, la mejor manera de fomentar la creatividad es alterar las cosas lo suficiente para que entre un poco de luz.

«Cuando me nombraron directora, me di cuenta de que el cambio era sutil, pero al mismo tiempo muy real —me contó Jennifer Lee—. Cuando eres guionista, sabes que una película necesita ciertas cosas, pero eres solo una voz. No quieres que parezca que estás a la defensiva o que eres presuntuosa, porque otras personas tienen tantas propuestas como tú y tu labor consiste en integrar las ideas de todos. En cambio, un director está al mando. Así que cuando me nombraron directora, creí que debía escuchar aún con más atención lo que decían todos, porque ese era mi cometido. Y, al escuchar, empecé a captar cosas en las que no había reparado antes.»

Algunos animadores, por ejemplo, insistían en utilizar la tormenta de nieve al final de la película como metáfora de la confusión interna de los personajes. Otros pensaban que debía evitarse cualquier anticipo para que el final fuera una sorpresa. En calidad de guionista, Lee veía tales sugerencias como estrategias. Pero ahora comprendía que la gente pedía claridad, una dirección en la que cada elección —desde el clima que aparecía en pantalla hasta las decisiones sobre qué se ocultaba o revelaba— dejara entrever una idea fundamental.

Meses después de que ascendieran a Lee, Kristen Anderson-Lopez, la compositora musical, le envió un correo electrónico. En aquel momento llevaban un año comunicándose casi a diario. Hablaban por la noche y se enviaban mensajes durante el día. Su amistad no terminó cuando Lee fue directora, pero cambió un poco.

Kristen viajaba en un autobús escolar, acompañando a su hija, que estudiaba segundo curso, a una excursión al Museo de Historia

Natural de Nueva York, cuando sacó el teléfono y escribió un mensaje a Lee:

«Ayer fui a terapia», escribió. Ella y su terapeuta habían hablado de las distintas opiniones de los miembros del equipo de *Frozen* sobre el final de la película. Habían comentando el ascenso de Lee a directora. «Estaba hablando de dinámicas, políticas, poder y todas esas chorradas, y de a quién escuchas y cómo empiezas —escribió—. Entonces me preguntó: "¿Por qué lo haces?". Y después de diseccionar lo relacionado con el dinero y el ego, todo se reduce a que necesito compartir algunas cosas sobre la experiencia humana. Quiero compartir lo que he aprendido, sentido o experimentado para ayudar a la gente.»

«¿Qué tenemos que decir tú, Bobby y yo sobre esta historia de *Frozen*? —preguntaba Kristen—. Para mí, tiene que ver con no quedarse estancado en unos papeles que vienen dictados por circunstancias que están fuera de nuestro control.»

La propia Lee era el ejemplo perfecto de eso. Poco después de licenciarse en la escuela de cine, había llegado a Disney con apenas una hija pequeña, un divorcio reciente y préstamos académicos, y pronto se había convertido en guionista de uno de los estudios más importantes del planeta. Ahora era la primera directora en la historia de Disney. Kristen y Bobby también eran ejemplos de gente que escapa de sus circunstancias. Habían luchado durante años para labrarse la carrera profesional que querían, incluso cuando todos decían que era ridículo pensar en sobrevivir componiendo canciones. Y ahora estaban allí, con espectáculos de éxito en Broadway y la vida que siempre habían deseado.

A fin de dar con el final para *Frozen*, dijo Kristen, tenían que encontrar la manera de compartir esa idea de posibilidad con el público.

«¿Para ti qué es?», escribió Kristen.

Lee respondió veintitrés minutos más tarde. Eran las siete de la mañana en Los Ángeles.

«Tu terapeuta y tú me encantáis.» Todos los miembros del equipo de *Frozen* tenían sus ideas para la película. Todos los integrantes del trust de historias habían quedado atrapados en su concepto de cómo debía terminar. Pero, a juicio de Lee, ninguno encajaba a la perfección.

Sin embargo, *Frozen* solo podía tener un final. Alguien debía decidir. Y la decisión correcta, escribió Lee, es que «el miedo nos destruye y el amor nos cura. El viaje de Anna debería consistir en aprender qué es el amor; así de sencillo». Al final de la película, «cuando ve a su hermana en los fiordos, completa su arco narrativo con el acto definitivo de amor verdadero: sacrificando sus necesidades por las de otro. El AMOR es una fuerza más grande que el MIEDO. Elige el amor».

Convertirse en directora obligó a Lee a ver las cosas de otra manera, y ese pequeño sobresalto bastó para que se diera cuenta de lo que necesitaba la película y para cambiar lo suficiente a los demás para que coincidieran con ella.

Ese mismo mes, Lee se sentó con John Lasseter.[53]

—Necesitamos claridad —le dijo—. La esencia de esta película no es el bien y el mal, porque eso no sucede en la vida real. Y esta película no trata sobre el amor en oposición al odio. Las hermanas no se distancian por eso.

»Esta película trata del amor y el miedo. Anna es toda amor, mientras que Elsa es todo miedo. Anna ha sido abandonada, así que se lanza a los brazos del príncipe encantador porque no conoce la verdadera diferencia entre el amor real y el encaprichamiento. Tiene que aprender que el amor es una cuestión de sacrificio. Y Elsa tiene que aprender que uno no puede tener miedo de quién es, que no puede huir de sus propios poderes. Tienes que aceptar tus virtudes.

»Eso debemos hacer en el final, demostrar que el amor es más fuerte que el miedo.

—Repítelo —dijo Lasseter.

Lee describió de nuevo su teoría del amor en oposición al miedo, y explicó que Olaf, el muñeco de nieve, personifica el amor inocente, mientras que el príncipe Hans demuestra que el amor sin sacrificio no es amor verdadero, sino narcisismo.

—Repítelo —repuso Lasseter.

Lee lo hizo.

—Ahora cuéntaselo al equipo —pidió Lasseter.[54]

En junio de 2013, unos meses antes del estreno previsto de la película, el equipo de *Frozen* fue a un cine de Arizona para una proyección de prueba. Lo que vieron en la pantalla era totalmente distinto de lo visto en la sala de Disney quince meses antes. Anna, la hermana menor, ahora era jovial, optimista y solitaria. Elsa era cariñosa, pero le asustaban sus poderes y la torturaba el recuerdo de haber hecho daño sin querer a su hermana de pequeñas. Elsa huye a un castillo de hielo con intención de vivir lejos de la humanidad, pero sin darse cuenta sume a su reino en un invierno interminable y congela parte del corazón de Anna.

Anna empieza a buscar un príncipe con la esperanza de que el beso de su amor verdadero funda el hielo de su corazón. Pero resulta que el hombre al que encuentra —el príncipe Hans— pretende adueñarse del trono. El príncipe Hans encarcela a Elsa y abandona a Anna, que está congelándose lentamente, con intención de matar a ambas para hacerse con la corona.

Elsa escapa de su celda y, hacia el final de la película, corre por los fiordos helados huyendo del príncipe corrupto. Anna cada vez está más débil, ya que el hielo que lleva dentro le consume el corazón. Una ventisca se arremolina en torno a las hermanas y Hans cuando se encuentran en el mar helado. Anna está moribunda debido al frío que lleva en el cuerpo. Hans levanta la espada, dispuesto a matar a Elsa y poner el trono a su alcance. Sin embargo, cuando cae la hoja, Anna se interpone. Su cuerpo se convierte en hielo justo cuando la espada desciende, y la golpea a ella en lugar de a su hermana. Al sacrificarse, Anna ha salvado a Elsa, y ese acto de devoción, esa demostración de amor verdadero, finalmente funde el pecho de Anna, que vuelve a la vida, y Elsa, liberada de la ansiedad de hacer daño a la gente que ama, puede dedicar sus poderes a derrotar al malvado Hans. Ahora sabe cómo acabar con el invierno del reino. Las hermanas, unidas, son lo bastante poderosas para superar a sus enemigos y sus propias dudas. Hans es expulsado, la primavera regresa y el amor vence al miedo.

Se habían incluido todos los elementos de una trama tradicional de Disney: había princesas y vestidos de baile, un príncipe atractivo, un compinche ocurrente y una serie de canciones animadas. Pero, a lo largo de la película, esos elementos se vieron alterados lo suficiente para que aflorara algo nuevo y distinto. El príncipe Hans no era encantador, sino el villano. Las princesas no estaban indefensas; por el contrario, se salvaron mutuamente. El amor verdadero no llegó en un rescate, sino de unas hermanas que aprenden a aceptar sus propias virtudes.

«¿Desde cuándo es tan buena esta película?», susurró Kristen Anderson-Lopez a Peter Del Vecho cuando terminó la proyección. *Frozen* acabaría ganando el Oscar a la Mejor Película de Animación en 2014. *Let It Go* obtuvo el de la mejor canción original. *Frozen* se convertiría en la película animada con mayor recaudación de todos los tiempos.

La creatividad no puede verse reducida a una fórmula. Para que sea fresca, necesita novedad, sorpresa y otros elementos que no pueden planificarse por anticipado. No existe ninguna lista de tareas que, en caso de cumplirse, ofrezca innovación a la carta.

Pero el proceso creativo es diferente. Podemos generar condiciones que propicien la creatividad. Sabemos, por ejemplo, que la innovación es más probable cuando se mezclan viejas ideas de maneras novedosas. Sabemos que las posibilidades de éxito aumentan cuando los mediadores —gente con perspectivas nuevas y distintas, que ha visto ideas en varios ámbitos— se inspiran en la diversidad que conocen. Sabemos que, a veces, cierta alteración puede ayudarnos a salir del estancamiento en que caen incluso los pensadores más creativos, siempre y cuando esas sacudidas tengan la intensidad adecuada.

Si uno quiere convertirse en mediador y aumentar la productividad de su proceso creativo, tres cosas pueden ayudar: en primer lugar, hay que ser sensible a las propias experiencias, prestar atención a qué siente y piensa uno ante las cosas. Así distinguimos los tópicos de las verdaderas reflexiones. Como decía Steve Jobs, los mejores diseñadores son aquellos que «han pensado más en sus experiencias que los demás». Por su parte, el procedimiento que aplica Disney pide a los cineastas que miren dentro de sí, que piensen en sus emociones y experiencias hasta que hallen respuestas que insuflen vida a unos personajes imaginarios. Jerry Robbins animó a sus colaboradores de *West Side Story* a plasmar sus aspiraciones y emociones sobre el escenario. Hay que concebir la vida como abono creativo y trasladar las propias experiencias al mundo.

En segundo lugar, uno debe reconocer que el pánico y el estrés que se siente al intentar crear no es indicio de que todo esté desmoronándose. Por el contrario, es la condición que ayuda a ser lo bastante flexibles como para probar algo nuevo. La desesperación creativa puede ser esencial; a menudo la ansiedad nos empuja a ver viejas ideas de nuevas maneras. El camino para salir de esa confusión es analizar lo que uno sabe, volver a examinar las convenciones que uno ha visto que funcionan e intentar aplicarlas a nuevos problemas. Debemos aceptar el dolor creativo.

Por último, hay que recordar que el alivio que sigue a un logro creativo, aunque dulce, también puede cegarnos ante las alternativas. Es fundamental mantener cierta distancia respecto de lo que hemos creado. Sin autocrítica, sin tensión, una idea puede desplazar rápidamente a sus competidoras. Pero siempre es posible recuperar esa distancia crítica obligándonos a evaluar lo que ya hemos hecho, forzándonos a verlo desde una perspectiva completamente distinta, cambiando la dinámica del grupo u otorgando autoridad a alguien que no la tenía. Las alteraciones son esenciales, y mantenemos la mente clara aceptando la destrucción y la agitación, siempre y cuando estemos atentos a que la alteración posea la dimensión adecuada.

En estas tres lecciones subyace una idea: el proceso creativo es, en efecto, un proceso, algo que puede desglosarse y explicarse. Eso es importante, porque significa que cualquiera puede ser más creativo; todos podemos convertirnos en mediadores de innovaciones. Todos disponemos de experiencias y herramientas, de alteraciones y tensiones que nos transforman en mediadores, por supuesto, si estamos dispuestos a aceptar esa desesperación y esa agitación e intentamos ver nuestras viejas ideas de maneras nuevas.

«La creatividad consiste en resolver problemas —me decía Ed Catmull—. Una vez que la gente lo concibe así, deja de parecer magia, porque no lo es en absoluto. Los mediadores tan solo son personas que prestan más atención al aspecto de los problemas y a cómo han sido resueltos antes. Las personas más creativas son aquellas que han aprendido que tener miedo es una buena señal. Solo tenemos que aprender a confiar lo suficiente en nosotros mismos para que la creatividad aflore.»

8

Asimilar datos

Convertir información en conocimiento en las escuelas públicas de Cincinnati

Los alumnos estaban acomodándose en sus asientos cuando se activó la megafonía en la escuela de primaria South Avondale.

«Os habla la directora Macon —anunció una voz—. Comienza la prueba Hot Pencil Drill. Por favor, preparaos, sacad las hojas de ejercicios y empezaremos en cinco, cuatro, tres, dos...»

Dos minutos y treinta segundos después, Dante Williams, de ocho años, dejó el lápiz sobre la mesa, levantó la mano y empezó a moverse impacientemente mientras el profesor anotaba en la parte superior del examen de multiplicaciones el tiempo que había tardado en finalizar.[1] Luego, Dante se levantó de la silla y salió de su aula de tercer curso, moviendo los brazos como si fueran alas mientras recorría a toda prisa el pasillo con la hoja en la mano.

Tres años antes, en 2007, cuando Dante empezó a ir al colegio, South Avondale era considerada una de las peores escuelas de Cincinnati, lo cual, si pensamos en que la ciudad tenía uno de los resultados más bajos de todo el estado, significaba que era una de las peores de Ohio. Ese año, los alumnos de South Avondale habían obtenido unas calificaciones tan malas en los exámenes de evaluación que sus responsables declararon la escuela en situación de «emergencia académica». Solo unas semanas antes de que Dante pisara el complejo escolar por primera vez, un adolescente había sido asesinado —de un balazo en la cabeza y otro en la espalda— justo al lado de South Avondale durante un torneo de fútbol denominado «Peace Bowl».[2] Aquel crimen, sumado a las profundas disfunciones de la escuela, a sus malos resultados académicos y a la sensación general de que South Avondale tenía problemas tan graves que nadie podía resolverlos, había llevado a las autoridades municipales a preguntar si la junta educativa debía cerrar el colegio. Sin embargo, ¿dónde enviarían a Dante y a sus compañeros? En las escuelas cercanas solo se habían obtenido unos resultados ligeramente superiores en las pruebas de evaluación y, si se obligaba a esas aulas a admitir a más niños, probablemente también se desmoronarían.

La comunidad que rodeaba South Avondale era pobre desde hacía décadas. Hubo altercados racistas en los años sesenta y, cuando las fábricas de la ciudad empezaron a cerrar en los años setenta, el desempleo en la zona se disparó. Los directivos de South Avondale veían a los alumnos desnutridos y con marcas de maltratos. En los ochenta, la venta de drogas en las inmediaciones del colegio se desató y nunca llegó a frenarse. En ocasiones, la violencia era tal que la policía patrullaba el perímetro del complejo escolar durante las clases. «Podía ser un lugar bastante aterrador —comentaba Yzvetta Macon, que fue directora de 2009 a 2013—. Los alumnos no iban a South Avondale si había alternativa.»

Sin embargo, lo que no suponía ningún problema eran los recursos. El ayuntamiento de Cincinnati había inyectado millones de dólares en South Avondale. Empresas locales como Procter & Gamble construyeron aulas informáticas y sufragaron programas de tutoría y deportes. En un esfuerzo por solventar las limitaciones de la escuela, las autoridades municipales gastaron casi el triple en cada estudiante de South Avondale que en los alumnos de comunidades más adineradas, como la escuela pública de Montessori, al otro lado de la ciudad. South Avondale contaba con profesores muy activos, bibliotecarios y tutores comprometidos, especialistas en lectura y orientadores formados en educación para niños y preparados para ayudar a los padres a solicitar planes de ayuda estatal y federal.

En la escuela también se usaban sofisticados programas informáticos para hacer el seguimiento del rendimiento estudiantil. Sus directores habían empezado a recopilar datos, y los responsables de las escuelas públicas de Cincinnati habían creado una página especial para cada alumno de South Avondale —un tablero de información que detallaba la asistencia de los niños, sus notas, los deberes y la participación en clase— a la que podían acceder los padres y educadores para saber quién estaba mejorando y quién quedándose atrás. El profesorado de la escuela recibía un flujo constante de memorandos y hojas de cálculo que indicaban cómo le había ido a cada alumno en la última semana, mes y año. De hecho, South Avondale se hallaba a la vanguardia de los datos masivos en el ámbito educativo. «Las escuelas de educación primaria y secundaria deberían tener una estrategia clara para desarrollar una cultura impulsada por los datos», se afirmaba en un informe del Departamento de Educación de Estados Unidos que ayudó a orientar las iniciativas de Cincinnati.[3] Los educadores creían que, estudiando las características de cada alumno de manera exhaustiva, podrían dar la ayuda concreta que más necesitaba cada niño.

«Nos apuntábamos a cualquier idea o programa nuevo —decía Elizabeth Holtzapple, directora de investigación y evaluación de las escuelas públicas de Cincinnati—. Habíamos visto que los datos y los análisis habían transformado por completo otros distritos y decidimos participar.»[4]

Sin embargo, la transformación de South Avondale brillaba por su ausencia. Seis años después de la creación de los tableros online, más de un 90 por ciento de los profesores que trabajaban allí reconocieron que apenas los consultaban, utilizaban los datos enviados por el distrito o leían los memorandos que recibían cada semana. En 2008, un 63 por ciento de los alumnos de tercer curso no cumplían los requisitos educativos mínimos del estado.[5]

De modo que, ese año, en Cincinnati se decidió probar algo distinto. Las autoridades del distrito incluyeron a South Avondale y otros quince complejos escolares de bajo rendimiento en lo que vino en llamarse «Iniciativa Elemental», o IE.[6] La iniciativa resultaba especialmente notable por sus carencias: no se proporcionaron más fondos ni profesores a las escuelas; no se organizaron nuevas sesiones de tutoría o programas extraescolares; los profesores y el alumnado de todos colegios eran básicamente los mismos.

Por el contrario, la IE se centraba en cambiar la forma en que los profesores tomaban decisiones en las aulas. Las reformas partían de la idea de que los datos pueden ser transformadores, pero solo si la gente sabe utilizarlos.[7] Para cambiar la vida de los estudiantes, los educadores tenían que entender cómo transformar todas las hojas de cálculo, estadísticas y tableros online en ideas y planes. Debían verse obligados a interactuar con datos hasta que influyeran en su comportamiento.

Cuando Dante empezó el tercer curso, dos años después de que se iniciara la IE, el programa gozaba ya de tanto éxito que fue considerado por la Casa Blanca un modelo para la reforma de zonas marginales.[8] Las notas en South Avondale mejoraron tanto que la escuela fue calificada de «excelente» por las autoridades estatales. Al final del tercer curso de Dante, un 80 por ciento de sus compañeros leían al mismo nivel que los de otras escuelas; asimismo, un 84 por ciento superó el examen de matemáticas estatal.[9] La escuela había cuadruplicado el número de alumnos que cumplían las directrices orientativas del estado. «South Avondale ha mejorado drásticamente el rendimiento de los estudiantes en el curso académico 2010-2011 y cambiado la cultura de la escuela», se afirmaba en una reseña del distrito escolar.[10] La transformación era tan asombrosa que investigadores de toda la nación empezaron a desplazarse a Cincinnati para averiguar qué estaba haciendo bien la Iniciativa Elemental.

Cuando esos investigadores visitaron South Avondale, los profesores les dijeron que el factor más importante de la transformación de la escuela eran los datos, los mismos datos, de hecho, que en el distrito escolar habían estado recopilando durante años. Los profesores decían que una «cultura impulsada por los datos» había transformado su manera de decidir en el aula.

Sin embargo, cuando se veían presionados, esos profesores también afirmaban que rara vez consultaban los tableros online, los memorandos o las hojas de cálculo que enviaba la oficina central. De hecho, la IE estaba prosperando porque se había ordenado a los profesores que desecharan esas elegantes herramientas de datos y esos modernos programas informáticos y que, por el contrario, empezaran a gestionar la información a mano.

Siguiendo instrucciones de la oficina central, cada escuela había creado una «sala de datos» —en algunos casos una sala de conferencias vacía, en otros, un gran armario que antiguamente contenía material de limpieza— donde los profesores debían transcribir las notas de los exámenes en unas fichas. Les indicaron que dibujaran gráficas en papel de estraza, que colgaron de la pared. Realizaban experimentos improvisados (¿mejoran las notas de los exámenes si los niños son divididos en grupos de lectura más reducidos?, ¿qué ocurre cuando los profesores intercambian clases?) y luego anotaban los resultados en una pizarra. En lugar de limitarse a recibir información, los profesores se veían obligados a interactuar con ella. La IE había funcionado porque, en vez de asimilar datos pasivamente, los profesores aplicaron la «disfluencia»: eran más difíciles de procesar al principio, pero quedaban más afianzados una vez que se entendían bien. Anotando estadísticas e ideas preconcebidas sobre las evaluaciones, los profesores habían averiguado cómo utilizar toda la información que recibían. La Iniciativa Elemental, paradójicamente, había hecho que los datos fueran más difíciles de asimilar, pero más útiles.[11] Y a partir de esas fichas y gráficos realizados a mano, las aulas mejoraron.

«En esas salas de datos ocurrió algo especial», decía Macon, la directora. South Avondale mejoró no porque los profesores tuvieran más información, sino porque aprendieron a comprenderla. «Con Google, internet y toda la información de la que disponemos ahora, podemos encontrar respuestas para casi todo en cuestión de segundos —decía Macon—. Pero South Avondale ha demostrado que no es lo mismo encontrar una respuesta que entenderla.»

II

En las dos últimas décadas, la cantidad de información que se ha incorporado a nuestra vida cotidiana se ha disparado. Hay teléfonos inteligentes que cuentan nuestros pasos, páginas web que controlan nuestros gastos, mapas digitales que trazan nuestros desplazamientos, programas informáticos que vigilan las páginas web que visitamos y aplicaciones que gestionan nuestro calendario. Podemos calcular de forma precisa cuántas calorías consumimos a diario, cuánto han mejorado nuestros niveles de colesterol al mes, cuánto dinero gastamos en restaurantes y cuántos minutos pasamos en el gimnasio. Esta información puede ser increíblemente poderosa. Si se utilizan de forma correcta, gracias a los datos nuestros días quizá sean más productivos, nuestras dietas más saludables, nuestras escuelas más eficaces y nuestra vida menos estresante.[12]

Sin embargo, nuestra capacidad para aprender de la información no ha seguido necesariamente el ritmo de su incremento. Aunque podamos controlar nuestros gastos y el colesterol, a menudo comemos y gastamos de una manera que sabemos que deberíamos evitar. Ni siquiera los usos sencillos de información —como elegir restaurante o una nueva tarjeta de crédito— tienen por qué ser más simples. Para encontrar un buen restaurante chino, ¿es mejor consultar Google, preguntar en nuestro muro de Facebook, llamar a un amigo o buscar en nuestro historial de internet dónde pedimos comida la última vez? Para elegir una tarjeta de crédito, ¿deberíamos consultar una guía en la red? ¿Llamar a nuestro banco? ¿Abrir los sobres que se amontonan en la mesa del comedor?

En teoría, la continua avalancha de información debería hacer que las respuestas adecuadas fueran más obvias. Sin embargo, en la práctica, estar rodeado de datos suele dificultar las decisiones.[13]

Esta incapacidad para sacar provecho de las ventajas de los datos cuando son más abundantes se conoce como «ceguera de la información». Al igual que la ceguera de la nieve hace referencia a la gente que pierde la capacidad para distinguir los árboles de las montañas bajo una capa de nieve, la ceguera de la información hace referencia a la tendencia de nuestra mente a dejar de asimilar datos cuando hay demasiados.[14]

En 2004 se publicó un estudio sobre la ceguera de la información a raíz de que un grupo de investigadores de la Universidad de Columbia intentara averiguar por qué algunas personas se inscriben en los planes de jubilación 401(k) y otras no.[15] Estudiaron a casi 800.000 personas en centenares de empresas a quienes se ofrecía la posibilidad de pasar a formar parte de un plan 401(k). Para muchos trabajadores, inscribirse en los planes de jubilación debería haber sido una decisión fácil: el 401(k) ofrecía grandes ahorros tributarios y muchas empresas del estudio prometían equiparar las aportaciones de los empleados, lo cual en la práctica significaba darles dinero gratis. Y en las empresas en las que se ofrecía a los trabajadores información sobre dos opciones de 401(k), un 75 por ciento se inscribía. Los empleados de dichas empresas dijeron a los investigadores que parecía una decisión obvia. Consultaron los dos folletos, eligieron el plan que parecía más inteligente y luego se dedicaron a ver cómo se engrosaban sus cuentas de jubilación con el paso del tiempo.

En otras empresas, aunque el número de planes entre los que elegir aumentaba, las inscripciones seguían siendo altas. Cuando a los trabajadores se les ofrecían veinticinco planes diferentes, un 72 por ciento se inscribían.

Pero, cuando los empleados recibían información sobre más de treinta planes, algo parecía cambiar.[16] La cantidad de información que recibía la gente era tan abrumadora que los trabajadores dejaban de decidir bien y, en algunos casos, ni siquiera decidían. Con treinta y nueve planes, solo un 65 por ciento se inscribía en una cuenta 401(k). Con sesenta, la participación caía a un 53 por ciento. «La incorporación de diez planes equivalía a una reducción del 1,5 al 2 por ciento de la participación», escribieron los investigadores en su estudio de 2004. Apuntarse a un plan 401(k) seguía siendo la decisión adecuada. Pero, cuando la información era excesiva, la gente guardaba los folletos en un cajón y no volvía a leerlos.

«Hemos observado lo mismo en docenas de situaciones —comentaba Martin Eppler, un profesor de la Universidad de St. Gallen, en Suiza, que estudia el exceso de información—.[17] La calidad de las decisiones de la gente normalmente mejora cuando recibe más información relevante. Pero su cerebro llega a un punto de inflexión si los datos son excesivos. Empiezan a pasar por alto opciones, a decidir mal o a dejar de interactuar por completo con la información.»

La ceguera de la información obedece a cómo ha evolucionado la capacidad de aprendizaje de nuestro cerebro. A los humanos se nos da excepcionalmente bien asimilar información siempre y cuando podamos desglosarla en una serie de fragmentos cada vez más pequeños. Este proceso es conocido como «cribado» o «andamiaje».[18] Los andamios mentales son una especie de archivadores llenos de carpetas que nos ayudan a almacenar y consultar información cuando hace falta. Por ejemplo, si a alguien le ofrecen una extensa lista de vinos en un restaurante, normalmente no tiene problemas para elegir, ya que su cerebro separará automáticamente sus conocimientos sobre vinos en un andamio de categorías que puede utilizar para tomar decisiones binarias («¿Quiero blanco o tinto? ¡Blanco!») y luego subcategorías más específicas («¿Caro o barato? ¡Barato!»), hasta que se enfrente a una elección final («¿El chardonnay de seis dólares o el sauvignon blanc de siete?») que se basa en lo que ya sabe de sí mismo («¡Me gusta el chardonnay!»). Lo hacemos con tanta rapidez que la mayoría de las veces casi ni nos damos cuenta de ello.[19]

«Nuestro cerebro anhela reducir las cosas a dos o tres opciones —dice Eric Johnson, un psicólogo cognitivo de la Universidad de Columbia que estudia la toma de decisiones—. Así que, cuando nos enfrentamos a mucha información, empezamos a organizarla automáticamente en carpetas, subcarpetas y subsubcarpetas mentales.»

Esta capacidad para asimilar grandes cantidades de información descomponiéndola en fragmentos más pequeños es la manera que tiene nuestro cerebro de convertirla en conocimiento. Sabemos qué datos o lecciones debemos aplicar en una situación determinada sabiendo qué carpetas consultar. Los expertos se distinguen de los novatos en parte por el número de carpetas que guardan en su cerebro. Un enófilo consulta una lista de vinos y de inmediato recurre a un vasto sistema de carpetas —como cosecha y región—, cosa que no ocurre con los novatos. El enófilo ha aprendido a organizar la información («Primero elige el año y luego consulta el precio») de manera que resulte menos abrumadora. Por tanto, mientras un novato va pasando páginas, el experto ya pasa por alto ciertas secciones de la lista de vinos.

Así que, cuando nos presentan información sobre sesenta planes de jubilación 401(k) y ninguna manera obvia de empezar a analizarlos, nuestro cerebro pivota hacia una decisión más binaria: «¿Intento comprender toda esta información o la guardo toda en el cajón y no hago ni caso?».

Una forma de superar la ceguera de la información es obligarnos a pelear con los datos que tenemos delante, a manipular la información transformándola en una secuencia de preguntas que deben responderse o de decisiones que hay que tomar. En ocasiones, esto se conoce como «crear disfluencia», porque requiere un poco de trabajo: en lugar de limitarnos a elegir el vino de la casa, debemos formularnos una serie de preguntas («¿Blanco o tinto? ¿Caro o barato?»). En vez de guardar los folletos de los planes 401(k) en un cajón, debemos contrastar sus ventajas y decidir.[20] En el momento puede parecer un esfuerzo ínfimo, pero esas pequeñas tareas son fundamentales para evitar la ceguera de la información. El proceso de crear disfluencia puede ser tan pequeño como obligarnos a comparar varias páginas de un menú o tan grande como crear una hoja de cálculo para evaluar los precios de un plan 401(k). Pero, con independencia de la intensidad del esfuerzo, la actividad cognitiva subyacente es la misma: estamos cogiendo una masa de información y sometiéndola a un proceso que la hace más fácil de asimilar.[21]

«El paso importante parece ser realizar algún tipo de operación —afirma Adam Alter, un profesor de la Universidad de Nueva York que ha estudiado la disfluencia—. Si haces que la gente utilice una palabra nueva en una frase, la recordará más tiempo. Si les haces escribir una frase que contenga esa palabra, empezarán a utilizarla en las conversaciones.»[22] Cuando Alter realiza experimentos, a veces da las instrucciones en una fuente difícil de leer porque, cuando los sujetos se esfuerzan en distinguir las palabras, leen el texto con más cuidado. «La dificultad inicial para procesar los textos te hace pensar más profundamente en lo que estás leyendo, así que inviertes más tiempo y energía en comprenderlo», asegura. Cuando te formulas preguntas sobre vino o comparas varios planes 401(k), los datos resultan menos monolíticos y se parecen más a una serie de decisiones. Cuando la información es disfluida, aprendemos más.

En 1997, los directores del departamento de cobro de deudas de Chase Manhattan Bank empezaron a preguntarse por qué un grupo de empleados de Tampa, Florida, eran mucho mejores que sus compañeros a la hora de convencer a la gente para que abonara los pagos pendientes de la tarjeta de crédito.[23] En aquel momento, Chase era uno de los emisores de tarjetas de crédito más importantes del país y, en consecuencia, también uno de los mayores cobradores de deudas. Tenía miles de empleados en oficinas de todo el país que se pasaban el día sentados en sus cubículos llamando a un deudor tras otro para acosarlo por sus facturas impagadas.

Gracias a una serie de cuestionarios internos, en Chase se sabía que a los cobradores de deudas no les gustaba especialmente su trabajo y los directivos se habían acostumbrado a un rendimiento mediocre. La empresa había intentado facilitarles el trabajo dándoles herramientas para que pudieran convencer a los deudores de que pagaran. Por ejemplo, cuando se realizaba una llamada, el ordenador que tenía delante el cobrador ofrecía información que lo ayudaba a personalizar el tono: le indicaba la edad del moroso, la frecuencia con que había pagado su deuda, cuántas tarjetas de crédito tenía y qué tácticas de conversación habían funcionado en el pasado. Los empleados recibían formación y recibían memorandos diarios con gráficas que mostraban el éxito de varias tácticas de recaudación.

Pero, según se descubrió en Chase, casi ninguno de los empleados prestaba demasiada atención a la información recibida. Por muchas clases de formación que ofreciera el banco o por muchos memorandos que enviara, los índices de cobro nunca mejoraban demasiado. Por tanto, los directivos se llevaron una agradable sorpresa cuando un equipo de Tampa empezó a recaudar más de lo habitual.

A ese grupo lo supervisaba una directora llamada Charlotte Fludd, una ministra evangélica en formación, a la que le apasionaban las faldas largas y las alitas de pollo de Hooters que también había empezado como cobradora de deudas y ascendido hasta llegar a supervisar a un grupo responsable de algunas de las cuentas más difíciles, deudores con retrasos de 120 a 150 días. Los titulares de tarjetas con demoras tan grandes casi nunca pagaban su deuda. Sin embargo, el grupo de Fludd estaba recaudando un millón más al mes que cualquier otro equipo de cobros, aun cuando tenían que perseguir a algunos de los morosos más reticentes. Es más: el grupo a cargo de Fludd presentaba uno de los mejores resultados de satisfacción de los empleados en Chase. Incluso los deudores a quienes realizaban los cobros decían en cuestionarios de seguimiento que agradecían el trato recibido.

Los directivos de Chase esperaban que Fludd compartiera sus tácticas con sus compañeros, así que le pidieron que hablara en la reunión regional de la empresa en el hotel Innisbrook, cerca de Tampa. El título de su charla fue «Optimizar el sistema de marcación automática Mosaix/Voicelink». La sala estaba abarrotada.

—¿Podría decirnos cómo programa su automarcador? —preguntó un directivo.

—Cuidadosamente —respondió ella.

De 9.15 a 11.50, explicó, los cobradores llamaban al número fijo de la gente, porque era más probable que los atendiera una mujer que cuidara de los niños. Las mujeres eran más proclives a enviar un cheque, afirmó Fludd.

—Entonces, de 12.00 a 13.30, llamamos a los morosos al trabajo —prosiguió— y nos atienden muchos más hombres, aunque puedes empezar diciendo: «Me alegro de haberle llamado a la hora de comer», como si él fuera muy importante y tuviera una agenda apretada, porque de esa manera querrá satisfacer tus expectativas y prometerá pagar.

»A la hora de la cena, llamamos a la gente que creemos que es soltera porque es más probable que esté sola y le apetezca hablar y, justo después de cenar, llamamos a gente cuyo balance ha oscilado, porque si ya han tomado una copa de vino y están relajados, podemos recordarles lo agradable que resulta empezar a saldar la deuda de la tarjeta.

Fludd tenía docenas de sugerencias como estas. Dio consejos acerca de cuándo utilizar un tono tranquilizador (si se oía una telenovela de fondo), cuándo debían desvelar los cobradores detalles personales (si el deudor mencionaba a niños) y cuándo mostrar una actitud austera (con quien invocara la religión).

Los otros directivos no sabían qué pensar de esas sugerencias. Parecían muy lógicas, pero no creían que sus empleados pudieran utilizar ninguna. El cobrador medio solo tenía el título de bachillerato. Para muchos de ellos, aquel era su primer empleo. Los directivos se pasaban la mayor parte del tiempo recordando a los empleados que evitaran sonar rígidos por teléfono. Sus cobradores de deudas no podrían prestar atención a los programas de televisión que sonaban de fondo ni atender a referencias religiosas. Nadie estaba bastante versado en el análisis del historial de los deudores para averiguar cómo hablar con un ama de casa en vez de con su marido. Simplemente hablaban con quien cogiera el teléfono. Chase enviaba los memorandos para los cobradores todas las mañanas, les facilitaba información a través del ordenador y les ofrecía formación, pero los directivos sabían que nadie leía esos memorandos, ni consultaba las pantallas ni aplicaba lo aprendido en clase. El mero hecho de mantener una conversación telefónica con un desconocido sobre un tema tan delicado como una factura impagada ya era suficientemente complicado. El cobrador medio era incapaz de procesar información adicional a la vez que llamaba por teléfono.

Pero, cuando preguntaron a Fludd por qué sus empleados eran tan eficaces procesando más información que el cobrador medio, no tenía respuestas claves. No sabía explicar por qué sus trabajadores parecían asimilar mucho más.[24] Así que, después de la conferencia, en Chase contrataron a la consultoría Mitchell Madison Group para que evaluara sus métodos.

—¿Cómo llegó a la conclusión de que es mejor llamar a las mujeres por la mañana? —preguntó una asesora llamada Traci Entel cuando Fludd ya estaba de vuelta en su oficina.

—¿Quiere que le enseñe mi calendario? —repuso Fludd.

Los asesores no sabían por qué necesitaba un calendario para explicar sus métodos, pero respondieron que sí, esperando que Fludd sacara una agenda o un registro diario. Sin embargo, puso una carpeta sobre la mesa. Y luego se dirigió a un carrito con más carpetas iguales.

—Bueno —dijo Fludd, hojeando unas páginas llenas de números y anotaciones hasta que encontró la que buscaba—. Un día se me ocurrió que sería más fácil cobrar a la gente joven, porque supuse que les preocupaba más tener una buena calificación crediticia —añadió.

Explicó que en su equipo era habitual crear ese tipo de teorías. Los empleados se reunían a la hora del almuerzo o después del trabajo para intercambiar ideas. Normalmente, esas ideas no tenían mucho sentido, al menos al principio. De hecho, a menudo eran un tanto absurdas, por ejemplo, que un joven irresponsable que por alguna razón se ha atrasado en el pago de sus deudas de repente esté muy preocupado por mejorar su calificación crediticia. Pero no importaba. La intención no era proponer una buena idea, sino generar una, la que fuera, y probarla.

Fludd consultó su calendario.

—Así que, al día siguiente, empezamos a llamar a personas de veintiún a veintisiete años.

Al finalizar el turno, los empleados no habían apreciado cambios perceptibles sobre si habían convencido más o menos a la gente de que pagara. Así que, a la mañana siguiente, Fludd modificó una variable: pidió a sus empleados que llamaran a personas de entre veintiséis y treinta y un años. El índice de cobro mejoró ligeramente. Al día siguiente, telefonearon a un subgrupo, titulares de tarjetas de entre veintiséis y treinta y un años con saldos de entre 3.000 y 6.000 dólares. Los índices de cobro descendieron. Al día siguiente, titulares con saldos entre 5.000 y 8.000 dólares; fueron los índices de cobro más altos de la semana. Por las tardes, antes de que todos se fueran, los directivos se reunían para repasar los resultados del día y especular sobre los motivos por los cuales algunas iniciativas habían triunfado o fracasado. Imprimían registros y rodeaban con un círculo las llamadas que habían ido especialmente bien. Ese era el «calendario» de Fludd: las páginas impresas a diario con anotaciones y comentarios de los empleados, así como las notas que explicaban por qué habían funcionado tan bien ciertas tácticas.

Tras efectuar más pruebas, Fludd llegó a la conclusión de que su original teoría sobre la gente joven era un fiasco, lo cual no fue ninguna sorpresa: la mayoría de las teorías lo eran al principio. Los empleados tenían toda clase de corazonadas que, una vez puestas a prueba, no se sostenían. Pero a medida que cada experimento se desarrollaba, los trabajadores eran más y más conscientes de algunos patrones que antes no habían advertido. Escuchaban con mayor atención. Realizaban un seguimiento de las respuestas de los deudores a diversas preguntas. Y, finalmente, afloraba una reflexión valiosa, por ejemplo, que es mejor llamar a la gente a casa entre las 9.15 y las 11.50 porque cogerá el teléfono la mujer y las mujeres son más proclives a saldar las deudas familiares. A veces, los cobradores desarrollaban un instinto que no sabían explicar con palabras, pero que aprendían a seguir.

Entonces, alguien proponía una nueva teoría o experimento y el proceso volvía a empezar. «Cuando controlas todas las llamadas, tomas notas y hablas de lo que acaba de ocurrir con la persona del cubículo contiguo, empiezas a prestar atención de otra manera —me dijo Fludd—. Aprendes a captar cosas.»

Para los asesores, este era un ejemplo de alguien que utiliza el método científico con el fin de aislar y probar variables. «Los compañeros de Charlotte normalmente probaban varias cosas a la vez —escribía Niko Cantor, uno de los asesores, en un informe de sus hallazgos—. Charlotte solo cambiaba una cosa. De ese modo comprendía mejor la causalidad.»

Pero sucedía algo más. Fludd no solo aislaba variables. Por el contario, al idear hipótesis y ponerlas a prueba, los cobradores de su equipo se hacían más sensibles respecto a la información que tenían delante. En cierto sentido, añadían un elemento de disfluencia a su trabajo, realizando operaciones con los «datos» generados durante cada conversación hasta que las lecciones eran más fáciles de asimilar. Las hojas de cálculo y los memorandos que recibían por las mañanas, los datos que aparecían en sus pantallas y los ruidos que oían de fondo durante una llamada se convirtieron en material para confeccionar nuevas teorías y experimentar.[25] Cada llamada contenía toneladas de información que la mayoría de los cobradores nunca registraban. Pero los empleados de Fludd reparaban en dicha información, porque estaban buscando pistas para demostrar o desmentir teorías. Estaban interactuando con los datos de cada conversación, convirtiéndolos en algo que pudieran utilizar.

Así se genera el aprendizaje. Asimilamos información casi sin darnos cuenta porque estamos muy absortos en ella. Fludd cogía el torrente de información que llegaba a diario y daba a su equipo un método para colocarla en carpetas de modo que fuera más fácil de entender. Ayudaba a sus cobradores a usar los memorandos que recibían y las conversaciones que mantenían y, en consecuencia, les resultaba más fácil aprender.

III

Nancy Johnson empezó a trabajar de profesora en Cincinnati porque no sabía qué hacer con su vida. Le había costado siete años terminar la carrera y, tras licenciarse, ejerció de auxiliar de vuelo, se casó con un piloto y decidió sentar la cabeza. En 1996 empezó a hacer sustituciones en las escuelas públicas de Cincinnati, con la esperanza de conseguir un trabajo a tiempo completo. Iba de aula en aula, dando clases de todo, desde literatura inglesa hasta biología, hasta que por fin recibió una oferta de plaza fija como profesora de cuarto. En su primer día, cuando el director la vio, le dijo: «Así que es usted la señora Johnson».[26] Más tarde reconoció que había recibido varias solicitudes con el mismo apellido y no sabía con seguridad a quién había contratado.

Años después, en respuesta a la ley No Child Left Behind [«Que ningún niño se quede atrás»] del gobierno federal, en Cincinnati se empezó a realizar un seguimiento del rendimiento de los alumnos en lectura y matemáticas por medio de exámenes estandarizados. Pronto, Johnson se hallaba enterrada entre informes. Cada semana recibía memorandos sobre la asistencia a clase de los alumnos y su progreso léxico, su competencia en matemáticas, su comprensión de la lectura, la escritura y la literatura y algo denominado «manipulación cognitiva», así como evaluaciones de las aptitudes de su clase, su capacidad para la enseñanza y las notas globales de la escuela. Había tanta información que el ayuntamiento había contratado a un equipo de expertos en visualización de datos para diseñar los memorandos semanales que el distrito escolar enviaba a través de los tableros online. El equipo de gráficos lo hacía bien: las gráficas que Johnson recibía eran fáciles de interpretar y en las páginas de internet había resúmenes claros y líneas de tendencias por códigos cromáticos.

Pero en esos primeros años, Johnson apenas consultaba ese material. Se suponía que debía utilizar toda aquella información para diseñar su programa, pero le daba dolor de cabeza. «Había muchos memorandos y estadísticas, y sabía que debía incorporarlos a mi clase, pero todo aquello me agobiaba —decía—. Era como si hubiera una brecha entre aquellas cifras y lo que debía saber para ser mejor profesora.»

La mayoría de sus alumnos de cuarto curso eran pobres y muchos pertenecían a familias monoparentales. Johnson era buena profesora, pero su clase obtenía malos resultados en las pruebas de evaluación. En 2007, el año anterior a la entrada en vigor de la Iniciativa Elemental, sus alumnos obtuvieron una nota media del 38 por ciento en la prueba de lectura del estado.

En 2008 se lanzó la Iniciativa Elemental. Como parte de la reforma, el director de Johnson ordenó a todos los profesores que pasaran al menos dos tardes al mes en la nueva sala de datos de la escuela. En torno a una mesa de reuniones, los profesores debían participar en ejercicios que hacían que recabar datos y tabular estadísticas consumiera aún más tiempo. Al principio del semestre, se comunicó a Johnson y sus compañeros que, como parte de la IE, debían crear una ficha para cada alumno de su clase. Luego, cada dos miércoles, Johnson iba a la sala de datos y transcribía las notas de las últimas dos semanas a la ficha de cada estudiante. Después, agrupaba todas las fichas en pilas codificadas por colores —rojas, amarillas o verdes—, en función de si los estudiantes estaban obteniendo resultados insuficientes, cumpliendo las expectativas o superando a sus compañeros. A medida que progresaba el semestre, también empezó a agrupar las fichas según quién iba mejorando o quedaba rezagado.

Era sumamente aburrido. Y, si hay que ser sinceros, resultaba repetitivo, ya que toda aquella información estaba disponible en los tableros online de los alumnos. Asimismo, muchos de los profesores en aquella sala enseñaban desde hacía años; no creían necesitar montones de fichas para saber lo que ocurría en sus aulas. Pero una orden es una orden, así que acudían a la sala de datos cada dos semanas. «La norma decía que todo el mundo debía manipular las fichas, moverlas físicamente —explicaba Johnson—. Todo el mundo lo odiaba, al menos al principio.»

Un día, un profesor de tercer curso tuvo una idea. Puesto que debía pasar tanto tiempo transcribiendo calificaciones de exámenes, decidió anotar también en la ficha de cada estudiante qué preguntas concretas había fallado en la prueba semanal. Convenció a otro compañero de tercer curso para que hiciera lo mismo. Luego combinaron sus fichas y organizaron montones agrupando a los alumnos que habían cometido errores similares. Cuando terminaron, los montones seguían un patrón: un gran número de estudiantes de una clase habían obtenido buenos resultados en el uso de los pronombres, pero no en los quebrados; muchos alumnos de la otra clase habían obtenido resultados opuestos. Los profesores intercambiaron sus programas. Las puntuaciones de ambas clases mejoraron.

A la semana siguiente, alguien propuso dividir las fichas de varias clases en montones en función del lugar de residencia de los alumnos. Los profesores empezaron a encargar a todos los alumnos del mismo barrio lecturas similares. Las notas mejoraron. Los estudiantes hacían los deberes juntos en el trayecto en autobús de vuelta a casa.

Johnson empezó a dividir a sus alumnos en grupos de trabajo basándose en los montones de fichas que hacía en la sala de datos.

Según descubrió, manejar las fichas le daba una idea más específica de las virtudes y debilidades de cada estudiante. Empezó a ir a la sala de datos dos veces por semana, a incluir las fichas de los alumnos en montones cada vez más pequeños y a probar distribuyéndolas de maneras diferentes. Antes pensaba que conocía bastante bien a su clase, pero aquel era un nivel de comprensión mucho más profundo. «Cuando hay veinticinco alumnos y solo un profesor, es fácil dejar de verlos como individuos —decía—. Siempre los había concebido como una clase. La sala de datos me hizo centrarme en niños concretos. Me obligó a observarlos uno a uno y a preguntarme qué necesitaban.»

A mitad de curso, algunos compañeros de Johnson se percataron de que un pequeño grupo de alumnos de cada clase tenía problemas con los ejercicios de matemáticas. No era una tendencia lo bastante marcada como para que un profesor reparara en ella, pero en la sala de datos el patrón se hizo evidente. Así empezaron los Hot Pencil Drills en la escuela. Pronto, alumnos como Dante, de ocho años, se pasaban las mañanas rellenando tablas de multiplicaciones lo más rápido que podían y luego iban a toda prisa a la oficina principal para leer los nombres de los más rápidos por megafonía.[27] En doce semanas, las notas de matemáticas de la escuela habían mejorado un 9 por ciento.

Ocho meses después del lanzamiento de la Iniciativa Elemental, la clase de Johnson se sometió a su examen de evaluación anual. Para entonces, Johnson visitaba la sala de datos constantemente. Ella y sus compañeros habían creado docenas de montones de fichas. Habían probado varios planes de enseñanza y realizaban un seguimiento de los resultados con largas tiras de papel de rollo que colgaban en la pared. Columnas de números y notas llenaban la sala.

Los resultados de los exámenes llegaron seis semanas después. Los alumnos de Johnson obtuvieron una media del 72 por ciento, casi el doble que el año anterior. Las puntuaciones totales de la escuela se habían duplicado con creces. En 2009, Johnson se convirtió en formadora de profesores y visitaba otras escuelas de Cincinnati para ayudar a los profesores a aprender a utilizar sus salas de datos. En 2010, fue elegida por sus compañeros Educadora del Año en Cincinnati.

IV

Delia Morris estudiaba primero de secundaria cuando se lanzó en Cincinnati la Iniciativa Elemental, así que era demasiado mayor para beneficiarse de las reformas que estaban llevándose a cabo en escuelas como South Avondale.[28] Cuando las autoridades municipales comenzaron a ampliar el programa, parecía demasiado tarde para ella también en otros aspectos. El padre de Delia perdió ese año su trabajo de guardia de seguridad en una tienda de alimentación local. Luego discutió con su casero. Poco después, cuando Delia llegó a casa se encontró una pegatina naranja, un candado en la puerta y sus pertenencias y las de sus siete hermanos metidas en bolsas de basura en el vestíbulo. La familia pudo alojarse unos días con personas de la iglesia a que pertenecían y luego se apiñó en pisos de amigos, pero, a partir de entonces, se mudaban cada pocos meses.

Delia era una niña buena y trabajadora. Sus profesores se habían dado cuenta de su inusual inteligencia, que la hacía lo bastante dotada como para abandonar los barrios conflictivos de Cincinnati e ir a la universidad. Pero eso no significaba que la huida estuviera garantizada. Todos los años había unos cuantos alumnos que parecían destinados a algo mejor hasta que la pobreza volvía a hundirlos. Los profesores de Delia eran optimistas, pero no ingenuos. Sabían que ni siquiera los alumnos aventajados lograban siempre una vida mejor. Delia también lo sabía. Le preocupaba que el menor atisbo de su indigencia cambiara la percepción de sus profesores respecto a ella, así que no le contó a nadie lo que estaba ocurriendo en casa. «Ir al colegio era lo mejor del día —me dijo—. No quería estropearlo.»

Cuando empezó segundo curso en Western Hills High en 2009, la ciudad comenzó a ampliar sus reformas educativas a los institutos.

Sin embargo, los primeros resultados entre alumnos de más edad fueron decepcionantes. Los profesores se quejaban de que innovaciones como las salas de datos eran un punto de partida, pero no una solución. Los estudiantes mayores ya estaban curtidos, dijeron los profesores, sus calendarios de intervención eran demasiado breves. Para cambiar la vida de los niños, argumentaban, las escuelas debían ayudar a los alumnos a mejorar en la toma de decisiones que daban poco lugar a la experimentación. Debían ayudar a los adolescentes a decidir entre ir a la universidad o buscar trabajo, a interrumpir un embarazo o casarse o a elegir entre sus familiares cuando todos necesitaban su ayuda.

Así que el distrito escolar se centró en los estudiantes de secundaria. Además de la Iniciativa Elemental, creó clases de ingeniería en Western Hills High y otras escuelas en colaboración con universidades locales y la Fundación Nacional de Ciencia. El objetivo era «un planteamiento multidisciplinar de la educación que anime a los estudiantes a aplicar la tecnología que utilizan en su vida cotidiana para resolver problemas del mundo real», se leía en un resumen del programa. Un 90 por ciento de los alumnos de Western Hills vivían por debajo del umbral de la pobreza. En las aulas, el suelo de linóleo estaba roto y las pizarras agrietadas. Lo que más preocupaba a los estudiantes no era «aplicar la tecnología». Delia se apuntó a un curso de ingeniería impartido por Deon Edwards, cuyos comentarios durante la presentación reflejaban la realidad que los rodeaba a todos.

«Vamos a aprender a pensar como científicos —dijo a la clase—. Vamos a dejar atrás a vuestros padres y amigos y a aprender a tomar decisiones con claridad, sin el bagaje que todo el mundo quiere imponeros. Y si alguno de vosotros no ha comido nada esta mañana, tengo barritas energéticas guardadas en el cajón y deberíais serviros. No pasa nada por decir que tenéis hambre.»

El verdadero eje motriz de la clase del señor Edwards era un sistema de toma de decisiones conocido como «proceso de diseño de ingeniería»,[29] que obligaba a los alumnos a definir sus dilemas, recabar datos, plantear soluciones, debatir perspectivas alternativas y realizar experimentos iterativos. «El proceso de diseño de ingeniería son una serie de pasos que siguen los ingenieros cuando intentan resolver un problema y diseñar una solución para algo; es un planteamiento metódico para solucionar problemas», se leía en el manual de un profesor.[30] El proceso de diseño de ingeniería se creó en torno a la idea de que muchos problemas que al principio parecen insalvables pueden desglosarse en fragmentos más pequeños y luego probar soluciones de manera repetida hasta que surge una idea. El proceso pedía a los alumnos que definieran de forma precisa el dilema que querían resolver, que luego investigaran e idearan múltiples soluciones y por último que realizaran pruebas, evaluaran resultados y repitieran el proceso hasta dar con una respuesta. Les indicaba que hicieran que los problemas fueran más fáciles de gestionar hasta que encajaran en andamios y carpetas mentales más fáciles de transportar.

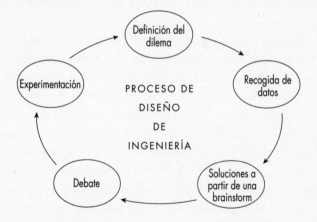

El primer gran reto para la clase fue diseñar un coche eléctrico. Durante semanas, los alumnos del señor Edwards se dividieron en equipos y siguieron gráficas que detallaban cada paso del proceso de diseño de ingeniería. En el aula había pocos materiales para trabajar. Pero daba igual, porque el verdadero propósito del ejercicio era aprender a sacar información del entorno, viniera de donde viniera. Pronto, los estudiantes estaban visitando concesionarios y talleres mecánicos y recogiendo latas de aluminio de los contenedores de reciclaje para fabricar probadores de baterías a partir de instrucciones que habían leído en internet. «Mi principal cometido es enseñarles a pisar un poco el freno —me dijo Deon Edwards—. Son chicos que se pasan el día resolviendo problemas. Tienen que lidiar con padres ausentes, novios violentos y compañeros de clase que se drogan. Todo lo que viven les dice que deben decidir con rapidez. Yo solo quiero demostrarles que si cuentas con un sistema para tomar decisiones, puedes permitirte aminorar la marcha y pensar.»

A mitad de semestre, cuando acabaron los diseños de coches e iniciaron la creación de clasificadores de canicas, la hermana de Delia, de veintiún años, tuvo un bebé. El padre no estaba y la hermana de Delia, agotada, le suplicó que cuidara del recién nacido por las tardes. Parecía una petición que Delia no podía rechazar. La decisión adecuada, le dijo el padre de Delia, era obvia. Era un asunto familiar.

Así que un día, en clase del señor Edwards, Delia sacó la gráfica de ingeniería de su carpeta y, con el grupo, sometió su dilema a los pasos del proceso de diseño. Si cuidaba del bebé, ¿qué pasaría? Una de las primeras tareas en el diseño de ingeniería es encontrar datos, así que Delia confeccionó una lista de experiencias que parecían relevantes. Unos años antes, otra hermana, contó Delia al grupo, había empezado a trabajar después de clase y la familia no tardó en depender de aquel salario, lo cual le hacía imposible dejarlo y la obligó a postergar sus esperanzas de asistir a un centro formativo superior. Delia sospechaba que, si empezaba a hacer de canguro al bebé, ocurriría algo similar. Ese era el dato principal.

Entonces empezó a anotar cuál sería su calendario si se hacía responsable del bebé por las tardes. Colegio de 8.30 a 15.30. Cuidar del bebé de 15.30 a 19.30. Deberes de 19.30 a 22.00. Después de cuidar de su sobrino estaría cansada y probablemente acabaría viendo la televisión en lugar de hacer los deberes de matemáticas o es-

tudiar para un examen. Estaría resentida y los fines de semana to-
maría decisiones inadecuadas. Segundo dato.

El grupo repasó su gráfica, desglosó su dilema en fragmentos
más pequeños, planteó soluciones y simuló conversaciones mientras
el resto de la clase debatía cómo separar las canicas de colores de
las transparentes. A la postre, afloró una respuesta: hacer de canguro parecía un sacrificio menor, pero las pruebas indicaban que no
lo era en absoluto. Delia preparó un memorando para su padre en
el que detallaba los pasos seguidos. Le dijo que no podría hacerlo.

Los psicólogos afirman que saber tomar decisiones de esta manera es importante, sobre todo para los jóvenes, porque les resulta
más fácil aprender de sus experiencias y ver las decisiones desde
diferentes perspectivas. Es una forma de disfluencia que nos permite evaluar nuestra vida de forma más objetiva, compensar las
emociones y sesgos que de otro modo nos impedirían ver las lecciones que entraña nuestro pasado. Cuando los animadores que
trabajaban en *Frozen* intentaban dilucidar su película, el sistema
de Disney los alentó a concebir su propia vida como alimento creativo. Pero no solo podemos extraer material creativo de nuestras
experiencias; también podemos encontrar datos en el pasado. Todos tenemos una tendencia natural a pasar por alto la información
que contienen nuestras decisiones anteriores, a olvidar que ya hemos realizado miles de experimentos cada vez que tomamos una
decisión. A menudo estábamos demasiado cerca de nuestras experiencias para ver cómo desglosar esos datos en fragmentos más
pequeños.

Pero sistemas como el proceso de diseño de ingeniería —que
nos obliga a buscar información y plantear posibles soluciones, a
buscar diferentes tipos de ideas y ponerlas a prueba— nos ayudan
a conseguir disfluencia situando el pasado en un nuevo contexto
de referencia. Subvierte el anhelo de nuestro cerebro por las elecciones binarias —«¿Debería ayudar a mi hermana o decepcionar
a mi familia?»—, al recontextualizar las decisiones de nuevas maneras.

En 1984 se publicó un importante estudio sobre el poder de esos marcos de toma de decisiones después de que un investigador de la Northwestern University pidiera a un grupo de participantes que enumerara los motivos por los que debían comprar un reproductor de vídeo basándose en sus propias experiencias.[31] A tal propósito, los voluntarios generaron docenas de justificaciones. Algunos consideraban que un vídeo les serviría para entretenerse. Otros lo veían como una inversión en su educación o como una manera de que su familia pasara tiempo junta. Luego, se pidió a esos mismos voluntarios que dieran motivos para no comprar un vídeo. Les costó plantear argumentos para contrarrestar el gasto. La gran mayoría dijo que probablemente compraría uno en breve.

Después, el investigador pidió a un nuevo grupo de voluntarios que confeccionara una lista de motivos para no comprar un reproductor de vídeo. «Sin problemas», respondieron. Algunos dijeron que ver la televisión les quitaba tiempo para estar con su familia. Otros, que las películas eran una estupidez y no necesitaban esa tentación. Cuando se pidió a esas mismas personas una lista de razones para comprarlo, tuvieron dificultades para justificar convincentemente la compra y dijeron que lo más probable era que nunca adquirieran uno.

Lo que interesaba al investigador era en qué medida a cada grupo le costaba adoptar un punto de vista contrario una vez dado un contexto inicial para tomar una decisión. Ambos grupos eran demográficamente similares. En teoría, deberían haber estado igual de interesados en comprar un reproductor de vídeo. Como mínimo, deberían haber generado un número igual de razones para comprar o no los aparatos. Pero una vez que un participante se aferraba a un marco de toma de decisiones —«Esta es una inversión en mi educación» frente a «Esto me quita tiempo para estar con mi familia»— le costaba visualizar la decisión de otra manera. Un reproductor de vídeo era una herramienta de aprendizaje o una distracción que les hacía perder el tiempo en función de cómo se contextualizara la pregunta.[32] Se han obtenido resultados similares en docenas de experimentos en los que se plantearon a la gente disyuntivas que iban desde lo vital, como decisiones al final de la vida, hasta lo caro, como comprar un coche. Una vez que se establece un marco, ese contexto es difícil de desbancar.[33]

Sin embargo, los contextos pueden perder importancia si nos obligamos a buscar nuevos puntos de vista. Cuando Delia sometió su dilema acerca del cuidado del bebé a las gráficas del señor Edwards, introdujo la suficiente disfluencia para alterar el contexto que inicialmente había dado por sentado que debía utilizar. Cuando fue a casa y expuso esa lógica a su padre, también alteró el contexto de este. No podía ocuparse de su sobrino, le explicó, porque el Club de Robótica del señor Edwards le exigía que se quedara en el instituto hasta las seis de la tarde los martes y los jueves, y ese club era su camino hacia la escuela de estudios superiores. Es más, el resto de los días de la semana debía hacer los deberes en la biblioteca antes de volver a casa porque de lo contrario no los terminaría, debido al caos y el ruido familiar. Recontextualizó la decisión como una elección entre ayudar a su familia ahora o prosperar en la escuela y ayudarla más adelante y de manera más importante. Su padre coincidió con ella. Buscarían otra canguro. Delia debía seguir en la escuela.

«Nuestro cerebro quiere encontrar un contexto sencillo y ceñirse a él, igual que quiere tomar una decisión binaria —me dijo Eric Johnson, el psicólogo de Columbia—. Por eso los adolescentes se quedan estancados pensando si deben romper con su pareja preguntándose "¿Lo quiero o no?", en lugar de "¿Quiero tener una relación o quiero ir a la universidad?". O por qué, cuando vas a comprar un coche, empiezas a pensar: "¿Quiero las ventanillas eléctricas o el GPS?", en lugar de "¿Estoy seguro de que puedo permitirme este coche?". Pero cuando enseñamos a la gente un proceso para recontextualizar decisiones, cuando les proponemos una serie de pasos que hacen que una decisión parezca un poco distinta a antes —añadía Johnson—, les ayuda a ejercer más control sobre su forma de pensar.»[34]

Una de las mejores maneras de ayudar a la gente a ver las experiencias desde una nueva perspectiva es proporcionarles un sistema formal de toma de decisiones —como una gráfica, una serie de preguntas escritas previamente o el proceso de diseño de ingeniería— que niegue a nuestro cerebro las opciones fáciles que anhelamos. «Los sistemas nos enseñan a obligarnos a hacer que las preguntas resulten poco familiares —decía Johnson—. Es una manera de ver alternativas.»

Cuando Delia inició el último curso en Western Hills High, su vida doméstica se volvió cada vez más caótica. Su hermana estaba allí, criando al bebé. Otra hermana había dejado los estudios. Cuando la familia encontraba un lugar donde vivir, entonces sucedía algo —alguien perdía su empleo o un vecino se quejaba de que había demasiada gente en un piso de una habitación— y tenían que mudarse otra vez. En su último año de instituto, la familia de Delia encontró al fin un alquiler de larga duración, pero no tenía calefacción y a veces no podían pagar la factura, así que les cortaban la luz.

Para entonces, sus profesores habían averiguado lo que ocurría y visto lo mucho que se esforzaba Delia, que estaba sacando sobresalientes; se comprometieron a ayudarla como pudieran. Cuando Delia tenía que hacer la colada, su profesora de literatura inglesa, la señora Thole, la invitaba a pasar la tarde en casa. Cuando Delia parecía exhausta, el señor Edwards la dejaba quedarse hasta tarde durmiendo con la cabeza apoyada en el pupitre mientras él corregía exámenes. Eran conscientes de su potencial. Esperaban que, con un poco de ayuda, pudiera ir a la universidad.

El señor Edwards, en particular, fue una constante en la vida de Delia. La presentó al asesor académico de la escuela y la ayudó a pedir becas. Corrigió sus solicitudes de acceso a la universidad y se cercioró de que las enviaba a tiempo. Cuando Delia tenía un problema con sus amigos, cuando se peleaba con un novio o con su padre, cuando parecía que tenía demasiados deberes y muy poco tiempo

—siempre que parecía que la vida la atosigaba—, sacaba la gráfica del señor Edwards y sometía sus problemas al proceso de diseño de ingeniería. La tranquilizaba. La ayudaba a pensar en soluciones.

En la primavera del último curso de Delia, empezaron a llegar cartas de comités de becas. Obtuvo la beca Nordstrom, con una cuantía de 10.000 dólares, después un premio Rotary y la beca Minority Scholars de la Universidad de Cincinnati. No paraban de llegar sobres. Diecisiete becas en total. Era la graduada con las mejores notas de la clase y la votaron como la que tenía más probabilidades de triunfar. La noche antes de la graduación, durmió en casa de la señora Thole para poder darse una ducha caliente y rizarse el pelo antes de la ceremonia. En otoño se matriculó en la Universidad de Cincinnati.

«La universidad es mucho más difícil de lo que esperaba», me dijo Delia. Ahora estudia segundo de tecnologías de la información. A menudo es la única chica en el aula y la única alumna negra. La facultad ha intentado ayudar a alumnos como Delia, universitarios de primera generación, creando un programa llamado «Gen-1» que ofrece mentores, tutores, sesiones de estudio obligatorias y asesoramiento.[35] Todos los participantes de Gen-1 viven en la misma residencia durante el primer año y firman un contrato en que prometen respetar un toque de queda y las horas nocturnas de silencio y participar en las salas de estudio. La idea es ayudarlos a distanciarse del lugar donde se criaron, verse en un nuevo contexto.

«Todavía hay dramas en casa —dijo Delia. Pero, cuando se agobia, piensa en la clase del señor Edwards. Cualquier problema puede solucionarse paso a paso—. Si divido lo que me preocupa en fragmentos más pequeños, parece algo en lo que puedo pensar sin inquietarme —afirmaba—. He pasado por muchas cosas. Pero creo que, mientras tenga un sistema para poner distancia, puedo aprender de ello. Cuanto me ha ocurrido puede ser una lección si pienso en ello de la forma adecuada.»

La gente que más prospera en su aprendizaje —aquellos que son capaces de digerir los datos que los rodean, que asimilan las ideas de sus experiencias y aprovechan la información que les pasa por delante— son quienes saben utilizar la disfluencia en su provecho. Transforman lo que les ofrece la vida, en lugar de aceptarlo como viene. Saben que las mejores lecciones son aquellas que nos obligan a hacer algo y a manipular información. Toman datos y los transforman en experimentos siempre que pueden. Al utilizar el proceso de diseño de ingeniería o poner a prueba una idea o simplemente debatir un concepto con un amigo, al hacer que la información sea más disfluyente, paradójicamente resulta más fácil de entender.

En un estudio publicado en 2014, investigadores de Princeton y UCLA evaluaron la relación entre aprendizaje y disfluencia buscando la diferencia entre los estudiantes que tomaban notas a mano durante una conferencia y los que utilizaban ordenadores portátiles.[36] Registrar los comentarios de un orador a mano es mucho más difícil y menos eficaz que usar un teclado. Los dedos se agarrotan. Escribir es más lento que teclear, así que no puedes anotar tantas palabras. Los alumnos que utilizan portátiles, por el contrario, pasan menos tiempo trabajando activamente durante una conferencia y, sin embargo, toman más o menos el doble de notas que los compañeros que escriben a mano. Dicho de otro modo, escribir es menos disfluyente que teclear, porque requiere más trabajo y capta menos frases al pie de la letra.[37]

No obstante, cuando los investigadores consultaron las notas de ambos grupos respecto a recordar lo que había dicho el orador, descubrieron que las de los que escribían a mano duplicaban las de aquellos que usaron el portátil. ¿Era posible que quienes escribían a mano pasaran más tiempo estudiando después de clase? Llevaron a cabo un segundo experimento, pero esta vez llevaron a los usuarios de portátiles y a los que escribían a mano a la misma conferencia y recogieron sus notas en cuanto terminó para que no pudieran estudiar solos. Una semana después, los convocaron de nuevo. Una vez más, los que habían tomado notas a mano obtuvieron mejores resultados en una prueba sobre el contenido de la charla.[38] Con independencia de las limitaciones que se impusieran a los grupos, los estudiantes que se obligaban a utilizar un método de toma de notas más complejo —que introducían disfluencia en su manera de procesar la información— aprendieron más.

Podemos aplicar la misma lección a nuestra vida: cuando encontramos información nueva y queremos aprender de ella, deberíamos obligarnos a hacer algo con los datos. No basta con que la báscula del cuarto de baño envíe actualizaciones diarias a una aplicación en tu móvil. Si quieres perder peso, oblígate a anotar esas mediciones en papel cuadriculado y entonces será más probable que elijas una ensalada en lugar de una hamburguesa para almorzar. Si lees un libro lleno de ideas nuevas, oblígate a anotarlas y explicar los conceptos a quien tengas al lado, y será más probable que las apliques en tu vida. Cuando encuentres información nueva, oblígate a interactuar con ella, a utilizarla en un experimento o describírsela a un amigo, y entonces empezarás a crear las carpetas mentales que constituyen el epicentro del aprendizaje.

Cada decisión que tomamos en la vida es un experimento. Cada día brinda nuevas oportunidades para encontrar mejores marcos de toma de decisiones. Vivimos en una época en que los datos son más abundantes, baratos de analizar y fáciles de traducir en acciones que nunca. Teléfonos inteligentes, páginas web, bases de datos digitales y aplicaciones sitúan la información en la yema de nuestros dedos. Pero solo resulta útil si sabemos interpretarla.

En 2013, Dante Williams terminó el quinto curso en la escuela de primaria South Avondale. En su último día de clase, asistió a una fiesta celebrada en el mismo patio donde había sido asesinado el adolescente durante el Peace Bowl seis años antes. Había globos, un castillo hinchable, una máquina de algodón de azúcar y un DJ. South Avondale todavía se encontraba en una de las zonas más pobres de Cincinnati. Cerca del complejo escolar aún había drogas y casas con las ventanas y las puertas cegadas con tablones. Pero el 86 por ciento de los alumnos del colegio superaron los criterios educativos del estado ese año. El anterior, lo había conseguido un 91 por ciento. Había una lista de espera de niños no pertenecientes al distrito.

Ninguna escuela cambia solo gracias a un programa, por supuesto, al igual que ningún alumno prospera gracias a una clase o un profesor. Tanto Dante como Delia, así como South Avondale y Western Hills High, cambiaron debido a múltiples fuerzas que se unieron. Había profesores que mostraban dedicación y los responsables del centro tenían un renovado propósito. Pero la dedicación y los propósitos solo prosperan cuando sabemos dirigirlos. Las salas de datos que convertían información en conocimientos reales, los profesores que aprendieron a ver a sus alumnos como individuos con diferentes necesidades y virtudes: así es como cambiaron las escuelas públicas de Cincinnati.

En la ceremonia de graduación, cuando Dante se subió al escenario improvisado, su familia lo vitoreó. Como todos los diplomas entregados ese día, el suyo contenía un espacio en blanco. Faltaba una cosa, le dijo la directora. Nadie podía terminar la escuela elemental sin hacer un trabajo final. Dante debía transformar aquel diploma y crear uno propio. Entregó un bolígrafo a Dante, que rellenó el espacio con su nombre.

Apéndice

Guía del lector para utilizar estas ideas

Unos meses después de que acudiera a Atul Gawande —el autor y médico mencionado en la introducción que ayudó a despertar mi interés en la ciencia de la productividad—, inicié la labor de investigación periodística pensando en este libro. Durante casi dos años entrevisté a expertos, leí montones de artículos científicos y localicé estudios de casos. En un momento determinado empecé a imaginar que yo mismo me había convertido en una especie de especialista en productividad. Cuando llegara el instante de escribir —pensaba—, trasladar todas aquellas ideas al papel sería relativamente fácil. Las palabras saldrían volando de las yemas de mis dedos.

No fue así.

Algunos días me sentaba a mi mesa y me pasaba horas yendo de un sitio web a otro en busca de nuevos estudios que analizar, y luego organizaba mis notas. Cogía el avión con mi maletín de viaje abarrotado de artículos científicos con intención de leerlos, pero me pasaba el vuelo contestando correos electrónicos, haciendo listas de pequeñas tareas pendientes y pasando por alto las tareas costosas e importantes que debía llevar a cabo.

Tenía un propósito en mente —quería escribir un libro sobre cómo aplicar los descubrimientos relacionados con la productividad a nuestra vida cotidiana—, pero se me antojaba algo tan lejano, tan abrumador, que seguía centrándome en objetivos más fáciles. Pasados unos meses, lo único que había conseguido era una serie de borradores, pero ni un solo capítulo.

«Me siento fracasado —escribí a mi editor en un momento de especial desánimo—. No sé qué estoy haciendo mal.»

Cuando me respondió, me señaló lo evidente: a lo mejor tenía que coger cuanto estaba aprendiendo de los expertos y aplicarlo a mi propia vida. Debía atenerme a los principios descritos en el libro.

Motivación

Uno de retos más difíciles, por ejemplo, tenía que ver con mi motivación, que parecía flaquear precisamente en los momentos menos oportunos. Mientras trabajaba en este libro seguía con mi labor como periodista en el *New York Times*. Y lo que es más: también promocionaba mi libro anterior e intentaba ser un buen padre y esposo. En otras palabras, estaba exhausto. Después de una larga jornada en el *Times*, llegaba a casa y tenía que ponerme a escribir notas en el ordenador, o a redactar un capítulo, o a ayudar a acostar a mis hijos, o a fregar los platos, o a contestar correos electrónicos, y me veía muy escaso de motivación. Los correos electrónicos, en concreto, constituían una pequeña tortura diaria. Mi bandeja de entrada estaba siempre abarrotada de preguntas de colegas, consultas de otros autores, correspondencia de investigadores a los que esperaba entrevistar y otras diversas cuestiones que requerían una atenta respuesta.

En cambio, lo único que me apetecía era ver la tele.

Mientras todas las noches luchaba por encontrar la energía necesaria para responder a los correos electrónicos, empecé a pensar en el concepto clave del primer capítulo y en las ideas que había utilizado el general Charles Krulak para rediseñar el campamento militar del Cuerpo de Marines reforzando el locus de control interno de los reclutas:

- La motivación resulta más fácil cuando transformamos una pesada tarea en una decisión. Hacerlo nos da sensación de control.

Cualquier día normal, por ejemplo, yo tenía —pongamos por caso— como mínimo unos cincuenta correos electrónicos por contestar. Todas las noches decidía sentarme ante el ordenador y ponerme a ello en cuanto acababa de cenar. Y todas las noches encontraba la forma de aplazarlo —leyendo un cuento más a los niños, o limpiando la sala de estar, o entrando en Facebook—, para eludir la aburrida tarea de teclear respuesta tras respuesta. O bien recorría mi bandeja de entrada pulsando una y otra vez el botón de responder, y luego, enfrentado a una pantalla llena de mensajes de respuesta vacíos que aguardaban mis palabras, me sentía abrumado.

El general Krulak me había dicho algo que me quedó grabado: «La mayoría de los reclutas no saben cómo obligarse a sí mismos a iniciar algo dificultoso. Pero si podemos entrenarlos para dar el primer paso haciendo algo que los haga sentirse al mando, resulta más fácil seguir adelante».

Comprendí que la idea de Krulak podía ayudarme a motivarme. Y así, una noche, después de acostar a los niños, me senté ante mi ordenador portátil, abrí el correo electrónico y pulsé el botón de responder, creando varias ventanas de respuesta. Luego, lo más deprisa que pude, escribí una frase en cada mensaje —una frase cualquiera— para forzarme a seguir. Por ejemplo, un compañero de trabajo me enviaba una nota preguntándome si podía acompañarlo a una reunión. Yo había ido posponiendo la contestación porque no quería asistir: sabía que la reunión sería larga y aburrida. Pero no podía no hacerle caso por completo. De modo que escribí esta frase:

Puedo asistir, pero tendré que marcharme a los veinte minutos.

Preparé dos docenas de respuestas como esta, escribiendo una breve frase en cada una de ellas sin apenas pensarla. Luego volví a la primera respuesta y acabé el resto de cada mensaje:

¡Hola, Jim!

Por supuesto que puedo asistir, pero tendré que marcharme a los veinte minutos.
Espero que te parezca bien.
Gracias,

CHARLES

Me di cuenta de dos cosas: primero, de que resultaba mucho más fácil responder a un correo electrónico si ya tenía al menos una frase en la pantalla; segundo, y más importante, de que me resultaba más fácil motivarme cuando aquella primera frase me hacía sentir que tenía el control. Al decirle a Jim que solo podría quedarme veinte minutos, me acordé de que no tenía que comprometerme con su proyecto si no quería. Cuando redacté una respuesta a alguien que me pedía que fuera a hablar en un congreso, empecé escribiendo:

Me gustaría salir el martes y estar de regreso en Nueva York el jueves por la noche.

Lo que reforzaba la idea de que yo controlaba si asistía o no.

En otras palabras: mientras iba escribiendo una serie de respuestas breves, cada una de ellas me recordaba que yo tenía el control de las decisiones que se me ponían por delante (como diría un psicólogo, utilizaba aquellas frases para amplificar mi locus de control interno). Treinta y cinco minutos después, había vaciado mi bandeja de entrada.

Pero ¿qué ocurre en otras situaciones de procrastinación? ¿Qué ocurre cuando uno afronta una tarea más importante y complicada, como escribir un largo memorando o mantener una conversación difícil con un colega? ¿Y si no hay una manera fácil de demostrarnos a nosotros mismos que tenemos el control? Para esos casos, recuerdo la otra lección clave del capítulo sobre motivación:

• La motivación resulta más fácil cuando vemos nuestras decisiones como afirmaciones de nuestros valores y objetivos más profundos.

De ahí que los reclutas del Cuerpo de Marines se pregunten unos a otros «por qué»: «¿Por qué escalas esta montaña?», «¿Por qué te pierdes el nacimiento de tu hija?», «¿Por qué limpias el comedor del cuartel, o haces flexiones, o corres por el campo de batalla cuando hay formar más seguras y más fáciles de vivir?». Forzarnos a nosotros mismos a explicar por qué hacemos algo nos ayuda a recordar que esa pesada tarea es un paso de un camino más largo, y que decidiendo hacer ese viaje nos acercamos a objetivos más importantes.

Para motivarme a leer estudios en los aviones, por ejemplo, empecé por escribir en la cabecera de cada manuscrito por qué era importante para mí realizar aquella tarea. De ese modo, cuando sacaba un estudio de mi maletín me resultaba un poco más fácil sumergirme en él. Algo tan sencillo como anotar un par de razones para explicar por qué se hace algo facilita el hecho de empezar.

Why read this paper?
• *It will help me find the right character for Ch. I.*
• *It will help me finish the book.*
• *It will help me solve how productivity works.*

Journal of Personality and Social Psychology
1998, Vol. 75, No. 1, 33–52

Copyright 1998 by the American Psychological Association, Inc.
0022-3514/98/$3.00

Praise for Intelligence Can Undermine Children's Motivation and Performance

Claudia M. Mueller and Carol S. Dweck
Columbia University

Praise for ability is commonly considered to have beneficial effects on motivation. Contrary to this popular belief, six studies demonstrated that praise for intelligence had more negative consequences for students' achievement motivation than praise for effort. Fifth graders praised for intelligence were found to care more about performance goals relative to learning goals than children praised for effort. After failure, they also displayed less task persistence, less task enjoyment, more low-ability attributions, and worse task performance than children praised for effort. Finally, children praised for intelligence described it as a fixed trait more than children praised for hard work, who believed it to be subject to improvement. These findings have important implications for how achievement is best encouraged, as well as for more theoretical issues, such as the potential cost of performance goals and the socialization of contingent self-worth.

Praise for high ability is a common response to a job well done. Whether it is on the sports field or in the classroom,

smart, the greater will be their enjoyment of and motivation for achievement.

La motivación se genera tomando decisiones que demuestran (nos demuestran a nosotros mismos) que tenemos el control y que avanzamos hacia objetivos que nos merecen la pena. Ese sentimiento de autodeterminación nos hace seguir avanzando.

PARA GENERAR MOTIVACIÓN

- Toma una decisión que te dé el control. Si estás respondiendo correos electrónicos, escribe una frase inicial que exprese una opinión o decisión. Si tienes que mantener una conversación difícil, decide de antemano dónde tendrá lugar. La propia decisión en sí importa menos a la hora de generar motivación que la afirmación de control.
- Averigua cómo esa tarea se halla vinculada a algo que a ti te importa. Explícate a ti mismo por qué esa ardua tarea te ayudará a acercarte más a un objetivo que merece la pena. Explícate por qué eso es importante, y luego te resultará más fácil empezar.

Fijación de objetivos

Sin embargo, el simple hecho de averiguar cómo motivarme no siempre bastaba. Escribir un libro es un gran objetivo; demasiado grande, en muchos aspectos, para captarlo en su totalidad al principio. A fin de tratar de determinar cómo concebir plenamente el objetivo, me sirvió de enorme ayuda la labor de indagación periodística que realicé sobre la fijación de objetivos. El gran punto de partida era que necesitaba dos tipos de propósitos:

- Necesitaba un objetivo ambicioso, algo que generara grandes ambiciones.

- Y necesitaba un objetivo SMART, para ayudarme a crear un plan concreto.

Una de las formas más eficaces de formular ambos objetivos —me decían los expertos— es a través de un tipo concreto de lista de tareas. Tenía que poner mis objetivos por escrito, eso estaba claro, pero de un modo que me obligara a identificar mis objetivos ambiciosos y mis propósitos SMART. De forma que empecé a elaborar listas de tareas, y en la parte superior de cada una anoté mi ambición global, aquella por la que trabajaba a largo plazo (eso me ayudó a evitar la necesidad de cierre cognitivo, que puede llevarnos a obsesionarnos con objetivos a corto plazo y fáciles de alcanzar). Y luego, debajo, describí un subobjetivo y todos sus componentes SMART, lo que me obligaba a trazar un plan, lo cual, a su vez, hacía que resultara más probable que todos mis objetivos se cumplieran.

Uno de mis objetivos ambiciosos al realizar la labor de indagación periodística de cara a este libro, por ejemplo, era encontrar una historia que ilustrara cómo funcionaban los modelos mentales. Yo sabía que los expertos en aviación consideraban que los modelos mentales desempeñaban un importante papel en el modo como los pilotos respondían a las emergencias, de manera que, en la parte superior de mi lista de tareas para ese capítulo, escribí:

Luego, debajo de aquel objetivo ambicioso, escribí mis objetivos SMART relacionados con aquella gran ambición:

En el caso de que te cueste entender mi caligrafía, esto es lo que escribí:

Ambicioso: Encontrar una historia de aviación (¿un accidente evitado por los pelos?) que demuestre los modelos mentales.

Concreto: Localizar a un experto en aviación investigando artículos académicos en Google Académico.

Mensurable: Llamar a cuatro expertos cada mañana hasta que encuentre a la persona/la historia adecuada.

Factible: Despejar mi horario matutino para centrarme en esta tarea, y apagar el correo electrónico de 9.00 a 11.30.

Realista: El lunes, pasar una hora investigando sobre expertos en aviación y crear una lista de llamadas; clasificar esos expertos y, a las 10.15, empezar mis cuatro llamadas del día. Al final de cada conversación, pedirles que me recomienden a otros expertos a los que llamar.

Calendario: Si hago cuatro llamadas al día, el jueves debería haber hecho al menos dieciséis. Si el jueves no he encontrado la historia perfecta buscaré un nuevo plan. En el caso de que sí encuentre la historia adecuada, el viernes enviaré un resumen a mi editor.

Me llevó solo unos minutos anotar esos objetivos ambiciosos y SMART, pero supuso una enorme diferencia en lo que logré hacer aquella semana. Ahora creo una lista de pequeñas tareas pendientes similar para cada gran tarea y, como resultado, sé exactamente qué hacer cuando me siento a mi mesa todas las mañanas. En lugar de tener que tomar decisiones —y correr el riesgo de distraerme—, tengo una idea clara de cómo proceder.

Además, dado que me encuentro ante un constante recordatorio de mi objetivo ambicioso, no me distraigo con facilidad, ni me dejo llevar por la necesidad de limitarme simplemente a ir tachando cosas de mi lista. Como dirían los científicos, he refrenado mi ansia de cierre cognitivo. No dejo de trabajar simplemente porque tenga una buena entrevista, o porque haya encontrado un estudio que me resulte de utilidad, o porque haya descubierto un relato interesante que podría incluir en el libro. Lejos de ello, me recuerdo sin cesar a mí mismo que persigo objetivos SMART por una razón superior: encontrar la historia perfecta, o terminar un capítulo, o escribir un libro. De hecho, tengo toda una serie de objetivos ambiciosos para recordar mis más grandiosas ambiciones:

Ch 3

Stretch: Explain mental models

Stretch: Open w/ AF 447 - explain why it crashed

Stretch: Explain Cog tunnelling

Stretch: Find a plane crash that was averted

Stretch: Find a study that explains mental models in everyday/workplace (?)

PARA FIJAR OBJETIVOS

- Escoge un objetivo ambicioso: una ambición que refleje tus mayores aspiraciones.
- Luego, divídelo en subobjetivos y desarrolla objetivos SMART.

Concentración

En la vida real, no obstante, siempre hay distracciones y otras exigencias que demandan mi atención. De manera que, además de tener un plan, debía esforzarme en mantener mi concentración. En el capítulo en que se refiere la catástrofe de aviación que logró evitarse en el vuelo 32 de Qantas hay una idea clave que he intentado tener presente:

- Ayudamos a nuestra concentración construyendo modelos mentales —contándonos historias a nosotros mismos— acerca de lo que esperamos ver.

Para asegurarme de mantenerme concentrado en mis objetivos ambiciosos y SMART, tenía que imaginar lo que esperaba que ocurriera cuando me sentaba a mi mesa cada mañana. De modo que adquirí el hábito de dedicar un rato cada domingo por la noche, armado de un bloc y un bolígrafo, a imaginar cómo deberían ser el día y la semana siguiente. Normalmente escogía tres o cuatro cosas que quería asegurarme de que ocurrieran, y me obligaba a contestar a una serie de preguntas:

MI OBJETIVO
Encontrar una historia de aviación que ilustre los modelos mentales

¿QUÉ OCURRIRÁ PRIMERO?
HARÉ UNA LISTA DE EXPERTOS EN AVIACIÓN
↓
¿QUÉ DISTRACCIONES ES PROBABLE QUE SE PRODUZCAN?
HABRÁ UNA TONELADA DE CORREOS ELECTRÓNICOS ESPERANDO RESPUESTA
↓
¿CÓMO MANEJARÁS ESA DISTRACCIÓN?
NO COMPROBARÉ MI CUENTA DE CORREO HASTA LAS 11.30
↓
¿CÓMO SABRÁS QUE HAS TENIDO ÉXITO?
*HABRÉ HECHO AL MENOS DIEZ LLAMADAS Y HABLADO CON CUATRO
EXPERTOS EN AVIACIÓN*
↓
¿QUÉ SE NECESITA PARA EL ÉXITO?
*NECESITARÉ UNA TAZA DEL CAFÉ PARA NO SENTIR LA TENTACIÓN
DE LEVANTARME*
↓
¿QUÉ HARÁS DESPUÉS?
*INVESTIGARÉ PISTAS Y PREPARARÉ UNA LISTA DE LLAMADAS
PARA EL DÍA SIGUIENTE*

Por lo general me lleva solo unos minutos imaginar lo que espero que ocurra. Pero al final de este ejercicio tengo una historia en mente —un modelo mental de cómo debería desarrollarse mi mañana—, y, como resultado, cuando inevitablemente surgen las distracciones resulta más fácil decidir, en el momento, si merecen mi atención o pueden pasarse por alto.

Si mi cuenta de correo indica que hay treinta nuevos mensajes, sé que no debo tenerlos en cuenta hasta las 11.30, porque eso es lo que me dice que debo hacer la historia que tengo en la cabeza. Si suena el teléfono y la identificación de llamada indica que es un experto con quien estoy intentando contactar, responderé, porque esa interrupción cabe en mi modelo mental.

Tengo un objetivo ambicioso y un objetivo SMART que me proporcionan un plan, y una imagen en la cabeza de cómo se supone que se desarrolla dicho plan, de modo que resulta mucho más fácil tomar las decisiones que determinan mi concentración.

PARA MANTENERSE CONCENTRADO

- Imagina lo que va a pasar. ¿Qué ocurrirá primero? ¿Cuáles son los potenciales obstáculos? ¿Cómo vas a prevenirlos? Contarnos a nosotros mismos una historia sobre lo que esperamos que ocurra hace que nos resulte más fácil decidir dónde centrar nuestra atención cuando nuestro plan choca con la vida real.

Toma de decisiones

Había trabajado en la fijación de mis objetivos ambiciosos y SMART. Tenía un modelo mental para mantenerme concentrado. Había encontrado formas de mejorar mi motivación. Sin embargo, pese a todo, de vez en cuando surgía algo que daba al traste con mis intenciones tan cuidadosamente elaboradas. A veces eran cosas nimias, como que mi esposa me preguntara si quería que comiéramos juntos; otras eran más importantes, como que un editor me pidiera que me encargara de un trabajo tan apasionante como imprevisto.

Entonces ¿cómo debería tomar una decisión cuando he de afrontar lo inesperado? A lo mejor el capítulo sobre pensamiento probabilístico contenía una idea valiosa:

- Prever múltiples futuros, y luego obligarme a determinar cuáles son los más probables y por qué.

Para tomar una decisión sencilla como si debería o no comer con mi esposa, el cálculo es fácil: en un futuro potencial, me tomo una hora para comer, y vuelvo contento y relajado. En otro, la comida se alarga y nos pasamos casi todo el rato hablando de la logística familiar y de los problemas con nuestra canguro, y cuando vuelvo a mi mesa estoy hecho polvo y encima me he retrasado.

Analizando futuros potenciales, estaba mejor preparado para influir en aquel que, entre dichos futuros, ocurriera realmente. Así, por ejemplo, al elegir un restaurante para quedar con mi esposa, sugerí uno cerca de mi despacho a fin de volver pronto a mi mesa. Cuando surgió el tema de la logística familiar en la comida, le pedí a mi esposa que esperáramos hasta la tarde para hablar de calendarios. Tras haber anticipado el futuro, estaba mejor preparado para tomar decisiones más prudentes.

Pero las decisiones de mayor envergadura —como la de aceptar o no un nuevo y apasionante encargo como escritor— requieren un poco más de análisis. Cuando llevaba escrita la mitad de este libro, por ejemplo, una productora me preguntó si estaba interesado en colaborar en un programa de televisión. Para decidir si debía aprovechar o no la oportunidad —que retrasaría mi labor de indagación periodística, pero que quizá me compensaría a largo plazo—, escribí unos cuantos futuros potenciales acerca de lo que podría ocurrir si trabajaba en el programa:

| Futuro uno | Futuro dos | Futuro tres | Futuro cuatro |
| Paso mucho tiempo trabajando y mi programa no va a ninguna parte. | Paso mucho tiempo trabajando y mi programa es un éxito. | Paso menos tiempo trabajando y mi programa no va a ninguna parte. | Paso menos tiempo trabajando y mi programa es un éxito. |

Yo no tenía ni idea de cómo evaluar esos potenciales futuros. Sabía que había docenas de otras posibilidades que debería considerar, pero que no podía prever. Entonces llamé a unos cuantos amigos de la televisión. Basándome en las conversaciones que mantuve con ellos, asigné a cada escenario una probabilidad aproximada:

Futuro uno	Futuro dos	Futuro tres	Futuro cuatro
45 %	5 %	45 %	5 %
Porque puedes dedicarle mucho tiempo a un programa, pero la mayoría nunca triunfan.	Porque, aunque la mayoría de los programas no van a ninguna parte, nunca se sabe…	Porque puedo controlar cuánto tiempo invierto si lo planifico con sensatez.	Porque, ¿quién sabe?

Basándome en las estimaciones de los profesionales, parecía muy posible que, si invertía mucho tiempo, probablemente no me compensara. Pero si invertía menos tiempo, había, como mínimo, una posibilidad de que aprendiera algo.

En ese punto quise que me guiaran mis instintos bayesianos, de modo que pasé varios días dejando jugar a mi imaginación con diversos resultados. Al final decidí que había otro futuro potencial que estaba pasando por alto: que, aun en el caso de que el programa no llegara a materializarse, podía pasármelo muy bien. Así que decidí aceptar, aunque especifiqué de entrada que quería que mi participación fuera pequeña.

Fue una gran decisión. En conjunto, mi participación en el proyecto fue pequeña, probablemente el equivalente a dos semanas de trabajo. Pero las compensaciones superaron mis expectativas. El programa se estrenará este otoño, y he aprendido mucho trabajando en él.

Pero lo más importante es que tomé la decisión de manera deliberada. Dado que había previsto varias posibilidades de lo que podría ocurrir —y, de hecho, había elaborado algunos objetivos ambiciosos y SMART antes de unirme al proyecto—, pude gestionar mi participación.

PARA DECIDIR MEJOR

- Prevé múltiples futuros. Obligándonos a imaginar diversas posibilidades —algunas de las cuales podrían ser contradictorias—, estamos mejor preparados para tomar decisiones prudentes.
- Podemos perfeccionar nuestros instintos bayesianos buscando distintas experiencias, perspectivas e ideas de otras personas. Buscando información y familiarizándonos con ella, las opciones resultan más claras.

La gran idea

En este apéndice se hace un breve repaso de unos cuantos conceptos clave que se han revelado importantes en mi vida cotidiana. Si uno logra estar más motivado, más concentrado y ser mejor a la hora de fijar objetivos y tomar buenas decisiones, habrá avanzado mucho en el camino que lleva a ser más productivo. Hay, obviamente, otras ideas en este libro que también resultan de ayuda cuando tenemos que dirigir a otros, cuando tratamos de aprender más deprisa, cuando necesitamos innovar más rápido. Cada uno de esos ámbitos de productividad encierra también sus propias ideas:

PARA HACER EQUIPOS MÁS EFICACES

- Gestiona el cómo, no el quién de los equipos. La seguridad psicológica surge cuando todos saben que pueden hablar más o menos en la misma medida y cuando cada uno de los miembros del equipo muestra que es sensible a lo que sienten los demás.

- Si diriges un equipo, piensa en el mensaje que transmiten tus decisiones. ¿Estás alentando la igualdad a la hora de hablar, o recompensando a quienes hablan más alto? ¿Demuestras que estás escuchando repitiendo lo que la gente dice y contestando a preguntas e ideas? ¿Muestras sensibilidad reaccionando cuando alguien parece contrariado o nervioso? ¿Haces gala de esa sensibilidad a fin de que otras personas sigan tu ejemplo?

PARA DIRIGIR A OTROS DE MANERA PRODUCTIVA

- Las técnicas de dirección ajustadas y ágiles nos dicen que los empleados trabajan mejor y de manera más inteligente cuando creen que tienen más autoridad para tomar decisiones y cuando creen que sus colegas están comprometidos con su éxito.

- Desplazando la toma de decisiones a quienquiera que sea la persona más cercana a un problema, los directivos aprovechan la experiencia de todos y hacen que aflore la innovación.
- Una sensación de control puede ayudar a la motivación, pero, para que ese impulso genere ideas y soluciones, la gente tiene que saber que no se menospreciarán sus sugerencias y que no se le echarán en cara sus errores.

PARA ALENTAR LA INNOVACIÓN

- La creatividad suele surgir combinando viejas ideas de nuevas maneras, y los «mediadores de innovaciones» cumplen en ello un papel clave. Para convertirte en mediador tú mismo y alentar la mediación en tu organización:
  - Sé sensible a tus propias experiencias. Prestando atención a cómo nos hacen pensar y sentir las cosas es como diferenciamos los tópicos de las verdaderas ideas. Estudia tus propias reacciones emocionales.
  - Reconoce que la tensión que surge en pleno proceso creativo no es un signo de que todo se está yendo al traste. Lejos de ello, la desesperación creativa suele resultar crucial: a menudo puede ser la ansiedad la que nos haga ver las viejas ideas de nuevas maneras.
  - Por último, recuerda que el alivio que acompaña a un avance creativo, aunque agradable, también puede impedirnos considerar otras alternativas. Obligándonos a nosotros mismos a criticar lo que ya hemos hecho, forzándonos a analizarlo desde diferentes perspectivas, dotando de nueva autoridad a alguien que antes no la tenía, mantendremos una visión clara.

PARA ASIMILAR MEJOR LOS DATOS

- Cuando encontramos nueva información, deberíamos obligarnos a hacer algo con ella. Escribe una nota explicando lo que acabas de

> aprender, o encuentra una manera sencilla de poner a prueba una idea, o elabora un gráfico con una serie de datos puntuales en un papel, u oblígate a explicarle una idea a un amigo. Cada decisión que tomamos en la vida es un experimento; el truco es conseguir ver los datos incorporados en esas decisiones y luego utilizarlos de algún modo que nos permita aprender de ellos.

Lo más importante en todos esos conceptos es la idea fundamental que subyace a estas lecciones, el tejido que conecta las ocho ideas que forman el corazón de este libro: la productividad tiene que ver con reconocer opciones que otras personas suelen pasar por alto. Tiene que ver con tomar ciertas decisiones de determinadas maneras. El modo como decidimos ver nuestra propia vida; las historias que nos contamos y los objetivos que nos obligamos a explicar en detalle; la cultura que establecemos entre nuestros compañeros de equipo; el modo como enmarcamos nuestras decisiones y gestionamos la información en nuestras vidas. Las personas y empresas productivas se fuerzan a tomar decisiones que la mayoría de los demás se contentan con ignorar. La productividad surge cuando la gente se obliga a pensar de manera distinta.

Mientras trabajaba en este libro me tropecé con una historia que me gustó y que se convirtió en uno de mis reportajes favoritos. Hablaba en ella de Malcom McLean, básicamente el creador del moderno contenedor de transporte. McLean murió en 2001, pero dejó varias cintas de vídeo y numerosos documentos; pasé algunos meses leyendo sobre él, además de entrevistar a varios miembros de su familia y a docenas de sus antiguos colegas. Me describieron a un hombre que había perseguido inexorablemente una idea —que el transporte de mercancías dentro de grandes cajas metálicas haría más productivos los muelles—, y cómo aquella idea acabó transformando la fabricación, la industria del transporte y las economías de continentes enteros. Me explicaron que McLean fue tan productivo porque estaba fanáticamente obsesionado por una sola idea.

Dediqué muchas, muchas horas a aprender cosas de McLean. Y escribí varios borradores de su historia, decidido a incluirla en este libro.

Al final, sin embargo, ninguna funcionó. La lección que él daba —que una dedicación firme a una idea puede generar un cambio enorme— resultó no ser tan universal e importante como los otros conceptos que yo quería explicar. La historia de McLean era interesante, pero no vital. Lo que le funcionó a él no le funciona a todo el mundo. Hay muchísimos ejemplos en los que la dedicación fanática ha resultado contraproducente. Su idea no era lo bastante importante como para incluirla entre las otras ocho ideas de este libro.

Y sin embargo, el tiempo que pasé indagando sobre McLean valió la pena, porque descartar aquel trabajo me ayudó a entender la mecánica de la concentración. Mi modelo mental de este libro entraba constantemente en conflicto con lo que aprendía sobre McLean. Mi plan SMART para la historia de McLean no encajaba con mi objetivo ambicioso de describir lecciones universalmente aplicables. En otras palabras, investigar sobre McLean me ayudó a determinar acerca de qué se suponía que trataba este libro. Sirvió como un valioso recordatorio de cómo funciona realmente la productividad: productividad no significa que cada acción sea eficiente; no significa que nunca haya algo que se desperdicia. De hecho, como aprendió Disney, a veces tenemos que alimentar la tensión para alentar la creatividad. En ocasiones un traspié es el paso más importante en el camino hacia el éxito.

Pero al final, si aprendemos a reconocer ciertas opciones que para muchos podrían no resultar evidentes, con el tiempo podremos llegar a ser más agudos, más rápidos y mejores. Cualquiera es capaz de ser más creativo, de concentrarse más, de enmarcar mejor sus objetivos y de tomar decisiones prudentes. Se pueden transformar las escuelas para cambiar el modo como la gente asimila los datos. Se puede enseñar a los equipos a aprender más de los errores, o a utilizar la tensión en provecho propio, o a convertir lo que parecen horas malgastadas en lecciones que los acerquen a sus objetivos. Se pueden remodelar las escuelas dotando de autoridad a las personas más cercanas a un problema. Se pueden cambiar las vidas de las personas mayores enseñándoles a ser subversivos.

Todos podemos llegar a ser más productivos. Ahora ya sabemos por dónde empezar.

Agradecimientos

Lo cierto es que la mayor parte de mi propia capacidad para hacerme más agudo, más rápido y mejor depende de la amabilidad de otras personas, y, por tanto, deseo dar las gracias a muchas de ellas.

Este libro existe porque Andy Ward quiso que existiera, primero comprando una idea, y luego, durante dos años, ayudando a darle la forma de libro. Todo en Andy —desde su elegante edición hasta sus inflexibles exigencias de calidad, pasando por su genuina y sincera amistad— inspira a quienes lo rodean a ser mejores y a querer hacer el mundo más hermoso y justo. Estoy sumamente agradecido por haber tenido la oportunidad de conocerle.

Me siento asimismo muy afortunado por haber aterrizado en Random House, que funciona bajo la sabia y constante dirección de Gina Centrello, Susan Kamil y Tom Perry, además de los esfuerzos sobrehumanos de Maria Braeckel, Sally Marvin, Sanyu Dillon, Theresa Zorro, Avideh Bashirrad, Nicole Morano, Caitlin McCaskey, Melissa Milsten, Leigh Marchant, Alaina Waagner, Dennis Ambrose, Nancy Delia, Benjamin Dreyer y la siempre paciente Kaela Myers. Y he contraído una deuda enorme con todas las personas que han tenido el talento de coger estas palabras y ponerlas en manos de la gente: David Phethean, Tom Nevins, Beth Koehler, David Weller, Richard Callison, Christine McNamara, Jeffrey Weber, David Romine, Cynthia Lasky, Stacy Berenbaum, Glenn Ellis, Allyson Pearl, Kristen Fleming, Cathy Serpico, Ken Wohlrob y el resto de los miembros del departamento de ventas de Random House. He tenido asimismo la fortuna de trabajar con Jason Arthur, Emma Finnigan, Matthew Ruddle, Jason Smith, Nigel Wilcockson y Aslan Byrne, de William Heinemann, y Marta Konya-Forstner y Cathy Poine, en Canadá.

También estoy en deuda con Andrew Wylie y James Pullen, de la Agencia Wylie. Andrew se mantiene firme en su deseo de hacer el mundo más seguro para sus autores, y yo le agradezco sus esfuerzos. James Pullen me ayudó a entender cómo hacer que me publiquen en lenguas que casi con toda certeza habría suspendido en el instituto.

He contraído una gran deuda con el *New York Times*: vaya mi enorme agradecimiento a Dean Baquet, Andy Rosenthal y Matt Purdy, cuya dirección y ejemplos ayudan cada día a guiar mis decisiones personales. Arthur Sulzberger, Mark Thompson y Meredith Kopit Levien han sido grandes amigos y hacen posible la búsqueda de la verdad. Estoy muy agradecido por el tiempo que he pasado con Dean Murphy, redactor jefe de economía, y Peter Lattman, redactor adjunto de economía, cuya amistad, asesoramiento y paciencia me permitieron escribir este libro. Del mismo modo, la orientación de Larry Ingrassia en casi todos los temas resulta indispensable. Gerry Marzorati ha sido un gran amigo, como lo han sido Kinsey Wilson, Susan Chira, Jake Silverstein, Bill Wasik y Cliff Levy.

Algunos agradecimientos más: estoy en deuda con mis colegas del *Times* David Leonhardt, A. G. Sulzberger, Walt Bogdanich, Sam Dolnick, Eduardo Porter, David Perpich, Jodi Kantor, Vera Titunik, Peter Lattman, David Segal, Joe Nocera, Michael Barbaro, Jim Stewart y otros que tan generosos fueron con sus ideas.

Doy asimismo las gracias a Alex Blumberg, Adam Davidson, Paula Szuchman, Nivi Nord, Alex Berenson, Nazanin Rafsanjani, Brendan Koerner, Nicholas Thompson, Sarah Ellison, Amanda Schaffer, Dennis Potami, James y Mandy Wynn, Noah Kotch, Greg

Nelson, Caitlin Pike, Jonathan Klein, Amanda Klein, Matthew y Chloe Galkin, Nick Panagopulos y Marissa Ronca, Donnan Steele, Stacey Steele, Wesley Morris, Adir Waldman, Rich Frankel, Jennifer Couzin, Aaron Bendikson, Richard Rampell, David Lewicki, Beth Waltemath, Ellen Martin, Amy Wallace, Russ Uman, Erin Brown, Jeff Norton, Raj De Datta, Ruben Sigala, Dan Costello y Peter Blake, que me dieron un apoyo y una orientación cruciales en todo el proceso. La cubierta del libro y los gráficos interiores surgieron directamente del increíble talento de Anton Ioukhnovets. Gracias, Anton.

Gracias, también, a mis incondicionales verificadores de datos —Cole Louison y Benjamin Phalen— y a Olivia Boone, que ayudaron a preparar y organizar las notas.

Estoy en deuda con numerosas personas que se mostraron generosas con su tiempo y sus conocimientos durante la indagación periodística que llevé a cabo para escribir este libro. A muchas de ellas se las menciona en las notas, pero quisiera dar especialmente las gracias a William Langewiesche, que me orientó sobre la mecánica del vuelo (y cómo escribir al respecto), y a Ed Catmull y Amy Wallace, que hicieron posible el capítulo sobre Disney.

Finalmente, mi más profundo agradecimiento es para mi familia: Katy Duhigg, Jacquie Jenkusky, David Duhigg, Dan Duhigg, Toni Martorelli, Alexandra Alter y Jake Goldstein han sido maravillosos amigos. Mis hijos, Oliver y Harry, han sido una fuente de inspiración y alegría. Mis padres, John y Doris, me animaron a escribir desde joven.

Y, por supuesto, doy las gracias a mi esposa, Liz, cuyo constante amor, apoyo, orientación, inteligencia y amistad han hecho posible este libro.

Noviembre de 2015

Nota sobre las fuentes

La investigación periodística realizada para este libro se ha basado en cientos de entrevistas, artículos y estudios. Muchas de esas fuentes se detallan en el propio texto o las notas, junto con referencias a otros recursos para los lectores interesados.

En la mayoría de los casos, a las personas que proporcionaron las principales fuentes de información o que habían publicado estudios que fueron esenciales en mi investigación se les hicieron llegar resúmenes de mi trabajo y se les ofreció la oportunidad de revisar los datos e incluir comentarios adicionales, plantear discrepancias o detectar problemas acerca de cómo se describía la información. Muchos de sus comentarios se reproducen en las notas (téngase en cuenta que a ninguna fuente se le dio acceso al texto completo del libro, y que todos los comentarios se basan en los resúmenes dados a las fuentes). También hubo verificadores de datos independientes que se pusieron en contacto con las principales fuentes y revisaron documentos para contrastar y corroborar las quejas.

En un reducido número de casos se ofreció confidencialidad a diversas fuentes que, por una serie de razones, no deseaban que se dieran sus nombres. En tres casos, algunas características identificadoras se han eliminado o modificado ligeramente para ajustarse a la ética de privacidad de los pacientes o por otros motivos.

Notas

1. MOTIVACIÓN

1. Actualmente la clínica se denomina Centro Médico Ochsner.

2. Richard L. Strub, «Frontal Lobe Syndrome in a Patient with Bilateral Globus Pallidus Lesions», *Archives of Neurology*, 46, n.º 9 (1989), pp. 1.024-1.027.

3. Michel Habib, «Athymhormia and Disorders of Motivation in Basal Ganglia Disease», *The Journal of Neuropsychiatry and Clinical Neurosciences*, 16, n.º 4 (2004), pp. 509-524.

4. He aquí cómo describe el cuerpo estriado Mauricio Delgado, neurólogo de la Universidad Rutgers: «El cuerpo estriado es la unidad de entrada de una estructura mayor, los ganglios basales. Digo unidad de entrada porque recibe conexiones de diferentes áreas del cerebro que sirven para distintas funciones cerebrales, lo que sitúa al cuerpo estriado en una posición perfecta para influir en el comportamiento. Los ganglios basales y asimismo el cuerpo estriado son muy importantes en aquellas facetas del comportamiento relacionadas con la función motora (las deficiencias en esta estructura son comunes en la enfermedad de Parkinson), la función cognitiva y la motivación. Una línea de pensamiento en relación con el cuerpo estriado y su papel en la motivación y, más específicamente, el proceso de recompensa sostiene que este se halla involucrado en el aprendizaje sobre recompensas y el uso de esa información para tomar decisiones que ayudan a guiar el comportamiento, actualizando sobre la marcha la información del cerebro acerca de si una recompensa es mejor o peor que las expectativas previas».

5. Oury Monchi *et al.*, «Functional Role of the Basal Ganglia in the

Planning and Execution of Actions», *Annals of Neurology*, 59, n.º 2 (2006), pp. 257-264; Edmund T. Rolls, «Neurophysiology and Cognitive Functions of the Striatum», *Revue Neurologique*, n.º 150 (1994), pp. 648-660; Patricia S. Goldman-Rakic, «Regional, Cellular, and Subcellular Variations in the Distribution of D_1 and D_5 Dopamine Receptors in Primate Brain», *The Journal of Neuroscience*, 15, n.º 12 (1995), pp. 7.821-7.836; Bradley Voytek y Robert T. Knight, «Prefrontal Cortex and Basal Ganglia Contributions to Working Memory», *Proceedings of the National Academy of Sciences of the United States of America*, 107, n.º 42 (2010), pp. 18.167-18.172.

6. Por ayudarme a entender cómo influyen las lesiones cerebrales en el comportamiento, estoy en deuda con Julien Bogousslavsky y Jeffrey L. Cummings, *Behavior and Mood Disorders in Focal Brain Lesions*, Cambridge, Cambridge University Press, 2000.

7. A menudo el Parkinson implica lesiones en la sustancia negra, una región que se comunica con el cuerpo estriado. R. K. B. Pearce *et al.*, «Dopamine Uptake Sites and Dopamine Receptors in Parkinson's Disease and Schizophrenia», *European Neurology*, 30, suplemento 1 (1990), pp. 9-14; Philip Seeman *et al.*, «Low Density of Dopamine D4 Receptors in Parkinson's, Schizophrenia, and Control Brain Striata», *Synapse*, 14, n.º 4 (1993), pp. 247-253; Philip Seeman *et al.*, «Human Brain D_1 and D_2 Dopamine Receptors in Schizophrenia, Alzheimer's, Parkinson's, and Huntington's Diseases», *Neuropsychopharmacology*, 1, n.º 1 (1987), pp. 5-15.

8. Mauricio R. Delgado *et al.*, «Tracking the Hemodynamic Responses to Reward and Punishment in the Striatum», *Journal of Neurophysiology*, 84, n.º 6 (2000), pp. 3.072-3.077.

9. En algunas versiones de este experimento se recompensaba a los participantes por acertar y se los penalizaba por fallar con pequeñas ganancias financieras. En respuesta a un correo electrónico para verificar datos, Delgado me amplió el contexto de los experimentos: «El objetivo de aquel estudio inicial era investigar el circuito de recompensa humano. Es decir, sabíamos por la investigación con animales que ciertas regiones del cerebro eran importantes para procesar la información sobre recompensas. Pero no sabíamos mucho de cómo se traducía eso en el cerebro humano y en las recompensas humanas más comunes como el dinero, lo que tenía consecuencias para adicciones conductuales tales como la ludopatía. Así pues, con el juego de adivinación, nuestro objetivo inicial era comparar qué ocurría en el cerebro cuando los participantes recibían una

recompensa monetaria (por una predicción correcta) y una sanción o pérdida monetaria (por una predicción incorrecta). La pauta que observamos es muy característica de la respuesta a una recompensa. Vemos actividad en el cuerpo estriado (tanto en su parte dorsal como ventral). La respuesta es un incremento inicial al comienzo de la prueba, cuando aparece el signo de interrogación y ellos formulan la predicción. Nosotros dedujimos que eso reflejaba la anticipación de una recompensa potencial. Otros trabajos en los que se ha utilizado esta tarea (véase Delgado *et al.*, 2004; Leotti y Delgado, 2011) lo respaldan, como también el trabajo de Brian Knutson (2001). Los participantes no saben si su predicción es correcta e implica una recompensa o es incorrecta e implica una pérdida, de modo que el incremento es común en ambos tipos de prueba. Pero una vez se revela el resultado, observamos una interesante pauta donde el cuerpo estriado se diferencia entre un resultado positivo y uno negativo, una ganancia o una pérdida. Hay una respuesta de incremento en el caso de la ganancia y de decremento en el de la pérdida. Una interpretación de este hallazgo era que el cuerpo estriado codificaba el valor del resultado. Una interpretación más global, que tiene en cuenta todas las entradas y salidas neuronales de esta estructura, es que capta la información sobre el resultado/recompensa, la compara con las expectativas (por ejemplo, ¿el resultado era mejor o peor del esperado?: si habías predicho superior, ¿la tarjeta era superior, o te habías equivocado en tu predicción?) y permite que el sistema actualice e informe la siguiente decisión (por ejemplo, quizá pruebe a predecir inferior la próxima vez)».

10. En respuesta a un correo electrónico para verificar datos, Delgado amplió sus comentarios: «Hubo tres experimentos relacionados con esto… [En] el primero (Tricomi *et al.*, 2004), se les decía que verían dos círculos. Al ver el círculo amarillo, por ejemplo, tenían que adivinar como antes si la respuesta correcta era el botón 1 o 2, y se les decía que una respuesta correcta comportaría una recompensa monetaria. Si veían un círculo azul, se les decía que presionaran un botón (control motor), pero que dicho botón no tenía nada que ver con la recompensa, era aleatoria. En realidad, la recompensa era aleatoria en ambos casos, pero si los sujetos creían que importaba el botón que apretaban, como en la situación del círculo amarillo, se suscitaba mucho más la respuesta del cuerpo estriado que si había una recompensa no dependiente. Este experimento mostraba que, si los participantes sentían que tenían el control, la respuesta a la recompensa

era más notoria. El segundo experimento pasaba a aplicar esto al juego de adivinar las tarjetas (Delgado *et al.*, 2005), y esta vez añadía antes de cada prueba una clave, como un círculo, que predecía si la tarjeta iba a ser superior o inferior. Los participantes tenían que aprender mediante ensayo y error qué predecía la clave. Este experimento mostraba que la señal en el cuerpo estriado se relacionaba con el aprendizaje sobre la recompensa, en lugar de limitarse meramente a procesar el valor de esta última... En [el] tercer experimento (Leotti y Delgado, 2005), presentábamos a los sujetos, por ejemplo, dos claves, un cuadrado y un círculo. Cuando veían el cuadrado, sabían que se enfrentaban a una elección de 50/50 (una especie de adivinanza), y si elegían correctamente obtenían una recompensa (en este experimento no había pérdidas, solo recompensa o falta de ella). En esta situación sentían que tenían el "control". En gran medida como mi participante que creía que podía "ganar el juego". La otra situación era una situación sin opciones. Aquí veían un círculo y se enfrentaban a la misma elección; salvo que esta vez el ordenador elegía por ellos. Y si el ordenador acertaba obtenían una recompensa. De modo que en ambas situaciones se podía obtener una recompensa (o no). Pero la diferencia clave era que, o bien podían elegir los participantes, o bien elegía el ordenador. Curiosamente, la gente prefería la situación en la que podía elegir, aunque tal situación requiriera más esfuerzo (la elección real) y se tradujera en el mismo número de recompensas. También vimos que la actividad del núcleo estriado estaba presente en el cuadrado (en comparación con el círculo). Es decir, cuando los participantes descubrían que podían elegir, nosotros veíamos actividad en esta área de recompensa cerebral, lo que sugería que la mera oportunidad de ejercer la propia capacidad de elección puede implicar una recompensa en y por sí misma».

11. Para leer más sobre la obra de Delgado, recomiendo: Elizabeth M. Tricomi, Mauricio R. Delgado y Julie A. Fiez, «Modulation of Caudate Activity by Action Contingency», *Neuron*, 41, n.º 2 (2004), pp. 281-292; Mauricio R. Delgado, M. Meredith Gillis y Elizabeth A. Phelps, «Regulating the Expectation of Reward via Cognitive Strategies», *Nature Neuroscience*, 11, n.º 8 (2008), pp. 880-881; Laura N. Martin y Mauricio R. Delgado, «The Influence of Emotion Regulation on Decision-Making Under Risk», *Journal of Cognitive Neuroscience*, 23, n.º 9 (2011), pp. 2.569-2.581; Lauren A. Leotti y Mauricio R. Delgado, «The Value of Exercising Control over Monetary Gains and Losses», *Psychological Scien-*

ce, 25, n.º 2 (2014), pp. 596-604; Lauren A. Leotti y Mauricio R. Delgado, «The Inherent Reward of Choice», *Psychological Science*, 22 (2011), pp. 1.310-1.318.

12. «Self-Employment in the United States», *Monthly Labor Review*, U. S. Bureau of Labor Statistics, septiembre de 2010, <http://www.bls.gov/opub/mlr/2010/09/art2full.pdf>.

13. Un estudio realizado en 2006 por la Oficina de Responsabilidad Gubernamental de Estados Unidos reveló que el 31 por ciento de los trabajadores tenían empleos temporales.

14. Michelle Conlin *et al.*, «The Disposable Worker», *Bloomberg Businessweek*, 7 de enero de 2010.

15. Lauren A. Leotti, Sheena S. Iyengar y Kevin N. Ochsner, «Born to Choose: The Origins and Value of the Need for Control», *Trends in Cognitive Sciences*, 14, n.º 10 (2010), pp. 457-463.

16. Diana I. Cordova y Mark R. Lepper, «Intrinsic Motivation and the Process of Learning: Beneficial Effects of Contextualization, Personalization, and Choice», *Journal of Educational Psychology*, 88, n.º 4 (1996), p. 715; Judith Rodin y Ellen J. Langer, «Long-Term Effects of a Control-Relevant Intervention with the Institutionalized Aged», *Journal of Personality and Social Psychology*, 35, n.º 12 (1977), p. 897; Rebecca A. Henry y Janet A. Sniezek, «Situational Factors Affecting Judgments of Future Performance», *Organizational Behavior and Human Decision Processes*, 54, n.º 1 (1993), pp. 104-132; Romin W. Tafarodi, Alan B. Milne y Alyson J. Smith, «The Confidence of Choice: Evidence for an Augmentation Effect on Self-Perceived Performance», *Personality and Social Psychology Bulletin*, 25, n.º 11 (1999), pp. 1.405-1.416; Jack W. Brehm, «Postdecision Changes in the Desirability of Alternatives», *The Journal of Abnormal and Social Psychology*, 52, n.º 3 (1956), p. 384; Leon Festinger, *A Theory of Cognitive Dissonance*, vol. 2, Stanford (CA), Stanford University Press, 1962 [hay trad. cast.: *Teoría de la disonancia cognoscitiva*, Madrid, Centro de Estudios Políticos y Constitucionales, 1975]; Daryl J. Bem, «An Experimental Analysis of Self-Persuasion», *Journal of Experimental Social Psychology*, 1, n.º 3 (1965), pp. 199-218; Louisa C. Egan, Laurie R. Santos y Paul Bloom, «The Origins of Cognitive Dissonance: Evidence from Children and Monkeys», *Psychological Science*, 18, n.º 11 (2007), pp. 978-983.

17. E. J. Langer y J. Rodin, «The Effects of Choice and Enhanced Personal Responsibility for the Aged: A Field Experiment in an Institu-

tional Setting», *Journal of Personality and Social Psychology*, 34, n.° 2 (1976), pp. 191-198.

18. Margaret W. Sullivan y Michael Lewis, «Contextual Determinants of Anger and Other Negative Expressions in Young Infants», *Developmental Psychology*, 39, n.° 4 (2003), p. 693.

19. Leotti y Delgado, «Inherent Reward of Choice», *op. cit.*

20. *Ibid.*

21. Erika A. Patall, Harris Cooper y Jorgianne Civey Robinson, «The Effects of Choice on Intrinsic Motivation and Related Outcomes: A Meta-Analysis of Research Findings», *Psychological Bulletin*, 134, n.° 2 (2008), p. 270; Deborah J. Stipek y John R. Weisz, «Perceived Personal Control and Academic Achievement», *Review of Educational Research*, 51, n.° 1 (1981), pp. 101-137; Steven W. Abrahams, «Goal-Setting and Intrinsic Motivation: The Effects of Choice and Performance Frame-of-Reference», tesis doctoral, Universidad de Columbia, 1989; Teresa M. Amabile y Judith Gitomer, «Children's Artistic Creativity Effects of Choice in Task Materials», *Personality and Social Psychology Bulletin*, 10, n.° 2 (1984), pp. 209-215; D'Arcy A. Becker, «The Effects of Choice on Auditors' Intrinsic Motivation and Performance», *Behavioral Research in Accounting*, 9 (1997); Dan Stuart Cohen, «The Effects of Task Choice, Monetary, and Verbal Reward on Intrinsic Motivation: A Closer Look at Deci's Cognitive Evaluation Theory», tesis doctoral, Universidad Estatal de Ohio, 1974; Diana I. Cordova y Mark R. Lepper, «Intrinsic Motivation and the Process of Learning: Beneficial Effects of Contextualization, Personalization, and Choice», *Journal of Educational Psychology*, 88, n.° 4 (1996), p. 715; Hsiao d'Ailly, «The Role of Choice in Children's Learning: A Distinctive Cultural and Gender Difference in Efficacy, Interest, and Effort», *Canadian Journal of Behavioural Science*, 36, n.° 1 (2004), p. 17; Edward L. Deci, *The Psychology of Self-Determination*, Nueva York, Free Press, 1980; J. B. Detweiler, R. J. Mendoza y M. R. Lepper, «Perceived Versus Actual Choice: High Perceived Choice Enhances Children's Task Engagement», 8.ª Reunión Anual de la Sociedad Psicológica Estadounidense, San Francisco, 1996; John J. M. Dwyer, «Effect of Perceived Choice of Music on Exercise Intrinsic Motivation», *Health Values: The Journal of Health Behavior, Education and Promotion*, 19, n.° 2 (1995), pp. 18-26; Gregory G. Feehan y Michael E. Enzle, «Subjective Control over Rewards: Effects of Perceived Choice of Reward Schedule on Intrinsic Motivation and Behavior Maintenance», *Perceptual*

and Motor Skills, 72, n.° 3 (1991), pp. 995-1.006; Terri Flowerday, Gregory Schraw y Joseph Stevens, «The Role of Choice and Interest in Reader Engagement», *The Journal of Experimental Education*, 72, n.° 2 (2004), pp. 93-114; Claus A. Hallschmidt, «Intrinsic Motivation: The Effects of Task Choice, Reward Magnitude and Reward Choice», tesis doctoral, Universidad de Alberta, 1977; Sheena S. Iyengar y Mark R. Lepper, «Rethinking the Value of Choice: A Cultural Perspective on Intrinsic Motivation», *Journal of Personality and Social Psychology*, 76, n.° 3 (1999), p. 349; Keven A. Prusak *et al.*, «The Effects of Choice on the Motivation of Adolescent Girls in Physical Education», *Journal of Teaching in Physical Education*, 23, n.° 1 (2004), pp. 19-29; Johnmarshall Reeve, Glen Nix y Diane Hamm, «Testing Models of the Experience of Self-Determination in Intrinsic Motivation and the Conundrum of Choice», *Journal of Educational Psychology*, 95, n.° 2 (2003), p. 375; Romin W. Tafarodi, Alan B. Milne y Alyson J. Smith, «The Confidence of Choice: Evidence for an Augmentation Effect on Self-Perceived Performance», *Personality and Social Psychology Bulletin*, 25, n.° 11 (1999), pp. 1.405-1.416; Miron Zuckerman *et al.*, «On the Importance of Self-Determination for Intrinsically-Motivated Behavior», *Personality and Social Psychology Bulletin*, 4, n.° 3 (1978), pp. 443-446.

22. En respuesta a un correo electrónico para verificar datos, el coronel Jim Gruny, oficial al mando del Regimiento de Instrucción de Reclutas del Centro de Reclutas del Cuerpo de Marines de San Diego, me escribía: «Desde el momento en que los reclutas se bajan del autobús y se colocan sobre las huellas amarillas,* se les expone a un nivel de choque y estrés colectivo que está destinado a hacer hincapié en el trabajo en equipo [y] la obediencia a las órdenes y a reforzar el hecho de que están entrando en una nueva fase de su vida en la que la dedicación desinteresada a los demás es mucho más codiciada que el éxito individual. Además de la referencia ya mencionada a la revisión médica y los cortes de pelo, la primera noche incluye el control de contrabando, las tareas sumamente prácticas del proceso administrativo y la cuestión de la ropa, y también una primera llamada a casa para informar a sus padres o a otras personas designadas por ellos de que han llegado sanos y salvos al Centro de Reclutas».

---

* Siluetas amarillas de pies pintadas en el suelo, donde deben situarse los nuevos reclutas y que marcan el inicio de su instrucción, una tradición propia del Cuerpo de Marines estadounidense. *(N. del T.)*

23. En respuesta a un correo electrónico para verificar datos, el coronel Gruny, en referencia a las reformas de Krulak, me escribía: «La serie de reformas se centró en instituir una formación basada en valores en la instrucción de los reclutas y en la introducción del Crisol. Aunque dichas reformas potenciaban ciertamente la motivación y el liderazgo, también se enfocaban al trabajo en equipo, la capacidad de seguir al líder y el desarrollo de valores básicos (honor, valor y compromiso). El general Krulak aspiraba a incorporar una filosofía de instrucción que diera como resultado que nuestros marines tomaran el tipo de decisiones correctas basadas en valores, en combate o en tiempos de paz».

24 Por ayudarme a conocer el funcionamiento del campamento de reclutas del Cuerpo de Marines de Estados Unidos, estoy en deuda con el general Krulak y con el comandante Neil A. Ruggiero, director de actividades públicas del Centro de Reclutas del Cuerpo de Marines de San Diego/Región de Reclutamiento Oeste. También estoy en deuda con Thomas E. Ricks y su libro *Making the Corps*, Nueva York, Scribner, 2007. Me he basado asimismo en Vincent Martino, Jason A. Santamaria y Eric K. Clemons, *The Marine Corps Way: Using Maneuver Warfare to Lead a Winning Organization*, Nueva York, McGraw-Hill, 2005; James Woulfe, *Into the Crucible: Making Marines for the 21st Century*, Novato (CA), Presidio Press, 2009; Jon R. Katzenbach, *Peak Performance: Aligning the Hearts and Minds of Your Employees*, Boston, Harvard Business Press, 2000; Megan M. Thompson y Donald R. McCreary, *Enhancing Mental Readiness in Military Personnel*, Toronto, Defense Research and Development, 2006; Ross R. Vickers Jr. y Terry L. Conway, «Changes in Perceived Locus of Control During Basic Training» (1984); Raymond W. Novaco *et al.*, *Psychological and Organizational Factors Related to Attrition and Performance in Marine Corps Recruit Training*, n.º AR-001, Seattle, Universidad de Washington, Departamento de Psicología, 1979; Thomas M. Cook, Raymond W. Novaco e Irwin G. Sarason, «Military Recruit Training as an Environmental Context Affecting Expectancies for Control of Reinforcement», *Cognitive Therapy and Research*, 6, n.º 4 (1982), pp. 409-427.

25. Julian B. Rotter, «Generalized Expectancies for Internal Versus External Control of Reinforcement», *Psychological Monographs: General and Applied*, 80, n.º 1 (1966), p. 1; Timothy A. Judge *et al.*, «Are Measures of Self-Esteem, Neuroticism, Locus of Control, and Generalized Self-Effi-

cacy Indicators of a Common Core Construct?», *Journal of Personality and Social Psychology*, 83, n.º 3 (2002), p. 693; Herbert M. Lefcourt, *Locus of Control: Current Trends in Theory and Research*, Hillsdale (NJ), L. Erlbaum, 1982; Cassandra Bolyard Whyte, «High-Risk College Freshmen and Locus of Control», *Humanist Educator*, 16, n.º 1 (1977), pp. 2-5; Angela Roddenberry y Kimberly Renk, «Locus of Control and Self-Efficacy: Potential Mediators of Stress, Illness, and Utilization of Health Services in College Students», *Child Psychiatry and Human Development*, 41, n.º 4 (2010), pp. 353-370; Victor A. Benassi, Paul D. Sweeney y Charles L. Dufour, «Is There a Relation Between Locus of Control Orientation and Depression?», *Journal of Abnormal Psychology*, 97, n.º 3 (1988), p. 357.

26. Alexandra Stocks, Kurt A. April y Nandani Lynton, «Locus of Control and Subjective Well-Being: A Cross-Cultural Study», *Problems and Perspectives in Management*, 10, n.º 1 (2012), pp. 17-25.

27. Claudia M. Mueller y Carol S. Dweck, «Praise for Intelligence Can Undermine Children's Motivation and Performance», *Journal of Personality and Social Psychology*, 75, n.º 1 (1998), p. 33.

28. El experimento concreto de la profesora Dweck descrito en este capítulo se centraba en su teoría implícita de la inteligencia más que en el locus de control. En una entrevista, Dweck establecía comparaciones entre ese trabajo y su repercusión a la hora de entender el locus de control.

29. Para saber más sobre la fascinante investigación de la profesora Dweck, recomiendo: Carol S. Dweck y Ellen L. Leggett, «A Social-Cognitive Approach to Motivation and Personality», *Psychological Review*, 95, n.º 2 (1988), p. 256; Carol S. Dweck, «Motivational Processes Affecting Learning», *American Psychologist*, 41, n.º 10 (1986), p. 1.040; Carol S. Dweck, Chi-yue Chiu y Ying-yi Hong, «Implicit Theories and Their Role in Judgments and Reactions: A Word from Two Perspectives», *Psychological Inquiry*, 6, n.º 4 (1995), pp. 267-285; Carol Dweck, *Mindset: The New Psychology of Success*, Nueva York, Random House, 2006. [Hay trad. cast.: *La actitud del éxito (Mindset)*, Barcelona, Ediciones B, 2007.]

30. En respuesta a un correo electrónico para verificar datos, el coronel Jim Gruny, oficial al mando del Regimiento de Instrucción de Reclutas del Centro de Reclutas del Cuerpo de Marines de San Diego, me escribió diciendo que «ese parece un escenario plausible en la época en la que el marine describía su experiencia de instrucción militar. Los reclutas ya no limpian los comedores. Dicho esto, ese escenario sí ilustra fielmente los

métodos utilizados por nuestros instructores y las lecciones que tratan de impartir a nuestros reclutas».

31. En respuesta a un correo electrónico para verificar datos, un portavoz del Cuerpo de Marines de Estados Unidos señalaba que los reclutas están bajo supervisión durante todo el Crisol y que el área donde este tiene lugar es propiedad del cuerpo. En San Diego, California, el Crisol se realiza en la base de Camp Pendleton; en Parris Island, Carolina del Sur (sede de otro Centro de Reclutas), en la zona circundante a una antigua pista de aterrizaje. El coronel Jim Gruny, oficial al mando del Regimiento de Instrucción de Reclutas del Centro de Reclutas del Cuerpo de Marines de San Diego, me escribió para decirme que «el general Krulak fue pionero en aplicar una instrucción basada en valores y un Crisol para cimentarla entre los reclutas. Krulak decía que su intención original, en lo que se refiere al Crisol como acontecimiento cumbre, era triple. En primer lugar, sería la última oportunidad del instructor de dar o no el "visto bueno" a cada recluta. En segundo término, "recalcaría y reforzaría toda la instrucción de valores básicos vigente a lo largo de la instrucción militar"… Por último, "llevaría al recluta del énfasis en la autodisciplina a donde nosotros queremos que esté en combate, es decir, al desinterés"… El fracaso a la hora de acabar el Crisol puede requerir que un recluta sea reciclado a otra compañía con la que pueda someterse de nuevo a esta prueba. Solo será expulsado del Cuerpo de Marines si fracasa repetidamente en su intento de terminar el Crisol o si sufre alguna lesión que le impida proseguir su servicio militar». El coronel Christopher Nash, oficial al mando del Batallón de Instrucción de Armas y de Campaña, escribía: «El Crisol es un evento de resistencia de 54 horas que marca la transformación del civil al marine estadounidense. A lo largo de tres días, los reclutas recorrerán unos 68 kilómetros a pie, no comerán más que tres MRE* mientras dure la prueba y contarán con menos de cuatro horas de sueño durante una noche. El Crisol se centra en los valores básicos y el trabajo en equipo. Los reclutas deben superar veinticuatro posiciones/obstáculos, participar en tres debates sobre valores básicos y dos eventos de resistencia nocturnos en los tres días. Nada puede hacerse solo. El Crisol culmina con una caminata

---

* Siglas en inglés de *Meal, Ready-to-Eat*, comida precocinada, lista para comer y que va en un envase pequeño y ligero, producida especialmente para los soldados en combate. (*N. del T.*)

de 16 kilómetros a la "Parca", en la que tiene lugar una ceremonia de entrega de insignias. En ese acto, los reclutas obtienen el título de marine».

32. Joey E. Klinger, «Analysis of the Perceptions of Training Effectiveness of the Crucible at Marine Corps Recruit Depot, San Diego», tesis doctoral, Naval Postgraduate School, 1999; S. P. Dynan, *Updating Tradition: Necessary Changes to Marine Corps Recruit Training*, Quantico (VA), Marine Corps Command and Staff College, 2006; M. C. Cameron, *Crucible Marine on Point: Today's Entry-Level Infantry Marine*, Quantico (VA), Marine Corps Command and Staff College, 2006; Michael D. Becker, «"We Make Marines": Organizational Socialization and the Effects of "The Crucible" on the Values Orientation of Recruits During US Marine Corps Training», tesis doctoral, Universidad de Indiana de Pensilvania, 2013; Benjamin Eiseman, «Into the Crucible: Making Marines for the 21st Century», *Military Review*, 80, n.º 1 (2000), p. 94; Terry Terriff, «Warriors and Innovators: Military Change and Organizational Culture in the US Marine Corps», *Defense Studies*, 6, n.º 2 (2006), pp. 215-247; Antonio B. Smith, *United States Marine Corps' Entry-Level Training for Enlisted Infantrymen: The Marginalization of Basic Warriors*, Quantico (VA), Marine Corps Command and Staff College, 2001; William Berris, *Why General Krulak Is the Marine Corps' Greatest Strategic Leader*, Carlisle Barracks (PA), U.S. Army War College, 2011; Terry Terriff, «Of Romans and Dragons: Preparing the US Marine Corps for Future Warfare», *Contemporary Security Policy*, 28, n.º 1 (2007), pp. 143-162; Marie B. Caulfield, *Adaptation to First Term Enlistment Among Women in the Marine Corps*, Boston, Veterans Administration Medical Center, 2000; Craig M. Kilhenny, «An Organizational Analysis of Marine Corps Recruit Depot, San Diego», tesis doctoral, Naval Postgraduate School, 2003; Larry Smith, *The Few and the Proud: Marine Corps Drill Instructors in Their Own Words*, Nueva York, W. W. Norton, 2007; Thomas M. Cook, Raymond W. Novaco e Irwin G. Sarason, «Military Recruit Training as an Environmental Context Affecting Expectancies for Control of Reinforcement», *Cognitive Therapy and Research*, 6, n.º 4 (1982), pp. 409-427; Ross R. Vickers Jr. y Terry L. Conway, *The Marine Corps Basic Training Experience: Psychosocial Predictors of Performance, Health, and Attrition*, San Diego, Naval Health Research Center, 1983; Ross R. Vickers Jr. y Terry L. Conway, «Changes in Perceived Locus of Control During Basic Training», ponencia presentada en la Reunión Anual de la Asociación Psicológica Estadounidense, Toronto, 24-28 de agosto de

1984; Thomas M. Cook, Raymond W. Novaco e Irwin G. Sarason, *Generalized Expectancies, Life Experiences, and Adaptation to Marine Corps Recruit Training*, Seattle, Universidad de Washington, Departamento de Psicología, 1980; R. R. Vickers Jr. *et al.*, *The Marine Corps Training Experience: Correlates of Platoon Attrition Rate Differences*, San Diego, Naval Health Research Center, 1983.

33. Rosalie A. Kane *et al.*, «Everyday Matters in the Lives of Nursing Home Residents: Wish for and Perception of Choice and Control», *Journal of the American Geriatrics Society*, 45, n.º 9 (1997), pp. 1.086-1.093; Rosalie A. Kane *et al.*, «Quality of Life Measures for Nursing Home Residents», *The Journals of Gerontology Series A: Biological Sciences and Medical Sciences*, 58, n.º 3 (2003), pp. 240-248; James R. Reinardy y Rosalie A. Kane, «Anatomy of a Choice: Deciding on Assisted Living or Nursing Home Care in Oregon», *Journal of Applied Gerontology*, 22, n.º 1 (2003), pp. 152-174; Robert L. Kane y Rosalie A. Kane, «What Older People Want from Long-Term Care, and How They Can Get It», *Health Affairs*, 20, n.º 6 (2001), pp. 114-127; William J. McAuley y Rosemary Blieszner, «Selection of Long-Term Care Arrangements by Older Community Residents», *The Gerontologist*, 25, n.º 2 (1985), pp. 188-193; Bart J. Collopy, «Autonomy in Long Term Care: Some Crucial Distinctions», *The Gerontologist*, 28, suplemento (1988), pp. 10-17; Elizabeth H. Bradley *et al.*, «Expanding the Andersen Model: The Role of Psychosocial Factors in Long-Term Care Use», *Health Services Research*, 37, n.º 5 (2002), pp. 1.221-1.242; Virginia G. Kasser y Richard M. Ryan, «The Relation of Psychological Needs for Autonomy and Relatedness to Vitality, Well-Being, and Mortality in a Nursing Home: Effects of Control and Predictability on the Physical and Psychological Well-Being of the Institutionalized Aged», *Journal of Applied Social Psychology*, 29, n.º 5 (1999), pp. 935-954; James F. Fries, «The Compression of Morbidity», *The Milbank Memorial Fund Quarterly: Health and Society*, 83, n.º 4 (2005), pp. 801-823; Richard Schulz, «Effects of Control and Predictability on the Physical and Psychological Well-Being of the Institutionalized Aged», *Journal of Personality and Social Psychology*, 33, n.º 5 (1976), p. 563.

34. En respuesta a un correo electrónico para verificar datos, Habib ampliaba sus comentarios y me decía que, en lugar de clasificar a los pacientes como ajenos a los sentimientos, podría ser más exacto decir que «es una cuestión de expresión de sentimientos, más que del sentimiento en sí.

Pueden recordar lo que sentían antes y nada prueba que no puedan volver a sentirlo. En cambio, como ya no manifiestan búsqueda de satisfacción, parece que no tengan sentimientos. Esta es también una observación fascinante, puesto que sugiere que la intensidad de los sentimientos depende de la capacidad del individuo de buscar satisfacción o recompensa».

2. EQUIPOS

1. Alex Roberts, «What a Real Study Group Looks Like», Yale School of Management, *MBA Blog*, 31 de agosto de 2010, <http://som.yale.edu/what-real-study-group-looks>.

2. En respuesta a un correo electrónico para verificar datos, Julia Rozovsky escribía: «Hubo algunos miembros de mi grupo de estudio con quienes desarrollé una estrecha amistad; sin embargo, me hallaba mucho más próxima a mi equipo de estudios de casos».

3. «Yale SOM Team Wins National Net Impact Case Competition», Yale School of Management, 10 de noviembre de 2011, <http://som.yale.edu/news/news/yale-som-team-wins-national-net-impact-case-competition>.

4. En respuesta a un correo electrónico para verificar datos, Julia Rozovsky escribía: «Decidíamos entrar en la competición en cada ocasión por separado. Cada competición representaba un equipo/inscripción/paquete/proceso independiente. Solo que a mí me tocó trabajar con el mismo equipo de manera bastante constante».

5. En respuesta a un correo electrónico para verificar datos, una portavoz de Google me escribió que «el tema global de People Analytics es que estudiamos los factores determinantes clave de la salud, la felicidad y la productividad de los *googlers* de manera científica y rigurosa… No hay una parte de Google que controle o supervise la contratación o los ascensos, sino que más bien eso se comparte con los propios *googlers*, con los gerentes, etcétera». Para saber más sobre el enfoque de los recursos humanos de Google, véase Thomas H. Davenport, Jeanne Harris y Jeremy Shapiro, «Competing on Talent Analytics», *Harvard Business Review*, 88, n.º 10 (2010), pp. 52-58; John Sullivan, «How Google Became the #3 Most Valuable Firm by Using People Analytics to Reinvent HR», ERE Media, 25 de febrero de 2013, <http://www.eremedia.com/ere/how-google-be-

came-the-3-most-valuable-firm-by-using-people-analytics-to-reinvent-hr/>; David A. Garvin, «How Google Sold Its Engineers on Management», *Harvard Business Review*, 91, n.º 12 (2013), pp. 74-82; Adam Bryant, «Google's Quest to Build a Better Boss», *The New York Times*, 12 de marzo de 2011; Laszlo Bock, *Work Rules! Insights from Inside Google That Will Transform the Way You Live and Lead*, Nueva York, Twelve, 2015.

6. En 2007, 2008, 2012, 2013 y 2014, Google ocupó el primer puesto en la clasificación de *Fortune*.

7. En respuesta a un correo electrónico para verificar datos, Julia Rozovsky escribía: «Trabajé en otras iniciativas antes de unirme al equipo del Proyecto Aristóteles. He aquí una breve biografía que utilizo internamente: "Julia Rozovsky se incorporó al equipo de People Analytics de Google en agosto de 2012. Durante su época en Google, ha asesorado a diversos equipos sobre planificación de personal y estrategias de diseño, ha analizado el impacto de los programas de flexibilidad en el lugar de trabajo y ha investigado sobre potenciación de líderes. Actualmente es [jefe de proyecto] del Proyecto Aristóteles, que aspira a mejorar la eficacia de los equipos de Google. Antes de Google, Julia colaboró con diversos profesores de la Escuela de Negocios de Harvard en investigaciones sobre estrategia competitiva y comportamiento organizacional, centrándose específicamente en teoría de juegos, controles éticos y financieros y estructura organizacional. En su trayectoria profesional anterior, fue consultora de estrategias para una empresa especializada en analítica de marketing de boutiques. Julia tiene un máster en administración de empresas de la Escuela de Gestión Empresarial de Yale y una licenciatura en matemáticas y economía de la Universidad Tufts"».

8. En respuesta a varias preguntas para verificar datos, una portavoz de Google escribía: «Lo primero por lo que tuvimos que empezar fue por la definición de equipo, y llegamos a: grupos de personas que colaboran estrechamente en proyectos y trabajan en pro de un objetivo común. Luego, dado que sabíamos que una definición de equipo jerárquica sería demasiado restrictiva en nuestro ámbito, donde la gente colabora independientemente de a quién deba rendir cuentas, debimos determinar cómo identificar sistemáticamente equipos intactos y exactamente qué miembros los integraban para poder estudiarlos. Al final, tuvimos que hacerlo manualmente, pidiendo a los altos directivos que identificaran los equipos en

sus organizaciones y solicitaran a los jefes de equipo que confirmaran sus miembros».

9. David Lyle Light Shields *et al.*, «Leadership, Cohesion, and Team Norms Regarding Cheating and Aggression», *Sociology of Sport Journal*, 12 (1995), pp. 324-336.

10. Para saber más sobre las normas, véase Muzafer Sherif, *The Psychology of Social Norms*, Londres, Octagon Books, 1965; Jay Jackson, «Structural Characteristics of Norms», *Current Studies in Social Psychology*, 301 (1965), p. 309; P. Wesley Schultz *et al.*, «The Constructive, Destructive, and Reconstructive Power of Social Norms», *Psychological Science*, 18, n.° 5 (2007), pp. 429-434; Robert B. Cialdini, «Descriptive Social Norms as Underappreciated Sources of Social Control», *Psychometrika*, 72, n.° 2 (2007), pp. 263-268; Keithia L. Wilson *et al.*, «Social Rules for Managing Attempted Interpersonal Domination in the Workplace: Influence of Status and Gender», *Sex Roles*, 44, n.°ˢ 3-4 (2001), pp. 129-154; Daniel C. Feldman, «The Development and Enforcement of Group Norms», *Academy of Management Review*, 9, n.° 1 (1984), pp. 47-53; Deborah J. Terry, Michael A. Hogg y Katherine M. White, «The Theory of Planned Behaviour: Self-Identity, Social Identity and Group Norms», *The British Journal of Social Psychology*, 38 (1999), p. 225; Jolanda Jetten, Russell Spears y Antony S. R. Manstead, «Strength of Identification and Intergroup Differentiation: The Influence of Group Norms», *European Journal of Social Psychology*, 27, n.° 5 (1997), pp. 603-609; Mark G. Ehrhart y Stefanie E. Naumann, «Organizational Citizenship Behavior in Work Groups: A Group Norms Approach», *Journal of Applied Psychology*, 89, n.° 6 (2004), p. 960; Daniel C. Feldman, «The Development and Enforcement of Group Norms», *Academy of Management Review*, 9, n.° 1 (1984), pp. 47-53, y Jennifer A. Chatman y Francis J. Flynn, «The Influence of Demographic Heterogeneity on the Emergence and Consequences of Cooperative Norms in Work Teams», *Academy of Management Journal*, 44, n.° 5 (2001), pp. 956-974.

11. Sigal G. Barsade, «The Ripple Effect: Emotional Contagion and Its Influence on Group Behavior», *Administrative Science Quarterly*, 47, n.° 4 (2002), pp. 644-675; Vanessa Urch Druskat y Steven B. Wolff, «Building the Emotional Intelligence of Groups», *Harvard Business Review*, 79, n.° 3 (2001), pp. 80-91; Vanessa Urch Druskat y Steven B. Wolff, «Group Emotional Intelligence and Its Influence on Group Effectiveness», en Cary

Cherniss y Daniel Goleman, eds., *The Emotionally Intelligent Workplace: How to Select for, Measure, and Improve Emotional Intelligence in Individuals, Groups and Organizations*, San Francisco, Jossey-Bass, 2001, pp. 132-155; Daniel Goleman, Richard Boyatzis y Annie McKee, «The Emotional Reality of Teams», *Journal of Organizational Excellence*, 21, n.° 2 (2002), pp. 55-65; William A. Kahn, «Psychological Conditions of Personal Engagement and Disengagement at Work», *Academy of Management Journal*, 33, n.° 4 (1990), pp. 692-724; Tom Postmes, Russell Spears y Sezgin Cihangir, «Quality of Decision Making and Group Norms», *Journal of Personality and Social Psychology*, 80, n.° 6 (2001), p. 918; Chris Argyris, «The Incompleteness of Social-Psychological Theory: Examples from Small Group, Cognitive Consistency, and Attribution Research», *American Psychologist*, 24, n.° 10 (1969), p. 893; James R. Larson y Caryn Christensen, «Groups as Problem-Solving Units: Toward a New Meaning of Social Cognition», *British Journal of Social Psychology*, 32, n.° 1 (1993), pp. 5-30; P. Wesley Schultz *et al.*, «The Constructive, Destructive, and Reconstructive Power of Social Norms», *Psychological Science*, 18, n.° 5 (2007), pp. 429-434.

12. En respuesta a un correo electrónico para verificar datos, Julia Rozovsky escribía: «Así experimentaba el grupo de estudio de vez en cuando. Pero no siempre».

13. En un comentario en respuesta a varias preguntas para verificar datos, una portavoz de Google escribía: «Queríamos poner a prueba muchas normas de grupo que creíamos que podían ser importantes. Pero en la fase de prueba no sabíamos que el cómo iba a resultar más importante que el quién. Cuando empezamos a aplicar los modelos estadísticos, se hizo evidente que no solo las normas eran más importantes en nuestros modelos, sino que había cinco temas que destacaban sobre el resto».

14. Amy C. Edmondson, «Learning from Mistakes Is Easier Said than Done: Group and Organizational Influences on the Detection and Correction of Human Error», *The Journal of Applied Behavioral Science*, 32, n.° 1 (1996), pp. 5-28; Druskat y Wolff, «Group Emotional Intelligence», pp. 132-155; David W. Bates *et al.*, «Incidence of Adverse Drug Events and Potential Adverse Drug Events: Implications for Prevention», *Journal of the American Medical Association*, 274, n.° 1 (1995), pp. 29-34; Lucian L. Leape *et al.*, «Systems Analysis of Adverse Drug Events», *Journal of the American Medical Association*, 274, n.° 1 (1995), pp. 35-43.

15. En respuesta a un correo electrónico para verificar datos, Edmondson escribía: «No es idea MÍA que se produzcan errores debido a la complejidad del sistema (y su desafiante combinación con la heterogeneidad de los pacientes)... Yo soy simplemente la mensajera que lleva esa perspectiva a un público determinado. Pero sí, las oportunidades de colarse son omnipresentes, de manera que el reto consiste en crear conciencia y trabajo de equipo que capte, corrija y evite los deslices».

16. En respuesta a un correo electrónico para verificar datos, Edmondson escribía: «Mi objetivo era determinar si el clima interpersonal que yo había encontrado que difería en ese ámbito diferiría en otras organizaciones, sobre todo en términos de discrepancia entre grupos dentro de una misma organización. Más tarde denominé a esto "seguridad psicológica" (o seguridad psicológica de equipo). También quería descubrir si, en caso de diferir, esa discrepancia estaría asociada a diferencias en el comportamiento de aprendizaje (y en el rendimiento)». Para saber más sobre el trabajo de Edmondson, véase Amy C. Edmondson, «Psychological Safety and Learning Behavior in Work Teams», *Administrative Science Quarterly*, 44, n.º 2 (1999), pp. 350-383; Ingrid M. Nembhard y Amy C. Edmondson, «Making It Safe: The Effects of Leader Inclusiveness and Professional Status on Psychological Safety and Improvement Efforts in Health Care Teams», *Journal of Organizational Behavior*, 27, n.º 7 (2006), pp. 941-966; Amy C. Edmondson, Roderick M. Kramer y Karen S. Cook, «Psychological Safety, Trust, and Learning in Organizations: A Group-Level Lens», *Trust and Distrust in Organizations: Dilemmas and Approaches*, 10 (2004), pp. 239-272; Amy C. Edmondson, *Managing the Risk of Learning: Psychological Safety in Work Teams*, Boston, Division of Research, Harvard Business School, 2002; Amy C. Edmondson, Richard M. Bohmer y Gary P. Pisano, «Disrupted Routines: Team Learning and New Technology Implementation in Hospitals», *Administrative Science Quarterly*, 46, n.º 4 (2001), pp. 685-716; Anita L. Tucker y Amy C. Edmondson, «Why Hospitals Don't Learn from Failures», *California Management Review*, 45, n.º 2 (2003), pp. 55-72; Amy C. Edmondson, «The Competitive Imperative of Learning», *Harvard Business Review*, 86, n.os 7-8 (2008), p. 60; Amy C. Edmondson, «A Safe Harbor: Social Psychological Conditions Enabling Boundary Spanning in Work Teams», *Research on Managing Groups and Teams* 2 (1999), pp. 179-199; Amy C. Edmondson y Kathryn S. Roloff, «Overcoming Barriers to Collaboration: Psychological Safety and Learning in Diverse Teams», *Team Effec-*

tiveness in Complex Organizations: Cross-Disciplinary Perspectives and Approaches, 34 (2009), pp. 183-208.

17. Amy C. Edmondson, «Psychological Safety and Learning Behavior in Work Teams», *Administrative Science Quarterly*, 44, n.º 2 (1999), pp. 350-383.

18. En respuesta a un correo electrónico para verificar datos, una portavoz de Google escribía: «Los trabajos de Edmondson sobre seguridad psicológica nos resultaron muy útiles cuando tratábamos de determinar cómo agrupar en metatemas las normas que veíamos surgir como importantes. Cuando revisamos los trabajos sobre seguridad psicológica, observamos que normas tales como la de permitir a otros fallar sin que haya repercusiones, respetar las opiniones contrarias o sentir que los demás no tratan de menoscabarte contribuyen todas ellas a la seguridad psicológica. Este se convirtió en uno de nuestros cinco temas clave, junto con la formalidad, la estructura/claridad, el sentido del trabajo y el impacto».

19. Por ayudarme a saber cómo fueron los primeros días de *Saturday Night Live*, estoy en deuda con los guionistas y miembros del reparto que estuvieron dispuestos a hablar conmigo, además de con Tom Shales y James Andrew Miller, *Live from New York: An Uncensored History of «Saturday Night Live»*, Boston, Back Bay Books, 2008; Ellin Stein, *That's Not Funny, That's Sick: The National Lampoon and the Comedy Insurgents Who Captured the Mainstream*, Nueva York, Norton, 2013; Marianne Partridge, ed., *«Rolling Stone» Visits «Saturday Night Live»*, Garden City (NY), Dolphin Books, 1979; Doug Hill y Jeff Weingrad, *Saturday Night: A Backstage History of «Saturday Night Live»*, San Francisco, Untreed Reads, 2011.

20. En respuesta a un correo electrónico para verificar datos, Schiller escribía: «Para mí fue una experiencia intensa, dado que nunca había vivido en Nueva York ni trabajado en un programa de humor y variedades. Muchos de nosotros éramos nuevos en Manhattan y, como tales, salíamos con frecuencia juntos no solo porque por entonces Nueva York era peligroso y daba miedo, sino también porque no conocíamos a tanta gente y estábamos creando el programa. Teníamos entre veintitantos y treinta y pocos. Sí, comíamos en restaurantes e íbamos a bares juntos hasta cuando estábamos fuera del estudio. Nos movíamos en grupo, intentando hacernos reír unos a otros».

21. Malcolm Gladwell, «Group Think: What Does *Saturday Night*

Live Have in Common with German Philosophy?», *The New Yorker*, 2 de diciembre de 2002.

22. Donelson Forsyth, *Group Dynamics*, Boston, Cengage Learning, 2009.

23. Alison Castle, «*Saturday Night Live*»: *The Book*, Colonia, Taschen, 2015.

24. En respuesta a un correo electrónico enviado para verificar datos, Beatts escribía: «Mi chiste sobre el Holocausto, que desde luego era en broma porque no hay ninguna otra manera de contar un chiste, no tenía nada que ver con los guionistas del programa. Las palabras exactas fueron: "Si Hitler no hubiera matado a seis millones de judíos, imagínate qué difícil sería encontrar apartamento en Nueva York". Era un chiste relacionado con la dificultad de encontrar apartamento en Nueva York, aludiendo a la importante población judía de la ciudad y al sentimiento étnico generalizado, al estilo de "No hace falta ser judío para que te guste el pan de centeno de Levy's. Pero tampoco está de más".* Nada que ver con los guionistas. A Marilyn Miller la ofendió la mera mención de Hitler y el Holocausto, que para ella no podía ser objeto de humor… [En cuanto a] la competencia entre los guionistas, no es que no existiera, porque la había, pero… todo el mundo tenía siempre la posibilidad de rehacerse la semana siguiente. También los otros guionistas y todo el mundo en general, pese a la competencia por el tiempo de emisión, la aprobación de Lorne, la apreciación del público, etcétera, estaban siempre muy dispuestos a dar su apoyo a los esfuerzos de otras personas y a mostrarse comprensivos con los fallos de los demás. Nadie iba por ahí frotándose las manos de contento y diciendo ¡je, je, han cortado tu sketch y el mío no, chúpate esa! Predominaba más bien la actitud de "la próxima vez habrá más suerte". Creo que todo el mundo se sentía parte de una familia, puede que disfuncional, pero en cualquier caso una familia estrechamente unida. Yo diría que hay más traiciones, celos, rivalidad, competencia y exclusivismo en el patio de una escuela de los que hubo nunca en *SNL* durante el tiempo en que estuve allí».

25. En respuesta a un correo electrónico para verificar datos, Alan Zweibel escribía: «Yo no estaba enfadado por nada que tuviera que ver

---

* La primera parte de la frase es el eslogan de una célebre campaña publicitaria lanzada en la década de 1960 para promocionar el pan de centeno de la panadería Levy's de Brooklyn. *(N. del T.)*

con aquel personaje o el proceso como se escribió. Ella y yo no nos hablábamos por razones que en realidad no recuerdo. Pero después de unos tres programas en los que no escribí con ella (ni para ella), ambos nos dimos cuenta de que nuestro trabajo estaba resintiéndose, de que éramos mejores como equipo que por separado, de modo que hicimos las paces y empezamos a colaborar de nuevo».

26. En respuesta a un correo electrónico para verificar datos, Schiller escribía: «Yo diría que algunos comediógrafos y monologuistas, aunque no todos, tienen cierta tristeza o ira que ayuda a alimentar su humor. Son rápidos a la hora de hacer chistes, y los monologuistas estaban acostumbrados a los espectadores molestos y tenían que estar preparados para darles una pronta réplica. De modo que, exactamente igual que pueden decir repentinamente algo gracioso, también pueden pincharte con una observación rápida y hostil (pero también graciosa)... El ambiente en *SNL*, aunque todos nos caíamos bien, podía llegar a ser sumamente competitivo por el hecho de que éramos diez guionistas y en el programa solo podía haber determinados sketches, de manera que todos hacíamos lo posible por escribir el mejor o (en mi caso) rodar el mejor cortometraje».

27. Las respuestas correctas a la prueba son: contrariado, decidido, escéptico y cauteloso. Las imágenes proceden de Simon Baron-Cohen *et al.*, «Another Advanced Test of Theory of Mind: Evidence from Very High Functioning Adults with Autism or Asperger Syndrome», *Journal of Child Psychology and Psychiatry*, 38, n.º 7 (1997), pp. 813-822, y Simon Baron-Cohen *et al.*, «The "Reading the Mind in the Eyes" Test Revised Versión: A Study with Normal Adults, and Adults with Asperger Syndrome or High-Functioning Autism», *Journal of Child Psychology and Psychiatry*, 42, n.º 2 (2001), pp. 241-251.

28. Anita Williams Woolley *et al.*, «Evidence for a Collective Intelligence Factor in the Performance of Human Groups», *Science*, 330, n.º 6.004 (2010), pp. 686-688.

29. Anita Woolley y Thomas Malone, «What Makes a Team Smarter? More Women», *Harvard Business Review*, 89, n.º 6 (2011), pp. 32-33; Julia B. Bear y Anita Williams Woolley, «The Role of Gender in Team Collaboration and Performance», *Interdisciplinary Science Reviews*, 36, n.º 2 (2011), pp. 146-153; David Engel *et al.*, «Reading the Mind in the Eyes or Reading Between the Lines? Theory of Mind Predicts Collective Intelligence Equally Well Online and Face-to-Face», *PloS One*, 9, n.º 12 (2014);

Anita Williams Woolley y Nada Hashmi, «Cultivating Collective Intelli-
gence in Online Groups», en Pietro Michelucci, ed., *Handbook of Human
Computation*, Nueva York, Springer, 2013, pp. 703-714; Heather M. Ca-
ruso y Anita Williams Woolley, «Harnessing the Power of Emergent In-
terdependence to Promote Diverse Team Collaboration», *Research on
Managing Groups and Teams: Diversity and Groups*, 11 (2008), pp. 245-266;
Greg Miller, «Social Savvy Boosts the Collective Intelligence of Groups»,
Science, 330, n.º 6.000 (2010), p. 22; Anita Williams Woolley *et al.*, «Using
Brain-Based Measures to Compose Teams: How Individual Capabilities
and Team Collaboration Strategies Jointly Shape Performance», *Social
Neuroscience*, 2, n.º 2 (2007), pp. 96-105; Peter Gwynne, «Group Intelli-
gence, Teamwork, and Productivity», *Research Technology Management*,
55, n.º 2 (2012), p. 7.

30. Baron-Cohen *et al.*, «"Reading the Mind in the Eyes" Test Revised
Version», *art. cit.,* pp. 241-251.

31. En repuesta a un correo electrónico para verificar datos, Alan
Zweibel escribía: «[Michaels] había dicho que le gustaba que hubiera
muchas iniciales en la parte superior de la página porque eso significaba
que había diversas aportaciones y sensibilidades. Creo que el programa ha
durado cuarenta años porque Lorne es un genio a la hora de reconocer el
talento, avanzar al ritmo de los tiempos y alentar a todo el mundo (además
de a dar salida a sus voces individuales) a colaborar entre sí de modo que
el total sea mayor que la suma de sus partes».

32. En el guión que finalmente se emitió, O'Donoghue exclama: «¡Sé
que puedo! ¡Sé que puedo! ¡Sé que puedo! ¡Sé que puedo! ¡Infarto!
¡Infarto! ¡Infarto! ¡Infarto! ¡Oh, Dios mío, qué dolor! ¡Oh, Dios mío, qué
dolor! ¡Oh, Dios mío, qué dolor!». Vale la pena señalar que el concepto
original de «historias infantiles deprimentes» es de O'Donoghue, no de
Garrett.

3. Concentración

1. Gracias a numerosos expertos pude entender los detalles del vuelo
447 de Air France, entre ellos, William Langewiesche, Steve Casner, Christopher Wickens y Mica Endsley. También extraje abundante información
de varias publicaciones: William Langewiesche, «The Human Factor»,

Vanity Fair, octubre de 2014; Nicola Clark, «Report Cites Cockpit Confusion in Air France Crash», *The New York Times*, 6 de julio de 2012; Nicola Clark, «Experts Say Pilots Need More Air Crisis Training», *The New York Times*, 21 de noviembre de 2011; Kim Willsher, «Transcripts Detail the Final Moments of Flight from Rio», *Los Angeles Times*, 16 de octubre de 2011; Nick Ross y Neil Tweedie, «Air France Flight 447: "Damn It, We're Going to Crash"», *The Daily Telegraph*, 1 de mayo de 2012; «Air France Flight 447: When All Else Fails, You Still Have to Fly the Airplane», *Aviation Safety*, 1 de marzo de 2011; «Concerns over Recovering AF447 Recorders», *Aviation Week*, 3 de junio de 2009; Flight Crew Operating Manual, *Airbus 330—Systems—Maintenance System*; Tim Vasquez, «Air France Flight 447: A Detailed Meteorological Analysis», Weather Graphics, 3 de junio de 2009, <http://www.weathergraphics.com/tim/af447/>; Cooperative Institute for Meteorological Satellite Studies, «Air France Flight #447: Did Weather Play a Role in the Accident?», *CIMSS Satellite Blog*, 1 de junio de 2009, <http://cimss.ssec.wisc.edu /goes/blog/archives/2601>; Richard Woods y Matthew Campbell, «Air France 447: The Computer Crash», *The Times*, 7 de junio de 2009; «AF 447 May Have Come Apart Before Crash», Associated Press, 3 de junio de 2009; Wil S. Hylton, «What Happened to Air France Flight 447?», *The New York Times Magazine*, 4 de mayo de 2011; «Accident Description F-GZC», Flight Safety Foundation, web; «List of Passengers Aboard Lost Air France Flight», Associated Press, 4 de junio de 2009; «Air France Jet "Did Not Break Up in Mid-Air", Air France Crash: First Official Airbus A330 Report Due by Air Investigations and Analysis Office», *Sky News*, 2 de julio de 2009; Matthew Wald, «Clues Point to Speed Issues in Air France Crash», *The New York Times*, 7 de junio de 2009; Air France, «AF 447 RIO- PARIS-CDG, Pitot Probes», 22 de octubre de 2011, <http://corporate.airfrance.com/en/press/af-447-rio-paris-cdg/pitot-probes/>; Edward Cody, «Airbus Recommends Airlines Replace Speed Sensors», *The Washington Post*, 31 de julio de 2009; Jeff Wise, «What Really Happened Aboard Air France 447», *Popular Mechanics*, 6 de diciembre de 2011; David Kaminski-Morrow, «AF447 Stalled ut Crew Maintained Nose-Up Attitude», *Flight International*, 27 de mayo de 2011; David Talbot, «Flight 447's Fatal Attitude Problem», *Technology Review*, 27 de mayo de 2011; Glenn Pew, «Air France 447—How Did This Happen?», *AVweb*, 27 de mayo de 2011; Bethany Whitfield, «Air France 447 Stalled at High Altitude, Official BEA

Report Confirms», *Flying*, 27 de mayo de 2011; Peter Garrison, «Air France 447: Was It a Deep Stall?», *Flying*, 1 de junio de 2011; Gerald Traufetter, «Death in the Atlantic: The Last Four Minutes of Air France Flight 447», *Spiegel Online*, 25 de febrero de 2010; Nic Ross y Jeff Wise, «How Plane Crash Forensics Lead to Safer Aviation», *Popular Mechanics*, 18 de diciembre de 2009; *Interim Report on the Accident on 1 June 2009 to the Airbus A330-203 Registered F-GZCP Operated by Air France Flight AF 447 Rio de Janeiro-Paris*, París, Bureau d'Enquêtes et d'Analyses pour la Sécurité de l'Aviation Civile (BEA), 2012; *Interim Report N.º 3 on the Accident on 1 June 2009 to the Airbus A330-203 registered F-GZCP Operated by Air France Flight AF 447 Rio de Janeiro-Paris*, París, BEA, 2011; *Final Report on the Accident on 1st June 2009 to the Airbus A330-203 Registered F-GZCP Operated by Air France Flight AF 447 Rio de Janeiro-Paris*, París, BEA, 2012; «Appendix 1 to *Final Report on the Accident on 1st June 2009 to the Airbus A330-203 Registered F-GZCP Operated by Air France Flight AF 447 Rio de Janeiro-Paris*», París, BEA, julio de 2012; *Lost: The Mystery of Flight 447*, BBC One, junio de 2010; «Crash of Flight 447», *Nova*, 2010, producido por Nacressa Swan; «Air France 447, One Year Out», *Nova*, 2010, producido por Peter Tyson.

2. Air France ha argumentado que es inapropiado esgrimir un error de los pilotos como la causa principal del accidente del vuelo 447 (esta perspectiva es discutida por numerosos expertos en aviación). Air France recibió una lista completa de preguntas sobre algunos detalles comentados en este capítulo. La aerolínea rehusó comentar cuestiones que no figuraran en el informe oficial relativo al vuelo 447 de Air France publicado por el Bureau d'Enquêtes et d'Analyses pour la Sécurité de l'Aviation Civile, o BEA, la autoridad francesa responsable de investigar accidentes aéreos. En un comunicado, un portavoz de Air France manifestaba: «Es esencial recordar que el informe de investigación del BEA, la única investigación oficial y pública realizada hasta la fecha, comenta y desarrolla muchos de los temas mencionados [en este capítulo]. Este informe está disponible en inglés en la página web del BEA. Solo podemos remitir al periodista a ese informe para complementar nuestras respuestas».

3. En respuesta a mis preguntas, un portavoz de Air France señalaba que la automatización de los aviones de larga distancia precedía al A330 en veinte años y que en todo momento «la tripulación contaba con un ingeniero de vuelo, responsable de supervisar todos los sistemas del apa-

rato durante el trayecto. En la aviación moderna, el ingeniero de vuelo ha desaparecido, pero el requisito de supervisar los sistemas del avión sigue vigente. Lo hacen los pilotos. Por último, ahora, como en el pasado, si se rebasa un tiempo de vuelo determinado, la tripulación se refuerza con uno o dos pilotos para que todos dispongan de un rato de descanso».

4. Véase Isabel Wilkerson, «Crash Survivor's Psychic Pain May Be the Hardest to Heal», *The New York Times*, 22 de agosto de 1987; Mike Householder, «Survivor of 1987 Mich. Plane Crash Breaks Silence», Associated Press, 15 de mayo de 2013.

5. En este accidente murieron 99 personas en el acto y las otras dos fallecieron más tarde debido a complicaciones.

6. Véase Ken Kaye, «Flight 401 1972 Jumbo Jet Crash Was Worst Aviation Disaster in State History», *Sun Sentinel*, 29 de diciembre de 1992.

7. Véase Aviation Safety Network, archivos de NTSB.

8. En respuesta a una serie preguntas, un portavoz de Air France escribía: «El BEA no ha demostrado que alzar el morro fuese resultado de las acciones del piloto al percatarse de que el avión estaba inclinado, sino de la lectura de pérdida de altitud, la velocidad vertical en descenso a 600 pies por minuto, el ruido, la inclinación que había disminuido segundos antes, etcétera».

9. En respuesta a una serie de preguntas, un portavoz de Air France afirmaba: «Lo que se ha escrito es cierto, pero no arroja luz sobre esta fase debido a que faltan algunos elementos esenciales, como el hecho de que la alarma de entrada en pérdida saltara dos veces al principio del incidente, lo cual pudo llevar a los pilotos a dudar de su validez cuando sonó repetidamente. El informe del BEA afirmaba que las alarmas de audio no son imposibles de ignorar y que, de hecho, a menudo son las primeras en ignorarse».

10. Véase Zheng Wang y John M. Tchernev, «The "Myth" of Media Multitasking: Reciprocal Dynamics of Media Multitasking, Personal Needs, and Gratifications», *Journal of Communication*, 62, n.º 3 (2012), pp. 493-513; Daniel T. Willingham, *Cognition: The Thinking Animal*, 3.ª ed., Upper Saddle River (N.J.), Pearson, 2007.

11. Véase Juergan Kiefer *et al.*, «Cognitive Heuristics in Multitasking Performance», Center of Human-Machine Systems, Technische Universität Berlin, 2014, <http://www.prometei.de/fileadmin/prometei.de/publikationen/Kiefer_eurocogsci2007.pdf>.

12. Véase Barnaby Marsh *et al.*, «Cognitive Heuristics: Reasoning the Fast and Frugal Way», en J. P. Leighton y R. J. Sternberg, eds., *The Nature of Reasoning*, Nueva York, Cambridge University Press, 2004; «Human Performance», Aerostudents, <http://aerostudents.com/files/human MachineSystems/humanPerformance.pdf>.

13. Para más información sobre este tema, recomiendo especialmente Martin Sarter, Ben Givens y John P. Bruno, «The Cognitive Neuroscience of Sustained Attention: Where Top-Down Meets Bottom-Up», *Brain Research Reviews*, 35, n.º 2 (2001), pp. 146-160; Michael I. Posner y Steven E. Petersen, «The Attention System of the Human Brain», *Annual Review of Neuroscience*, 13, n.º 1 (1990), pp. 25-42; Eric I. Knudsen, «Fundamental Components of Attention», *Annual Review of Neuroscience*, 30 (2007), pp. 57-78; Steven E. Petersen y Michael I. Posner, «The Attention System of the Human Brain: 20 Years After», *Annual Review of Neuroscience*, 35 (2012), p. 73; Raja Parasuraman, Robert Molloy e Indramani L. Singh, «Performance Consequences of Automation-Induced "Complacency"», *The International Journal of Aviation Psychology*, 3, n.º 1 (1993), pp. 1-23; Raymond S. Nickerson *et al.*, *Handbook of Applied Cognition,* Francis T. Durso, ed., Hoboken (N.J.), Wiley, 2007; Christopher D. Wickens, «Attention in Aviation», Universidad de Illinois en Urbana-Champaign, Instituto de Aviación, Research Gate, febrero de 1987, <http://www.researchgate.net/publication/4683852_Attention_in_aviation>; Christopher D. Wickens, «The Psychology of Aviation Surprise: An 8 Year Update Regarding the Noticing of Black Swans», *Proceedings of the 15th International Symposium on Aviation Psychology*, 2009.

14. Véase Ludwig Reinhold Geissler, «The Measurement of Attention», *The American Journal of Psychology* (1909), pp. 473-529; William A. Johnston y Steven P. Heinz, «Flexibility and Capacity Demands of Attention», *Journal of Experimental Psychology: General*, 107, n.º 4 (1978), p. 420; Robin A. Barr, «How Do We Focus Our Attention?», *The American Journal of Psychology* (1981), pp. 591-603.

15. Véase G. R. Dirkin, «Cognitive Tunneling: Use of Visual Information Under Stress», *Perceptual and Motor Skills*, 56, n.º 1 (1983), pp. 191-198; David C. Foyle, Susan R. Dowell y Becky L. Hooey, «Cognitive Tunneling in Head-Up Display (HUD) Superimposed Symbology: Effects of Information Location» (2001); Adrien Mack e Irvin Rock, *Inattentional Blindness*, Cambridge (Mass.), MIT Press, 2000; Steven B. Most, Brian J.

Scholl, Daniel J. Simons y Erin R. Clifford, «What You See Is What You Get: Sustained Inattentional Blindness and the Capture of Awareness», *Psychological Review*, 112, n.º 1 (2005), pp. 217-242; Daniel J. Simons, «Attentional Capture and Inattentional Blindness», *Trends in Cognitive Sciences*, 4, n.º 4 (2000), pp. 147-155; Gustav Kuhn y Benjamin W. Tatler, «Misdirected by the Gap: The Relationship Between Inattentional Blindness and Attentional Misdirection», *Consciousness and Cognition*, 20, n.º 2 (2011), pp. 432-436; William J. Horrey y Christopher D. Wickens, «Examining the Impact of Cell Phone Conversations on Driving Using Meta-Analytic Techniques», *Human Factors: The Journal of the Human Factors and Ergonomics Society*, 48, n.º 1 (2006), pp. 196-205.

16. Véase G. D. Logan, «An Instance Theory of Attention and Memory», *Psychological Review* 109 (2002), pp. 376-400; D. L. Strayer y F. A. Drews, «Attention», en Francis T. Durs, ed., *Handbook of Applied Cognition*, Hoboken (N.J.), Wiley, 2007; A. D. Baddeley, «Selective Attention and Performance in Dangerous Environments», *British Journal of Psychology*, 63 (1972), pp. 537-546; E. Goldstein, *Cognitive Psychology: Connecting Mind, Research and Everyday Experience*, Independence (Ky.), Cengage Learning, 2014.

17. En respuesta a un correo electrónico para verificar datos, Strayer ampliaba sus comentarios: «Con los sistemas automatizados, es posible que no nos concentremos o que no dirijamos nuestra atención a la tarea. Puede que incluso divaguemos en entornos aburridos o repetitivos. Se necesita cierto esfuerzo para centrar la atención, lo que puede provocar altos niveles de sobrecarga mental y vemos una "disminución de la vigilancia" allí donde la atención se degrada (y cometemos errores y pasamos por alto hechos fundamentales). Esto sucede a menudo con las labores de supervisión (vigilar el sistema autónomo) y, cuando las cosas van mal, es posible que no nos demos cuenta o que reaccionemos automáticamente (aunque no sea la acción correcta; esto lo conocemos como deslices, como cuando el piloto automático se hizo con el control)».

18. Véase Airbus, *Airbus A330 Aircraft Recovery Manual Airbus,* 2005, <http://www.airbus.com/fileadmin/media_gallery/files/tech_data/ARM/ARM_A330_20091101.pdf>.

19. El sistema de aviso automático de este A330 estaba programado para que la alarma de entrada en pérdida cese si el problema es especialmente grave. En ciertas situaciones, como cuando la inclinación es excesi-

vamente alta y el aire que entra en los tubos de Pitot demasiado escaso, el ordenador da por sentado que los datos que está recabando son erróneos, y por eso no hizo sonar ninguna alarma. De ahí que se produjera una situación perversa en el vuelo 447 una vez que los tubos de Pitot se descongelaron: a veces, cuando Bonin hacía algo que agravaba la entrada en pérdida, la alarma cesaba. Los ordenadores funcionaron como estaban programados, pero como resultado dio una información que pudo resultar confusa para los pilotos.

20. Véase Koji Jimura, Maria S. Chushak y Todd S. Braver, «Impulsivity and Self-Control During Intertemporal Decision Making Linked to the Neural Dynamics of Reward Value Representation», *The Journal of Neuroscience*, 33, n.º 1 (2013), pp. 344-357; Ayeley P. Tchangani, «Modeling for Reactive Control and Decision Making in Uncertain Environment», en John X. Liu, ed., *Control and Learning in Robotic Systems*, Nueva York, Nova Science Publishers, 2005, pp. 21-58; Adam R. Aron, «From Reactive to Proactive and Selective Control: Developing a Richer Model for Stopping Inappropriate Responses», *Biological Psychiatry*, 69, n.º 12 (2011), pp. 55-68; Veit Stuphorn y Erik Emeric, «Proactive and Reactive Control by the Medial Frontal Cortex», *Frontiers in Neuroengineering*, 5 (2012), p. 9; Todd S. Braver *et al.*, «Flexible Neural Mechanisms of Cognitive Control Within Human Prefrontal Cortex», *Proceedings of the National Academy of Sciences*, 106, n.º 18 (2009), pp. 7.351-7.356; Todd S. Braver, «The Variable Nature of Cognitive Control: A Dual Mechanisms Framework», *Trends in Cognitive Sciences*, 16, n.º 2 (2012), pp. 106-113; Yosuke Morishima, Jiro Okuda y Katsuyuki Sakai, «Reactive Mechanism of Cognitive Control System», *Cerebral Cortex*, 20, n.º 11 (2010), pp. 2.675-2.683; Lin Zhiang y Kathleen Carley, «Proactive or Reactive: An Analysis of the Effect of Agent Style on Organizational Decision Making Performance», *Intelligent Systems in Accounting, Finance and Management*, 2, n.º 4 (1993), pp. 271-287.

21. Véase Joel M. Cooper *et al.*, «Shifting Eyes and Thinking Hard Keep Us in Our Lanes», *Human Factors and Ergonomics Society Annual Meeting Proceedings*, 53, n.º 23 (2009), pp. 1.753-1.756. Para más información sobre este tema, véase Frank A. Drews y David L. Strayer, «Chapter 11: Cellular Phones and Driver Distraction», en Michael A. Regan, John D. Lee y Kristie L. Young, eds., *Driver Distraction: Theory, Effects, and Mitigation*, Boca Ratón (Fla), CRC Press, 2008, pp. 169-190; Frank A. Drews, Monisha Pasupathi y David L. Strayer, «Passenger and Cell Phone Conversations in Simulated Driving», *Journal of Experimental Psychology:*

Applied, 14, n.º 4 (2008), p. 392; Joel M. Cooper, Nathan Medeiros-Ward y David L. Strayer, «The Impact of Eye Movements and Cognitive Workload on Lateral Position Variability in Driving», *Human Factors: The Journal of the Human Factors and Ergonomics Society*, 55, n.º 5 (2013), pp. 1.001-1.014; David B. Kaber *et al.*, «Driver Performance Effects of Simultaneous Visual and Cognitive Distraction and Adaptation Behavior», *Transportation Research Part F: Traffic Psychology and Behaviour*, 15, n.º 5 (2012), pp. 491-501; I. J. Faulks *et al.*, «Update on the Road Safety Benefits of Intelligent Vehicle Technologies—Research in 2008-2009», 2010 Australasian Road Safety Research, Policing and Education Conference, 31 de agosto-3 de septiembre de 2010, Canberra, Australia.

22. En una conversación para verificar datos, Stephen Casner, un psicólogo de investigación de la NASA, dijo que si un avión caía a más de 10.000 pies por minuto, la fuerza de la gravedad se acercaría bastante a 1 y, en consecuencia, es improbable que los pasajeros se dieran cuenta de que algo iba mal. Sin embargo, añadía: «En realidad nadie sabe qué se siente. Todos los que han experimentado una caída de 10.000 pies en un minuto mueren poco después de experimentarla».

23. En respuesta a una serie de preguntas, un portavoz de Air France escribía: «Un aspecto fundamental es que la alarma de entrada en pérdida cesó cuando la velocidad cayó por debajo de 60 nudos, lo cual llevó a los pilotos a pensar que habían solventado la entrada en pérdida, sobre todo porque cada vez que empujaban la palanca para intentar salir de la situación, la alarma se ponía a sonar, así que cancelaron las acciones de inclinación. Además, durante la última fase, las indicaciones de velocidad vertical eran inestables, lo cual infundió más dudas y confusión a los pilotos».

24. En respuesta a un correo electrónico para verificar datos, Crandall escribía: «En 1986 empecé a trabajar con el doctor Gary Klein en su empresa Klein Associates Inc. La labor que usted menciona con bomberos y altos mandos militares ya había comenzado cuando me incorporé a la empresa. Prosiguió durante muchos años y se amplió más allá de la extinción de incendios y el mando y control militares; la llevó a cabo Gary y el equipo de investigación de Klein Associates (un increíble grupo de personas muy inteligentes, talentosas y extravagantes). Yo ocupé cargos de investigación y dirección en la empresa y participé en algunos de esos estudios, en otros no. Como propietario y científico jefe, Gary dirigía nuestras actividades para describir cómo algunas personas podían "mantener la

serenidad en situaciones caóticas", y en especial cómo algunos pueden tomar decisiones eficaces en condiciones de estrés, riesgo y urgencias de tiempo... Es normal que en las entrevistas que realizamos, cuando formulamos preguntas sobre la toma de decisiones y acerca de cómo una persona supo hacer una cosa determinada en una situación concreta, a menudo respondan "experiencia", "intuición" o "simplemente lo sabía"... Estas explicaciones sobre la base intuitiva para la toma de decisiones se convirtieron en la piedra angular de nuestras investigaciones... Los estudios que llevamos a cabo en la UCIN confirmaron lo que estábamos observando en otros ambientes laborales: el personal muy experimentado y preparado desarrolla excelentes aptitudes para atender lo más importante (los indicios esenciales) en una situación determinada y no distraerse con información menos relevante... Con el tiempo y las experiencias reiteradas en situaciones similares, aprenden lo que importa y lo que no. Aprenden a calibrar una situación con enorme rapidez y precisión. Ven conexiones entre varios indicios (grupos; paquetes; nexos) que forman un patrón significativo. Algunos lo denominan Gestalt y otros "modelos mentales" o esquemas». Para más detalles, véase Beth Crandall y Karen Getchell-Reiter, «Critical Decision Method: A Technique for Eliciting Concrete Assessment Indicators from the Intuition of NICU Nurses», *Advances in Nursing Science*, 16, n.º 1 (1993), pp. 42-51; B. Crandall y R. Calderwood, «Clinical Assessment Skills of Experienced Neonatal Intensive Care Nurses», *Contract*, 1 (1989), R43; B. Crandall y V. Gamblian, «Guide to Early Sepsis Assessment in the NICU», *Instruction Manual Prepared for the Ohio Department of Development Under the Ohio SBIR Bridge Grant Program*, Fairborn (Ohio), Klein Associates, 1991.

25. En respuesta a un correo electrónico para verificar datos, Crandall escribía: «La otra era una enfermera en prácticas que estaba formándose para trabajar en una UCIN. Darlene era su tutora y la ayudaba en su formación, la supervisaba y orientaba mientras aprendía a cuidar de bebés prematuros. Así que el bebé ERA responsabilidad de Darlene en el sentido de que estaba supervisando a la enfermera que cuidaba de él. Lleva usted razón: se dio cuenta de que el bebé no tenía buen aspecto. Este es el relato del incidente que escribimos basándonos en nuestras notas de la entrevista: "Cuando se produjo este incidente, yo estaba enseñando, ejerciendo de tutora de una enfermera nueva. Llevábamos bastante tiempo trabajando juntas y estaba a punto de finalizar su curso de orientación, así que en

realidad estaba dando atención primaria y yo ocupaba una posición más de supervisión. En cualquier caso, prácticamente habíamos terminado el turno cuando pasé junto a una incubadora y el bebé me llamó mucho la atención. Estaba pálido y tenía la piel moteada. La barriga parecía ligeramente abultada. Consulté la gráfica, que indicaba que su temperatura era inestable. También me percaté de que hacía unos minutos le habían practicado una punción en el talón para analizarla y que todavía sangraba. Cuando le pregunté qué le parecía el estado del bebé, respondió que creía que estaba adormecido. Fui a llamar inmediatamente al médico y le dije que teníamos 'un gran problema' con aquel bebé. Le dije que su temperatura era inestable, que tenía un color raro, que parecía letárgico y que sangraba por una punción en el talón. El doctor reaccionó al instante, le administró antibióticos y ordenó que se realizaran pruebas de cultivo. Me molestó que a la aprendiz se le pasaran por alto esas indicaciones o que las percibiera pero no las relacionara. Cuando hablamos del asunto más tarde, pregunté por qué la temperatura del bebé había bajado en cuatro mediciones. Ella se había dado cuenta, pero respondió aumentando la temperatura de la incubadora. Había respondido al problema 'superficial' en lugar de tratar de averiguar cuál podía ser la causa del problema"».

26. Véase Thomas D. LaToza, Gina Venolia y Robert DeLine, «Maintaining Mental Models: A Study of Developer Work Habits», *Proceedings of the 28th International Conference on Software Engineering*, Nueva York, ACM, 2006; Philip Nicholas Johnson-Laird, «Mental Models and Cognitive Change», *Journal of Cognitive Psychology*, 25, n.º 2 (2013), pp. 131-138; Philip Nicholas Johnson-Laird, *How We Reason*, Oxford, Oxford University Press, 2006; Philip Nicholas Johnson-Laird, *Mental Models*, Cognitive Science Series, n.º 6, Cambridge (Mass.), Harvard University Press, 1983; Earl K. Miller y Jonathan D. Cohen, «An Integrative Theory of Prefrontal Cortex Function», *Annual Review of Neuroscience*, 24, n.º 1 (2001), pp. 167-202; J. D. Sterman y D. V. Ford, «Expert Knowledge Elicitation to Improve Mental and Formal Models», *Systems Approach to Learning and Education into the 21st Century*, vol. 1, 15th International System Dynamics Conference, 19-22 de agosto de 1997, Estambul, Turquía; Pierre Barrouillet, Nelly Grosset y Jean-François Lecas, «Conditional Reasoning by Mental Models: Chronometric and Developmental Evidence», *Cognition*, 75, n.º 3 (2000), pp. 237-266; R. M. J. Byrne, *The Rational Imagination: How People Create Alternatives to Reality*, Cambridge (Mass.),

MIT Press, 2005; P. C. Cheng y K. J. Holyoak, «Pragmatic Reasoning Schemas», en J. E. Adler y L. J. Rips, eds., *Reasoning Studies of Human Inference and Its Foundations*, Cambridge, Cambridge University Press, 2008, pp. 827-842; David P. O'Brien, «Human Reasoning Includes a Mental Logic», *Behavioral and Brain Sciences*, 32, n.º 1 (2009), pp. 96-97; Niki Verschueren, Walter Schaeken y Gery d'Ydewalle, «Everyday Conditional Reasoning: A Working Memory-Dependent Tradeoff Between Counterexample and Likelihood Use», *Memory and Cognition*, 33, n.º 1 (2005), pp. 107-119.

27. En respuesta a un correo electrónico para verificar datos, Crandall escribía: «La clave de esta historia (al menos para mí) es que los expertos ven patrones significativos que a los novatos se les pasan totalmente por alto. Como enfermera experimentada de una UCIN, Darlene ha visto cientos de bebés. No reflexiona sobre todos ellos... se han fundido en una idea de lo que es típico en un bebé prematuro tras determinadas semanas de vida. También ha visto muchos bebés con sepsis (ocurre a menudo en las UCIN por varios motivos que no guardan relación con la calidad de la atención). La combinación de indicios (tirita ensangrentada, temperatura en descenso, barriga hinchada, somnolencia/letargia) trajo consigo la idea de que el bebé tenía problemas y de que probablemente padeciera sepsis. Al menos eso nos dijo en la entrevista... Coincido en que la gente a menudo se narra lo que sucede a su alrededor a fin de comprenderlo, sobre todo cuando tienen problemas para entender algo. En este incidente, Darlene no estaba teniendo problemas para averiguar lo que sucedía; lo reconoció de inmediato... Creo que la de Darlene es una historia de experiencia y de la diferencia entre cómo ven y comprenden expertos y novatos una situación concreta... La narración de historias lleva su tiempo, y las historias son lineales (sucedió esto, luego esto y después aquello). Cuando la gente experimentada describe hechos como este, lo que sucede es muy rápido: "leen" la situación, entienden lo que está sucediendo y saben qué hacer».

28. En respuesta a un correo electrónico para verificar datos, Casner añadía: «Yo no diría que los pilotos son "pasivos", sino que les resulta extremadamente difícil mantener la atención en un sistema automatizado que funciona tan bien y es tan fiable. A los humanos no se les da bien sentarse a mirar... Los humanos cuentan con recursos de atención limitados (por ejemplo, cuando los niños hacen cosas a nuestras espaldas y se salen con la suya). Así que en todo momento tenemos que orientar nuestra

atención hacia lo que consideramos más importante. Si un ordenador que tengo delante en la cabina ha funcionado impecablemente durante cien horas seguidas, es difícil considerarlo lo más importante. Por ejemplo, a mi hijo podría estar ocurriéndosele alguna locura en ese mismo instante. En nuestro estudio de las distracciones mentales entre pilotos [*Thoughts in Flight: Automation Use and Pilots' Task-Related and Task-Unrelated Thought*], descubrimos que el piloto tenía "pensamientos no relacionados con su tarea" alrededor de un 30 por ciento del tiempo. El otro piloto, el de supervisión, divagaba alrededor de un 50 por ciento del tiempo. ¿Y por qué no iban a hacerlo? Si no me das algo importante o acuciante en lo que pensar, ya se me ocurrirá a mí».

29. Sinan Aral, Erik Brynjolfsson y Marshall Van Alstyne, «Information, Technology, and Information Worker Productivity», *Information Systems Research*, 23, n.º 3 (2012), pp. 849-867; Sinan Aral y Marshall Van Alstyne, «The Diversity-Bandwidth Trade-Off», *American Journal of Sociology*, 117, n.º 1 (2011), pp. 90-171; Nathaniel Bulkley y Marshall W. Van Alstyne, «Why Information Should Influence Productivity» (2004); Nathaniel Bulkley y Marshall W. Van Alstyne, «An Empirical Analysis of Strategies and Efficiencies in Social Networks», artículo de investigación de la Boston U. School of Management n.º 2.010-29, artículo de investigación de MIT Sloan n.º 4.682-08, 1 de febrero de 2006, <http://ssrn.com/abstract=887406>; Neil Gandal, Charles King y Marshall Van Alstyne, «The Social Network Within a Management Recruiting Firm: Network Structure and Output», *Review of Network Economics*, 8, n.º 4 (2009), pp. 302-324.

30. En respuesta a un correo electrónico para verificar datos, Van Alstyne ampliaba sus comentarios: «Una de las hipótesis originales atribuía las ventajas de una menor carga de proyectos a la eficacia asociada a las economías de la especialización. Si realizas una única actividad puedes llegar a ser muy bueno en esa actividad. La idea se remonta a Adam Smith y la eficiencia asociada a tareas concentradas en una fábrica de alfileres. La generalización, o realizar trabajos diversos en nuestro contexto, significaba expandir proyectos en finanzas, educación e informática comercial. Son sectores muy distintos. Llevar a cabo proyectos en todos ellos exige un conocimiento diferente y también recurrir a distintas redes sociales. La especialización en estos proyectos de asesoría significaba concentrarse, por ejemplo, solo en los proyectos financieros. Podían aumentarse los conoci-

mientos en este ámbito particular y la red social podía adaptarse únicamente a contactos financieros. Al menos esta es una teoría sobre por qué la especialización tal vez fuera mejor. Obviamente, la especialización puede limitar el número de proyectos potenciales. Es posible que no haya un nuevo proyecto financiero y sí uno o varios en educación o informática. Pero quizá si esperas, te encargarán otro proyecto financiero».

31. En respuesta a un correo electrónico para verificar datos, Van Alstyne identificó otras razones por las que participar en un número reducido de proyectos y en uno que acaba de comenzar tiene sus ventajas: «La primera es la multitarea. Al principio, aceptar nuevos proyectos solo aumenta la producción, en este caso los ingresos generados por esos asesores. Pueden seguir aumentando los ingresos incluso después de que la productividad de un proyecto determinado empiece a descender. Pensemos en un proyecto como un conjunto de tareas (evaluar necesidades del cliente, generar posibles candidatos, estudiar currículos, presentar opciones a los clientes, cerrar el acuerdo…). Cuando una persona inicia un nuevo trabajo, las tareas desplazan a otras del trabajo ya existente. Así que un proyecto existente puede llevar más tiempo cuando una persona acepta uno nuevo, lo cual prolonga el período en que percibe un salario. Sin embargo, la productividad total puede seguir aumentando durante un tiempo cuando la persona acepta nuevos proyectos. Los ingresos que aporta una persona que alterna seis proyectos suelen ser más elevados que los que aporta una persona que lleva cuatro proyectos a la vez, aunque cada uno de los seis proyectos requiera más tiempo que si solo participara en un grupo de cuatro proyectos. No obstante, en algún momento, esta relación tiende completamente a la baja. Los nuevos proyectos llevan demasiado tiempo y los ingresos disminuyen. Emprender otro proyecto solo reduce la productividad. Como decía un asesor: "Hay un número excesivo de balones en el aire y luego caen demasiados". Se tarda demasiado en acabar tareas, algunas no llegan a terminarse y el flujo de ingresos gotea durante un período realmente largo. Así que existe un número óptimo de proyectos que aceptar, y está por debajo de doce. La segunda consideración, como usted comenta, es el acceso a una información valiosa. Esto muestra un patrón similar de U invertida. Fuimos capaces de evaluar cuánta información nueva recibió cada persona realizando un seguimiento de sus comunicaciones por correo electrónico. Lo medimos tanto en un sentido de "varianza", es decir, en qué grado era inusual un dato en relación con otros datos

recibidos, como también en un sentido de "volumen", es decir, cuántos datos nuevos recibía una persona... Al principio, un mayor acceso a información nueva solo aumentaba la productividad. Las superestrellas recibían alrededor de un 25 por ciento más de información nueva que sus compañeros normales, y este acceso a la novedad ayudaba a predecir su éxito. Sin embargo, al final, las personas periféricas que recibían la mayor cantidad de información nueva —más o menos el doble que las superestrellas— eran menos productivas que estas. O la información excesiva era demasiado extraña, sin relación con el tema y no procesable, o la información excesiva era demasiada para evaluarla. Un volumen enorme de información nueva plantea al trabajador el equivalente al problema de "dónde está Wally": no se encuentra la información importante debido al ruido. Ambos factores eran indicadores estadísticamente significativos de las superestrellas».

32. Véase Richard De Crespigny, *QF32*, Sidney, Pan Macmillan Australia, 2012; *Aviation Safety Investigation Report 089: In-Flight Uncontained Engine Failure Airbus A380-842, VH-OQA*, Canberra, Australian Transport Safety Bureau, Department of Transport and Regional Services, 2013; Jordan Chong, «Repaired Qantas A380 Arrives in Sydney», *The Sydney Morning Herald*, 22 de abril de 2012; Tim Robinson, «Qantas QF32 Flight from the Cockpit», *The Royal Aeronautical Society*, 8 de diciembre de 2010; «Qantas Airbus A380 Inflight Engine Failure», Australian Transport Safety Bureau, 8 de diciembre de 2010; «Aviation Occurrence Investigation AO-2010-089 Interim-Factual», Australian Transport Safety Bureau, 18 de mayo de 2011; «In-Flight Uncontained Engine Failure—Overhead Batam Island, Indonesia, November 4, 2010, VH- OQA, Airbus A380-842», Australian Transport Safety Bureau, investigación n.º AO-2010-089, Sidney.

33. Estoy en deuda con el capitán De Crespigny por el tiempo que me concedió, además de por su libro, *QF32*. En una entrevista, De Crespigny insistió en que hablaba en su nombre y no en el de Qantas al recordar y describir estos hechos.

34. En respuesta a un correo electrónico para verificar datos, Burian amplió sus comentarios y dijo que estos deben interpretarse teniendo en cuenta que «el interés pasó de lo que iba mal/no funcionaba/no estaba disponible a lo que funcionaba/estaba disponible, lo cual fue un punto de inflexión. Hablé de cómo se había producido esta situación concreta, pero

mencioné en términos más generales que se ha observado que este cambio de mentalidad resulta bastante útil para los pilotos, en especial cuando se enfrentan a varios fallos... Los aviones modernos son muy avanzados técnicamente y el diseño de sus sistemas está acoplado y es bastante opaco. Eso puede dificultar bastante que los pilotos comprendan las razones de algunos fallos y cómo asociar algunos fallos con otros. En lugar de intentar entender toda una serie de fallos y pensar en cómo están interconectados y las consecuencias que generan, pensar en las capacidades de un avión simplifica las exigencias cognitivas y puede facilitar la decisión de cómo hacer lo que se debe... Una vez producido un hecho crítico, los pilotos verdaderamente buenos hacen varias cosas y luego intentan determinar cuál es la tarea principal (estrechamiento de la atención), pero también se retiran de vez en cuando (ampliación de la atención) para: 1) asegurarse de que no están pasándoseles por alto indicios/información que podrían contradecir o alterar su comprensión de la situación y 2) contextualizar la situación general como parte de su evaluación de las cosas más críticas que hay que atender. Pongamos por caso una emergencia catastrófica (la necesidad de un aterrizaje/amaraje de emergencia) que se produzca a altura de crucero. La tripulación tendrá tiempo para afrontar la situación, pero en algún momento deberían centrar la atención directamente en el fallo/situación a fin de prepararse y ejecutar un amaraje/aterrizaje. Los buenos pilotos están evaluando sin parar las acciones que emprenden, su eficacia y las acciones necesarias en relación con el estado general del avión y la fase del vuelo. Por supuesto, los buenos pilotos también cuentan con la ayuda de otros para llevarlo a cabo (por ejemplo, una buena administración de recursos del equipo de tripulación). Los buenos pilotos asimismo realizan muchos ejercicios de hipótesis antes de que se produzca un hecho, repasando mentalmente varios escenarios para pensar qué podrían hacer, cómo podría desarrollarse la situación, circunstancias que tal vez alterarían su manera de responder, etcétera. A los pilotos de la aviación general se les enseña a hacer algo parecido durante el vuelo cuando se dicen a sí mismos en varios momentos de la ruta: "Si perdiera ahora mismo mi (único) motor (es decir, si el motor muere), ¿dónde aterrizaría?"».

35. En respuesta a un correo electrónico para verificar datos, De Crespigny amplió sus comentarios: «Dave utilizó un programa [de ordenador de a bordo] para comprobar la distancia de aterrizaje. Su primera consulta dio como resultado NO HAY SOLUCIÓN porque había demasiados

fallos para que el programa ofreciera una solución de aterrizaje. Después, simplificó las entradas de los fallos. El programa LDPA [aplicación de rendimiento de distancia de aterrizaje, por sus siglas en inglés] mostró luego un margen de distancia de aterrizaje de solo cien metros. Mientras Dave y los demás calculaban el rendimiento (que, en todo caso, resultó incorrecto debido a los errores en el programa LDPA y a unos daños —en los frenos— del avión más graves de lo que se afirmó), fui consciente de la situación general durante toda la operación: avión, combustible, opciones críticas, tareas del piloto, tripulación de cabina, pasajeros, control del tráfico aéreo, servicios de emergencia... Simplificar el A380 (con 4.000 componentes) y pensar en él como un Cessna (la versión voladora de la moto Ariel Red Hunter de 1938) me hizo ver las cosas de forma muy sencilla, eliminando la complejidad, simplificando cada sistema para comprender desde una perspectiva mecánica y no mecatrónica, simplificando mi modelo mental de los sistemas del avión, liberando espacio mentalmente para gestionar la situación. En una emergencia es vital que haya una jerarquía estructurada de responsabilidad y autoridad. Es aún más importante que los pilotos entiendan los roles, las tareas y el trabajo en equipo necesarios en un grupo autónomo formado por solo dos pilotos (más en nuestro caso, a bordo del QF32), sin acceso a ayuda pero con 469 vidas a nuestro cargo».

36. En respuesta a un correo electrónico para verificar datos, De Crespigny explicaba que es imposible que un simulador recree las condiciones del QF32, ya que los problemas del avión eran gravísimos.

4. Fijarse objetivos

1. Estoy en deuda con el profesor Uri Bar-Joseph, que me ayudó a comprender los acontecimientos previos a la guerra de Yom Kipur y fue muy amable al proporcionarme extensos comentarios por escrito, además de las siguientes fuentes: Abraham Rabinovich, *The Yom Kippur War: The Epic Encounter That Transformed the Middle East*, Nueva York, Schocken, 2007; Uri Bar-Joseph, *The Watchman Fell Asleep: The Surprise of Yom Kippur and Its Sources*, Albany, State University of New York Press, 2012; Uri Bar-Joseph, «Israel's 1973 Intelligence Failure», *Israel Affairs*, 6, n.º 1 (1999), pp. 11-35; Uri Bar-Joseph y Arie W. Kruglanski, «Intelligence Failure and Need for Cognitive Closure: On the Psychology of the Yom Kip-

pur Surprise», *Political Psychology*, 24, n.º 1 (2003), pp. 75-99; Yosef Kuperwaser, *Lessons from Israel's Intelligence Reforms*, Washington, Saban Center for Middle East Policy at the Brookings Institution, 2007; Uri Bar-Joseph y Jack S. Levy, «Conscious Action and Intelligence Failure», *Political Science Quarterly*, 124, n.º 3 (2009), pp. 461-488; Uri Bar-Joseph y Rose McDermott, «Personal Functioning Under Stress Accountability and Social Support of Israeli Leaders in the Yom Kippur War», *Journal of Conflict Resolution*, 52, n.º 1 (2008), pp. 144-170; Uri Bar-Joseph, «"The Special Means of Collection": The Missing Link in the Surprise of the Yom Kippur War», *The Middle East Journal*, 67, n.º 4 (2013), pp. 531-546; Yaakov Lapin, «Declassified Yom Kippur War Papers Reveal Failures», *The Jerusalem Post*, 20 de septiembre de 2012; Hamid Hussain, «Opinion: The Fourth Round—A Critical Review of 1973 Arab-Israeli War», *Defence Journal*, noviembre de 2002, <http://www.defencejournal.com/2002/nov/4th-round.htm>; P. R. Kumaraswamy, *Revisiting the Yom Kippur War*, Londres, Frank Cass, 2000; Charles Liebman, «The Myth of Defeat: The Memory of the Yom Kippur War in Israeli Society», *Middle Eastern Studies*, 29, n.º 3 (1993), p. 411; Simon Dunstan, *The Yom Kippur War: The Arab-Israeli War of 1973*, Oxford, Osprey Publishing, 2007; Asaf Siniver, *The Yom Kippur War: Politics, Legacy, Diplomacy*, Oxford, Oxford University Press, 2013.

2. Véase Bar-Joseph, *Watchman Fell Asleep, op. cit.*

3. En un correo electrónico, el historiador Uri Bar-Joseph escribía que el concepto era «una serie de suposiciones basadas en información que fue facilitada a Israel por Ashraf Marwan, yerno del difunto presidente Nasser y uno de los principales asesores de Sadat, que desde finales de 1970 trabajaba para el Mosad. Las suposiciones más relevantes eran: 1) Egipto no puede ocupar el Sinaí sin neutralizar la superioridad aérea israelí. La manera de hacerlo es atacar las bases de la [Fuerza Aérea israelí] al principio de la guerra. Para ello, Egipto necesita cazas de largo alcance, que no obtendrá antes de 1975; 2) A fin de disuadir a Israel de que ataque objetivos estratégidos en Egipto, este necesita misiles Scud que puedan llegar hasta Tel Aviv. Los Scud empezaron a llegar a Egipto en el verano de 1973, pero no se esperaba que estuvieran operativos antes de febrero de 1974; 3) Siria no irá a la guerra sin Egipto. Zeira se convirtió en un ardiente defensor de estas suposiciones y las transformó en un concepto ortodoxo que mantuvo hasta el comienzo de la guerra».

4. Véase Bar-Joseph y Kruglanski, «Intelligence Failure and Need for Cognitive Closure», *op. cit.*, pp. 75-99.

5. Para más información sobre el cierre cognitivo, véase Steven L. Neuberg y Jason T. Newsom, «Personal Need for Structure: Individual Differences in the Desire for Simpler Structure», *Journal of Personality and Social Psychology*, 65, n.º 1 (1993), p. 113; Cynthia T. F. Klein y Donna M. Webster, «Individual Differences in Argument Scrutiny as Motivated by Need for Cognitive Closure», *Basic and Applied Social Psychology*, 22, n.º 2 (2000), pp. 119-129; Carsten K. W. De Dreu, Sander L. Koole y Frans L. Oldersma, «On the Seizing and Freezing of Negotiator Inferences: Need for Cognitive Closure Moderates the Use of Heuristics in Negotiation», *Personality and Social Psychology Bulletin*, 25, n.º 3 (1999), pp. 348-362; A. Chirumbolo, A. Areni y G. Sensales, «Need for Cognitive Closure and Politics: Voting, Political Attitudes and Attributional Style», *International Journal of Psychology*, 39 (2004), pp. 245-253; Arie W. Kruglanski, *The Psychology of Closed Mindedness*, Nueva York, Psychology Press, 2013; Arie W. Kruglanski *et al.*, «When Similarity Breeds Content: Need for Closure and the Allure of Homogeneous and Self-Resembling Groups», *Journal of Personality and Social Psychology*, 83, n.º 3 (2002), p. 648; Steven L. Neuberg y Jason T. Newsom, «Personal Need for Structure: Individual Differences in the Desire for Simpler Structure», *Journal of Personality and Social Psychology*, 65, n.º 1 (1993), p. 113.

6. Véase Bar-Joseph, *Watchman Fell Asleep*, *op. cit.*; Donna M. Webster y Arie W. Kruglanski, «Individual Differences in Need for Cognitive Closure», *Journal of Personality and Social Psychology*, 67, n.º 6 (1994), p. 1.049.

7. Véase Bar-Joseph y Kruglanski, «Intelligence Failure and Need for Cognitive Closure», *op. cit.*, pp. 75-99.

8. Véase Arie W. Kruglanski y Donna M. Webster, «Motivated Closing of the Mind: "Seizing" and "Freezing"», *Psychological Review*, 103, n.º 2 (1996), p. 263.

9. *Ibid.* De Dreu, Koole y Oldersma, «On the Seizing and Freezing of Negotiator Inferences», *op. cit.*, pp. 348-362.

10. En respuesta a un correo electrónico para verificar datos, Arie Kruglanski escribía: «La gente con una gran necesidad de cierre tiene problemas para apreciar las perspectivas y puntos de vista de los demás. La gente con una gran necesidad de cierre también prefiere las estructuras de toma de decisiones jerárquicas y autocráticas en grupos, ya que ofrecen

un mejor cierre que las estructuras horizontales o democráticas, que tienden a ser más caóticas. Por tanto, la gente con una gran necesidad de cierre es intolerante con la diversidad y la disensión en grupos y no es muy creativa. Políticamente, los conservadores suelen tener una mayor necesidad de cierre que los liberales, pero la gente con una gran necesidad de cierre suele estar más comprometida con las cosas y los valores que la gente con una baja necesidad de cierre».

11. Véase Bar-Joseph y Kruglanski, «Intelligence Failure and Need for Cognitive Closure», *op. cit.*, pp. 75-99.

12. Véase Uri Bar-Joseph, «Intelligence Failure and Success in the War of Yom Kippur», artículo inédito.

13. Véase Abraham Rabinovich, «Three Years Too Late, Golda Meir Understood How War Could Have Been Avoided», *The Times of Israel*, 12 de septiembre de 2013.

14. Véase Zeev Schiff, *A History of the Israeli Army, 1874 to the Present*, Nueva York, Macmillan, 1985.

15. Véase Richard S. Lazarus, *Fifty Years of the Research and Theory of RS Lazarus: An Analysis of Historical and Perennial Issues*, Nueva York, Psychology Press, 2013.

16. Véase Kumaraswamy, *Revisiting the Yom Kippur War, op. cit.*

17. Para comprender General Electric, me fueron de gran ayuda Joseph L. Bower y Jay Dial, «Jack Welch: General Electric's Revolutionary», un caso práctico de la Escuela de Negocios de Harvard n.º 394-065, octubre de 1993, revisado en abril de 1994; Francis Aguilar y Thomas W. Malnight, «General Electric Co: Preparing for the 1990s», un caso práctico de la Escuela de Negocios de Harvard n.º 9-390, 20 de diciembre de 1989; Francis J. Aguilar, R. Hamermesh y Caroline Brainard, «General Electric: Reg Jones and Jack Welch», un caso práctico de la Escuela de Negocios de Harvard n.º 9, 391-144, 29 de junio de 1991; Kirsten Lungberg, «General Electric and the National Broadcasting Company: A Clash of Cultures», un caso práctico de la Escuela de Gobierno John F. Kennedy de Harvard, 1989; Nitin Nohria, Anthony J. Mayo y Mark Benson, «General Electric's 20th Century CEOs», un caso práctico de la Escuela de Negocios de Harvard, diciembre de 2005; Jack Welch y John A. Byrne, *Jack: Straight from the Gut*, Nueva York, Warner, 2003; Larry Greiner, «Steve Kerr and His Years with Jack Welch at GE», *Journal of Management Inquiry*, 11, n.º 4 (2002), pp. 343-350; Stratford Sherman, «The Mind of

Jack Welch», *Fortune*, 27 de marzo de 1989; Marilyn Harris *et al.*, «Can Jack Welch Reinvent GE?», *Business Week*, 30 de junio de 1986; Mark Potts, «GE Chief Hopes to Shape Agile Giant», *Los Angeles Times*, 1 de junio de 1988; Noel Tichy y Ram Charan, «Speed Simplicity and Self-Confidence: An Interview with Jack Welch», *Harvard Business Review*, septiembre de 1989; Ronald Grover y Mark Landler, «NBC Is No Longer a Feather in GE's Cap», *Business Week*, 2 de junio de 1991; Harry Bernstein, «The Two Faces of GE's "Welchism"», *Los Angeles Times*, 12 de enero de 1988; «Jack Welch Reinvents General Electric. Again», *The Economist*, 30 de marzo de 1991; L. J. Dans, «They Call Him "Neutron"», *Business Month*, marzo de 1988; Richard Ellsworth y Michael Kraft, «Jack Welch at GE: 1981-1989», Claremont Graduate School, un caso práctico de la Peter F. Drucker and Masatoshi Ito Graduate School of Management; Peter Petre, «Jack Welch: The Man Who Brought GE to Life», *Fortune*, 5 de enero de 1987; Peter Petre, «What Welch Has Wrought at GE», *Fortune*, 7 de julio de 1986; Stephen W. Quickel, «Welch on Welch», *Financial World*, 3 de abril de 1990; Monica Roman, «Big Changes Are Galvanizing General Electric», *Business Week*, 18 de diciembre de 1989; Thomas Stewart, «GE Keeps Those Ideas Coming», *Fortune*, 12 de agosto de 1991.

18. Véase Nitin Nohria, Anthony J. Mayo y Mark Benson, «General Electric's 20th Century CEOs», *Harvard Business Review*, 19 de diciembre de 2005, revisado en abril de 2011; John Cunningham Wood y Michael C. Wood, *Peter F. Drucker: Critical Evaluations in Business and Management*, vol. 1, Londres, Routledge, 2005.

19. Véase Gary P. Latham, Terence R. Mitchell y Dennis L. Dossett, «Importance of Participative Goal Setting and Anticipated Rewards on Goal Difficulty and Job Performance», *Journal of Applied Psychology*, 63, n.º 2 (1978), p. 163; Gary P. Latham y Gerard H. Seijts, «The Effects of Proximal and Distal Goals on Performance on a Moderately Complex Task», *Journal of Organizational Behavior*, 20, n.º 4 (1999), pp. 421-429; Gary P. Latham y J. James Baldes, «The "Practical Significance" of Locke's Theory of Goal Setting», *Journal of Applied Psychology*, 60, n.º 1 (1975), p. 122; Gary P. Latham y Craig C. Pinder, «Work Motivation Theory and Research at the Dawn of the Twenty-First Century», *Annual Review of Psychology*, 56 (2005), pp. 485-516; Edwin A. Locke y Gary P. Latham, «Building a Practically Useful Theory of Goal Setting and Task Motivation:

A Thirty-Five-Year Odyssey», *American Psychologist*, 57, n.° 9 (2002), p. 705; A. Bandura, «Self-Regulation of Motivation and Action Through Internal Standards and Goal Systems», en L. A. Pervin, ed., *Goal Concepts in Personality and Social Psychology*, Hillsdale (N.J.), Erlbaum, 1989, pp. 19-85; Travor C. Brown y Gary P. Latham, «The Effects of Goal Setting and Self-Instruction Training on the Performance of Unionized Employees», *Relations Industrielles/Industrial Relations*, 55, n.° 1 (2000), pp. 80-95; Judith F. Bryan y Edwin A. Locke, «Goal Setting as a Means of Increasing Motivation», *Journal of Applied Psychology*, 51, n.° 3 (1967), p. 274; Scott B. Button, John E. Mathieu y Dennis M. Zajac, «Goal Orientation in Organizational Research: A Conceptual and Empirical Foundation», *Organizational Behavior and Human Decision Processes*, 67, n.° 1 (1996), pp. 26-48; Dennis L. Dossett, Gary P. Latham y Terence R. Mitchell, «Effects of Assigned Versus Participatively Set Goals, Knowledge of Results, and Individual Differences on Employee Behavior When Goal Difficulty Is Held Constant», *Journal of Applied Psychology*, 64, n.° 3 (1979), p. 291; Elaine S. Elliott y Carol S. Dweck, «Goals: An Approach to Motivation and Achievement», *Journal of Personality and Social Psychology*, 54, n.° 1 (1988), p. 5; Judith M. Harackiewicz *et al.*, «Predictors and Consequences of Achievement Goals in the College Classroom: Maintaining Interest and Making the Grade», *Journal of Personality and Social Psychology*, 73, n.° 6 (1997), p. 1.284; Howard J. Klein *et al.*, «Goal Commitment and the Goal-Setting Process: Conceptual Clarification and Empirical Synthesis», *Journal of Applied Psychology*, 84, n.° 6 (1999), p. 885; Gary P. Latham y Herbert A. Marshall, «The Effects of Self-Set, Participatively Set, and Assigned Goals on the Performance of Government Employees», *Personnel Psychology*, 35, n.° 2 (junio de 1982), pp. 399-404; Gary P. Latham, Terence R. Mitchell y Dennis L. Dossett, «Importance of Participative Goal Setting and Anticipated Rewards on Goal Difficulty and Job Performance», *Journal of Applied Psychology*, 63, n.° 2 (1978), p. 163; Gary P. Latham y Lise M. Saari, «The Effects of Holding Goal Difficulty Constant on Assigned and Participatively Set Goals», *Academy of Management Journal*, 22, n.° 1 (1979), pp. 163-168; Don VandeWalle, William L. Cron y John W. Slocum, Jr., «The Role of Goal Orientation Following Performance Feedback», *Journal of Applied Psychology*, 86, n.° 4 (2001), p. 629; Edwin A. Locke y Gary P. Latham, eds., *New Developments in Goal Setting and Task Performance*, Londres, Routledge, 2013.

20. Véase Gary P. Latham y Gary A. Yukl, «Assigned Versus Participative Goal Setting with Educated and Uneducated Woods Workers», *Journal of Applied Psychology*, 60, n.º 3 (1975), p. 299.

21. En respuesta a un correo electrónico para verificar datos, Latham escribía que conseguir objetivos también requiere acceso a los recursos necesarios y comentarios sobre los progresos realizados: «Para objetivos a largo plazo/distales, deberían fijarse submetas proximales. Las submetas sirven para dos cosas. En primer lugar, para mantener la motivación a fin de lograr el objetivo distal, ya que alcanzar una submeta conduce al deseo de alcanzar otra. En segundo lugar, los comentarios sobre la consecución de cada submeta generan información que indica si estamos en el buen camino o no».

22. Véase Edwin A. Locke y Gary P. Latham, «New Directions in Goal-Setting Theory», *Current Directions in Psychological Science*, 15, n.º 5 (2006), pp. 265-268.

23. En respuesta a un correo electrónico para verificar datos, Latham escribía: «Cuando la gente no tiene capacidad para conseguir un objetivo de rendimiento, es decir, un objetivo que guarda relación con un resultado deseado concreto, como un hándicap 80 en golf o un incremento de ingresos del 23 por ciento, puede aflorar [una concentración inadecuada o visión túnel]. La solución es marcarse un objetivo de aprendizaje concreto y difícil en el que se ponga énfasis en descubrir/desarrollar un proceso o sistema que nos permita mejorar nuestro rendimiento, como [idear] cinco maneras de mejorar nuestro *putt* en lugar de meter la pelota en el hoyo en no más de dos golpes».

24. Al principio, Kerr fue uno de los veinticuatro asesores contratados por Jack Welch para ampliar los Entrenamientos a toda GE.

25. Véase Noel M. Tichy y Stratford Sherman, «Walking the Talk at GE», *Training and Development*, 47, n.º 6 (1993), pp. 26-35; Ronald Henkoff, «New Management Secrets from Japan», *Fortune*, 27 de noviembre de 1995; Ron Ashkenas, «Why Work-Out Works: Lessons from GE's Transformation Process», *Handbook of Business Strategy*, 4, n.º 1 (2003), pp. 15-21; Charles Fishman, «Engines of Democracy», *Fast Company*, octubre de 1999, <http://www.fastcompany.com/37815/engines-democracy>; Thomas A. Stewart, «GE Keeps Those Ideas Coming», en Rosabeth Moss Kanter, Barry A. Stein y Todd D. Jick, *The Challenge of Organizational Change: How Companies Experience It and Leaders Guide It*, Nueva York,

The Free Press, 1992, pp. 474-482; Joseph P. Cosco, «General Electric Works It All Out», *Journal of Business Strategy*, 15, n.º 3 (1994), pp. 48-50.

26. En respuesta a un correo electrónico para verificar datos, Kerr escribía: «Insistí a los equipos de liderazgo que decir "no" a una mala idea es tan útil como decir "sí" a una buena, pero que no podían desechar una recomendación diciendo cosas como: "Eso ya lo hemos pensado" o "Ya lo hemos intentado antes y no ha funcionado". Siempre recalcaba que los Entrenamientos son una oportunidad estupenda para instruir a la gente en el negocio, y que a esta le debían una explicación profesional y educada sobre el motivo por el que no respaldaban una recomendación en particular».

27. En respuesta a un correo electrónico para verificar datos, Kerr escribía que nunca animaba a la gente a enviar propuestas sin un boceto de planificación y un calendario. «Los detalles del plan debían ser resumidos después de la aprobación», afirmaba.

28. Véase Cosco, «General Electric Works It All Out», *op. cit.*, pp. 48-50.

29. Véase Ronald Henkoff, «New Management Secrets from Japan», *Fortune*, 27 de noviembre de 1995.

30. La historia del tren bala narrada a Jack Welch (repetida en el relato popular) difiere ligeramente de la crónica histórica. La contada aquí refleja lo que le narraron a Welch, pero algunos detalles no se mencionaban, como el hecho de que el concepto del tren de alta velocidad había sido estudiado, aunque abandonado después, por los servicios de ferrocarril japoneses antes de la Segunda Guerra Mundial. En respuesta a un correo electrónico para verificar datos, un representante de la Compañía Ferroviaria Central de Japón escribía que, en los años cincuenta, «la Línea Tokaido, la principal de Japón, estaba muy concurrida y el número de [pasajeros se había] incrementado debido al crecimiento económico posterior a la guerra, y Japón debía satisfacer las crecientes necesidades de traslado de pasajeros entre Tokio (la capital y la ciudad más grande) y Osaka (la segunda ciudad más grande). De hecho, el concepto de "tren bala" existía antes de la Segunda Guerra Mundial, [en] 1939... pero debido a la guerra, ese plan [había] sido cancelado. En los Ferrocarriles Nacionales de Japón se decidió construir [una] nueva línea de anchura estándar (muchas líneas convencionales japonesas adoptaron una anchura menor) en 1957. El plan [fue aceptado] por el gobierno en 1958

y empezó la construcción». También cabe señalar que por la misma época hubo iniciativas privadas para desarrollar trenes más rápidos en Japón: los Ferrocarriles Eléctricos Odakyu, por ejemplo, estaban desarrollando un tren capaz de viajar a ciento cuarenta y cinco kilómetros por hora. Para comprender mejor la historia del tren bala, recomiendo a Toshiji Takatsu, «The History and Future of High-Speed Railways in Japan», *Japan Railway and Transport Review*, 48 (2007), pp. 6-21; Mamoru Taniguchi, «High Speed Rail in Japan: A Review and Evaluation of the Shinkansen Train» (documento de trabajo n.° UCTC 103), Centro de Transporte de la Universidad de California, 1992; Roderick Smith, «The Japanese Shinkansen: Catalyst for the Renaissance of Rail», *The Journal of Transport History*, 24, n.° 2 (2003), pp. 222-237; Moshe Givoni, «Development and Impact of the Modern High-Speed Train: A Review», *Transport Reviews*, 26, n.° 5 (2006), pp. 593-611.

31. En respuesta a un correo electrónico para verificar datos, un representante de la Compañía Ferroviaria Central de Japón escribía que «en el Japón de la época, un ingeniero de FNJ (Ferrocarriles Nacionales de Japón) era considerado [la] élite de los ingenieros japoneses, y el hombre que diseñó el Shinkansen (el señor Shima) era uno de los ingenieros de FNJ... Ya llevaba mucho tiempo trabajando en FNJ y tenía conocimientos y experiencia en ferrocarriles». Al señor Shima, señalaba el portavoz, le pidieron en 1955 que supervisara el Tōkaidō Shinkansen. «En el momento del proyecto del tren bala de 1939 que mencionaba antes, ya estaban planeando diseñar trenes con una [velocidad máxima de] 200 kilómetros por hora. [El] ingeniero del Shinkansen tuvo desde el principio el claro objetivo de unir Tokio y Osaka en tres horas, y [el] prototipo denominado "Serie 1000" alcanzó los 256 kilómetros por hora en 1963.»

32. Véase Andrew B. Bernard, Andreas Moxnes y Yukiko U. Saito, *Geography and Firm Performance in the Japanese Production Network* (documento de trabajo n.° 14.034), Oficina Nacional de Investigación Económica, 2014.

33. Véase S. Kerr y S. Sherman, «Stretch Goals: The Dark Side of Asking for Miracles», *Fortune*, 13 de noviembre de 1995; Sim B. Sitkin *et al.*, «The Paradox of Stretch Goals: Organizations in Pursuit of the Seemingly Impossible», *Academy of Management Review*, 36, n.° 3 (2011), pp. 544-566; Scott Jeffrey, Alan Webb y Axel K-D. Schulz, «The Effectiveness of Tiered Goals Versus Stretch Goals», CAAA 2006 Documento de

la Conferencia Anual (2006); Kenneth R. Thompson, Wayne A. Hochwarter y Nicholas J. Mathys, «Stretch Targets: What Makes Them Effective?», *The Academy of Management Executive*, 11, n.º 3 (1997), pp. 48-60; S. Kerr y D. LePelley, «Stretch Goals: Risks, Possibilities, and Best Practices», *New Developments in Goal Setting and Task Performance* (2013), pp. 21-31; Steven Kerr y Steffen Landauer, «Using Stretch Goals to Promote Organizational Effectiveness and Personal Growth: General Electric and Goldman Sachs», *The Academy of Management Executive*, 18, n.º 4 (2004), pp. 134-138; Kelly E. See, «Motivating Individual Performance with Challenging Goals: Is It Better to Stretch a Little or a Lot?» (manuscrito presentado para publicación), Universidad de Duke, junio de 2003; Adrian D. Manning, David B. Lindenmayer y Joern Fischer, «Stretch Goals and Backcasting: Approaches for Overcoming Barriers to Large-Scale Ecological Restoration», *Restoration Ecology*, 14, n.º 4 (2006), pp. 487-492; Jim Heskett, «Has the Time Come for "Stretch" in Management?», Harvard Business School, *Working Knowledge*, 1 de agosto de 2008, <http://hbswk.hbs.edu/item/5989.html>.

34. En respuesta a un correo electrónico para verificar datos, un portavoz de General Electric escribía que «la fábrica de Durham fue creada con flexibilidad para llevar a cabo cambios así de drásticos. Cuando se inauguró en 1992, había muchas modificaciones en proceso. Desde el principio, Durham fue creada como una "incubadora" para nuevas prácticas de fabricación en GE Aviation. Sí, Jack [Welch] puso alto el listón, pero teniendo en cuenta la feroz competencia que existe en el negocio de la aviación, esos objetivos eran un requisito para prosperar y generar los ingresos necesarios a fin de financiar nuevos motores en aquel momento (en concreto, el GE90)».

35. Véase Thompson, Hochwarter y Mathys, «Stretch Targets», *op. cit.*, pp. 48-60.

36. Véase William E. Coyne, «How 3M Innovates for Long-Term Growth», *Research-Technology Management*, 44, n.º 2 (2001), pp. 21-24.

37. Véase Sitkin *et al.*, «Paradox of Stretch Goals», *op. cit.*, pp. 544-566.

38. Véase Jeffrey, Webb y Schulz, «The Effectiveness of Tiered Goals Versus Stretch Goals», *op. cit.*

39. *Ibid.*

40. Véase Thompson, Hochwarter y Mathys, «Stretch Targets», *op. cit.*, pp. 48-60.

41. Véase Gil Yolanda *et al.*, «Capturing Common Knowledge About Tasks: Intelligent Assistance for To-Do Lists», *ACM Transactions on Interactive Intelligent Systems (TiiS)*, 2, n.º 3 (2012), p. 15; Victoria Bellotti *et al.*, «What a To-Do: Studies of Task Management Towards the Design of a Personal Task List Manager», *Proceedings of the SIGCHI Conference on Human Factors in Computing Systems* (2004), pp. 735-742; Gabriele Oettingen y Doris Mayer, «The Motivating Function of Thinking About the Future: Expectations Versus Fantasies», *Journal of Personality and Social Psychology*, 83, n.º 5 (2002), p. 1.198; Anja Achtziger *et al.*, «Metacognitive Processes in the Self-Regulation of Goal Pursuit», en Pablo Briñol y Kenneth DeMarree, eds., *Social Metacognition*, Frontier of Social Psychology series, Nueva York, Psychology Press, 2012, pp. 121-139.

42. Los detractores de los objetivos ambiciosos afirman que, si no se imponen límites, pueden afectar negativamente a una organización. Para más información al respecto, véase Lisa D. Ordóñez *et al.*, «Goals Gone Wild: The Systematic Side Effects of Overprescribing Goal Setting», *The Academy of Management Perspectives*, 23, n.º 1 (2009), pp. 6-16. Y la respuesta de Edwin A. Locke y Gary P. Latham, «Has Goal Setting Gone Wild, or Have Its Attackers Abandoned Good Scholarship?», *The Academy of Management Perspectives*, 23, n.º 1 (2009), pp. 17-23.

43. Véase Comisión de Investigación, *The Yom Kippur War, an Additional Partial Report: Reasoning and Complement to the Partial Report of April 1, 1974*, vol. 1, Jerusalén, 1974.

44. Véase Mitch Ginsberg, «40 Years On, Yom Kippur War Intel Chiefs Trade Barbs», *The Times of Israel*, 6 de octubre de 2013; «Eli Zeira's Mea Culpa», *Haaretz*, 22 de septiembre de 2004; Lilach Shoval, «Yom Kippur War Intelligence Chief Comes Under Attack 40 Years Later», *Israel Hayom*, 7 de octubre de 2013.

45. *Ibid.*

5. DIRIGIR A OTROS

1. Como ya se ha mencionado, tanto al FBI como a Frank, Christie y Colleen Janssen se les dieron resúmenes de este capítulo y se les pidió que hicieran observaciones sobre los pormenores de la información. El FBI declinó hacer comentario alguno, salvo por lo que más abajo se especifica.

La familia Janssen no respondió a las repetidas solicitudes de sus comentarios por teléfono y correo electrónico. Las fuentes utilizadas para informar de los detalles del caso Janssen incluyen entrevistas, además de los siguientes documentos judiciales: *United States of America v. Kelvin Melton, Quantavious Thompson, Jakym Camel Tibbs, Tianna Daney Maynard, Jenna Martin, Clifton James Roberts, Patricia Ann Kramer, Jevante Price, and Michael Martell Gooden* (n.os 5:14-CR-72-1; 5:14-CR-72-2; 5:14-CR-72-3; 5:14-CR-72-4; 5:14-CR-72-5; 5:14-CR-72-6; 5:14-CR-72-7; 5:14-CR-72-8 y 5:14-CR-72-9), presentado en el Tribunal de Distrito de Estados Unidos para el Distrito Oriental de la División Occidental de Carolina del Norte; «Affidavit in Support of Application for a Court Order Approving Emergency Interceptions, in the Matter of the Application of the United States of America for an Order Authorizing the Interception of Wire and Electronic Communications», n.° 5:14-MJ-1315-D, presentado en el Tribunal de Distrito de Estados Unidos para el Distrito Oriental de la División Occidental de Carolina del Norte; *United States v. Kelvin Melton*, Caso Criminal n.° 5:14-MJ-1316, presentado en el Tribunal de Distrito de Estados Unidos para el Distrito Oriental de Carolina del Norte; *United States v. Clifton James Roberts*, Caso Criminal n.° 5:14-MJ-1313, presentado en el Tribunal de Distrito de Estados Unidos para el Distrito Oriental de Carolina del Norte, y *United States v. Chason Renee Chase, a/k/a «Lady Jamaica»*, Caso Criminal n.° 3:14-MJ-50, presentado en el Tribunal de Distrito de Estados Unidos para el Distrito de Carolina del Sur, además de otros procesos judiciales relacionados con el presunto secuestro de Janssen. Otros detalles proceden asimismo de Alan G. Breed y Michael Biesecher, «FBI: NC Inmate Helped Orchestrate Kidnapping», Associated Press, 11 de abril de 2014; Kelly Gardner, «FBI Now Investigating Wake Forest Man's Disappearance», WRAL.com, 8 de abril de 2014; Alyssa Newcomb, «FBI Rescued Kidnap Victim as Suspects Discussed Killing Him, Feds Say», *Good Morning America*, 10 de abril de 2014; Anne Blythe y Ron Gallagher, «FBI Rescues Wake Forest Man; Abduction Related to Daughter's Work as Prosecutor, Investigators Say», *The Charlotte Observer*, 10 de abril de 2014; Michael Biesecher y Kate Brumbach, «NC Inmate Charged in Kidnapping of DA's Father», Associated Press, 12 de abril de 2014; Lydia Warren y Associated Press, «Bloods Gang Member Who Is Serving Life Sentence "Masterminded Terrifying Kidnap of Prosecutor's Father Using a Cell Phone He'd Smuggled in to Prison"», *Daily Mail*, 11 de abril de 2014; Lydia Warren y Associated Press, «Gang Members Who "Kidnapped Prosecutor's Father and Held Him Captive for Days Had Meant to Capture HER... But They Went to Wrong Address"», *Daily Mail*, 23 de abril de 2014; Ashley Frantz y AnneClaire Stapleton, «Prosecutor's Dad Kidnapped in "Elaborate" Plot; FBI Rescues Him», CNN.com, 10 de abril de 2014; Shelley Lynch, «Kidnapping Victim Rescued by FBI Reunited with Family», nota de prensa del FBI, 10 de abril de 2014, <https://www.fbi.gov/charlotte/press-releases/2014/kidnapping-victim-rescued-by-fbi-reunited-with-family>; Scott Pelley y Bob Orr, «FBI Told How Its Agents Rescued a North Carolina Man Who Was Kidnapped by Gang Members and Terrorized for Five Days», *CBS Evening News*, 10 de abril de 2014; Marcus K. Garner, «Indictment: Kidnapping Crew Had Wrong Address, Took Wrong Person», *Atlanta Journal Constitution*, 22 de abril de 2014; Andrew Kenney, «Prisoner Charged in Kidnap Conspiracy May Have Had Phone for Weeks», *The Charlotte Observer*, 11 de abril de 2014; «Criminal Complaint Filed Against Kelvin Melton in Kidnapping Case», nota de prensa del FBI, 11 de abril de 2014, <https://www.fbi.gov/charlotte/press-releases/2014/criminal-complaint-filed-against-kelvin-melton-in-kidnapping-case>; Colleen Jenkins y Bernadette Baum, «Two More Charged in Gang-Linked Kidnapping of N.C. Prosecutor's Father», Reuters, 16 de abril de 2014; «McDonald's Receipt Leads to Arrest in Wake Forest Kidnapping», *The News and Observer*, 17 de abril de 2014; «Prosecutor —Not Her Father— Was Intended Victim in Wake Forest Kidnapping, Officials Say», *The News and Observer*, 22 de abril de 2014; Patrik Jonsson, «N.C. Prosecutor Kidnap Plot: Home Attacks on Justice Officials on the Upswing», *The Christian Science Monitor*, 23 de abril de 2014; «NC Kidnapping Victim Writes Thank-You Letter», Associated Press, 29 de abril de 2014; Thomas McDonald, «Documents Detail Kidnapping Plot of Wake Prosecutor's Father», *The Charlotte Observer*, 23 de julio de 2014; Daniel Wallis, «Alleged Gangster Admits Lying in North Carolina Kidnap Probe», Reuters, 29 de agosto de 2014; Spink John, «FBI Team Rescues a North Carolina Kidnapping Victim», *Atlanta Journal Constitution*, 11 de abril de 2014.

2. Algunos analistas del caso Janssen han sugerido que las autoridades emplearon en su investigación un dispositivo denominado StingRay, capaz de identificar la localización exacta de un teléfono móvil. Cuando se preguntó al FBI por el uso del StingRay en este caso, la agencia dio la misma

respuesta que ha dado tradicionalmente a las peticiones de otros medios con respecto a los simuladores de antenas de telefonía móvil: «La información sobre localización es un componente vital de las investigaciones de las fuerzas del orden a nivel federal, estatal y local. Por regla general, el FBI no comenta las técnicas concretas utilizadas por las fuerzas del orden para obtener información sobre localización, ya que se clasifican como material restringido a las fuerzas del orden, cuya divulgación pública podría perjudicar los esfuerzos de estas a todos los niveles, comprometiendo el futuro uso de la técnica. El FBI solo recopila y guarda información con valor investigativo y de relevancia para un caso concreto, y tales datos se conservan de acuerdo con la ley federal de control y la política del fiscal general. El FBI no almacena datos de torres de telefonía móvil para ningún propósito que no esté vinculado a una investigación concreta. La recopilación de registros de torres de telefonía móvil solo se realiza después de recibir la aprobación necesaria del FBI en cada investigación concreta y únicamente después de haber obtenido la orden apropiada de un tribunal. Si los registros obtenidos se consideran relevantes, estos pasan a formar parte del expediente de investigación del caso. El FBI conserva los expedientes de investigación de los casos de acuerdo con los programas de retención de expedientes aprobados por la NARA [la Administración Nacional de Archivos y Registros de Estados Unidos]. Si el FBI cree que el uso de alguna tecnología o técnica puede proporcionar información sobre algún individuo allí donde la jurisprudencia dicta que la persona tiene una expectativa razonable de privacidad, la política del FBI es obtener una orden de registro».

3. Como ya hemos señalado, los detalles relativos a Kelvin Melton, Tianna Brooks (a la que presuntamente se conoce también con el nombre de Tianna Maynard) y otros presuntos secuestradores u otras personas presuntamente vinculadas al secuestro de Janssen se hallan en diversos documentos judiciales y entrevistas. En el momento de redactar estas líneas, Melton, Brooks y otros presuntos implicados en este delito han sido imputados, pero aún no han ido a juicio. Mientras no se celebre un juicio y se dé un veredicto, las acusaciones son solo eso, acusaciones, y los delitos descritos en este capítulo no han sido probados ante la justicia. En enero de 2016, Melton declaró en un tribunal que él no era responsable del secuestro de Janssen. También se espera que otros presuntos secuestradores nieguen su responsabilidad o culpa. A los abogados de Melton, así como a los de Brooks, se les presentaron sendos resúmenes de todos los detalles

de este capítulo y se les pidió que preguntaran a sus clientes, que están encarcelados por otros cargos en espera de juicio, si deseaban hacer alguna observación. El abogado de Brooks no respondió; el de Melton, Ryan D. Stump, escribió en un correo electrónico: «Tenemos una orden judicial de no comentar los detalles del caso del señor Melton y lo que sea objeto de revelación [de documentos]. Lamentablemente, debido a las restricciones, no podemos hacer ningún comentario sobre el caso».

4. En respuesta a un correo electrónico para verificar datos, un portavoz del FBI declaró que el sistema de la agencia antes del uso de Sentinel, además de emplear tarjetas perforadas, también se servía de un sistema de indexación electrónico. Diversas entrevistas con varios agentes confirmaron este hecho, pero revelaron que el sistema electrónico a menudo era incompleto y, por tanto, poco fiable.

5. En respuesta a un correo electrónico para verificar datos, un portavoz del FBI explicó el funcionamiento de Sentinel del siguiente modo: «Sentinel es una herramienta que gestiona registros; documenta actividades de casos e investigaciones, la información que poseemos y producimos. Sentinel proporciona una pieza del rompecabezas. Documenta los productos del trabajo del FBI y se utiliza en combinación con la información que recopilamos y a la que accedemos a través de otras colaboraciones a fin de obtener más datos».

6. Los términos ingleses *lean* y *agile* se utilizan con distintos significados según el contexto. En español, *lean* suele traducirse por «ajustado» —también por «esbelto» o «saneado»— o bien se deja en inglés, mientras que *agile* se traduce por «ágil». Así, por ejemplo, se habla de «desarrollo de producto ajustado» (*lean product development*), «empresas emergentes ajustadas» o *lean startups*, «dirección —o gestión— ágil» (*agile management*) y «construcción ágil» (*agile construction*). Algunas de estas definiciones y metodologías son muy específicas. En el presente capítulo generalmente utilizo esas expresiones en su sentido más general; sin embargo, para el lector interesado en explicaciones más detalladas de las diversas puestas en práctica de estas filosofías, recomiendo: Rachna Shah y Peter T. Ward, «Lean Manufacturing: Context, Practice Bundles, and Performance», *Journal of Operations Management*, 21, n.º 2 (2003), pp. 129-149; Jeffrey K. Liker, *Becoming Lean: Inside Stories of U.S. Manufacturers*, Portland (OR), Productivity Press, 1997; J. Ben Naylor, Mohamed M. Naim y Danny Berry, «Leagility: Integrating the Lean and Agile Manufacturing

Paradigms in the Total Supply Chain», *International Journal of Production Economics*, 62, n.º 1 (1999), pp. 107-118; Robert Cecil Martin, *Agile Software Development: Principles, Patterns, and Practices*, Upper Saddle River (NJ), Prentice Hall, 2003; Paul T. Kidd, *Agile Manufacturing: Forging New Frontiers*, Reading (MA), Addison-Wesley, 1995; Alistair Cockburn, *Agile Software Development: The Cooperative Game*, Upper Saddle River (NJ), Addison-Wesley, 2006; Pekka Abrahamsson, Outi Salo y Jussi Ronkainen, *Agile Software Development Methods: Review and Analysis*, Oulu (Finlandia), VTT Publications, 2002.

7. Rick Madrid falleció en 2012. Estoy profundamente agradecido —por la información que me facilitaron sobre Rick Madrid, NUMMI y General Motors— a Frank Langfitt, de la cadena National Public Radio; a Brian Reed, del programa *This American Life*, y a otros periodistas de diversos periódicos y otros medios que tuvieron la amabilidad de compartir conmigo sus notas y transcripciones, además de los antiguos colegas de Madrid, que me contaron los recuerdos que tenían de él. Los detalles sobre Rick Madrid, incluidas sus citas, proceden de diversas fuentes, entre las que figuran cintas de entrevistas suyas, notas y transcripciones de entrevistas que concedió a otros periodistas y recuerdos de colegas suyos. Asimismo, me he basado en: Harry Bernstein, «GM Workers Proud of Making the Team», *Los Angeles Times*, 16 de junio de 1987; Clara Germani, «GM-Toyota Venture in California Breaks Tradition, Gets Results», *The Christian Science Monitor*, 21 de diciembre de 1984; Michelle Levander, «The Divided Workplace: Exhibit Traces Battle for Control of Factory», *Chicago Tribune*, 17 de septiembre de 1989; Victor F. Zonana, «Auto Venture at Roadblock: GM-Toyota Fremont Plant Produces Happy Workers, High-Quality Product... and a Glut of Unsold Chevrolet Novas», *Los Angeles Times*, 21 de diciembre de 1987; «NUMMI», *This American Life*, WBEZ Chicago, 26 de marzo de 2010; Charles O'Reilly III, «New United Motors Manufacturing, Inc. (NUMMI)», Stanford Business School Case Studies, n.º HR-11, 2 de diciembre de 1998; Maryann Keller, *Rude Awakening: The Rise, Fall, and Struggle for Recovery of General Motors*, Nueva York, William Morrow, 1989 [hay trad. cast.: *General Motors, el amargo despertar*, Barcelona, Planeta, 1995]; Joel Smith y William Childs, «Imported from America: Cooperative Labor Relations at New United Motor Manufacturing, Inc.», *Industrial Relations Law Journal* (1987), pp. 70-81; John Shook, «How to Change a Culture: Lessons from NUMMI», *MIT*

Sloan Management Review, 51, n.º 2 (2010), pp. 42-51; Michael Maccoby, «Is There a Best Way to Build a Car?», *Harvard Business Review*, noviembre de 1997; Daniel Roos, James P. Womack y Daniel Jones, *The Machine That Changed the World: The Story of Lean Production*, Nueva York, HarperPerennial, 1991 [hay trad. cast.: *La máquina que cambió el mundo*, Madrid, McGraw-Hill Interamericana de España, 1992]; Jon Gertner, «From 0 to 60 to World Domination», *The New York Times*, 18 de febrero de 2007; Ceci Connolly, «Toyota Assembly Line Inspires Improvements at Hospital», *The Washington Post*, 3 de junio de 2005; Andrew C. Inkpen, «Learning Through Alliances: General Motors and NUMMI», *Strategic Direction*, 22, n.º 2 (2006); Paul Adler, «The "Learning Bureaucracy": New United Motor Manufacturing, Inc.», *Research in Organizational Behavior*, 15 (1993); «The End of the Line For GM-Toyota Joint Venture», *All Things Considered*, NPR, marzo de 2010; Martin Zimmerman y Ken Basinger, «Toyota Considers Halting Operations at California's Last Car Plant», *Los Angeles Times*, 24 de julio de 2009; Soyoung Kim y Chang-ran Kim, «UPDATE 1—Toyota May Drop U.S. Joint Venture with GM», Reuters, 10 de julio de 2009; Alan Ohnsman y Kae Inoue, «Toyota Will Shut California Plant in First Closure», Bloomberg, 28 de agosto de 2009; Jeffrey Liker, *The Toyota Way: 14 Management Principles from the World's Greatest Manufacturer*, Nueva York, McGraw-Hill, 2003 [hay trad. cast.: *Las claves del éxito de Toyota*, Barcelona, Gestión 2000, 2010]; Steven Spear y H. Kent Bowen, «Decoding the DNA of the Toyota Production System», *Harvard Business Review*, 77 (1999), pp. 96-108; David Magee, *How Toyota Became #1: Leadership Lessons from the World's Greatest Car Company*, Nueva York, Penguin, 2007.

8. Keller, *General Motors, el amargo despertar*, op. cit., cap. 6.

9. En una declaración en respuesta a varias preguntas para verificar datos, escribía un portavoz de Toyota: «Toyota no puede hablar sobre ninguna descripción de las instalaciones de Fremont cuando estas operaban antes de la alianza comercial independiente con GM. Aunque la descripción general de la filosofía de Toyota y ciertos datos históricos coinciden con nuestro enfoque y nuestra interpretación de los hechos —como el uso del cable Andon, el viaje de antiguos trabajadores de GM a Japón y la mejora de calidad del producto tras la constitución de NUMMI—, lamentablemente no podemos confirmar o dar ninguna otra información sobre los informes concretos que usted nos proporciona. Sin embargo, sí

hacemos la siguiente declaración de la empresa sobre la alianza comercial NUMMI, que le invitamos a utilizar si así lo desea: "NUMMI fue un modelo innovador de colaboración industrial entre Japón y Estados Unidos, y nos sentimos orgullosos de sus considerables logros. Seguimos estando agradecidos a todos los que participaron en NUMMI, incluidos los proveedores, la comunidad local y, sobre todo, los cualificados miembros de los equipos que han contribuido al éxito de esta alianza comercial pionera"». En otra declaración, un portavoz de General Motors escribía: «No puedo comentar los puntos específicos que usted mencionaba en relación con la experiencia de Fremont y NUMMI a comienzos de la década de los años ochenta, pero puedo confirmar del todo que esa no es la experiencia de las actuales plantas de GM… El Sistema de Fabricación Global [GMS] de GM es un único sistema de fabricación común que alinea e involucra a todos los empleados a utilizar mejores procesos, prácticas y tecnologías para eliminar el despilfarro en toda la empresa… Aunque es cierto que el GMS tiene sus raíces en el Sistema de Producción Toyota (TPS) que se puso en práctica en 1984 en NUMMI, muchos componentes del GMS surgieron de nuestros esfuerzos para establecer como referencia la producción ajustada en todo el mundo… Aunque todos los principios y elementos se consideran cruciales para el éxito de la puesta en práctica del GMS, hay un principio clave para la adaptabilidad de este último, y es el de la Mejora Constante. Al involucrar a nuestros empleados, los hemos visto utilizar el GMS para mejorar nuestros sistemas de producción, garantizar un entorno de trabajo más seguro y mejorar la calidad del producto para nuestros clientes».

10. En respuesta a un correo electrónico para verificar datos, Jeffrey Liker, que ha estudiado y escrito extensamente sobre Toyota, comentaba: «Toyota comprendió que para ser una empresa global necesitaba establecer operaciones en el extranjero, y tenían poca experiencia en hacerlo, aparte de las ventas. Consideraban que el Sistema de Producción Toyota [TPS] era vital para su éxito y dependía en gran medida de que la gente entendiera a fondo la filosofía y la mejorara sin cesar en un ambiente de confianza. Veían NUMMI como un gran experimento para probar si conseguirían que el TPS funcionara en Estados Unidos con trabajadores y directivos norteamericanos. De hecho, en el acuerdo original con GM habían previsto fabricar únicamente vehículos Chevy y, al ver que estos no se vendían debido a la imagen negativa de la marca Chevy, trajeron el

Toyota Corolla. Para GM, el principal atractivo era hacer coches pequeños de buena calidad de manera rentable y aprender a hacerlo. Parecían tener un interés pasajero en el TPS. Para Toyota, NUMMI era un hito clave respecto a su futuro, y estudiaban lo que ocurría cada día para aprender cuanto podían sobre el modo de operar en Estados Unidos y el desarrollo de la cultura Toyota en el extranjero».

11. En respuesta a un correo electrónico para verificar datos, Baron escribía: «Nos centramos un poco más allá de la "cultura". Nos interesaba saber cómo las decisiones previas de los fundadores sobre el diseño organizativo y la estructuración de las relaciones de empleo afectaban a la evolución de sus nacientes empresas».

12. En respuesta a un correo electrónico para verificar datos, Baron escribía que las fuentes a las que recurrieron no se limitaron únicamente al *San Jose Mercury News*: «Rebuscamos en toda una serie de fuentes, incluyendo el "Merc", para tratar de identificar evidencias de nuevas creaciones. Ello se complementó con listados industriales de empresas como CorpTech (centrada en el marketing dirigido a pequeñas empresas tecnológicas). A partir de estas fuentes reunimos listados de empresas por subsectores (biotecnología, semiconductores, etcétera). Luego seleccionamos entre aquellos listados tratando de conseguir una muestra representativa de empresas en términos de antigüedad, con apoyo de capital riesgo o sin él, etcétera. Algo más tarde, después de que surgiera "internet" como un sector distinguible, reprodujimos el diseño de la investigación centrándonos específicamente en dicho sector, para ver si las cosas eran similares o distintas entre las nuevas empresas de la red y las otras que habíamos estado estudiando, y vimos que las pautas eran las mismas».

13. James N. Baron y Michael T. Hannan, «The Economic Sociology of Organizational Entrepreneurship: Lessons from the Stanford Project on Emerging Companies», en Victor Nee y Richard Swedberg, eds., *The Economic Sociology of Capitalism*, Nueva York, Russell Sage, 2002, pp. 168-203; James N. Baron y Michael T. Hannan, «Organizational Blueprints for Success in High-Tech Start-Ups: Lessons from the Stanford Project on Emerging Companies», *Engineering Management Review, IEEE*, 31, n.° 1 (2003), p. 16; James N. Baron, M. Diane Burton y Michael T. Hannan, «The Road Taken: Origins and Evolution of Employment Systems in Emerging Companies», *Articles and Chapters* (1996), p. 254; James N. Baron, Michael T. Hannan y M. Diane Burton, «Building the Iron Cage: Deter-

minants of Managerial Intensity in the Early Years of Organizations», *American Sociological Review*, 64, n.º 4 (1999), pp. 527-547.

14. En respuesta a un correo electrónico para verificar datos, Baron escribía: «Quizá sea algo quisquilloso, pero lo que examinábamos eran empresas cuyos fundadores tuvieran similares "proyectos" o premisas culturales subyacentes a su creación. Hago hincapié en ello porque no utilizábamos prácticas observables como base de diferenciación, sino, en cambio, el modo como sus creadores pensaban y hablaban sobre sus nacientes empresas».

15. Había también un considerable número de empresas que no encajaban netamente en ninguna de las cinco categorías.

16. En respuesta a un correo electrónico para verificar datos, Baron decía que no había que considerarle un experto en Facebook y que a los participantes en el estudio se les prometió que se les mantendría en el anonimato. Y añadía: «Descubrimos que las empresas [con culturas] de ingeniería evolucionaban con bastante frecuencia en burocracias o en empresas [con culturas] de compromiso. Esas transiciones resultaban mucho menos perturbadoras que otras, lo que sugería que una de las razones de la popularidad de la fórmula de ingeniería en una empresa emergente es que esta es lo bastante flexible para ser "transformada" en un modelo distinto con el madurar de la empresa».

17. Baron, en respuesta a un correo electrónico para verificar datos, explicaba que los modelos burocrático y autocrático presentan diferencias, pero son similares en que «1) ambos son bastante infrecuentes en este sector entre las empresas emergentes y 2) ambos son impopulares entre el personal científico y técnico».

18. Los investigadores prometieron confidencialidad a las empresas que participaron en el estudio y que no divulgarían los nombres de las empresas concretas que habían estudiado.

19. James N. Baron, Michael T. Hannan y M. Diane Burton, «Labor Pains: Change in Organizational Models and Employee Turnover in Young, High-Tech Firms», *American Journal of Sociology*, 106, n.º 4 (2001), pp. 960-1.012.

20. Baron y Hannan, «Organizational Blueprints for Success in High-Tech Start-Ups», *op. cit.*, p. 16.

21. En respuesta a un correo electrónico para verificar datos, Baron ampliaba así sus comentarios: «Lo que esto no capta de manera explícita

es que las empresas [de la cultura] de compromiso tendían a competir basándose en la superioridad de las relaciones con sus clientes a más largo plazo. No se trata solo de relaciones con los vendedores, sino más bien de que unos equipos estables de personal técnico, que trabajan de manera interdependiente con el personal que trata con el cliente, permiten a esas empresas desarrollar tecnologías que satisfacen las necesidades de sus clientes a largo plazo».

22. Steve Babson, ed., *Lean Work: Empowerment and Exploitation in the Global Auto Industry*, Detroit, Wayne State University Press, 1995.

23. En un correo electrónico para verificar datos, Jeffrey Liker escribía que el responsable de recursos humanos de Toyota le había dicho a un representante del UAW que «antes de despedir a ningún trabajador reinternalizarían trabajo externalizado, luego la dirección asumiría un desembolso y después reducirían las horas antes de considerar la posibilidad de despidos. A cambio, le dijo que el sindicato tenía que aceptar tres cosas: 1) la base para el progreso de los trabajadores sería su capacidad, no su antigüedad; 2) había de haber un mínimo de clasificación de puestos para que tuvieran flexibilidad de realizar múltiples tareas y 3) la dirección y el sindicato trabajarían conjuntamente en la mejora de la productividad. Durante el primer año el Chevy Nova no se vendió bien, tuvieron un exceso de aproximadamente un 40 por ciento de trabajadores y los mantuvieron a todos empleados en formación y haciendo *kaizen* durante varios meses hasta que pudieron iniciar la producción del Corolla».

24. Paul S. Adler, «Time-and-Motion Regained», *Harvard Business Review*, 71, n.º 1 (1993), pp. 97-108.

25. Es importante señalar que, pese al éxito de NUMMI, la empresa no era perfecta. Su suerte estaba ligada a la del sector de la automoción, de modo que, cuando disminuyeron las ventas de coches en general, sus beneficios también bajaron. La planta de NUMMI resultaba más costosa de mantener en funcionamiento que algunos competidores extranjeros de bajo coste, de modo que hubo períodos en que tuvo que malvender. Y cuando GM trató de exportar la cultura de NUMMI a otras plantas, se encontró con que en algunos lugares no cuajaba: la enemistad entre los líderes sindicales y los directivos simplemente estaba demasiado arraigada. Algunos ejecutivos no creían que, si se dotaba de autoridad a los trabajadores, estos la usarían de manera responsable. Y algunos empleados no estaban dispuestos a conceder a GM el beneficio de la duda.

26. Cuando la Gran Recesión se cebó con el sector de la automoción, NUMMI fue una de las víctimas. GM, abocada a la bancarrota debido a las deudas contraídas en otras divisiones de la empresa, se retiró de la sociedad NUMMI en 2009. Toyota llegó a la conclusión de que no podía seguir manteniendo en funcionamiento la planta por sí sola y NUMMI cerró en 2010, después de haber fabricado casi ocho millones de vehículos.

27. Los detalles sobre el desarrollo del sistema Sentinel proceden de entrevistas, además de: Glenn A. Fine, *The Federal Bureau of Investigation's Pre-Acquisition Planning for and Controls over the Sentinel Case Management System*, Audit Report 06-14, Washington, Departamento de Justicia de Estados Unidos, Oficina del Inspector General, División de Auditoría, marzo de 2006; Glenn A. Fine, *Sentinel Audit II: Status of the Federal Bureau of Investigation's Case Management System*, Audit Report 07-03, Washington, Departamento de Justicia de Estados Unidos, Oficina del Inspector General, División de Auditoría, diciembre de 2006; Glenn A. Fine, *Sentinel Audit III: Status of the Federal Bureau of Investigation's Case Management System*, Audit Report 07-40, Washington, Departamento de Justicia de Estados Unidos, Oficina del Inspector General, División de Auditoría, agosto de 2007; Raymond J. Beaudet, *Sentinel Audit IV: Status of the Federal Bureau of Investigation's Case Management System*, Audit Report 09-05, Washington, Departamento de Justicia de Estados Unidos, Oficina del Inspector General, División de Auditoría, diciembre de 2008; Glenn A. Fine, *Sentinel Audit V: Status of the Federal Bureau of Investigation's Case Management System*, Audit Report 10-03, Washington, Departamento de Justicia de Estados Unidos, Oficina del Inspector General, División de Auditoría, noviembre de 2009; *Status of the Federal Bureau of Investigation's Implementation of the Sentinel Project*, Audit Report 10-22, Washington, Departamento de Justicia de Estados Unidos, Oficina del Inspector General, marzo de 2010; Thomas J. Harrington, «Response to OIG Report on the FBI's Sentinel Project», nota de prensa del FBI, 20 de octubre de 2010, <https://www.fbi.gov/news/pressrel/press-releases/mediaresponse_102010>; Cynthia A. Schnedar, *Status of the Federal Bureau of Investigation's Implementation of the Sentinel Project*, Report 12-08, Washington, Departamento de Justicia de Estados Unidos, Oficina del Inspector General, diciembre de 2011; Michael E. Horowitz, *Interim Report on the Federal Bureau of Investigation's Implementation of the Sentinel Project*, Report 12-38, Washington, Departamento de Justicia de Estados

Unidos, Oficina del Inspector General, septiembre de 2012; Michael E. Horowitz, *Audit of the Status of the Federal Bureau of Investigation's Sentinel Program*, Report 14-31, Washington, Departamento de Justicia de Estados Unidos, Oficina del Inspector General, septiembre de 2014; William Anderson *et al.*, *Sentinel Report*, Pittsburgh, Carnegie Mellon Software Engineering Institute, septiembre de 2010; David Perera, «Report Questions FBI's Ability to Implement Agile Development for Sentinel», *FierceGovernmentIT*, 5 de diciembre de 2010, <http://www.fiercegovernmentit.com/story/report-questions-fbis-ability-implement-agile-development-sentinel/2010-12-05>; David Perera, «FBI: We'll Complete Sentinel with $20 Million and 67 Percent Fewer Workers», *FierceGovernmentIT*, 20 de octubre de 2010, <http://www.fiercegovernmentit.com/story/fbi-well-complete-sentinel-20-million-and-67-percent-fewer-workers/2010-10-20>; Jason Bloomberg, «How the FBI Proves Agile Works for Government Agencies», *CIO*, 22 de agosto de 2012, <http://www.cio.com/article/2392970/agile-development/how-the-fbi-proves-agile-works-for-government-agencies.html>; Eric Lichtblau, «FBI Faces New Setback in Computer Overhaul», *The New York Times*, 18 de marzo de 2010; «More Fallout from Failed Attempt to Modernize FBI Computer System», Oficina del senador Chuck Grassley, 21 de julio de 2010; «Technology Troubles Plague FBI, Audit Finds», *The Wall Street Journal*, 20 de octubre de 2010; «Audit Sees More FBI Computer Woes», *The Wall Street Journal*, 21 de octubre de 2010; «FBI Takes Over Sentinel Project», *Information Management Journal*, 45, n.º 1 (2011); Curt Anderson, «FBI Computer Upgrade Is Delayed», Associated Press, 23 de diciembre de 2011; Damon Porter, «Years Late and Millions over Budget, FBI's Sentinel Finally On Line», *PC Magazine*, 31 de julio de 2012; Evan Perez, «FBI Files Go Digital, After Years of Delays», *The Wall Street Journal*, 1 de agosto de 2012.

28. Para más información sobre la dirección y las metodologías ajustada (o *lean*) y ágil, véase Craig Larman, *Agile and Iterative Development: A Manager's Guide*, Boston, Addison-Wesley Professional, 2004; Barry Boehm y Richard Turner, *Balancing Agility and Discipline: A Guide for the Perplexed*, Boston, Addison-Wesley Professional, 2003; James Shore, *The Art of Agile Development*, Farnham (Reino Unido), O'Reilly Media, 2007; David Cohen, Mikael Lindvall y Patricia Costa, «An Introduction to Agile Methods», *Advances in Computers*, 62 (2004), pp. 1-66; Matthias Holweg, «The Genealogy of Lean Production», *Journal of Operations Ma-*

nagement, 25, n.º 2 (2007), pp. 420-437; John F. Krafcik, «Triumph of the Lean Production System», *MIT Sloan Management Review*, 30, n.º 1 (1988), p. 41; Jeffrey Liker y Michael Hoseus, *Toyota Culture: The Heart and Soul of the Toyota Way*, Nueva York, McGraw-Hill, 2007; Steven Spear y H. Kent Bowen, «Decoding the DNA of the Toyota Production System», *Harvard Business Review*, 77 (1999), pp. 96-108; James P. Womack y Daniel T. Jones, *Lean Thinking: Banish Waste and Create Wealth in Your Corporation*, Nueva York, Simon & Schuster, 2010 [hay trad. cast.: *Lean thinking*, Barcelona, Gestión 2000, 2012]; Stephen A. Ruffa, *Going Lean: How the Best Companies Apply Lean Manufacturing Principles to Shatter Uncertainty, Drive Innovation, and Maximize Profits*, Nueva York, American Management Association, 2008; Julian Page, *Implementing Lean Manufacturing Techniques: Making Your System Lean and Living with It*, Cincinnati, Hanser Gardner, 2004.

29. «What Is Agile Software Development?», Agile Alliance, 8 de junio de 2013, <http://www.agilealliance.org/the-alliance/what-is-agile>; Kent Beck *et al.*, «Manifesto for Agile Software Development», Agile Manifesto, 2001, <http://www.agilemanifesto.org>. [Hay trad. cast.: «Manifiesto por el desarrollo ágil de software», <http://www.agilemanifesto.org/iso/es>.]

30. Dave West *et al.*, «Agile Development: Mainstream Adoption Has Changed Agility», *Forrester Research*, 2 (2010), p. 41.

31. Ed Catmull y Amy Wallace, *Creativity, Inc.: Overcoming the Unseen Forces That Stand in the Way of True Inspiration*, Nueva York, Random House, 2014.

32. J. P. Womack y D. Miller, *Going Lean in Health Care*, Cambridge (MA), Institute for Healthcare Improvement, 2005.

33. Jeff Stein, «FBI Sentinel Project Is over Budget and Behind Schedule, Say IT Auditors», *The Washington Post*, 20 de octubre de 2010.

34. Este método de planificación se conoce a menudo como «planteamiento en cascada», porque es una metodología de diseño secuencial en la que el progreso «fluye» hacia abajo de la concepción a la puesta en marcha, el análisis, el diseño, la construcción, las pruebas, la producción/implementación y el mantenimiento. La esencia del planteamiento es la creencia de que cada etapa puede anticiparse y programarse.

35. En respuesta a un correo electrónico para verificar datos, Fulgham ampliaba así sus comentarios: «Yo designé al director de tecnología (Jeff Johnson) como ejecutivo responsable de la supervisión cotidiana. Contra-

tamos a un "facilitador ágil"* (Mark Crandall) para que actuara como *coach* y mentor (no como jefe de proyecto). Creamos un espacio de trabajo físico abierto en el sótano que permitiera la comunicación colaborativa entre los miembros del equipo. Asignamos a tres ciberagentes especiales como responsables del desarrollo de la interfaz, y el director, el subdirector y yo les autorizamos a recomendar todo tipo de mejoras de procesos y/o consolidaciones de formularios (para que no se limitaran a digitalizar procesos/formularios potencialmente obsoletos). Trabajé con los presidentes de las principales empresas proveedoras de los productos que iban a integrar Sentinel para obtener su apoyo y su personal más autorizado. El equipo adoptó (bajo la guía de Mark) la metodología ágil. Todas las partes interesadas del FBI se integraron en la parte empresarial del equipo de Sentinel para garantizar que se cubrieran sus necesidades. El equipo técnico realizaba sprints de dos semanas de duración con autonomía. Todas las noches teníamos compilaciones automatizadas.** Un equipo especializado de garantía de calidad se incorporó al equipo de desarrollo, y cada dos semanas yo celebraba una reunión para examinar un código plenamente funcional (no maquetas) y ratificaba personalmente el cumplimiento de los requisitos. Todas las partes involucradas, el Departamento de Justicia, el Inspector General del Departamento de Justicia, la Casa Blanca y otras agencias del gobierno interesadas, asistían a aquellas jornadas de demostración para observar nuestros progresos y nuestro proceso».

36. En respuesta a un correo electrónico para verificar datos, un portavoz del FBI escribía, con respecto a Sentinel: «Nosotros no predecimos el crimen. [Pero] Podemos identificar tendencias amenazadoras».

37. Jeff Sutherland, *Scrum: The Art of Doing Twice the Work in Half the Time*, Nueva York, Crown Business, 2014. [Hay trad. cast.: *Scrum: el nuevo y revolucionario modelo organizativo que cambiará tu vida*, Barcelona, Planeta, 2015.]

38. Robert S. Mueller III, «Statement Before the House Permanent Select Committee on Intelligence», Washington, 6 de octubre de 2011,

---

* En inglés *agile scrum master*, un término propio de la metodología de desarrollo ágil de software; véase su definición en <https://es.wikipedia.org/wiki/Scrum>. *(N. del T.)*

** Los términos «sprint» y «compilación automatizada» (*automated build*) son propios de la metodología de desarrollo ágil de software. *(N. del T.)*

<https://www.fbi.gov/news/testimony/the-state-of-intelligence-reform-10-years-after-911>.

6. TOMA DE DECISIONES

1. A lo largo de este capítulo haremos referencia a las fichas de juego por su valor teórico en dólares. Sin embargo, es importante señalar que en los torneos como este las fichas se acumulan únicamente para determinar a los ganadores; no se cambian por dinero en función de su valor nominal. Lejos de ello, el dinero del premio se paga en función del puesto que acaba ocupando cada jugador en la competición. Así, por ejemplo, una persona puede tener 200.000 dólares en fichas, quedar en quinto lugar en un torneo y ganar 300.000. En este torneo concreto, el premio era de dos millones de dólares y, casualmente, el total de fichas equivalía también a esa misma cantidad.

2. El Torneo de Campeones 2004 se describe aquí en un orden cronológico ligeramente distinto del real a fin de destacar los puntos más sobresalientes de cada mano. Pero, aparte de describir las manos de forma desordenada, no se ha cambiado ningún otro hecho. Por la información que me facilitaron sobre el Torneo de Campeones 2004, así como sobre el póquer en términos más generales, estoy en deuda con Annie Duke, Howard Lederer y Phil Hellmuth por su tiempo y su asesoramiento. Asimismo, la descripción de este capítulo se basa en: la versión grabada del torneo, proporcionada por ESPN; Annie Duke, con David Diamond, *How I Raised, Folded, Bluffed, Flirted, Cursed and Won Millions at the World Series of Poker*, Nueva York, Hudson Street Press, 2005; «Annie Duke: The Big Things You Don't Do», *The Moth Radio Hour*, 13 de septiembre de 2012, <http://themoth.org/posts /stories/the-big-things-you-dont-do>; «Annie Duke: A House Divided», *The Moth Radio Hour*, 20 de julio de 2011, <http://themoth.org/posts/stories/a-house-divided>; «Dealing with Doubt», *Radiolab*, temporada 11, episodio 4, <http://www.radiolab.org/story/278173-dealing-doubt>; Dina Cheney, «Flouting Convention, Part II: Annie Duke Finds Her Place at the Poker Table», *Columbia College Today*, julio de 2004, <http://www.college.columbia.edu/cct_archive/jul04/features4.php>; Ginia Bellafante, «Dealt a Bad Hand? Fold 'Em. Then Raise», *The New York Times*, 19 de enero de 2006; Chuck Darrow,

«Annie Duke, Flush with Success», *The Philadelphia Inquirer*, 8 de junio de 2010; Jamie Berger, «Annie Duke, Poker Pro», *Columbia Magazine*, 4 de marzo de 2013, <http://www.columbia.edu/cu/alumni/Magazine/Spring2002/Duke.html>; «Annie Duke Profile», *The Huffington Post*, 21 de febrero de 2013; Del Jones, «Know Yourself, Know Your Rival», *USA Today*, 20 de julio de 2009; Richard Deitsch, «Q&A with Annie Duke», *Sports Illustrated*, 26 de mayo de 2005; Mark Sauer, «Annie Duke Found Her Calling», *San Diego Union-Tribune*, 9 de octubre de 2005; George Sturgis Coffin, *Secrets of Winning Poker*, Wilshire, 1949; Richard D. Harroch y Lou Krieger, *Poker for Dummies*, Nueva York, Wiley, 2010 [hay trad. cast.: *Póquer para dummies*, Barcelona, Para Dummies, 2010]; David Sklansky, *The Theory of Poker*, Two Plus Two Publishers, 1999; Michael Bowling *et al.*, «Heads-Up Limit Hold'em Poker Is Solved», *Science*, 347, n.º 6.218 (2015), pp. 145-149; Darse Billings *et al.*, «The Challenge of Poker», *Artificial Intelligence*, 134, n.º 1 (2002), pp. 201-240; Kevin B. Korb, Ann E. Nicholson y Nathalie Jitnah, «Bayesian Poker», *Proceedings of the Fifteenth Conference on Uncertainty in Artificial Intelligence*, San Francisco, Morgan Kaufmann, 1999.

3. Gerald Hanks, «Poker Math and Probability», *Pokerology*, <http://www.pokerology.com/lessons/math-and-probability>.

4. Daniel Kahneman y Amos Tversky, «Prospect Theory: An Analysis of Decision Under Risk», *Econometrica: Journal of the Econometric Society*, 47, n.º 2 (1979), pp. 263-291.

5. Se calcula que el torneo atrajo aproximadamente a un millón y medio de telespectadores.

6. En una llamada telefónica para verificar datos de este capítulo, Annie explicó con más detalle lo que pensaba: «Si Greg tenía jotas o algo mejor, yo me hallaba en una mala situación. Estaba muy insegura con respecto a la mano que podía tener él, y me encontraba en una situación donde en realidad tenía que conseguir más certeza para mí misma. Necesitaba de verdad decidir si él tenía ases o reyes, y en ese caso no ir. Además, Greg Raymer, en aquel punto, era una incógnita; sin embargo, mi hermano y yo habíamos estado viendo vídeos de su juego, y habíamos visto algo que pensábamos que era una "señal", algo que él hacía físicamente cuando tenía una buena mano. Y yo le vi hacer esa cosa concreta, lo que me sugirió que tenía una buena mano. No es algo seguro, no sabes si una señal lo es al cien por cien, pero eso me ayudó a inclinarme a pensar que tenía una buena mano».

7. «Aggregative Contingent Estimation», Oficina del Director de Inteligencia Nacional (IARPA), 2014, web.

8. Por la información que me facilitaron sobre el Proyecto Buen Juicio (GJP), estoy en deuda con Barbara Mellers *et al.*, «Psychological Strategies for Winning a Geopolitical Forecasting Tournament», *Psychological Science*, 25, n.º 5 (2014), pp. 1.106-1.115; Daniel Kahneman, «How to Win at Forecasting: A Conversation with Philip Tetlock», *Edge*, 6 de diciembre de 2012, <https://edge.org/conversation/how-to-win-at-forecasting>; Michael D. Lee, Mark Steyvers y Brent Miller, «A Cognitive Model for Aggregating People's Rankings», *PloS One*, 9, n.º 5 (2014); Lyle Ungar *et al.*, «The Good Judgment Project: A Large Scale Test» (2012); Philip Tetlock, *Expert Political Judgment: How Good Is It? How Can We Know?*, Princeton (NJ), Princeton University Press, 2005; Jonathan Baron *et al.*, «Two Reasons to Make Aggregated Probability Forecasts More Extreme», *Decision Analysis*, 11, n.º 2 (2014), pp. 133-145; Philip E. Tetlock *et al.*, «Forecasting Tournaments Tools for Increasing Transparency and Improving the Quality of Debate», *Current Directions in Psychological Science*, 23, n.º 4 (2014), pp. 290-295; David Ignatius, «More Chatter than Needed», *The Washington Post*, 1 de noviembre de 2013; Alex Madrigal, «How to Get Better at Predicting the Future», *The Atlantic*, 11 de diciembre de 2012; Warnaar *et al.*, «Aggregative Contingent Estimation System»; Uriel Haran, Ilana Ritov y Barbara A. Mellers, «The Role of Actively Open-Minded Thinking in Information Acquisition, Accuracy, and Calibration», *Judgment and Decision Making*, 8, n.º 3 (2013), pp. 188-201; David Brooks, «Forecasting Fox», *The New York Times*, 21 de marzo de 2013; Philip Tetlock y Dan Gardner, *Seeing Further*, Nueva York, Random House, 2015.

9. En varios momentos durante el GJP fluctuó el número exacto de investigadores involucrados.

10. En respuesta a un correo electrónico para verificar datos, Barbara Mellers y Philip Tetlock, otros de los responsables del GJP, escribían: «En el primer año del torneo tuvimos dos tipos de entrenamiento: uno era el razonamiento probabilístico; el otro, un entrenamiento basado en escenarios. El razonamiento probabilístico funcionó un poco mejor, de modo que en los años posteriores implementamos solo este último. El entrenamiento se revisaba anualmente. Al evolucionar este, se creó una sección de razonamiento geopolítico y otra de razonamiento probabilístico... He aquí un apartado que describe el entrenamiento: construimos módulos

educativos sobre entrenamiento en razonamiento probabilístico y entrenamiento basado en escenarios que se servía de recomendaciones actualizadas. El entrenamiento basado en escenarios enseñaba a los pronosticadores a generar nuevos futuros, considerar activamente más posibilidades, utilizar diagramas de árbol y evitas sesgos tales como la predicción excesiva de cambios, la creación de escenarios incoherentes o la asignación de probabilidades a resultados mutuamente excluyentes y exhaustivos mayores de 1,0. El entrenamiento probabilístico guiaba a los pronosticadores a considerar clases de referencia, calcular medias de múltiples estimaciones a partir de modelos existentes, sondeos y grupos de expertos, hacer extrapolaciones en el tiempo cuando las variables eran continuas y evitar trampas de juicio como el exceso de confianza, el sesgo de confirmación y el descuido de la tasa base. Cada módulo de entrenamiento era interactivo, con preguntas y respuestas para comprobar lo que comprendía del participante».

11. En respuesta a un correo electrónico para verificar datos, Don Moore escribía: «Como media, los que habían realizado el entrenamiento lo hacían mejor. Pero no todos los que habían sido entrenados lo hacían mejor que todas las personas que no lo habían sido».

12. Brooks, «Forecasting Fox», *op. cit.*

13. En respuesta a un correo electrónico para verificar datos, escribía Don Moore: «Lo que hace buenos a nuestros pronosticadores no es solo su mayor nivel de exactitud, sino su bien calibrada humildad. No están más seguros de sí mismos de lo que merecen. Lo ideal es saber cuándo has pronosticado el futuro con exactitud y cuándo no».

14. En un correo electrónico, Howard Lederer, dos veces campeón de la Serie Mundial de Póquer, explicaba los matices añadidos requeridos para analizar esta mano: «La mano que usted utiliza como ejemplo es MUCHO más complicada de lo que parece». Dado lo que sabemos —decía Lederer— en realidad hay más de un 20 por ciento de posibilidades de ganar. «He aquí por qué. Si SABES que tu oponente tiene un as o un rey, entonces conoces siete cartas: tus dos [cartas], una carta de tu oponente y las cuatro [cartas comunes] de la mesa. Eso significa que hay 45 cartas desconocidas (no tienes ninguna información sobre la otra carta de tu oponente), lo que implicaría que tienes nueve corazones con los que ganas y 36 no corazones con los que pierdes. Las probabilidades serían de 4 a 1, o 1 de cada 5. El porcentaje es el 20 por ciento. Mientras no pongas más

del 20 por ciento del dinero en el bote, está bien igualar la apuesta. Aquí es donde podrías preguntarte: si tengo solo un 20 por ciento [de posibilidades] de ganar contra un as o un rey, entonces ¿cómo puedo mejorar eso [el 20 por ciento] para ganar? ¡Tu oponente podría no tener un as o un rey! Podría tener un proyecto de color de picas sin el as o el rey, o podría tener un proyecto de escalera con un 5-6.* Podría tener un proyecto inferior de corazones. ¡Eso sería estupendo para ti! También hay una posibilidad de que tenga solo basura e intente ir de farol sin nada. En general, yo calcularía las posibilidades de que tu oponente tenga uno de esos proyectos o vaya de farol en alrededor de un 30 por ciento (teniendo en cuenta cuántas de esas posibilidades hay). Hagamos, pues, un poco de matemáticas probabilísticas: el 70 por ciento del tiempo él tiene un as o un rey, y tú ganas el 20 por ciento de las veces. El 25 por ciento del tiempo él tiene un proyecto y tú ganas alrededor del 82 por ciento de esas manos (estoy combinando varias probabilidades posibles dado el abanico de cartas que puede tener si tiene proyectos). Y el 5 por ciento del tiempo él va de farol total, y cuando él tiene basura tú ganas el 89 por ciento de las veces. Tus posibilidades totales de ganar son: $(0,7 \times 0,2) + (0,25 \times 0,82) + (0,05 \times 0,89) = $ ¡el 39 por ciento! Este es un sencillo cálculo de "valor esperado". Puede verse que la parte del cálculo de 0,7, 0,25 y 0,05 suma 1, lo que significa que hemos cubierto todas sus posibles manos y les hemos asignado probabilidades. Y hacemos la mejor previsión posible con respecto a nuestras posibilidades contra cada mano. En la mesa no tienes tiempo de calcular todas esas matemáticas, pero puedes sentir las probabilidades "en las tripas" e igualar fácilmente. Otro comentario: si se te escapa el color y tu oponente apuesta, deberías considerar seriamente la posibilidad de igualar de todos modos. Tendrás bastante más de 10-1, y las posibilidades de que él vaya de farol probablemente son mayores que eso. Esto es solo una sencilla muestra de la complejidad del póquer».

15. Para saber más sobre el cálculo de probabilidades en el póquer, véase Pat Dittmar, *Practical Poker Math: Basic Odds and Probabilities for Hold'em and Omaha*, Toronto, ECW Press, 2008; «Poker Odds for Dummies», CardsChat, <https://www.cardschat.com/odds-for-dummies.php>;

---

* Proyecto de color y proyecto de escalera: en el primer caso, cuatro cartas no consecutivas del mismo palo que permitirían tener color si se recibe también una quinta; en el segundo, cuatro cartas consecutivas de distintos palos. (*N. del T.*)

Kyle Siler, «Social and Psychological Challenges of Poker», *Journal of Gambling Studies*, 26, n.º 3 (2010), pp. 401-420.

16. En respuesta a un correo electrónico para verificar datos, escribía Howard Lederer: «Es más complejo que eso. Los jugadores aficionados cometen muchas clases distintas de errores. Algunos juegan demasiado sueltos. Ansían la incertidumbre y prefieren la acción a la prudencia. Otros son demasiado conservadores, prefieren una pequeña pérdida en una mano antes que arriesgarse a ganar, pero también a sufrir una pérdida importante. Tu trabajo como profesional del póquer consiste simplemente en jugar lo mejor posible en cada mano. A largo plazo, la superioridad de tus decisiones vencerá a las malas decisiones de tu oponente, sean las que sean. El valor social del póquer es que es un gran campo de entrenamiento para aprender a tomar decisiones coherentes en condiciones de incertidumbre. Cuando le coges el tranquillo a jugar al póquer, desarrollas las habilidades necesarias para tomar decisiones probabilísticas en la vida».

17. Aunque no tenga que ver con los hechos descritos en este capítulo, en aras de la transparencia hay que mencionar que Lederer fue fundador y miembro directivo de Tiltware, LLC, la empresa que estaba detrás de Full Tilt Poker, un popular sitio web acusado de fraude bancario y juego ilegal por el Departamento de Justicia estadounidense. En 2012, Lederer presentó una demanda civil contra el Departamento de Justicia en relación con Full Tilt Poker. No admitió ningún delito, pero aceptó pagar una multa de más de 2,5 millones de dólares.

18. Técnicamente, Howard tenía un 81,5 de posibilidades de ganar; sin embargo, dado que resulta difícil ganar media mano de póquer, la cifra se ha redondeado al 82 por ciento.

19. En respuesta a un correo electrónico para verificar datos, Howard Lederer escribía: «Yo diría que en una situación de tres jugadores [una pareja de sietes] está cerca del 90 por ciento de ser mejor antes del *flop*.* En esta mano estoy de acuerdo en que cualquiera habría jugado su mano del mismo modo que yo la mía: ir con todo antes del *flop*. Una vez hubimos puesto todo el dinero, yo no era un poco favorito, sino un gran favorito. Este [es] un rasgo único del Hold'em. Si tienes una mano ligeramente

---

* El *flop* es la primera ronda de reparto de las cartas comunes, descubiertas, en la que se reparten tres cartas; luego se reparte una cuarta (*turn*), y luego una quinta (*river*). (*N. del T.*)

mejor que tu oponente, a menudo pasas a ser un gran favorito. 7-7 tiene aproximadamente un 81 por ciento [de posibilidades] de ganar a 6-6».

20. En respuesta a un correo electrónico para verificar datos, Howard Lederer escribía: «No es fácil elegir una profesión donde pierdes más a menudo de lo que ganas. Uno tiene que centrarse en el largo plazo, y comprender que si te ofrecen 10-1, en suficientes apuestas 5-1, saldrás adelante, comprendiendo también a la vez que perderás 5 de cada 6 veces».

21. Tenenbaum, en respuesta a un correo electrónico para verificar datos, describía así su investigación: «A menudo partimos de lo que parece una brecha entre humanos y ordenadores, donde los humanos superan a los ordenadores estándar con intuiciones que puede que no parezcan cómputos... Pero luego tratamos de salvar esa brecha, comprendiendo cómo las intuiciones humanas en realidad tienen una sutil base computacional, que, entonces, puede engranarse en una máquina a fin de hacer la máquina más inteligente de formas más similares a los humanos».

22. Joshua B. Tenenbaum *et al.*, «How to Grow a Mind: Statistics, Structure, and Abstraction», *Science*, 331, n.º 6.022 (2011), pp. 1.279-1.285.

23. *Ibid.*

24. En respuesta a un correo electrónico para verificar datos, Tenenbaum explicaba que muchos de los ejemplos que utilizaron eran bastante complejos y que «las razones de que las funciones de predicción tengan esas formas son la combinación de 1) los previos, más 2) cierto supuesto acerca de cuándo es probable que pueda muestrearse un acontecimiento (la "probabilidad"), 3) la actualización bayesiana de los previos a los posteriores y 4) el uso del percentil 50 del posterior como base de predicción. Lo que es correcto en lo[s] [datos] que usted tiene es que en nuestro modelo simple solo (1) varía entre los diferentes dominios —entre películas, diputados, esperanza de vida, etcétera—, mientras que (2-4) son iguales para todas las tareas. Pero [es] por esos procesos causales (que varían entre los diferentes dominios), junto con el resto de los cómputos estadísticos (que son iguales en todos los dominios), por lo que las funciones de predicción tienen la forma que tienen». Es importante señalar que los gráficos reproducidos en este texto no representan resultados empíricos exactos, sino más bien pautas de predicciones: las estimaciones que representan el percentil 50 de acertar o equivocarse.

25. Estos son resúmenes de las preguntas planteadas. La redacción exacta de cada pregunta era: «Imagine que oye hablar de una película que

ha recaudado 60 millones de dólares de taquilla, pero no sabe cuánto tiempo lleva en pantalla. ¿Cuál sería su predicción para la recaudación total por ingresos de taquilla de esa película?»; «Las compañías de seguros emplean a actuarios para que hagan predicciones sobre la esperanza de vida de las personas —la edad a la que morirán— basándose en la información demográfica. Si evaluara usted una propuesta de seguro para un hombre de treinta y nueve años, ¿qué esperanza de vida prediciría?»; «Imagine que está en la cocina de alguien y observa que hay un pastel en el horno. El temporizador muestra que lleva horneándose catorce minutos. ¿Qué predicción haría con respecto al tiempo total que tiene que cocer en el horno?»; «Si se entera de que un miembro de la Cámara de Representantes lleva once años en ejercicio, ¿cuál prediciría que sería su tiempo total de permanencia en dicha cámara?».

26. En respuesta a un correo electrónico para verificar datos, Tenenbaum escribía que «la forma más natural de hacer esa clase de predicciones en ordenadores es ejecutar algoritmos que de hecho implementan la lógica de la Regla de Bayes. Normalmente los ordenadores no "utilizan" de manera explícita la Regla de Bayes, puesto que los cálculos directos de esta última suelen ser muy arduos de realizar excepto en casos sencillos. En cambio, los programadores introducen en los ordenadores algoritmos de predicción cuyas predicciones se procura que sean aproximadamente coherentes con la Regla de Bayes en una amplia gama de casos, incluidos estos».

27. Sheldon M. Ross, *Introduction to Probability and Statistics for Engineers and Scientists*, San Diego, Academic Press, 2004.

28. Normalmente la «tasa base» hace referencia a una pregunta de tipo «sí o no». En el experimento de Tenenbaum se pidió a los participantes que realizaran predicciones numéricas, en lugar de responder a una pregunta binaria, de modo que resulta más exacto referirse a este supuesto como una «distribución previa».

29. En respuesta a un correo electrónico para verificar datos, Tenenbaum escribía que «no queda claro a partir de nuestro trabajo que las predicciones de cierta clase de acontecimientos mejoren progresivamente con una mayor experiencia de acontecimientos de ese tipo. Puede que a veces lo hagan y a veces no. Y esa no es la única forma de adquirir un previo. Como muestra el ejemplo de los faraones, y otros proyectos nuestros y de otros investigadores, las personas quizá adquieran previos de

varias formas aparte de la experiencia directa de cierta clase de acontecimientos, incluido que les expliquen cosas, comparar con otras clases de acontecimientos, formar analogías, etcétera».

30. Eugene Kim, «Why Silicon Valley's Elites Are Obsessed with Poker», *Business Insider*, 22 de noviembre de 2014, <http://www.busines­sinsider.com/best-poker-players-in-silicon-valley-2014-11>.

31. En respuesta a un correo electrónico para verificar datos, escribía Hellmuth: «Annie es una gran jugadora de póquer y ha resistido la prueba del tiempo. Yo la respeto, y respeto cómo juega al Hold'em».

32. En respuesta a un correo electrónico para verificar datos, Hellmuth escribía: «Creo que ella intentaba influir en mí (ponerme sensible y contrariarme) mostrando un nueve en aquella situación. Muchos jugadores se habrían jugado el todo por el todo con mi mano (pareja mayor)* con una carta de *turn* "segura", pero yo me he ganado la vida desviándome de la norma y confiando en mis instintos (mi magia blanca, mi capacidad de lectura). Confié en ello y pasé».

33. En respuesta a un correo electrónico para verificar datos, Hellmuth escribía: «Con las fichas que tenía en aquel momento, tenía que ir con todo con 10-8 en aquel *flop* (tenía pareja mayor y había posibles proyectos de color y proyectos de escalera). Totalmente estándar. Si trata usted de insinuar que puse el dinero porque estaba emocionalmente influido, se equivoca. No podía hacer otra cosa».

34. En respuesta a un correo electrónico para verificar datos, Hellmuth afirmaba que él y Annie habían llegado a un acuerdo cuando en el torneo quedaron ellos dos por el que se comprometían a garantizarse mutuamente 750.000 dólares independientemente de quién fuera el ganador y a jugar por los últimos 500.000. Annie Duke confirmó tal acuerdo.

7. Innovación

1. Comprendí la evolución de *Frozen* gracias a Ed Catmull, Jennifer Lee, Andrew Millstein, Peter Del Vecho, Kristen Anderson-Lopez, Bobby Lopez, Amy Wallace y Amy Astley, así como a otros empleados de Disney,

---

* Pareja formada con una de las cartas del jugador y la mayor de las cartas comunes. *(N. del T.)*

algunos de los cuales deseaban permanecer en el anonimato, y todos fueron generosos con su tiempo. Asimismo, consulté Charles Solomon, *The Art of Frozen*, San Francisco, Chronicle Books, 2015; John August, «Frozen with Jennifer Lee», *Scriptnotes*, 28 de enero de 2014, <http://johnaugust.com/2014/frozen-with-jennifer-lee>; Nicole Laporte, «How *Frozen* Director Jennifer Lee Reinvented the Story of the Snow Queen», *Fast Company*, 28 de febrero de 2014; Lucinda Everett, «Frozen: Inside Disney's Billion-Dollar Social Media Hit», *The Telegraph*, 31 de marzo de 2014; Jennifer Lee, «*Frozen,* Final Shooting Draft», Walt Disney Animation Studios, 23 de septiembre de 2013, <http://gointothestory.blcklst.com/wp-content/uploads/2014/11/Frozen.pdf>; «*Frozen*: Songwriters Kristen Anderson-Lopez and Robert Lopez Official Movie Interview», YouTube, 31 de octubre de 2013, <https://www.youtube.com /watch?v=mzZ77n4A-b5E>; Susan Wloszczyna, «With *Frozen*, Director Jennifer Lee Breaks Ice for Women Directors», *Indiewire*, 26 de noviembre de 2013, <http:// blogs.indiewire.com/womenandhollywood/with-frozen-director-jennifer-lee-breaks-the-ice-for-women-directors>; Jim Hill, «Countdown to Disney *Frozen*: How One Simple Suggestion Broke the Ice on the Snow Queen's Decades-Long Story Problems», *Jim Hill Media*, 18 de octubre de 2013, <http://jimhillmedia.com/editor_in_chief1/b/jim_hill/archive/2013/10/18/countdown-to-disney-quot-frozen-quot-how-one-simple-suggestion-broke-the-ice-on-the-quot-snow-queen-quot-s-ecades-long-story-problems.aspx>; Brendon Connelly, «Inside the Research, Design, and Animation of Walt Disney's *Frozen* with Producer Peter Del Vecho», *Bleeding Cool*, 25 de septiembre de 2013, <http://www.bleedingcool.com/2013/09/25/inside-the-research-design-and-animation-of-walt-disneys-frozen-with-producer-peter-del-vecho/>; Ed Catmull y Amy Wallace, *Creativity, Inc.: Overcoming the Unseen Forces That Stand in the Way of True Inspiration*, Nueva York, Random House, 2014; Mike P. Williams, «Chris Buck Reveals True Inspiration Behind Disney's *Frozen* (Exclusive)», Yahoo! Movies, 8 de abril de 2014; Williams College, «Exploring the Songs of *Frozen* with Kristen Anderson-Lopez '94», YouTube, 30 de junio de 2014, <https://www .youtube.com/watch?v=ftddAzabQMM>; Dan Sarto, «Directors Chris Buck and Jennifer Lee Talk *Frozen*», Animation World Network, 7 de noviembre de 2013; Jennifer Lee, «Oscars 2014: *Frozen's* Jennifer Lee on Being a Female Director», *Los Angeles Times*, 1 de marzo de 2014; Rob Lowman, «Unfreezing *Frozen*: The Making of the Newest

Fairy Tale in 3D by Disney», *Los Angeles Daily News*, 19 de noviembre de 2013; Jill Stewart, «Jennifer Lee: Disney's New Animation Queen», *LA Weekly*, 15 de mayo de 2013; Simon Brew, «A Spoiler-Y, Slightly Nerdy Interview About Disney's *Frozen*», *Den of Geek!*, 12 de diciembre de 2013, <http://www.denofgeek.com/movies/frozen/28567/a-spoiler-y-nerdy-interview-about-disneys-frozen>; Sean Flynn, «Is It Her Time to Shine?», *The Newport Daily News*, 17 de febrero de 2014; Mark Harrison, «Chris Buck and Jennifer Lee Interview: On Making *Frozen*», *Den of Geek!*, 6 de diciembre de 2013, <http://www.denofgeek.com/movies/frozen/28495/chris-buck-and-jennifer-lee-interview-on-making-frozen>; Mike Fleming, «Jennifer Lee to Co-Direct Disney Animated Film *Frozen*», *Deadline Hollywood*, 29 de noviembre de 2012; Rebecca Keegan, «Disney Is Reanimated with *Frozen, Big Hero 6*», *Los Angeles Times*, 9 de mayo de 2013; Lindsay Miller, «On the Job with Jennifer Lee, Director of *Frozen*», *Popsugar*, 28 de febrero de 2014, <http://www.popsugar.com/celebrity/Frozen-Director-Jennifer-Lee-Interview-Women-Film-33515997>; Trevor Hogg, «Snowed Under: Chris Buck Talks About Frozen», *Flickering Myth*, 26 de marzo de 2014, <http://www.flickeringmyth.com/2014/03/snowed-under-chris-buck-talks-about.html>; Jim Hill, «Countdown to Disney *Frozen*: The Flaky Design Idea Behind the Look of Elsa's Ice Palace», *Jim Hill Media*, 9 de octubre de 2013, <http://jimhillmedia.com/editor_in_chief1/b/jim_hill/archive/2013/10/09/countdown-to-disney-quot-frozen-quot-the-flaky-design-idea-behind-the-look-of-elsa-s-ice-palace.aspx>; Rebecca Keegan, «Husband-Wife Songwriting Team's Emotions Flow in *Frozen*», *Los Angeles Times*, 1 de noviembre de 2013; Heather Wood Rudulph, «Get That Life: How I Co-Wrote the Music and Lyrics for *Frozen*», *Cosmopolitan*, 27 de abril de 2015; Simon Brew, «Jennifer Lee and Chris Buck Interview: *Frozen*, Statham, *Frozen 2*», *Den of Geek!*, 4 de abril de 2014, <http://www.denofgeek.com/movies/frozen/29346/jennifer-lee-chris-buck-interview-frozen-statham-frozen-2>; Carolyn Giardina, «Oscar: With *Frozen*, Disney Invents a New Princess», *The Hollywood Reporter*, 27 de noviembre de 2013; Steve Persall, «Review: Disney's *Frozen* Has a Few Cracks in the Ice», *Tampa Bay Times*, 26 de noviembre de 2013; Kate Muir, «Jennifer Lee on Her Disney Hit *Frozen*: We Wanted the Princess to Kick Ass», *The Times*, 12 de diciembre de 2013; «Out of the Cold», *The Mail on Sunday*, 29 de diciembre de 2013; Kathryn Shattuck, «*Frozen* Directors Take Divide-and-Conquer Approach», *The New York Times*, 16 de enero de 2014; Ma'ayan Rosenzweig y Greg Atria, «The Story of *Frozen*: Making a Disney Animated Classic», *ABC News Special Report*, 2 de septiembre de 2014, <http://abcnews.go.com/Entertainment/fullpage/story-frozen-making-disney-animated-classic-movie-25150046>; Amy Edmondson *et al.*, «Case Study: Teaming at Disney Animation», *Harvard Business Review*, 27 de agosto de 2014.

2. En respuesta a un correo electrónico para verificar datos, Andrew Millstein, presidente de Disney Animation Studios, escribía: «Este es el tipo de comentarios que alimentan nuestro proceso creativo y fomentan el avance de todas nuestras películas durante la producción. Los responsables de cualquier película a menudo están demasiado cerca de sus proyectos y pierden objetividad. Nuestro trust de historias funciona como un público sumamente crítico y preparado que puede señalar defectos en la narración y, lo que es más importante, ofrecer posibles soluciones [...] Estás describiendo un proceso de experimentación, exploración y descubrimiento, componentes clave de todas nuestras películas. La cuestión no es si ocurrirá, sino en qué medida. Es un elemento constante de nuestro proceso y la expectativa [de] todo equipo de rodaje. Es lo que contribuye al alto nivel de calidad que se marcan nuestras películas».

3. En respuesta a un correo electrónico para verificar datos, Bobby Lopez dejaba claro que Kristen le aconsejó cuando escribió *Avenue Q* y *Book of Mormon*, pero no apareció en los créditos de dichos musicales.

4. En respuesta a un correo electrónico para verificar datos, un portavoz de Walt Disney Animation Studios escribía que el estudio quería poner de relieve «lo típico que es este proceso para todas las películas de Disney Animation desde que John [Lasseter] y Ed [Catmull] se han convertido en nuestros jefes: el proceso de cribado, las sesiones de comentarios, el desglose y montaje de la película. Esto es típico, no atípico».

5. En respuesta a un correo electrónico para verificar datos, Ed Catmull, presidente de Disney Animation, escribía que las diversas anécdotas de este capítulo son «puntos de vista de varias instantáneas durante el desarrollo de la película [...] En realidad, podríamos sustituir diferentes palabras y describiría bastante bien cómo se crea cada película por medio de búsquedas y cambios. Merece la pena insistir en esto para que la gente no se lleve la impresión de que *Frozen* fue diferente en ese sentido».

6. En respuesta a un correo electrónico para verificar datos, Millstein escribía: «La creatividad requiere tiempo, espacio y respaldo para explorar

múltiples ideas de forma simultánea. Nuestros líderes creativos deben sentirse seguros de sí mismos y confiar en los demás para experimentar, fracasar y volver a intentarlo hasta que las respuestas a las preguntas de la historia y los problemas mejoren y estén más refinados. También deben centrarse siempre en encontrar las mejores soluciones a problemas difíciles y escabrosos y nunca conformarse con soluciones que no resulten óptimas por cuestiones de tiempo. Nuestros equipos creativos deben confiar en que la directiva cree en este proceso y lo respalda».

7. Véase Amanda Vaill, *Somewhere: The Life of Jerome Robbins*, Nueva York, Broadway Books, 2008; «Q&A with Producer Director Judy Kinberg, "Jerome Robbins: Something to Dance About"», dirigido por Judy Kinberg, *American Masters*, PBS, 28 de enero de 2009, <http://www.pbs.org/wnet/americanmasters/jerome-robbins-q-a-with-producerdirector-judy-kinberg/1100/>; Sanjay Roy, «Step-by-Step Guide to Dance: Jerome Robbins», *The Guardian*, 7 de julio de 2009; Sarah Fishko, «The Real Life Drama Behind *West Side Story*», NPR, 7 de enero de 2009, <http://www.npr.org/2011/02/24/97274711/the-real-life-drama-behind-west-side-story>; Jeff Lundun y Scott Simon, «Part One: Making a New Kind of Musical», NPR, 26 de septiembre de 2007, <http://www.npr.org/templates/story/story.php?storyId=14730899>; Jeff Lundun y Scott Simon, «Part Two: Casting Calls and Out of Town Trials», NPR, 26 de septiembre de 2007, <http://www.npr.org/templates/story/story.php?storyId=14744266>; Jeff Lundun y Scott Simon, «Part Three: Broadway to Hollywood—and Beyond», NPR, 26 de septiembre de 2007, <http://www.npr.org/templates/story/story.php?storyId=14749729>; «*West Side Story* Film Still Pretty, and Witty, at 50», NPR, 17 de octubre de 2011, <http://www.npr.org/2011/10/17/141427333/west-side-story-still-pretty-and-witty-at-50>; Jesse Green, «When You're a Shark You're a Shark All the Way», *New York Magazine*, 15 de marzo de 2009; Larry Stempel, «The Musical Play Expands», *American Music*, 10, n.º 2 (1992), pp. 136-169; Beth Genné, «"Freedom Incarnate": Jerome Robbins, Gene Kelly, and the Dancing Sailors as an Icon of American Values in World War II», *Dance Chronicle*, 24, n.º 1 (2001), pp. 83-103; Bill Fischer y Andy Boynton, «Virtuoso Teams», *Harvard Business Review*, 1 de julio de 2005; Otis L. Guernsey, ed., *Broadway Song and Story: Playwrights/Lyricists/Composers Discuss Their Hits*, Nueva York, Dodd Mead, 1985; Larry Stempel, *Showtime: A History of the Broadway Musical Theater*, Nueva York, W. W.

Norton, 2010; Robert Emmet Long, «*West Side Story*», en *Broadway, the Golden Years: Jerome Robbins and the Great Choreographer-Directors: 1940 to the Present*, Nueva York, Continuum, 2001; Leonard Bernstein, «A West Side Log» (1982); Terri Roberts, «*West Side Story*: "We Were All Very Young"», *The Sondheim Review* 9, n.º 3 (invierno de 2003); Steven Suskin, *Opening Night on Broadway: A Critical Quotebook of the Golden Era of the Musical Theatre, Oklahoma! (1943) to Fiddler on the Roof (1964)*, Nueva York, Schirmer Trade Books, 1990; Amanda Vaill, «Jerome Robbins—About the Artist», *American Masters*, PBS, 27 de enero de 2009, <http://www.pbs.org/wnet/americanmasters/jerome-robbins-about-the-artist/1099/>.

8. Hay casos atípicos en esta fórmula musical, el más destacado *Oklahoma!*, donde el baile servía para expresar la trama y los pasajes más emocionales.

9. Véase Tim Carter, «Leonard Bernstein: *West Side Story*. By Nigel Simeone», *Music and Letters*, 92, n.º 3 (2011), pp. 508-510.

10. *West Side Story* tuvo varios títulos hasta que se eligió el definitivo.

11. Los extractos de las cartas provienen de la Colección Leonard Bernstein de la Biblioteca del Congreso, así como de documentos proporcionados por varios autores y por el sistema de Bibliotecas Públicas de Nueva York.

12. Esto fue escrito por Leonard Bernstein y citado en *The Leonard Bernstein Letters*, New Haven (Conn.), Yale University Press, 2013.

13. Jerome Robbins, citado en *The Leonard Bernstein Letters*, New Haven (Conn.), Yale University Press, 2013.

14. Véase Vaill, *Somewhere, op. cit.*

15. *Ibid.*

16. Véase Deborah Jowitt, *Jerome Robbins: His Life, His Theater, His Dance*, Nueva York, Simon & Schuster, 2004.

17. Véase Brian Uzzi *et al.*, «Atypical Combinations and Scientific Impact», *Science*, 342, n.º 25 (2013), pp. 468-472.

18. Para más información sobre el trabajo de Uzzi y Jones, véase Stefan Wuchty, Benjamin F. Jones y Brian Uzzi, «The Increasing Dominance of Teams in Production of Knowledge», *Science*, 316, n.º 5.827 (2007), pp. 1.036-1.039; Benjamin F. Jones, Stefan Wuchty y Brian Uzzi, «Multi-University Research Teams: Shifting Impact, Geography, and Stratification in Science», *Science*, 322, n.º 5.905 (2008), pp. 1.259-1.262; Holly J. Falk-

Krzesinski *et al.*, «Advancing the Science of Team Science», *Clinical and Translational Science*, 3, n.º 5 (2010), pp. 263-266; Ginger Zhe Jin *et al.*, *The Reverse Matthew Effect: Catastrophe and Consequence in Scientific Teams* (documento de trabajo 19.489, National Bureau of Economic Research, 2013); Brian Uzzi y Jarrett Spiro, «Do Small Worlds Make Big Differences? Artist Networks and the Success of Broadway Musicals, 1945-1989» (manuscrito inédito, Evanston, Ill., 2003); Brian Uzzi y Jarrett Spiro, «Collaboration and Creativity: The Small World Problem», *American Journal of Sociology*, 111, n.º 2 (2005), pp. 447-504; Brian Uzzi, «A Social Network's Changing Statistical Properties and the Quality of Human Innovation», *Journal of Physics A: Mathematical and Theoretical*, 41, n.º 22 (2008); Brian Uzzi, Luis A. N. Amaral y Felix Reed-Tsochas, «Small-World Networks and Management Science Research: A Review», *European Management Review*, 4, n.º 2 (2007), pp. 77-91.

19. En respuesta a un correo electrónico para verificar datos, Uzzi escribía: «El otro aspecto es que los equipos tienen más posibilidades de alcanzar ese punto óptimo de creatividad. Son más proclives que los individuos a aunar combinaciones atípicas de fuentes anteriores. Además, un artículo con la mezcla adecuada de ideas convencionales y atípicas creado por un equipo es mejor que el de un único autor con las mismas ideas convencionales y atípicas. Eso significa que los equipos son mejores que los individuos a la hora de buscar y obtener reflexiones a partir de combinaciones atípicas».

20. Véase Amos Tversky y Daniel Kahneman, «Availability: A Heuristic for Judging Frequency and Probability», *Cognitive Psychology*, 5, n.º 2 (1973), pp. 207-232; Daniel Kahneman y Amos Tversky, «Prospect Theory: An Analysis of Decision Under Risk», *Econometrica: Journal of the Econometric Society*, 47, n.º 2 (1979), pp. 263-291; Amos Tversky y Daniel Kahneman, «Judgment Under Uncertainty: Heuristics and Biases», *Science*, 185, n.º 4.157 (1974), pp. 1.124-1.131; Amos Tversky y Daniel Kahneman, «The Framing of Decisions and the Psychology of Choice», *Science*, 211, n.º 4.481 (1981), pp. 453-458; Daniel Kahneman y Amos Tversky, «Choices, Values, and Frames», *American Psychologist*, 39, n.º 4 (1984), p. 341; Daniel Kahneman, *Thinking, Fast and Slow*, Nueva York, Farrar, Straus and Giroux, 2011; Daniel Kahneman y Amos Tversky, «On the Psychology of Prediction», *Psychological Review*, 80, n.º 4 (1973), p. 237.

21. Véase Qiong Wang *et al.*, «Naive Bayesian Classifier for Rapid Assignment of rRNA Sequences into the New Bacterial Taxonomy», *Applied and Environmental Microbiology*, 73, n.º 16 (2007), pp. 5.261-5.267; Jun S. Liu, «The Collapsed Gibbs Sampler in Bayesian Computations with Applications to a Gene Regulation Problem», *Journal of the American Statistical Association*, 89, n.º 427 (1994), pp. 958-966.

22. Véase Andrew Hargadon y Robert I. Sutton, «Technology Brokering and Innovation in a Product Development Firm», *Administrative Science Quarterly*, 42, n.º 4 (1997), pp. 716-749.

23. Véase René Carmona *et al.*, *Numerical Methods in Finance: Bordeaux, June 2010*, Springer Proceedings in Mathematics, vol. 12, Berlín, Springer Berlin Heidelberg, 2012; René Carmona *et al.*, «An Introduction to Particle Methods with Financial Application», *Numerical Methods in Finance*, *op. cit.*, pp. 3-49; Pierre Del Moral, *Mean Field Simulation for Monte Carlo Integration*, Boca Ratón (Fla.), CRC Press, 2013; Roger Eckhardt, «Stan Ulam, John von Neumann, and the Monte Carlo Method», *Los Alamos Science*, número especial (1987), pp. 131-137.

24. Véase Andrew Hargadon y Robert I. Sutton, «Technology Brokering and Innovation in a Product Development Firm», *Administrative Science Quarterly*, 42, n.º 4 (1997), pp. 716-749; Roger P. Brown, «Polymers in Sport and Leisure», *Rapra Review Reports*, 12, n.º 3 (2 de noviembre de 2001); Melissa Larson, «From Bombers to Bikes», *Quality*, 37, n.º 9 (1998), p. 30.

25. Véase Benjamin Spock, *The Common Sense Book of Baby and Child Care*, Nueva York, Pocket Books, 1946.

26. Véase Ronald S. Burt, «Structural Holes and Good Ideas», *American Journal of Sociology*, 110, n.º 2 (2004), pp. 349-399.

27. En respuesta a un correo electrónico para verificar datos, Burt escribía: «Los directivos dieron su mejor idea para potenciar el valor de su función en la empresa. Los dos directivos veteranos evaluaron cada idea (que no llevaba identificación personal). La evaluación del resumen de cada idea se predijo fundamentalmente por el grado en que la persona que exponía la idea tenía una red que superara los límites (agujeros estructurales) entre los grupos de contactos, funciones y departamentos de la empresa».

28. Para más información sobre el concepto de mediación, véase Ronald S. Burt, *Structural Holes: The Social Structure of Competition*, Cambridge (Mass.), Harvard University Press, 2009; Ronald S. Burt, «The

Contingent Value of Social Capital», *Administrative Science Quarterly*, 42, n.º 2 (1997), pp. 339-365; Ronald S. Burt, «The Network Structure of Social Capital», en B. M. Staw y R. I. Sutton, *Research in Organizational Behavior*, vol. 22, Nueva York, Elsevier Science JAI (2000), pp. 345-423; Ronald S. Burt, *Brokerage and Closure: An Introduction to Social Capital*, Nueva York, Oxford University Press, 2005; Ronald S. Burt, «The Social Structure of Competition», *Explorations in Economic Sociology*, 65 (1993), p. 103; Lee Fleming, Santiago Mingo y David Chen, «Collaborative Brokerage, Generative Creativity, and Creative Success», *Administrative Science Quarterly*, 52, n.º 3 (2007), pp. 443-475; Satu Parjanen, Vesa Harmaakorpi y Tapani Frantsi, «Collective Creativity and Brokerage Functions in Heavily Cross-Disciplined Innovation Processes», *Interdisciplinary Journal of Information, Knowledge, and Management*, 5, n.º 1 (2010), pp. 1-21; Thomas Heinze y Gerrit Bauer, «Characterizing Creative Scientists in Nano-S&T: Productivity, Multidisciplinarity, and Network Brokerage in a Longitudinal Perspective», *Scientometrics*, 70, n.º 3 (2007), pp. 811-830; Markus Baer, «The Strength-of-Weak-Ties Perspective on Creativity: A Comprehensive Examination and Extension», *Journal of Applied Psychology*, 95, n.º 3 (2010), p. 592; Ajay Mehra, Martin Kilduff y Daniel J. Brass, «The Social Networks of High and Low Self-Monitors: Implications for Workplace Performance», *Administrative Science Quarterly*, 46, n.º 1 (2001), pp. 121-146.

29. Estoy en deuda con la Biblioteca Pública de Nueva York por facilitarme un primer borrador del guión de *West Side Story*. Este es el guión abreviado, para hacer más sencilla su representación.

30. Este texto es una combinación de versiones acabadas del guión de *West Side Story*, señala Robbins, y entrevistas que proporcionan una descripción de la coreografía desde la primera representación del musical y otras fuentes.

31. Véase Larry Stempel, «The Musical Play Expands», *American Music* (1992), pp. 136-169.

32. Véase Fishko, «Real Life Drama Behind *West Side Story*», *art. cit.*

33. El equipo principal de *Frozen* incluía a Buck, Lee, Del Vecho, Bobby Lopez y Kristen Anderson-Lopez, Paul Briggs, Jessica Julius, Tom MacDougall, Chris Montan, y, en ocasiones, otros miembros de varios departamentos.

34. En respuesta a un correo electrónico para verificar datos, un portavoz de Walt Disney Animation Studios escribía que Lee «y su hermana

se peleaban, como hacen todos los niños; a medida que fueron creciendo estaban más unidas. Nunca estuvieron separadas [...] En la universidad estaban unidas. Incluso vivieron juntas una temporada en Nueva York».

35. En respuesta a un correo electrónico para verificar datos, Millstein escribía: «Las soluciones a los problemas con las historias [a menudo] guardan relación con experiencias emocionales personales. Recurrimos a nuestras historias y vidas emocionales como fuente de inspiración [...] También nos inspiramos en las historias de otros miembros del estudio e investigamos en profundidad ámbitos que una película puede intentar explorar. En el caso de *Frozen*, contábamos con un grupo de investigación interno en Disney Animation: las empleadas que son hermanas. Ellas pueden contarnos de primera mano qué se siente al tener una hermana y sus experiencias vitales. Es un material estupendo».

36. Véase Gary Wolf, «Steve Jobs: The Next Insanely Great Thing», *Wired*, abril de 1996.

37. En respuesta a un correo electrónico para verificar datos, Catmull escribía: «Decir que hay que empujar a la gente es demasiado simple. Sí, es cierto, pero también hay que permitirles crear y debemos hacer que les resulte seguro encontrar algo nuevo. Andrew y yo debemos ser una fuerza para que las cosas se muevan y, a la vez, intentar impedir que el miedo los ralentice o bloquee. Por eso es tan difícil nuestro trabajo».

38. Véase Art Fry, «The Post-it note: An Intrapreneurial Success», *SAM Advanced Management Journal*, 52, n.º 3 (1987), p. 4.

39. Véase P. R. Cowley, «The Experience Curve and History of the Cellophane Business», *Long Range Planning*, 18, n.º 6 (1985), pp. 84-90.

40. Véase Lewis A. Barness, «History of Infant Feeding Practices», *The American Journal of Clinical Nutrition*, 46, n.º 1 (1987), pp. 168-170; Donna A. Dowling, «Lessons from the Past: A Brief History of the Influence of Social, Economic, and Scientific Factors on Infant Feeding», *Newborn and Infant Nursing Reviews*, 5, n.º 1 (2005), pp. 2-9.

41. Véase Gary Klein, *Seeing What Others Don't: The Remarkable Ways We Gain Insights*, Nueva York, PublicAffairs, 2013.

42. En respuesta a un correo electrónico para verificar datos, Bobby Lopez escribía: «Desde nuestra perspectiva, enviamos un correo electrónico con nuestro mp3 adjunto, y luego contamos los minutos, las horas o a veces los días hasta que obtenemos respuesta. En ocasiones significa algo y en ocasiones no. No respondieron de inmediato, así que empezamos a

dudar de la canción, pero cuando nos llamaron por fin se vio que estaban muy entusiasmados».

43. En respuesta a un correo electrónico para verificar datos, un portavoz de Walt Disney Animation Studios escribía que Lee «había escrito un borrador del guión ya en abril [de 2012 en el] que Elsa era un personaje más simpático, pero todavía planeaban que se volviera malvada a mitad de película. [*Let It Go*] apareció por primera vez en una proyección en agosto de 2012. *Let It Go* ayudó a cambiar el tono del personaje de Elsa. Cabe señalar que John Lasseter también sentía un vínculo personal: cuando imaginaba a Elsa, pensaba en su hijo Sam y en su diabetes juvenil. Cuando pinchaban a Sam de pequeño, se volvía hacia John y le decía: "¿Por qué yo?". Sam no tenía la culpa de ser diabético, igual que no era culpa de Elsa tener esos poderes de hielo».

44. En respuesta a un correo electrónico para verificar datos, un portavoz de Walt Disney Animation Studios escribía que Chris Buck tenía una idea sobre cómo debía terminar la película. «El final, conseguir que funcionara en el plano emocional, era un rompecabezas. En octubre de 2012, Jennifer imaginó a los cuatro personajes principales aterrorizados y el dibujante de *storyboards* John Ripa lo plasmó. Los *storyboards* de Ripa recibieron los aplausos de John Lasseter, que se puso en pie. Como dice Jenifer: "Sabíamos cuál era el final; pero teníamos que ganárnoslo".»

45. Véase Teresa M. Amabile *et al.*, «Assessing the Work Environment for Creativity», *Academy of Management Journal*, 39, n.º 5 (1996), pp. 1.154-1.184; Teresa M. Amabile, Constance N. Hadley y Steven J. Kramer, «Creativity Under the Gun», *Harvard Business Review*, 80, n.º 8 (2002), pp. 52-61; Teresa M. Amabile, «How to Kill Creativity», *Harvard Business Review*, 76, n.º 5 (1998), pp. 76-87; Teresa M. Amabile, «A Model of Creativity and Innovation in Organizations», *Research in Organizational Behavior*, 10, n.º 1 (1988), pp. 123-167.

46. En respuesta a un correo electrónico para verificar datos, Catmull escribía que es importante señalar que Lee era segunda directora, no «codirectora», que tiene múltiples significados en Hollywood. «Existe el título de "codirector", que está por debajo del de "director". En Disney a menudo tenemos dos directores con ese título. En este caso, Jenn y Chris eran directores por igual [...] Se nombró a Jenn directora junto con Chris».

47. En respuesta a un correo electrónico para verificar datos, Millstein escribía: «El ascenso de Jenn como directora al mismo nivel que Chris fue una oportunidad de alterar la dinámica de equipo de forma positiva y receptiva hacia posibles nuevas ideas [...] Jenn es una cineasta muy sensible y empática. Su sensibilidad hacia la dinámica de grupo, su papel y su voz y su gran necesidad de mantener una colaboración profunda contribuyeron al éxito de *Frozen*». Según Buck, otro factor que influyó en la decisión de ascender a Lee a directora fue que, en aquel momento, uno de los hijos de Buck tenía un problema de salud y requería atención, con lo cual, «John, Ed y Andrew tuvieron en cuenta mi necesidad personal, y antes de decidir me preguntaron qué me parecería que Jenn fuese codirectora. Respondí que sí, por supuesto, que me encantaría».

48. Estoy en deuda con Stephen Palumbi, de la Estación Marítima Hopkins de Stanford, y con Elizabeth Alter, de la City University of New York, por la ayuda prestada para que entendiera la hipótesis de la alteración intermedia.

49. Véase Joseph H. Connell, «Diversity in Tropical Rain Forests and Coral Reefs», *Science*, New Series, 199, n.º 4.335 (1978), pp. 1.302-1.310.

50. Como muchas teorías científicas, la hipótesis de la alteración intermedia tiene muchos padres. Para una visión más completa, véase David M. Wilkinson, «The Disturbing History of Intermediate Disturbance», *Oikos*, 84, n.º 1 (1999), pp. 145-147.

51. Véase John Roth y Mark Zacharias, *Marine Conservation Ecology*, Londres, Routledge, 2011.

52. Para más información acerca de la hipótesis de la alteración intermedia, incluidas las perspectivas de quienes la cuestionan, véase Wilkinson, «The Disturbing History of Intermediate Disturbance», *op. cit.*; Jane A. Catford *et al.*, «The Intermediate Disturbance Hypothesis and Plant Invasions: Implications for Species Richness and Management», *Perspectives in Plant Ecology, Evolution and Systematics*, 14, n.º 3 (2012), pp. 231-241; John Vandermeer *et al.*, «A Theory of Disturbance and Species Diversity: Evidence from Nicaragua After Hurricane Joan», *Biotropica*, 28, n.º 4 (1996), pp. 600-613; Jeremy W. Fox, «The Intermediate Disturbance Hypothesis Should Be Abandoned», *Trends in Ecology and Evolution*, 28, n.º 2 (2013), pp. 86-92.

53. En respuesta a un correo electrónico para verificar datos, Catmull escribía que dilucidar el final de *Frozen* fue una labor de equipo. John Ripa, un animador de Disney, realizó el *storyboard* del final. «Este fue un

elemento poderoso e influyente en el desarrollo de la historia [...] [Además], hubo una salida especialmente impactante en la que se hicieron muchos progresos.»

54. En repuesta a un correo electrónico para verificar datos, un portavoz de Walt Disney Animation Studios escribía: «Jennifer considera esto muy, muy importante: era una historia que Jennifer y Chris crearon juntos. Era una sociedad. [Los correos electrónicos] que enviaba Kristen se basaban en las conversaciones que Jennifer y Chris mantenían a diario. Chris participaba en esas conversaciones tanto como Jennifer, Kristen y Bobby [...] Esta película es sobre todo de [Chris Buck]».

8. ASIMILAR DATOS

1. Dante Williams es un pseudónimo utilizado para proteger la privacidad de un alumno que era menor cuando se produjeron los hechos.

2. Véase Ben Fischer, «Slaying Halts "Peace Bowl"», *Cincinnati Enquirer*, 13 de agosto de 2007.

3. Véase Marie Bienkowski *et al.*, *Enhancing Teaching and Learning Through Educational Data Mining and Learning Analytics: An Issue Brief*, Washington, U.S. Department of Education, Office of Technology, octubre de 2012, <https://tech.ed.gov/wp-content/uploads/2014/03/edm-labrief.pdf>.

4. Para más información sobre las investigaciones de Elizabeth Holtzapple y la visión de las Escuelas Públicas de Cincinnati sobre el uso de datos, recomiendo Elizabeth Holtzapple, «Criterion-Related Validity Evidence for a Standards-Based Teacher Evaluation System», *Journal of Personnel Evaluation in Education*, 17, n.º 3 (2003), pp. 207-219; Elizabeth Holtzapple, *Report on the Validation of Teachers Evaluation System Instructional Domain Ratings*, Cincinnati, Cincinnati Public Schools, 2001.

5. Véase «South Avondale Elementary: Transformation Model», Ohio Department of Education, n.d.

6. La información sobre la IE y otras reformas de las escuelas públicas de Cincinnati proviene de varias fuentes, entre ellas Kim McGuire, «In Cincinnati, They're Closing the Achievement Gap», *Star Tribune*, 11 de mayo de 2004; Alyson Klein, «Education Week, Veteran Educator Turns Around Cincinnati Schools», *Education Week*, 4 de febrero de 2013; No-

lan Rosenkrans, «Cincinnati Offers Toledo Schools a Road Map to Success», *The Blade*, 13 de mayo de 2012; Gregg Anrig, «How to Turn an Urban School District Around—Without Cheating», *The Atlantic*, 9 de mayo de 2013; John Kania y Mark Kramer, «Collective Impact», *Stanford Social Innovation Review*, 9, n.° 1 (invierno de 2011), pp. 36-41; Lauren Morando Rhim, *Learning How to Dance in the Queen City: Cincinnati Public Schools' Turnaround Initiative*, Darden/Curry Partnership para Leaders in Education, Charlottesville, Universidad de Virginia, 2011; Emily Ayscue Hassel y Bryan C. Hassel, «The Big U Turn», *Education Next*, 9, n.° 1 (2009), pp. 20-27; Rebecca Herman *et al.*, *Turning Around Chronically Low-Performing Schools: A Practice Guide*, Washington, National Center for Education Evaluation and Regional Assistance, Institute of Education Sciences, U. S. Department of Education, 2008; *Guide to Understanding Ohio's Accountability System, 2008-2009*, Columbus, Ohio Department of Education, 2009, web; Daniela Doyle y Lyria Boast, *2010 Annual Report: The University of Virginia School Turnaround Specialist Program*, Darden/Curry Partnership para Leaders in Education, Public Impact, Charlottesville, Universidad de Virginia, 2011; Dana Brinson *et al.*, *School Turnarounds: Actions and Results*, Public Impact, Lincoln (Ill.), Center on Innovation and Improvement, 2008; L. M. Rhim y S. Redding, eds., *The State Role in Turnaround: Emerging Best Practices*, San Francisco, WestEd, 2014; William S. Robinson y LeAnn M. Buntrock, «Turnaround Necessities», *The School Administrator*, 68, n.° 3 (marzo de 2011), pp. 22-27; Susan McLester, «Turnaround Principals», *District Administration* (mayo de 2011); Daniel Player y Veronica Katz, «School Improvement in Ohio and Missouri: An Evaluation of the School Turnaround Specialist Program», CIEWC Working Paper Series n.° 10, Universidad de Virginia, Curry School of Education, junio de 2013, web; Alison Damast, «Getting Principals to Think Like Managers», *Bloomberg Businessweek*, 16 de febrero de 2012; «CPS "Turnaround Schools" Lift District Performance», *The Cincinnati Herald*, 21 de agosto de 2010; Dakari Aarons, «Schools Innovate to Keep Students on Graduation Track», *Education Week*, 2 de junio 2010; «Facts at a Glance», Columbia Public Schools K-12, n.d., web.

7. La Iniciativa Elemental del sistema de Escuelas Públicas de Cincinnati tenía otros componentes, además de enseñar a los profesores a utilizar los datos. Estos incluían el uso de datos y análisis para orientar decisiones basadas en pruebas; poner en práctica un nuevo sistema de

evaluación en concordancia con el plan estratégico del distrito que incluía calificaciones de rendimiento de los alumnos; ampliar los equipos de profesores para generar capacidad en todas las escuelas; formar a especialistas en contenidos de primaria y estudios intermedios en materias troncales; y facilitar el contacto familiar y con la comunidad. «Utilizando datos y pruebas, mejoraremos la práctica, diferenciaremos instrucciones y controlaremos los resultados de aprendizaje de cada estudiante —se leía en un resumen de la iniciativa redactada por el distrito escolar—. Nuestro objetivo es crear una cultura de aprendizaje en colaboración que implique a las familias y que sea adoptada por las escuelas y apoyada por la junta, la oficina central y la comunidad. Esa cultura es el epicentro de la Iniciativa Elemental [...] Al igual que la comunidad médica utiliza diagnósticos para determinar el tratamiento de pacientes en estado crítico, nosotros utilizamos datos y análisis con quince escuelas en estado crítico para reformar la enseñanza, el apoyo y la prestación de servicios en conjunción con las necesidades académicas, sociales y emocionales de los alumnos» («Elementary Initiative: Ready for High School», Cincinnati Public Schools, 2014, <http://www.cps-k12.org/academics/district-initiatives/elementary-initiative>). También cabe señalar que, aunque todas las personas con quienes hablé para este informe achacan la transformación de South Avondale al uso de datos, señalaron también que esos cambios solo fueron posibles gracias al firme liderazgo de la escuela y al compromiso de los profesores.

8. Véase «Elementary Initiative: Ready for High School», *op. cit.*

9. Véase *ibid.*; «South Avondale Elementary School Ranking», School Digger, 2014, <http://www.schooldigger.com/go/OH/schools/0437500379/school.aspx>; «South Avondale Elementary School Profile», Great Schools, 2013, web.

10. Véase «School Improvement, Building Profiles, South Avondale», Ohio Department of Education, 2014, web.

11. Para más información sobre el papel de los datos en la mejora del aula, véase Thomas J. Kane *et al.*, «Identifying Effective Classroom Practices Using Student Achievement Data», *Journal of Human Resources*, 46, n.º 3 (2011), pp. 587-613; Pam Grossman *et al.*, «"Measure for Measure: A Pilot Study Linking English Language Arts Instruction and Teachers" Value-Added to Student Achievement», CALDER, documento de trabajo n.º 45, Calder Urban Institute, mayo de 2010; Morgaen L. Donaldson, «So

Long, Lake Wobegon? Using Teacher Evaluation to Raise Teacher Quality», Center for American Progress, 25 de junio de 2009, web; Eric Hanushek, «Teacher Characteristics and Gains in Student Achievement: Estimation Using Micro-Data», *The American Economic Review*, 61, n.º 2 (1971), pp. 280-288; Elizabeth Holtzapple, «Criterion-Related Validity Evidence for a Standards-Based Teacher Evaluation System», *Journal of Personnel Evaluation in Education*, 17, n.º 3 (2003), pp. 207-219; Brian A. Jacob y Lars Lefgren, *Principals as Agents: Subjective Performance Measurement in Education*, documento de trabajo n.º w11463, National Bureau of Economic Research, 2005; Brian A. Jacob, Lars Lefgren y David Sims, *The Persistence of Teacher-Induced Learning Gains*, documento de trabajo n.º w14065, National Bureau of Economic Research, 2008; Thomas J. Kane y Douglas O. Staiger, *Estimating Teacher Impacts on Student Achievement: An Experimental Evaluation*, documento de trabajo n.º w14607, National Bureau of Economic Research, 2008; Anthony Milanowski, «The Relationship Between Teacher Performance Evaluation Scores and Student Achievement: Evidence from Cincinnati», *Peabody Journal of Education*, 79, n.º 4 (2004), pp. 33-53; Richard J. Murnane y Barbara R. Phillips, «What Do Effective Teachers of Inner-City Children Have in Common?», *Social Science Research*, 10, n.º 1 (1981), pp. 83-100; Steven G. Rivkin, Eric A. Hanushek y John F. Kain, «Teachers, Schools, and Academic Achievement», *Econometrica*, 73, n.º 2 (2005), pp. 417-458.

12. Jessica L. Buck, Elizabeth McInnis y Casey Randolph, *The New Frontier of Education: The Impact of Smartphone Technology in the Classroom*, American Society for Engineering Education, 2013 ASEE South-east Section Conference; Neal Lathia *et al.*, «Smartphones for Large-Scale Behavior Change Interventions», *IEEE Pervasive Computing*, 3 (2013), pp. 66-73; «Sites That Help You Track Your Spending and Saving», *Money Counts: Young Adults and Financial Literacy*, NPR, 18 de mayo de 2011; Shafiq Qaadri, «Meet a Doctor Who Uses a Digital Health Tracker and Thinks You Should Too», *The Globe and Mail*, 4 de septiembre de 2014; Claire Cain Miller, «Collecting Data on a Good Night's Sleep», *The New York Times*, 10 de marzo de 2014; Steven Beasley y Annie Conway, «Digital Media in Everyday Life: A Snapshot of Devices, Behaviors, and Attitudes», Museum of Science and Industry, Chicago, 2011; Adam Tanner, «The Web Cookie Is Dying. Here's the Creepier Technology That Comes Next», *Forbes*, 17 de junio de 2013, <http://www.forbes.com /sites/adam-

tanner/2013/06/17/the-web-cookie-is-dying-heres-the-creepier-technology-that-comes-next/>.

13. Para más información sobre el exceso y la ceguera de la información, véase Martin J. Eppler y Jeanne Mengis, «The Concept of Information Overload: A Review of Literature from Organization Science, Accounting, Marketing, MIS, and Related Disciplines», *The Information Society*, 20, n.º 5 (2004), pp. 325-344; Pamela Karr-Wisniewski y Ying Lu, «When More Is Too Much: Operationalizing Technology Overload and Exploring Its Impact on Knowledge Worker Productivity», *Computers in Human Behavior*, 26, n.º 5 (2010), pp. 1.061-1.072; Joseph M. Kayany, «Information Overload and Information Myths», Itera, n.d., <http://www.itera.org/wordpress/wp-content/uploads/2012/09/ITERA12_Paper15.pdf>; Marta Sinclair y Neal M. Ashkanasy, «Intuition Myth or a Decision-Making Tool?», *Management Learning*, 36, n.º 3 (2005), pp. 353-370.

14. La ceguera de la nieve también puede hacer referencia a una quemadura en la córnea, que es la superficie frontal del ojo, causada por rayos ultravioletas B.

15. Sheena S. Iyengar, Gur Huberman y Wei Jiang, «How Much Choice Is Too Much? Contributions to 401(k) Retirement Plans», *Pension Design and Structure: New Lessons from Behavioral Finance*, Filadelfia, Pension Research Council, 2004, pp. 83-95.

16. En respuesta a un correo electrónico para verificar datos, Tucker Kuman, compañero de la autora principal del artículo, Sheena Sethi-Iyengar, escribía: «En el análisis se observó que, siendo todo lo demás igual, el añadido de diez fondos estaba asociado con una reducción del 1,5 al 2 por ciento en el índice de participación de los empleados (la participación máxima —75 por ciento— se produjo cuando se ofrecían dos fondos) […] A medida que aumentaba el número de ofertas, la reducción de los índices de participación se exacerbaba. Si observamos la representación gráfica [figura 5-2 del artículo] de la relación entre participación y número de fondos ofrecidos, empezaremos a ver una reducción más marcada de los índices de participación cuando el número de fondos ronda los treinta y uno».

17. Véase Jeanne Mengis y Martin J. Eppler, «Seeing Versus Arguing the Moderating Role of Collaborative Visualization in Team Knowledge Integration», *Journal of Universal Knowledge Management*, 1, n.º 3 (2006), pp. 151-162; Martin J. Eppler y Jeanne Mengis, «The Concept of Information Overload: A Review of Literature from Organization Science, Ac-

counting, Marketing, MIS, and Related Disciplines», *The Information Society*, 20, n.º 5 (2004), pp. 325-344.

18. Véase Fergus I. M. Craik y Endel Tulving, «Depth of Processing and the Retention of Words in Episodic Memory», *Journal of Experimental Psychology: General*, 104, n.º 3 (1975), p. 268; Monique Ernst y Martin P. Paulus, «Neurobiology of Decision Making: A Selective Review from a Neurocognitive and Clinical Perspective», *Biological Psychiatry*, 58, n.º 8 (2005), pp. 597-604; Ming Hsu *et al.*, «Neural Systems Responding to Degrees of Uncertainty in Human Decision-Making», *Science*, 310, n.º 5.754 (2005), pp. 1.680-1.683.

19. Para más información sobre el aspecto de la toma de decisiones del andamiaje y el cribado, véase Gerd Gigerenzer y Wolfgang Gaissmaier, «Heuristic Decision Making», *Annual Review of Psychology*, 62 (2011), pp. 451-482; Laurence T. Maloney, Julia Trommershäuser y Michael S. Landy, «Questions Without Words: A Comparison Between Decision Making Under Risk and Movement Planning Under Risk», *Integrated Models of Cognitive Systems* (2007), pp. 297-313; Wayne Winston, *Decision Making Under Uncertainty*, Ithaca (N.Y.), Palisade Corporation, 1999; Eric J. Johnson y Elke U. Weber, «Mindful Judgment and Decision Making», *Annual Review of Psychology*, 60 (2009), p. 53; Kai Pata, Erno Lehtinen y Tago Sarapuu, «Inter-Relations of Tutor's and Peers' Scaffolding and De-cision-Making Discourse Acts», *Instructional Science*, 34, n.º 4 (2006), pp. 313-341; Priscilla Wohlstetter, Amanda Datnow y Vicki Park, «Creating a System for Data-Driven Decision Making: Applying the Principal-Agent Framework», *School Effectiveness and School Improvement*, 19, n.º 3 (2008), pp. 239-259; Penelope L. Peterson y Michelle A. Comeaux, «Teachers' Schemata for Classroom Events: The Mental Scaffolding of Teachers' Thin-king During Classroom Instruction», *Teaching and Teacher Education*, 3, n.º 4 (1987), pp. 319-331; Darrell A. Worthy *et al.*, «With Age Comes Wisdom: Decision Making in Younger and Older Adults», *Psychological Science*, 22, n.º 11 (2011), pp. 1.375-1.380; Pat Croskerry, «Cognitive For-cing Strategies in Clinical Decisionmaking», *Annals of Emergency Medici-ne*, 41, n.º 1 (2003), pp. 110-120; Brian J. Reiser, «Scaffolding Complex Learning: The Mechanisms of Structuring and Problematizing Student Work», *The Journal of the Learning Sciences*, 13, n.º 3 (2004), pp. 273-304; Robert Clowes y Anthony F. Morse, «Scaffolding Cognition with Words», en *Proceedings of the Fifth International Workshop on Epigenetic Robotics:*

Modeling Cognitive Development in Robotic Systems, Lund (Suecia), Lund University Cognitive Studies, 2005, pp. 101-105.

20. Para más información sobre la disfluencia, véase Adam L. Alter, «The Benefits of Cognitive Disfluency», *Current Directions in Psychological Science*, 22, n.º 6 (2013), pp. 437-442; Adam L. Alter *et al.*, «Overcoming Intuition: Meta-cognitive Difficulty Activates Analytic Reasoning», *Journal of Experimental Psychology: General*, 136, n.º 4 (2007), p. 569; Adam L. Alter, *Drunk Tank Pink: And Other Unexpected Forces That Shape How We Think, Feel, and Behave*, Nueva York, Penguin, 2013; Adam L. Alter *et al.*, «Overcoming Intuition: Metacognitive Difficulty Activates Analytic Reasoning», *Journal of Experimental Psychology: General*, 136, n.º 4 (2007), p. 569; Adam L. Alter y Daniel M. Oppenheimer, «Effects of Fluency on Psychological Distance and Mental Construal (or Why New York Is a Large City, but New York Is a Civilized Jungle)», *Psychological Science*, 19, n.º 2 (2008), pp. 161-167; Adam L. Alter y Daniel M. Oppenheimer, «Uniting the Tribes of Fluency to Form a Metacognitive Nation», *Personality and Social Psychology Review*, 13, n.º 3 (2009), pp. 219-235; John Hattie y Gregory C. R. Yates, *Visible Learning and the Science of How We Learn*, Londres, Routledge, 2013; Nassim Nicholas Taleb, *Antifragile: Things That Gain from Disorder*, Nueva York, Random House, 2012; Daniel M. Oppenheimer, «The Secret Life of Fluency», *Trends in Cognitive Sciences*, 12, n.º 6 (2008), pp. 237-241; Edward T. Cokely y Colleen M. Kelley, «Cognitive Abilities and Superior Decision Making Under Risk: A Protocol Analysis and Process Model Evaluation», *Judgment and Decision Making*, 4, n.º 1 (2009), pp. 20-33; Connor Diemand-Yauman, Daniel M. Oppenheimer y Erikka B. Vaughan, «Fortune Favors the Bold (and the Italicized): Effects of Disfluency on Educational Outcomes», *Cognition*, 118, n.º 1 (2011), pp. 111-115; Hyunjin Song y Norbert Schwarz, «Fluency and the Detection of Misleading Questions: Low Processing Fluency Attenuates the Moses Illusion», *Social Cognition*, 26, n.º 6 (2008), pp. 791-799; Anuj K. Shah y Daniel M. Oppenheimer, «Easy Does It: The Role of Fluency in Cue Weighting», *Judgment and Decision Making*, 2, n.º 6 (2007), pp. 371-379. En respuesta a un correo electrónico para verificar datos, Adam Alter, un profesor de la NYU que ha estudiado la disfluencia, la explicaba como «la sensación de dificultad mental que experimenta la gente cuando intenta procesar (comprender) cierta información: palabras complejas, textos impresos en fuentes ornamentadas, textos impresos sobre un fondo de un

color similar, dibujar ideas borrosas de memoria, tratar de recordar un número de teléfono, etcétera. No es necesario estar manipulando o utilizando datos para que una experiencia sea disfluyente. Parte de ello transforma cómo definimos los datos. Es como si los definiéramos de manera muy general, de modo que tu definición se acerca a la mía si concibes todos los procesos cognitivos como una utilización de datos».

21. Alter escribió en un correo electrónico que algunos trabajos recientes «cuestionan la bibliografía sobre la disfluencia [...] Unos amigos y compañeros han escrito otro artículo ["Disfluent Fonts Don't Help People Solve Math Problems"] que demuestra lo exigente que es el efecto; [y] lo difícil que puede ser reproducir al menos uno de los efectos (los efectos de la prueba de reflexión cognitiva)».

22. En respuesta a un correo electrónico para verificar datos, Adam Alter ampliaba su cita para señalar que la disfluencia hace que el aprendizaje sea «más prolongado, quizá, pero sin duda más profundo. No comentamos demasiado sobre los índices de deterioro —cuánto tiempo se retiene la información—, pero probablemente supone que las ideas duran más cuando se procesan de forma más profunda [...] Cuanto más se elabora esa información, más se tiende a recordarla. Ese es un principio general de la psicología cognitiva. Si te pido que recuerdes la palabra "globo", la recordarás más fácilmente si, en el momento de almacenarla en la memoria, te imaginas un globo rojo que flota en el cielo, si piensas en un babuino sosteniendo un globo o, simplemente, si haces algo más que limitarte a introducir la palabra en tu banco de memoria, ya de por sí abarrotado».

23. Chase Manhattan Bank, ahora conocido como JPMorgan Chase, recibió un resumen de todos los datos incluidos en este capítulo. Un representante de la empresa escribía: «Teniendo en cuenta que han transcurrido más de quince años [desde] la fusión de Bank One y J. P. Morgan Chase en 2004, ha sido difícil encontrar las fuentes internas adecuadas para esto».

24. En respuesta a un correo electrónico para verificar datos, Fludd escribía que había otros elementos en su estilo de gestión que cree que contribuyeron a su éxito: «También pude identificar que los cobradores tenían diferentes estilos de aprendizaje que los hacían interpretar los datos de formas distintas, lo cual podía tener consecuencias negativas o positivas en su rendimiento [...] Los directores me acusaban de malcriar a mis cobradores porque a veces les preparaba el desayuno los fines de

semana. La comida siempre ayudaba. Ser pastora a menudo me hacía sentirme identificada con los cobradores y ayudarlos de una manera que no estaba al alcance de otros directores. Visitaba a familiares en el hospital, oficiaba bodas y peticiones de oraciones. Los cobradores sabían que era una directora sensata, pero también que me preocupaba por ellos [...] Saber interpretar los datos y explicarlos de una manera relevante es importante. Que los cobradores tuvieran acceso a datos relevantes para su rendimiento era importante. Sin embargo, si no puedes proporcionar al empleado una hoja de ruta sobre cómo tomar los datos que están recibiendo y mostrarles cómo llegar a su destino deseado, entonces no significa nada. La manera de transmitir esos datos es igual de importante. Lo que debe hacer todo director es no olvidar el lado humano de los datos que está transmitiendo».

25. En respuesta a un correo electrónico para verificar datos, Niko Cantor escribía: «También es cierto que Charlotte era mejor directora que la mayoría de sus compañeros, más encantadora, y procuraba que su gente mejorara. Hacía que trabajar pareciera más bien un juego. Creo que algunos efectos de los cobradores que escuchaban más y, por tanto, conectaban mejor porque estaban más comprometidos, son importantes».

26. Johnson inició su carrera en la enseñanza en Pleasant Hill Elementary y luego trabajó en South Avondale como formadora de profesores.

27. Los «Hot Pencil Drills» se llevaban a cabo solo en South Avondale, no en las otras escuelas que participaban en la Iniciativa Elemental.

28. Delia Morris es un pseudónimo utilizado para proteger la privacidad de una alumna que era menor cuando se produjeron los hechos.

29. Véase Yousef Haik y Tamer Shahin, *Engineering Design Process*, Independence (Ky.), Cengage Learning, 2010; Clive L. Dym *et al.*, *Engineering Design: A Project-Based Introduction*, Nueva York, Wiley, 2004; Atila Ertas y Jesse C. Jones, *The Engineering Design Process*, Nueva York, Wiley, 1996; Thomas J. Howard, Stephen J. Culley y Elies Dekoninck, «Describing the Creative Design Process by the Integration of Engineering Design and Cognitive Psychology Literature», *Design Studies*, 29, n.º 2 (2008), pp. 160-180.

30. Véase «What is the Engineering Design Process?», Innovation First International, <http://curriculum.vexrobotics.com/curriculum/intro-to-engineering/what-is-the-engineering-design-process>.

31. Véase Stephen J. Hoch, «Availability and Interference in Predictive Judgment», *Journal of Experimental Psychology: Learning, Memory, and Cognition*, 10, n.º 4 (1984), p. 649.

32. En respuesta a un correo electrónico para verificar datos, el autor de este estudio, Stephen Hoch, escribía: «Lo único que añadiría es que las viejas ideas pueden interponerse en el camino de las nuevas, generando interferencias y bloqueando el proceso mental. Una manera de superar la interferencia es tomarse un descanso para que las viejas ideas pierdan relevancia».

33. Véase Irwin P. Levin, Sandra L. Schneider y Gary J. Gaeth, «All Frames Are Not Created Equal: A Typology and Critical Analysis of Framing Effects», *Organizational Behavior and Human Decision Processes*, 76, n.º 2 (1998), pp. 149-188; Hilary A. Llewellyn-Thomas, M. June McGreal y Elaine C. Thiel, «Cancer Patients' Decision Making and Trial-Entry Preferences: The Effects of "Framing" Information About Short-Term Toxicity and Long-Term Survival», *Medical Decision Making*, 15, n.º 1 (1995), pp. 4-12; David E. Bell, Howard Raiffa y Amos Tversky, *Decision Making: Descriptive, Normative, and Prescriptive Interactions*, Cambridge, Cambridge University Press, 1988; Amos Tversky y Daniel Kahneman, «Rational Choice and the Framing of Decisions», *The Journal of Business*, 59, n.º 4, 2.ª parte (1986), pp. S251-278.

34. En respuesta a un correo electrónico para verificar datos, Johnson escribía: «La idea es que pensemos en un subgrupo de información relevante».

35. Lekan Oguntoyinbo, «Hall Sweet Home», *Diverse Issues in Higher Education*, 27, n.º 25 (2011), p. 8; Dana Jennings, «Second Home for First Gens», *The New York Times*, 20 de julio de 2009.

36. Pam A. Mueller y Daniel M. Oppenheimer, «The Pen Is Mightier Than the Keyboard: Advantages of Longhand over Laptop Note Taking», *Psychological Science*, 25, n.º 6 (2014).

37. En una nota enviada en respuesta a varias preguntas para verificar datos, la principal autora de este estudio, Pam Mueller, de Princeton, escribía: «Solo porque mucha gente (en internet) parece dar por sentado que no asignamos aleatoriamente a la gente en grupos y, por tanto, que las conclusiones no son válidas, merece la pena mencionar que, en efecto, ambos grupos fueron asignados de forma aleatoria. Preguntamos a los alumnos cómo preferían tomar notas, pero debido al reducido número de

participantes en ciertas condiciones (por ejemplo, alumnos de Princeton que preferían escribir a mano a los que se incluyó en el grupo de ordenadores portátiles), no podemos extraer conclusiones firmes sobre las interacciones que se produjeron. Se dice que los que preferían tomar notas a mano eran más eficaces que otros cuando utilizaban un portátil (por ejemplo, seguir tomando notas más breves y no al pie de la letra). Cabe señalar que buena parte de los estudiantes de Princeton afirmaron que normalmente tomaban notas con un portátil, mientras que la mayoría de los alumnos de UCLA lo hacían a mano. Es alentador que nuestro segundo estudio (llevado a cabo en UCLA) reprodujera nuestro primer estudio (realizado en Princeton)».

38. En una nota enviada en respuesta a varias preguntas para verificar datos, Mueller escribía: «Los apuntes de quienes usaban un ordenador portátil tenían mucho más contenido. Por eso, pensamos que el rendimiento de estos se restablecería cuando tuvieran la oportunidad de consultar sus notas; los usuarios de ordenadores portátiles tenían mucha más información a su disposición en el momento del estudio. Sin embargo (cosa que nos sorprendió bastante), parece que no procesaban la información en el momento de la codificación (es decir, durante la conferencia), un mayor número de notas no ayudaba, o al menos no ayudó en un corto período de estudio. Tal vez con un tiempo de estudio más prolongado podrían unificar los contenidos de la conferencia, pero, en ese momento, el proceso es bastante ineficaz, y habría sido más adecuado tomar "mejores" notas (es decir, a mano, con menos solapamiento de notas al pie de la letra) la primera vez».

Índice alfabético

Los números de página en *cursiva* hacen referencia a las ilustraciones.